"十四五"职业教育国家规划教材

"十 二 五" 职 业 教 育 国 家 规 划 教 材
经 全 国 职 业 教 育 教 材 审 定 委 员 会 审 定
教 育 部 高 职 高 专 规 划 教 材
全 国 普 通 高 等 学 校 优 秀 教 材

新编21世纪高等职业教育精品教材 · 法律类

行政法与行政诉讼法

（第八版）

主编◎胡锦光　刘飞宇

中国人民大学出版社
· 北京 ·

出版说明

教材建设工作是整个高职高专教育教学工作中的重要组成部分。改革开放以来，在各级教育行政部门、学校和有关出版社的共同努力下，各地已出版了一批高职高专教育教材。但从整体上看，具有高职高专教育特色的教材极其匮乏，不少院校尚在借用本科或中专教材，教材建设仍落后于高职高专教育的发展需要。为此，1999 年教育部组织制定了《高职高专教育基础课程教学基本要求》（以下简称《基本要求》）和《高职高专教育专业人才培养目标及规格》（以下简称《培养规格》），通过推荐、招标及遴选，组织了一批学术水平高、教学经验丰富、实践能力强的教师，成立了“教育部高职高专规划教材”编写队伍，并在有关出版社的积极配合下，推出一批“教育部高职高专规划教材”。

“教育部高职高专规划教材”计划出版 500 种，用 5 年左右时间完成。出版后的教材将覆盖高职高专教育的基础课程和主干专业课程。计划先用 2～3 年的时间，在继承原有高职、高专和成人高等学校教材建设成果的基础上，充分汲取近几年来各类学校在探索培养技术应用型专门人才方面取得的成功经验，解决好新形势下高职高专教育教材的有无问题，然后再用 2～3 年的时间，在《新世纪高职高专教育人才培养模式和教学内容体系改革与建设项目计划》立项研究的基础上，通过研究、改革和建设，推出一大批教育部高职高专教育教材，从而形成优化配套的高职高专教育教材体系。

“教育部高职高专规划教材”是按照《基本要求》和《培养规格》的要求，充分汲取高职、高专和成人高等学校在探索培养技术应用型专门人才方面取得的成功经验和教学成果编写而成的，适用于高等职业学校、高等专科学校、成人高校及本科院校举办的二级职业技术学院和民办高校使用。

总　序

曾宪义

中国是一个具有悠久历史和灿烂文化的国度。在数千年传承不辍的中国传统文化中，尚法、重法的精神一直占有重要的位置。中国古代虽然崇尚“礼治”，如《礼记·礼运》所说：“圣人之所以治人七情，修十义，讲信修睦，尚辞让，去争夺，舍礼何以治之?”，但从《法经》到《唐律疏议》《大清律例》等数十部成文法典的存在，充分说明了成文制定法在中国古代社会中的突出地位，只不过这些成文法所体现出的精神旨趣与现代法律文明有较大不同而已。时至20世纪初叶，随着西风东渐，中国社会开始由古代文化文明和传统社会体制向近现代文明过渡，建立健全的、符合现代理性精神的法律文化体系方成为现代社会的共识。正因为如此，近代以来在西方和东方各主要国家里，伴随着社会变革的潮起潮落，法律改革运动也一直呈方兴未艾之势。

法律的进步和法制的完善，一方面取决于社会的客观条件和客观需要，另一方面取决于法学研究的深入和法律教育的发展。而法治观念的普及、法治素质的培养则有赖于法学教育和法学人才的培养。

中国古代社会素有法律研究和法学教育的传统。先秦时期，百家争鸣，商鞅、韩非好“刑名之学”。逮至秦汉，律学滥觞。秦朝“以吏为师”。中国传统律学的勃兴始自汉代。自一代硕儒董仲舒开“引经注律”之先河，律学遂成为一门显学。南齐崔祖思曰：“汉来治律有家，子孙并世其业，聚徒讲授，至数百人。”(《南齐书·崔祖思传》）东汉以后，律学不限于律文的语义注释和儒经考据，领域拓展至法典名词术语和编纂体例。西晋张斐、杜预将中国古代律学发挥到私家注律之空前高度——“张杜律”为国家认可，具有法律效力。魏晋以后，律家流派纷呈，至唐而集大成。《唐律疏议》之“疏议”为传统中国律学之完备结晶。自宋至元，律学渐至衰落，直至清末西方外来法律文化的传入。

中国近代意义上的法学教育和法学研究，肇始于一个多世纪以前的清代末年。清光绪二十一年（1895）开办的天津北洋大学堂，首开法科并招收学生。是谓“开一代风气之先”，为中国最早的近代法学教育机构。三年后，中国近代著名启蒙思想家、戊戌维新运动著名领袖、自号“饮冰室主人”的梁启超先生在湖南《湘报》发表宏文《论中国宜讲求法律之学》，号召国人重视法学、发明法学、讲求法学。数年之后，清政府被迫变法修律、实施“新政”。以修订法律大臣沈家本、伍廷芳为首的一批有识之士，艰难地在固有体制中运作、推行变法修律，同时不忘培植法治之基——引介法学译著、倡导法学研究、开展法学教育。20世纪初，中国最早设立的三所大学——北洋大学堂、京师大学堂、山西大学堂均开设法科或法律学科目，以期“端正方向、培养通才”。1906年，应修订法律大臣沈家本、伍廷芳之奏请，清政府在京师正式设立专门的法律教育机构——京师法律学堂。次年，另一所专门法律教育机构——隶属清政府学部的京师法政学堂亦正式开科招生。

自清末以降，在外族入侵、民族危亡的紧急关头，中国人民上下求索，寻求实现民族独立和民主政治的发展道路。客观言之，政治社会变迁和长期社会动荡导致了法制建设的荒废、法律文化进步的中断。新中国成立以来，民主法制建设在艰难中曲折前进。以党的十一届三中全会的召开为标志，中国社会开始从政治阵痛中苏醒，转换思路进入法制轨道。中国的法学研究和法律教育事业迎来了春天。

回顾改革开放以来的法律建设，中国的法学教育事业取得了辉煌的成就。首先，社会主义法治理念确立并深入人心。中国法学界摆脱了“法律虚无主义”和苏联法学模式的消极影响，建设社会主义法治国家已成为国家民族的共识。1999年，第九届全国人民代表大会第二次会议通过的宪法修正案第一次确认“依法治国”的国家治理模式和“建设社会主义法治国家”的宏伟目标，从而为法学教育事业的发展奠定了稳固的思想基础和法律基石。其次，法学研究不断深入，法律科学渐成体系。老中青法学家组成一个前后相继、以帮带进的学术群体，基础法学、部门法学和国际法学形成较为成熟的理论体系和学术框架，边缘法学渐次成型。1997年，国家教育主管部门调整原有专业目录，决定从1999年起法学类本科只设一个单一的法学专业，按一个专业招生，研究生专业目录新定为10个二级学科（含军事法学），从而使法学学科的布局更加科学和合理。同时，确定了法学专业本科教学的14门核心课程，加上其他必修和辅修课程，形成一个传统与更新并重、基本适应国家和社会需要的教学体系。再次，法学教育规模迅速扩大，层次日趋全面，结构日臻合理。据初步统计，目前中国有300余所普通高等院校设置了法律院系和法律专业，在校学生达6万余人。除本科生外，在国内一些重点大学和全国的知名法律院系，法学硕士研究生和博士研究生已成为培养重点。高职高专法律教育日益受到教育主管部门的重视，成为高等法学教育的重要组成部分。

高职高专教育是社会经济发展和高新技术发展的必然结果，是促进经济、社会发展和劳动就业的重要途径。作为高等教育的一个重要组成部分，高职高专教育对于调整教育结构、广开成才之路、促进义务教育的普及、提高教育整体效益、全面落实教育方针、增进教育与经济的紧密结合，具有重要作用。加强法律教育，除了建设一流的法学院，还需要实现多元化模式和拓展多角度的渠道。高职高专法律教育是高等法学教育不可或缺的重要组成部分。高职高专法律教育，培养目标应当是“基础理论知识适度、技术应用能力强、知识面宽、素质高的专门人才”。换言之，即培养适应社会需要的应用型人才。因此，高职高专法律教育的专业设置、办学模式和办学思想都应当主动适应区域经济和社会发展的需要。高职高专法律教育的落实，对于我国目前法治观念的普及、群体法律意识的提高以及正在进行的司法制度改革均具有非同寻常的意义。

鉴于高职高专法律教育与高等院校法律本科教育的差异，高职高专法律教育教学科目的设置、教学体系的安排以及教学层次的选定均体现了培养目标的不同。但从目前看来，不少高职高专院校法律教育借用法律本科或中专教材，教材建设滞后于高职高专法律教育的发展需要。我们编写并出版这套适合高职高专教育的专门教材，期望能够既照顾到高职高专的教学层次，又能满足“高水准”“高质量”的要求。本套教材约请全国各高等院校、科研机构的优秀学者参加，形成颇具实力的学术阵容。在编写这套教材时，我们吸收了改革开放以来我国法学界的最新研究成果，密切关注国内外学术发展动态，力争使教材基点立足于法学前沿。为了适应高职高专教学的实际需要，我们将教材定位于“应用性”层次，强调了高职高专法学教育培养应用能力的特色。

我们期冀，经过组织者、编写者和出版者的不断努力，高职高专法律系列教材能以“高质量、高水准、应用性强”的特色满足莘莘学子的求知渴望，为中国的法学教育和法治建设略尽绵薄之力。

是为序。

第八版前言

2000年本教材第一版出版，至今已经修订到了第八版。二十多年中，我们及时进行内容的更新和完善，例如在第六版修订时，我们不但依据最新的法律文件对相关内容进行了修正，并且更换了2000年以前的案例，以保证教材的时效性，还吸收了最新的行政法学界的学术研究成果；第七版修订时，我们在依据当时最新修改的《中华人民共和国行政诉讼法》及最高人民法院的司法解释、《中华人民共和国立法法》等对全书进行全面系统修订的基础上，还对全书文字表述进行了统一规范，以保证教材的严谨、精练、准确。

第八版在保留教材特色的基础上，主要依据全国人大常委会最新修改通过的《中华人民共和国行政处罚法》《中华人民共和国行政许可法》《中华人民共和国行政复议法》《中华人民共和国行政强制法》《中华人民共和国公务员法》，特别是《最高人民法院关于适用〈中华人民共和国行政诉讼法〉的解释》（2017年11月13日最高人民法院审判委员会第1 726次会议通过，自2018年2月8日起施行）等，对全书进行了系统修订，并依据行政审判的新情况，对相关案例进行了更新。

本次加印，教材本着贯彻落实党的二十大报告对于法治政府建设提出的各项要求的精神进行了修改。二十大报告提出，坚持依法治国、依法执政、依法行政共同推进，坚持法治国家、法治政府、法治社会一体建设，全面推进科学立法、严格执法、公正司法、全民守法，全面推进国家各方面工作法治化。法治政府建设是全面依法治国的重点任务和主体工程。二十大报告还对依法行政、法治政府建设提出了具体要求。例如，转变政府职能，优化政府职责体系和组织结构，推进机构、职能、权限、程序、责任法定化，提高行政效率和公信力；深化行政执法体制改革，全面推进严格规范公正文明执法，加大关系群众切身利益的重点领域执法力度，完善行政执法程序，健全行政裁量基准；强化行政执法监督机制和能力建设，严格落实行政执法责任制和责任追究制度；完善基层综合执法体制机制等。

感谢二十多年来关爱本教材的老师、同学和读者朋友！也期待各位提出宝贵意见，以便我们将本教材编写得更好。

编者

2022年11月

目 录

第一章　行政法概述

【本章引例】

李某是一名普通的消费者，因为发现乐天木糖醇口香糖的全国牙防组标志过期，2006年4月，他将乐天木糖醇口香糖的生产商——乐天（中国）食品有限公司、销售商——北京家和物美商业有限公司以及全国牙防组告上法庭，状告全国牙防组违法认证、生产商虚假宣传、销售商未尽审查义务，认为三方构成共同侵权。由于全国牙防组不具有独立法人资格，李某随后又追加其上级主管单位——卫生部（现国家卫生健康委员会，下同）为共同被告。2006年7月14日，北京市朝阳区人民法院在开庭审理后，当庭裁定驳回了原告对卫生部的起诉。尽管法院驳回了原告对卫生部的起诉，但案件已经取得了良好的社会效果：第一，市场上已经看不到有全国牙防组认证标志的产品了；第二，法院向国家认监委、卫生部发出了司法建议函；第三，国家认监委和卫生部共同作出了要求全国牙防组停止开展口腔保健品认证活动的处理决定，并着力推动建立我国口腔用品认证制度。

资料来源：胡锦光．行政法案例分析［M］．3版．北京：中国人民大学出版社，2010：4.

【本章学习目标】

通过本章的学习，你应该能够：

（1）掌握行政法的概念。

（2）了解行政法律关系的构成要件。

（3）熟悉行政法的法律渊源。

（4）领会行政法的基本原则。

第一节　行政

一、行政的含义

学习和研究行政法和行政诉讼法，首先应当了解什么是行政。行政在日常生活中通常指对某类事务的管理和执行的行为或活动，或者指管理或执行某类事务的组织。按所管理和执行事务的对象可将行政分为公共行政与私人行政两种，公共行政是指国家与公共事务的行政，私人行政是指社会组织和企业的行政。行政法上的行政通常指公共行政，即国家行政机关或者法律法规授权行使行政职能的组织、具有公共职能的社会组织对国家和公共事务的组织、管理、决策与调控等活动。因此，公共行政又可区分为国家行政和其他公共组织的行政。

近现代意义上的行政是国家权力分立的产物。行政最初是与立法、司法等国家权力相区别而言的，行政作用、立法作用和司法作用三者共同形成国家作用，由不同的机关来执掌。但是现代国家权力出现交叉、混合，行政、立法、司法等国家作用同时出现在一类机关即行政机关身上，换言之，同一个行政机关可能同时具有行政职能、立法职能和司法职能。因此，要完整地界定“行政”的含义是一件比较困难的事情，必须结合具体情形来予以认识。一般来说，行政法上的“行政”，主要是指国家行政机关进行的组织、管理、决策与调控活动，同时也包括国家行政机关所进行的准立法与准司法活动。

二、行政的特征

行政的特征就是行政自身内在的规定性，即行政与非行政相区别的要素。概括来讲，行政有以下四个方面的特征。

（一）行政具有国家意志性

行政不是一般社会组织的活动，不是个人的活动，也不是行政主体的民事性活动，而是行政主体以国家的名义对国家事务和社会事务进行的决策、组织、管理和调控等活动，具有体现和实现国家意志的特性。

（二）行政具有执行性

行政并不是国家的一切活动，也不是行政主体的一切活动，而是行政主体实施的国家活动。这种活动从总体上讲，是把国家立法机关依人民意志制定的法律、法规付诸实施，予以执行。

（三）行政具有法律性

在现代国家，法治原则已成为国家制度的基本原则。这一原则反映在行政领域，就要求行政主体必须依法行政，即一切行政应当遵循法律所规定的条件、程序、方式和形式而进行，受到法律的规制，凡违法行政都应当受到追究，承担相应的法律责任。

（四）行政具有国家强制性

行政是国家的活动，体现和实现国家意志，它的实施也就必然要以国家政权的强制力为后盾。对于行政主体的行政活动，相对人有服从、接受和协助的义务。相对人若不依法履行义务，行政主体则可借助法律手段强制相对人服从和履行行政决定。

第二节　行政法

一、行政法的含义

行政法是法的一个独立部门，是调整因行政主体行使行政职权而产生的特定社会关系的法律规范的总称。

行政法是国家重要的独立的法律部门之一，由各种法律规范和原则构成，而这一系列的法律规范和原则又是通过各种各样的法律形式表现出来的。关于行政法的法律渊源问题，在下面的内容中将予以介绍。

任何一个部门法都有自己的调整对象，行政法的调整对象是行政关系。所谓行政关系，是指行政权力在获得、行使与受监督过程中与相关各方所产生的各种关系。它主要包括：

（1）行政权力在获得过程中与国家权力机关之间所产生的关系。

（2）行政权力在行使过程中与行政管理的相对一方（包括公民、法人或者其他组织）之间所产生的各种关系。行使行政权的行政机关或公共组织可称为行政主体，这种关系的特点是行政主体与行政相对人之间的地位不平等，前者在关系中居于主导的优势地位，后者处于被动的服从地位。

（3）行政机关对其内部进行管理所产生的行政关系，包括上下级行政机关之间的关系、同级行政机关之间的关系、行政机关与国家公务员之间的关系、行政机关与法律授权的公共组织之间的关系、行政机关与受委托组织之间的关系等。

上述这些关系即为我国行政法的调整对象，但这并不意味着上述关系主体之间在任何情况下发生的关系都是行政关系，均由行政法调整。如行政机关与社会组织或个人之间发生的买卖关系就不是行政关系，而是一种民事关系。只有在国家行政机关履行行政职能过程中所发生的行政关系，才是行政法的调整对象。

二、行政法的特点

行政法作为一个独立的法律部门，与其他法律部门相比，在内容和形式上有自己的独特之处。

（一）内容上的特点

（1）行政法涉及的领域极为广泛，就公民个人而言，从其出生到死亡，都属于行政管理的领域。同时，行政权力的内容、行政管理的方式非常丰富。

（2）行政法规范具有易变性。需要注意的是，行政法的易变性是相对于其他法律部门而言的，作为法律规范，它仍然具有相对稳定性。

（3）实体性规范与程序性规范相交织并共存于一个法律文件之中。此特点的具体表现有二：一是我国的行政诉讼法这一程序法中包含了许多实体性规范；二是我国行政法中存在一类特有的行为规范，即行政程序规范。如在行政许可法中，既有行政许可的实体规范，也有行政许可的程序规范。

（二）形式上的特点

（1）行政法没有完整、统一的行政法典。因涉及的领域广泛且易变，到目前为止，世界各国都未能制定出普遍适用于全部或绝大部分行政领域的完整、统一的行政法典。

（2）行政法有统一的行政程序法典，这是行政法在形式上的重要特点之一。进入20世纪以来，很多国家制定了行政程序法典，如《美国联邦行政程序法》《德国行政程序法》等。我国目前也正在着手制定统一的行政程序法典。

第三节　行政法律关系

法律是调整社会关系的工具，每一个部门法都有其特定的调整对象，即调整特定的社会关系。受行政法调整的在行政活动中发生的各种社会关系就是行政法律关系。

一、行政法律关系的概念及特点

（一）行政法律关系的概念

行政法律关系是指为行政法所调整的，具有行政法上的权利（力）与义务内容的各种社会关系。简言之，行政法律关系就是受行政法调整的行政关系。但行政法律关系和行政关系又有区别，二者的区别主要是：

（1）行政法律关系属于法律关系，体现了国家的意志，由国家强制力作保障；行政关系是一种社会关系，不反映国家意志。

（2）行政法律关系以行政关系为基础，但不等于行政关系，只有当行政关系为行政法调整，具有行政法上的权利（力）与义务时，才转化为行政法律关系；未经行政法调整，不具有行政法上的权利（力）与义务内容的行政关系，均不能转化成行政法律关系。

（二）行政法律关系的特点

（1）在行政法律关系当事人中，必有一方是行政主体。

（2）行政法律关系当事人的权利（力）与义务是由行政法律规范预先规定的。当事人不得自由选择权利（力）、义务，也不得随意放弃权利（力）、转让义务，而只能依据行政法律规范的规定享有权利（力）或承担义务。

（3）行政法律关系具有不对等性。这种不对等性主要表现在两个方面：第一，行政法律关系双方主体的地位不平等。第二，行政法律关系的产生、变更不以双方主体的意思表示一致为必要条件，在绝大多数情况下，行政主体可以单方面地设定或变更行政法律关系，而无须征得相对人的同意。

（4）行政法律关系所引起的争议，在解决方式及程序上有其特殊性。行政法律关系中产生的争议，大都通过司法程序解决，只有在法律明文规定的情况下才可由行政机关或行政裁判机关依照行政程序或行政司法程序加以解决。

二、行政法律关系的构成要素

行政法律关系由行政法律关系主体、客体和内容三大要素组成。

（一）行政法律关系的主体

行政法律关系的主体即行政法律关系当事人，也就是行政法律关系的参与者。行政法律关系当事人的一方为国家行政机关及法律、法规授权的组织，也称行政主体；当事人的另一方，即公民、法人和其他组织，也称行政相对人或行政相对方。

1. 行政主体

行政主体是能够以自己的名义依法拥有和行使行政职权，并能够对行使行政职权的行为造成的后果承担法律责任的机关和组织，包括国家行政机关，以及法律、法规授权的组织等。

2. 行政相对人

行政相对人是指在行政法律关系中与行政主体相对应，处于被管理和被支配地位的法人、组织或个人。根据我国现行法律的规定，在具体的行政法律关系中可以成为行政相对人的主要有国家组织、企事业单位、社会团体、公民以及在我国境内的外国组织、外国人和无国籍人等。

（二）行政法律关系的客体

行政法律关系的客体是指行政法律关系当事人的权利（力）、义务所指向的对象。它包括物、行为和精神财富等。

1. 物

作为行政法律关系客体的物，可以是物质形式，也可以是货币形式；可以是消费资料，也可以是生产资料。

2. 行为

行为作为行政法律关系的客体，包括作为和不作为，它可以是行政主体的行为，也可以是行政相对人的行为。

3. 精神财富

作为行政法律关系客体的精神财富，是指行政法律关系主体从事智力活动所取得的成果，如学术著作、专利、发明等。

（三）行政法律关系的内容

行政法律关系的内容即行政法律关系主体所享有的权利（力）和所承担的义务的总和。行政法律关系中双方当事人在具体的法律关系中的权利（力）和义务是不同的，但是任何一种行政法律关系主体之间产生的权利（力）和义务都是相对应的，即一方享有的权利（力）就是另一方必须承担的义务，一方承担的义务也就是另一方能够享有的权利（力）。

在行政法律关系主体的权利（力）中，行政主体的权力具有特殊性，它既是权力又是义务。因此，行政主体对自己所享有的行政职权不能放弃，而必须依法行使，若有违法或失职，便要承担相应的法律责任。

行政主体的行政职权主要有：行政规范权、行政命令权、行政处罚权、行政处理权、行政执行权、行政司法权等。行政主体的职责主要有：遵守行政法律、法规、规章；履行行政职务；遵守行政权限；遵循法定程序；符合行政目的，行政合理、适当；等等。

行政相对人在行政法律关系中的权利主要有：参加和了解行政管理权、隐私保密权、行政监督权、行政救济权等。行政相对人所承担的义务主要有：遵守法律、法规和规章，服从行政命令，协助行政管理，等等。

三、行政法律关系的产生、变更与消灭

（一）行政法律关系的产生

行政法律关系的产生是指由于一定的法律事实而在行政主体和行政相对人之间形成的特定的权利（力）、义务关系。除了必须存在行政法律关系的主体和客体以外，行政法律关系的产生还必须具备以下两个基本条件：

（1）具有相应的行政法律关系赖以发生的法律根据，即有行政法律规范的存在。

（2）具有导致行政法律关系发生的法律事实。这种法律事实包括法律事件和法律行为。法律事件是指能够导致行政法律关系产生、变更和消灭的不依人的意志为转移的客观现象；法律行为是指能够引起行政法律关系产生、变更和消灭的人的有意识的活动。

行政法律关系的产生，必须有相应的行政法律规范的存在，同时有相应的法律事实产生，两者缺一不可。

（二）行政法律关系的变更

行政法律关系的变更是指行政法律关系要素的变更，包括主体变更、客体变更和内容变更。

1. 行政法律关系主体变更

行政法律关系主体变更包括主体的增加、减少和改变。如作为一方当事人的行政机关被合并到另一个行政机关，便属于行政法律关系主体的变更。

2. 行政法律关系客体变更

行政法律关系客体变更是指行政法律关系当事人权利（力）义务所指向的对象（物、行为和精神财富）发生变更。如行政相对人申请复议，要求撤销行政机关作出的违法的行政行为，后又补充要求责令该行政机关赔偿因违法行政行为所造成的损害等。

3. 行政法律关系内容变更

行政法律关系内容变更是指行政法律关系双方当事人的权利（力）义务发生变化。如在税收法律关系中，税率变化导致征税数额变化。

（三）行政法律关系的消灭

行政法律关系的消灭是指行政法律关系权利（力）义务消灭。这主要有以下两种情况：

（1）一方或双方当事人消灭，从而使原行政法律关系消灭。

（2）行政法律关系的全部内容因被撤销或履行不复存在，从而使行政法律关系消灭。

第四节　行政法的渊源与分类

一、行政法的渊源

行政法的渊源是指行政法的外部表现形式。

（一）宪法

宪法是国家的根本大法，规定国家的根本制度和基本制度等，具有最高的法律地位和法律效力，是各项立法的依据。宪法中关于行政权的来源、行政权行使原则、行政机关的权力分配、行政机关的设立、组织及相互关系等的规定即是行政法的渊源。

（二）法律

法律是全国人大及其常委会制定的规范性文件的总称。其中全国人大制定的规范性文件称为基本法律，全国人大常委会制定的规范性文件称为一般法律。如《中华人民共和国国务院组织法》（以下简称《国务院组织法》）、《中华人民共和国行政诉讼法》（以下简称《行政诉讼法》）等属于基本法律，而《中华人民共和国国家赔偿法》（以下简称《国家赔偿法》）、《中华人民共和国行政复议法》（以下简称《行政复议法》）等属于一般法律。

（三）行政法规

行政法规是指国务院为了实现对国家的政治、经济、教育、科技、文化、外事等各项事务的管理，依据宪法和法律制定的规范性文件的总称。

（四）地方性法规

地方性法规是指省、自治区、直辖市的人大及常委会，设区的市、自治州的人大及其常委会，在不与宪法、法律、行政法规相抵触的前提下所制定和颁布的规范性文件的总称。如北京市人大常委会制定的《北京市文物保护管理办法》、厦门市人大常委会制定的《厦门市城市规划条例》等就属于此类。

（五）自治条例和单行条例

自治条例和单行条例是指民族自治地方的人大依据宪法、民族区域自治法和其他法律规定的权限，结合当地的政治、经济和文化的特点所制定的规范性文件的总称。自治区的自治条例和单行条例报全国人大常委会批准后生效；自治州、自治县的自治条例和单行条例报省、自治区或直辖市人大常委会批准后生效并报全国人大常委会备案。自治条例和单行条例是民族自治地方的行政机关进行行政管理的法律依据之一，也是我国行政法的渊源。

（六）规章

规章分为部门规章和地方政府规章两种。部门规章是指国务院各部、委员会、中国人民银行、审计署和具有行政管理职能的直属机构，根据法律和国务院的行政法规、决定、命令，在本部门的权限范围内，依照法定程序制定的规范性文件的总称。地方政府规章是指享有地方性法规制定权限的同级人民政府，根据法律、行政法规和本区域的地方性法规，依法制定的规范性文件的总称。

（七）法律解释

有权机关对法律、法规、规章所作出的解释，包括立法解释、司法解释、行政解释。

（八）国际条约

我国批准或参加的国际条约，因其内容涉及我国的行政管理而成为行政法的渊源，如《万国邮政公约》《国际劳工公约》等。

二、行政法的分类

行政法的内容十分广泛，依据不同的标准，可将行政法分成不同的种类。常见的行政法分类主要有以下几种。

（一）一般行政法与特别行政法

这是以行政法调整对象的范围为标准对行政法所作的划分。一般行政法是对一般行政关系加以调整的法律规范的总称，如行政组织法等。特别行政法是对某一方面或某一领域的行政关系加以调整的法律规范的总称，如教育行政法。

（二）实体行政法与程序行政法

这是以行政法规范的性质为标准划分的。实体行政法是规范行政法主体权利（力）、义务等实体内容的行政法规范的总称。程序行政法是行政主体在实施行政行为时所遵循的方法、步骤、时限和顺序的行政法规范的总称。

（三）行政组织法、行政行为法、行政监督法和行政救济法等

这是以行政法的作用为标准对行政法进行的划分。行政组织法是规范行政主体的设置、编制、职权、职责等内容的行政法；行政行为法是规范行政主体行使行政职权的活动的行政法；行政监督法是规范特定行政主体对于一般行政主体的行为如何进行监督审查的行政法；行政救济法是规定如何对违法、不当或其他行政行为造成的后果进行救济的行政法。

（四）经济行政法、军事行政法、民政行政法、卫生行政法、公安行政法等

这是以国家行政管理部门或行政管理领域的划分为标准对行政法进行的分类。经济行政法即国家运用行政手段管理和调控经济生活的行政法；军事行政法即国家用以管理军队编制、军事装备、军事行动及兵役制度等方面的行政法；公安行政法即国家管理社会治安、公共安全的行政法；等等。按照这种分类方法，国家有多少行政管理部门，管理多少行政领域，就有多少种行政法。

第五节　行政法的基本原则

一、行政法的基本原则的含义及特点

行政法的基本原则是指指导和规范行政机关的立法、执法以及行政争议的处理活动的最主要、最具有普遍价值的原则，一般包括行政合法性原则和行政合理性原则。行政法的基本原则具有以下特点：

（一）行政法的基本原则具有普遍性

它一方面贯穿于全部行政法中，对各类行政规范均具有指导作用；另一方面它又贯穿于行政立法、行政执法、行政司法等行政法治活动的各个方面，指导着行政管理活动。

（二）行政法的基本原则具有基础性

行政法中其他具体的原则和规则必须反映、体现和服从行政法的基本原则，是行政法基本原则的具体化。

（三）行政法的基本原则具有特殊性

行政法的基本原则是行政法这一独立法律部门所特有的原则，不是适用于一切统治工具或管理工具的原则，也不是适用于一切法律规范或一切法律部门的原则。

二、行政合法性原则

（一）行政合法性原则的含义

行政合法性原则是行政法治的核心内容。它是指行政权的存在、行使必须依据法律，符合法律，不得与法律相抵触。行政合法性原则要求行政主体必须严格遵行行政法律规范的要求，不得享有行政法律规范以外的特权，超越法定权限的行为无效；违法行政行为依法应受到法律制裁，行政主体对其行政违法行为承担相应的法律责任。

行政合法性原则不仅指合乎实体法，也指合乎程序法。实体法是指规定行政主体在行政管理活动中的权利（力）和义务关系的行政法律规范；程序法则是为保证行为程序公正，没有偏私，从而保障实体权利（力）得以实现的法律规范。

（二）行政合法性原则的具体要求

（1）行政职权必须基于法律的设定和授予才能存在。

（2）行政职权必须依据行政法律规范行使。

（3）行政授权、行政委托必须有行政法律规范的依据，必须符合行政法律规范的要求。

参考案例1-1

彭某诉某理工大学教育管理行政不作为案

原告彭某系被告某理工大学某专业2005级学生，2007年2月26日，彭某在一门课程考试中代同院学生李某考试，同年3月7日，彭某因替考被该理工大学以考试舞弊论，并处以勒令退学的处分。2008年3月12日，彭某书面向被告申请成为旁听生，并申请学校在其修完专业课程后证明其已修课程与成绩。次日，被告工作人员宋某在原告上述书面申请上批注："同意作为进修生继续学习，学业结束学校只出具成绩证明。"彭某修完四年的学业之后，学校不同意颁发毕业证书，于是彭某将某理工大学告上法庭。当地市中级人民法院经过开庭审理，认为依据《教育法》和《普通高等学校学生管理规定》的相关条文，彭某被该理工大学录取后即享有该大学学籍，取得在该校学习的资格，同时应接受该校管理。教育者在管理受教育者时有相应的教育自主权，故彭某因替考违纪受到处分，是有事实和法律依据的。然而，本案有证据证明该处分决定公示后，学校仍同意彭某作为进修生继续学习，继续按有学籍之学生管理，未给彭某办理注销学籍、退学、迁移户口（档案）等手续，导致彭某在该校修满四年学业，参与学校安排的考试、实习和毕业设计，成绩合格。由于学校的失误与不作为，对彭某的处分实际上未得以执行，因此彭某实际上也就没有丧失被告某理工大学的学籍。

资料来源：胡锦光．行政法案例分析［M］．3版．北京：中国人民大学出版社，2010：20．

三、行政合理性原则

（一）行政合理性原则的含义

行政合理性原则是指行政主体不仅应当按照行政法律规范所规定的条件、种类和幅度范围作出行政行为，而且要求行政行为的内容符合立法精神和目的，符合公平正义等法律理性。

行政合理性原则产生的主要原因，是行政裁量权的存在。行政裁量权是指在法律规定的条件下，行政主体根据其合理的判断，决定作为或不作为，以及如何作为的权力。由于社会事务的复杂多变，使法律无法对所有的行政活动都作出明确规定，行政主体只能在法律原则的指导下，运用裁量权，根据客观情况采取适当的措施或作出合适的决定。行政主体拥有裁量权并不意味着行政主体可以为所欲为，其实施要基于立法精神和目的以及社会大多数人的公平正义观念。

（二）行政合理性原则的具体要求

行政合理性原则作为一个普遍适用的行政法基本原则，具体要求包括：

（1）行政行为的动因应符合立法目的。

（2）行政行为应建立在正当考虑的基础上，不得考虑不相关因素，适用法律规范平等，不得对相同事实给予不同对待。

（3）行政行为的内容合乎情理。

参考案例 1-2

肖某诉某县公安局治安处罚案

本案原告肖某及肖某善、肖某怀与第三人肖某胜之间存在土地权属纠纷，双方的矛盾一直未得以解决。2004 年 5 月 7 日，肖某及肖某善、肖某怀将第三人在争议土地上的十几棵树苗拔掉，其中原告拔掉了两棵，价值不足 10 元。后原告在第三人报案后将两棵树苗归还第三人并重新栽种，成活一棵。在对双方调解不成的情况下，当地公安局依《治安管理处罚条例》（《治安管理处罚条例》已于 2006 年失效，取而代之的是自 2006 年 3 月 1 日起实施的《治安管理处罚法》）对原告等三人各处行政拘留 5 日的处罚。原告不服，申请复议，某市公安局作出了维持复议的决定；原告仍不服，向人民法院提起了行政诉讼。2006 年，某县人民法院经过开庭审理后认定，原告的行为属于故意毁坏他人财物的违法行为，但数额较小，且采取了补救措施，社会危害性小，故被告对原告处以行政拘留 5 日的处罚过重，属于行政处罚显失公正，依据《行政诉讼法》的相关规定，变更被告作出的行政处罚，由拘留 5 日改为罚款 50 元。

资料来源：应松年，董皞．行政法与行政诉讼法学案例教程［M］．北京：法律出版社，2005：17.

【引例分析】

本案争议的焦点是，全国牙防组不是行政机关，但是否可以成为适格的刑事诉讼被告？

一方面，产品认证是为了保证产品质量、提高产品信誉、保护用户和消费者的利益，一旦产品包装上出现认证标志，通常会使消费者对产品产生初步的信任。消费者之所以信任全国牙防组之类的机构作出的认证，是出于对政府或者中立非营利性中介组织的信任。而国家相关法律也对这类中介组织进行行为规范，比如《消费者权益保护法》明文规定，消费者组织不得从事商品经营或者营利性服务，不得以收取费用或者其他牟取利益的方式向消费者推荐商品或服务。另一方面，行政主体是一个行政法学理中的概念，法律条文中并不存在，指依法享有行政职权、可以以自己的名义实施行政行为并能独立承担起法律效果的组织，要成为行政组织，必须满足权力、名义和责任三大要件。在本案中，全国牙防组作为消费者组织，本身并不具备行政主体资格，在向消费者推荐产品时，也未引入卫生部作为其权力来源。因此，对全国牙防组的行政诉讼不符合我国关于行政主体的定位，超越了行政诉讼的范围，不能成立。

【本章小结】

行政法上的行政通常指国家行政，即国家行政机关或者法律法规授权行使行政职能的组织、具有公共职能的社会组织对国家和公共事务的组织、管理、决策与调控。行政法律关系由行政法律关系主体、客体和内容三大要素组成。行政法的渊源是指作为法律部门的行政法的外部表现形式，主要包括国家有权机关制定的规范性文件，即宪法、法律、行政法规、地方性法规、自治条例和单行条例、规章、法律解释、国际条约等。行政法的内容十分广泛，依据不同的标准，可将行政法分成不同的种类。常见的行政法分类主要有一般行政法与特别行政法，实体行政法与程序行政法，行政组织法、行政行为法、行政监督法和行政救济法等。行政法的基本原则，是指指导和规范行政的立法、执法以及行政争议的处理的最主要、最具有普遍价值的原则。行政法的基本原则具体可分为行政合法性原则、行政合理性原则。

【练习题】

1. 名词解释

行政合法性原则　地方政府规章

2. 思考题

（1）行政法律关系的构成要素有哪些？

（2）行政法的渊源有哪些？

（3）常见的行政法的分类有哪些？

3. 案例分析题

张某诉某物业管理公司罚款案

某物业管理公司在小区门口悬挂了一块牌子，牌子上写着“非小区人员未经同意，禁止入内，否则罚款 50～100 元”。一日，某县郊区农民张某好奇，一定要进入小区参观，在门口与保安发生争执。保安随即扣留张某，并对张某罚款 50 元。张某不服，向人民法院提起行政诉讼。人民法院依法裁定不予受理，并告知其应该向人民法院提起民事诉讼。有人认为，《行政处罚法》明确了“罚款”作为行政处罚种类的一种，物业公司也是同样作出了罚款决定，为什么对于行政机关作出的行政处罚决定需要通过行政诉讼途径解决，而法院却不受理张某提起的行政诉讼？

问题：

某物业管理公司与张某之间是行政法律关系还是民事法律关系？

分析要点提示：

行政法是规定行政主体和行政相对人之间法律关系的法律，不涉及平等民事主体之间的法律关系。本案中，小区物业公司尽管也使用了“罚款”字样，但此种罚款在性质上和权力来源上与《行政处罚法》所规定的罚款存在本质差异。第一，物业管理公司不是行政机关，不享有行政权；行政机关在作出行政处罚决定时是基于行政权享有者的身份。第二，物业管理公司作出的罚款决定权源于自力救济权；而行政机关作出的行政处罚决定权源于国家强制权。在行政诉讼中，被告只能由行使行政职权的行政机关或者法律、法规、规章授权的组织充当。这是因为，行政诉讼所要解决的问题是行政行为是否合法，而行政行为是由行政机关或者法律、法规、规章授权的组织作出的。行政诉讼的被告具有恒定性，即只能由行政机关或者法律、法规、规章授权的组织充当。因此，本案中的法律关系不是行政法律关系，而是民事法律关系，只能通过民事诉讼途径解决，而不能通过行政诉讼途径解决。

本问题的解决涉及自力救济。自力救济（又可称为私力救济）是指在某一特定利益遭受侵害或与某一特定利益相联系的权利被侵犯之后，享有救济权的当事人在法律许可的范围内以自己或他人的力量实现对侵害的补偿并防止受到更大的损害。自力救济是公民自我保护、自我发展的不可或缺的权利，是人权在民法领域中的体现。我国民法对此没有规定，导致现实生活中自力救济行为失范，纠纷频发。根据一般规则，自力救济不得超出必要的限度，需要根据侵权人的行为状况采取相应的行为，本案中的物业管理公司已经超出了自力救济的范围行使了该项权利，人民法院应该适用不当得利规则判决物业管理公司返还“罚款”。

第二章　行政主体

【本章引例】

原告刘某于2005年11月3日为佳士得北京永乐国际拍卖有限公司主持拍卖活动，后来中国拍卖行业协会（以下简称拍卖协会）经调查认定，佳士得北京永乐国际拍卖有限公司进行的拍卖活动未经过原北京市商委和商务局的批准。于是在2005年11月18日，拍卖协会向刘某作出了中拍协字〔2005〕第31号《关于吊销刘×拍卖师执业资格证书的通知》。通知的内容为：

刘×先生：因你本人为非拍卖企业主持拍卖活动，违反了《关于加强拍卖师监督管理的若干规定（试行）》第16条"拍卖师不得以个人名义为非拍卖企业主持拍卖活动"之规定，经研究，决定给予你吊销《中华人民共和国拍卖师执业资格证书》的处罚。自即日起，你不得再主持拍卖活动。

资料来源：胡锦光．行政法案例分析［M］. 3版．北京：中国人民大学出版社，2010：33.

【本章学习目标】

通过本章的学习，你应该能够：

（1）了解行政主体的范围以及职权。
（2）掌握行政机关的种类。
（3）区分受委托的组织与被授权的组织。
（4）掌握公务员的法律身份。
（5）把握行政相对人的基本特征。

第一节　行政主体概述

一、行政主体的含义和特征

所谓行政主体，是指享有国家行政权力，能以自己的名义从事行政管理活动，并独立承担由此产生的法律责任的组织。行政主体具有如下特征。

（一）行政主体是享有国家行政权力、从事行政管理活动的组织

这一特征将行政主体与其他国家机关、组织区别开来。如国家权力机关、监察委员

会、人民法院、人民检察院以及一般的企事业单位和社会团体，由于上述组织不享有宪法和法律赋予的行政权力，因而不能成为行政主体。行政机关依法享有国家行政权力，是最重要的行政主体，但不是唯一的行政主体，某些行政机构、企事业单位和社会团体基于法律、法规的特别授权，也可以享有部分行政权力，从而成为行政主体。

（二）行政主体是能够以自己的名义行使行政权力的组织

这主要是指行政主体应当具有独立的法律人格，能独立地对外发布决定和命令，独立采取行政措施等。这一特征将行政主体与行政机关的内部机构和受行政机关委托执行某些行政管理任务的组织区别开来。另外，受行政机关委托执行某些行政管理任务的组织，如城市的治安联防组织，由于其不能以自己的名义作出行政决定，而只能以委托的行政机关的名义作出，因此其不具有行政主体资格。

（三）行政主体是能够独立对外承担其行为所产生的法律责任的组织

能否独立承担法律责任，是判断行政机关及其他组织是否具备行政主体资格的关键性条件。如果某一组织仅仅行使国家行政权力，实施国家行政管理活动，但并不承担因此产生的法律责任，则不是行政主体。要成为行政主体，必须能够独立参加行政复议和行政诉讼活动，独立承担因实施行政权力而产生的法律责任，因而行政机关的内部工作机构和受国家行政机关委托的组织或个人不能成为行政主体。

二、行政主体与其他相关概念的关系

（一）行政主体与行政机关

1. 行政主体主要由行政机关充当

在行政管理活动中，行政机关并不是唯一的行政主体。行政机关以外的社会组织，如果得到法律、法规的授权，也会拥有一定的行政职权，享有与行政机关同样的法律地位。

2. 行政机关并不是在任何情况下都是行政主体

如有些政府临时设置的机关只负责管理内部事务，并不对外行使职权，也不承担相应的责任，因此不能成为行政主体。同时，在民事法律关系中，行政机关可以成为民事法律关系的主体；在行政法律关系中，行政机关既可以是行政主体，也可以是行政相对人。

（二）行政主体与公务员

行政主体是组织，无法自行实施行政管理活动，而必须由其内部的工作人员即公务员来完成。公务员并不是行政主体，不能以自己的名义而只能以其所在行政机关的名义作出行政行为，并由行政机关来承担行为的后果。

（三）行政主体与行政法律关系主体

行政法律关系主体不单指行政主体，还包括行政相对人。

三、行政主体的分类

根据不同的标准，行政主体可以进行如下分类。

（一）外部行政主体与内部行政主体

根据行政主体实施行政职权的范围，行政主体可分为外部行政主体和内部行政主体。外部行政主体是指依法对本行政主体之外的行政相对人实施行政管理权的行政主体，内部行政主体是指依法对本行政主体的组成机构、公务员或隶属于本行政主体的其他行政主体实施行政管理权的行政主体。在实际行政管理活动中，有的行政主体具有内部行政主体与外部行政主体的双重身份。

（二）中央行政主体与地方行政主体

根据行政主体的职权范围的不同，行政主体可分为中央行政主体和地方行政主体。

（三）职权行政主体与授权行政主体

根据行政主体职权的性质与法律来源的不同，行政主体可分为职权行政主体与授权行政主体。职权行政主体是指行使宪法、法律和法规赋予的固有行政职权的行政主体；授权行政主体则是指行使法律、法规规定的或有权机关依法转予的非固有职权的行政主体。前者如中央和地方各级人民政府及其职能部门，后者如行政机关职能部门的派出机构、经授权的事业单位或其他社会组织。

（四）地域性行政主体与公务性行政主体

根据行政主体管辖对象的不同，行政主体可分为地域性行政主体与公务性行政主体。

第二节　行政机关

一、行政机关的概念和特征

行政机关是指一个国家的统治阶级根据其统治意志，依照宪法和有关法律的规定，行使国家权力、组织管理国家行政事务的机关。国家行政机关也称国家管理机关，简称政府，是国家机构的重要组成部分，是行政法最常见的主体。

我国的行政机关由国家权力机关产生，是国家权力机关的执行机关，也是行政事务的管理机关。它对权力机关负责，接受权力机关的监督。这种关系体现了社会主义国家实行民主集中制的原则，而与资本主义国家奉行“三权鼎立”的理论和原则是不同的。

行政机关具有如下特征。

（一）行政机关是国家机关，是由国家设置、代表国家行使国家职能的机关

行政机关的这一特征使其与政党、社会组织和团体相区别。政党，特别是执政党，尽管其能对国家政治、经济发展起重要作用，但其不是国家机关。社会组织和团体虽然经法律法规授权，也可以行使一定的国家行政职权，但其不是由国家设置的专门代表国家行使国家职能的，因而不属于国家机关。

（二）行政机关是行使国家行政职能的国家机关

这一点使其与立法机关和司法机关相区别。立法机关和司法机关虽然也是国家机关，但立法机关行使的是国家立法职能，司法机关行使的是国家司法职能，而行政机关行使的是国家行政职能，即执行法律、管理国家内政外交等事务的职权。

（三）行政机关是依照宪法和组织法的规定而设置的行使国家行政职能的国家机关

这一点就使其与法律法规授权的组织区别开来。法律法规授权的组织不是依照宪法和组织法的规定设置的，因此不是行政机关。行政机关既行使一般行政职权，也行使特别职权，而法律法规授权的组织只能行使特别职权。

二、行政机关的分类

（一）中央行政机关和地方行政机关

中央行政机关是指管理全国范围内行政事务、行使行政职权的行政机关，包括国务院和国务院各部委、国务院直属机构和国务院办事机构。

地方行政机关是指管理地方行政事务、行使行政职权的行政机关，地方行政机关包括地方各级人民政府及其工作部门。

（二）一般权限行政机关与部门权限行政机关

一般权限行政机关是指对本行政区域范围内的行政事务进行宏观管理的行政机关，主要是指各级人民政府。部门权限行政机关是指根据宪法和法律的规定对本行政区域范围内的某些特定、专门的行政事务进行管理的行政机关，主要是指各级人民政府所设置的内部机构。

（三）外部管理行政机关与内部管理行政机关

外部管理行政机关是指依据宪法和法律的规定，以维持社会秩序为目的，以相对人为管理对象，对社会事务进行管理的行政机关。在我国，大多数行政机关都可以对社会事务进行管理，是外部管理行政机关。内部管理行政机关是指依据宪法和法律的规定，以维持行政机关的内部秩序为目的，以公务员为管理对象，对行政机关内部事务进行管理的行政机关。如行政机关内的办公室（厅）等，它们只对行政机关的内部事务进行管理。

（四）派出机关与派出机构

派出机关是指各级人民政府派出的代表该级人民政府进行管理的行政机关。在我国，派出机关共有三个：（1）行政公署，是省、自治区人民政府的派出机关；（2）区公所，是县、自治县人民政府的派出机关；（3）街道办事处，是市辖区、不设区的市人民政府的派出机关。

派出机构是指由各级人民政府职能部门派出的代表该职能部门进行管理的行政机关。通常情况下，县级人民政府的职能部门设置派出机构，县级以上人民政府职能部门不设派出机构。如公安局或者公安分局设置的公安派出所、税务局设置的税务所等，都属于派出机构。

参考案例 2-1

原告石某之女石某琼于2008年1月8日乘坐张某的摩托车回开县和谦镇，途经温泉镇，因天气寒冷，二人便在该镇东方红旅社304号房间同宿。当晚被告开县公安局下辖的温泉镇派出所接报警来此“打黄”，见二人既无身份证又无结婚证，遂分别询问，二人各说一词。公安机关认为有违法嫌疑，便将二人带回派出所，后经核实，二人不是夫妻，同是和谦镇人，石某琼已离婚，张某有妻子，双方属自愿行为，并未有金钱交易，他们要求保密，不要让其家人知道，并拒绝提供各自家属的联系方式。当晚凌晨1时许，该派出所民警让石某琼先行离所，在对张某进行了批评教育后，其找人代写了检讨。2008年1月9日早晨8时许，石某琼被发现躺在温泉镇农贸市场梯子处，后经抢救无效死亡，经重庆市公安局物证鉴定中心尸检鉴定，石某琼系高坠致颅脑损伤并发中枢性呼吸循环衰竭死亡。原告认为自己的女儿在温泉镇派出所民警控制其人身自由时死亡，遂向法院起诉温泉镇派出所的上级主管部门开县公安局，请求判决确认被告限制石某琼人身自由并致其死亡的行为违法，并赔偿损失。一审法院经过审理，认定开县公安局违法，并判其赔偿死者家属8.9万元。

第三节　被授权的组织和受委托的组织

国家行政机关与国家公务员以外的其他行政活动实施者的权力来源主要有两种：一是行政授权；二是行政委托。在我国，除行政机关行使行政职权外，非国家机关的组织在一定条件下也行使行政职权。这类组织包括法律法规授权的组织和行政机关委托的组织，这两类组织在法律上的地位有所不同。

一、法律法规授权组织

（一）法律法规授权组织的含义

法律法规授权组织是指依照法律、法规、规章授权而行使特定行政职权的非国家机关组织。

1. 法律法规授权组织是指非国家机关的组织

此类组织是国家机关以外的社会组织，当然就更不是行政机关。目前，我国法律对此类组织的性质没有作出限制。也就是说，这类组织可以是任何性质的组织，包括企业组织、事业组织、社会团体、基层群众性自治组织等。

2. 法律、法规、规章授权

此类组织按其本来的性质并不具有行政职权，其之所以可以进行行政管理，在于其获得了授权，而能够对这些组织进行授权的，仅限于法律、行政法规、地方性法规和规章。此四种法律文件以外的其他规范性文件都不得进行授权，如果进行授权，也只是委托，而不是行政法意义上的授权。《行政诉讼法》第 2 条规定："公民、法人或者其他组织认为行政机关和行政机关工作人员的行政行为侵犯其合法权益，有权依照本法向人民法院提起诉讼。前款所称行政行为，包括法律、法规、规章授权的组织作出的行政行为。"

3. 法律法规授权组织行使的是特定行政职权，而不是一般行政职权

一般行政职权是指行政机关根据宪法、各种组织法而获得的行政职权，特定行政职权是指单行法律、法规、规章基于处理特定行政事务的需要而规定的行政职权。

（二）法律法规授权组织的范围

只有那些有处理社会公共事务的必要和条件的组织，法律、法规、规章才可以将特定行政职权授予它们。如果该组织没有处理社会公共事务的必要和条件，法律、法规、规章就不能或者不需要把特定行政职权授予该组织。

1. 行政机构

行政机构是作为行政机关的内部机构而存在的，对外一般不拥有独立的职权与职责，只能以其所属机关名义对外行使职权，不以自己的名义对外实施管理行为，不具有行政主体资格。但是，在当今公共管理需求不断增多，行政事务的专业性、技术性、复杂性不断增强的情况下，为有效实施行政管理、维护社会秩序和公共利益，法律、法规、规章常常明确授权行政机构可以用自己的名义独立对外行使某方面或某项行政职权，并承担相应的法律责任。于是，经过法律、法规、规章授权的行政机构便具有行政主体资格。

根据现行法律规定和我国行政活动运行的实际情况，可将能够取得行政主体资格的行

政机构分为以下三类：

（1）行政机关的某些内设机构。即依照组织法和国家行政管理的需要而设立的行政机关内设机构，既包括各级人民政府所属的内设机构，也包括政府职能部门的内设机构。目前，依法得到授权而成为行政主体的，主要是政府职能部门的某些内设机构。

（2）政府职能部门的某些派出机构。政府职能部门可根据工作需要在一定区域内设置派出机构，代表该职能部门从事一定范围内的某些行政事项的管理工作，如公安派出所、税务所、工商所等。尽管它们原则上没有独立的法律地位，但经过法律、法规、规章的授权后，就获得了行政主体资格。由于行政活动的复杂性和广泛性，法律法规和规章对派出机构的授权，有的以概括方式进行，如《中华人民共和国税收征收管理法》第 2 条、第 14 条对税务机关进行了概括性授权，使其获得了行政主体资格；有的以列举方式进行，如根据《中华人民共和国治安管理处罚法》第 91 条的规定，在处以“警告、五百元以下的罚款”的行政处罚事项范围内，公安派出所被赋予了行政主体资格。

（3）依照法律、法规、规章授权而直接设立的专门行政机构。例如《中华人民共和国专利法》规定，专利局设立专利复审委员会，作为行使专利复审权的专门机构，专门审查有关对专利局驳回申请决定不服的，或者对专利局撤销或维持专利权决定不服的行政纠纷案件。此外，依《中华人民共和国商标法》（以下简称《商标法》）规定设立的商标评审委员会，依《中华人民共和国计量法》设立的计量检查机构等，都属于行使专项职权的专门机构，具有行政主体资格。

2. 企业组织

企业组织主要是行政管理的对象，但在特定情况下，法律、法规也可以授权其行使一定的行政职能。在我国体制转轨过程中，由一些原政府主管部门转变或改建而成的行政性公司大量出现，例如，物资主管部门改为物资公司，煤炭主管部门改为煤炭统配公司，以及烟草公司、自来水公司、燃气公司等。法律法规往往授权其行使原行政机关行使的某些行政管理职能，而使其成为行政主体。

3. 事业组织

事业组织是指为国家改造或改善生产条件，从事为工农业生产服务活动，不以营利为目的的单位。事业单位比较复杂，就其性质而言，事业单位不是行政机关，不具有行政主体地位。但更多的情况下，它接受法律、法规的授权，实施某项行政活动，此时即为具有行政主体地位的事业单位。例如，《中华人民共和国教育法》（以下简称《教育法》）授权公立学校及其他公立教育机构招收学生，并对其进行处分，这种权力就属于行政性权力。

参考案例 2-2

原告肖某是河南某大学的一名在校生，2011 年 6 月 18 日，肖某参加全国大学英语四级考试，他使用电子橡皮欲查看答案时被监考老师发现。当天，学校在校园张贴通告，主要内容为肖某的行为已构成严重考试作弊，该考试成绩无效，根据该校《学生违纪处分规定》第 23 条的规定，给予开除学籍处分。2011 年 6 月 20 日，学校向肖某送达了该校《学生违规处理告知书》。学校于当年 6 月 22 日作出《关于给予肖某开除学籍处分的决定》，决定给予肖某开除学籍的处分。2011 年 6 月 24 日，肖某向学校学生申诉处理委员会提出申诉，但无果。肖某又于同年 9 月 27 日向河南省教育厅提出申诉，仍无果。同年 11 月，肖某向某市某区人民法院提起行政诉讼，称自己虽然在考试中持有作弊工具，但并未实际使用，属于作弊未遂，且系初犯，事后承认了错误，有悔改表现，学校的处罚太重。法院经审理认为，教育部发布的2005年9月1日施行的《普通高等学校学生管理规定》第52条规定，对有违法、违规、违纪的学生，学校应当给予批评教育或者纪律处分。学校给予学生的纪律处分，应当与学生违法、违规、违纪行为的性质相适应。根据上述规定，学校开除肖某学籍的处分，处罚偏重，且根据《普通高等学校学生管理规定》第56条的规定，学校在对学生作出处分决定之前，应当听取学生或者其代理人的陈述和申辩。但该校是先作出开除学籍的处分，然后才听取肖某的陈述和申辩，属于程序违法。综上，2011年12月26日，法院判决该校撤销对肖某开除学籍处分的决定，在判决生效之日起10日内恢复其学籍。

资料来源：大学生起诉学校案例：大学生考试作弊开除学籍，法院判其程序违法［EB/OL］.［2020-05-06］. http：//www.fl168.com/lawyer/hujin/blog/368644.html.

4. 社会团体、群众性自治组织等

在行政管理活动中，经法律、法规、规章授权，社会团体如工会、共青团、妇联等，群众性自治组织如城市居民委员会、农村村民委员会等，都可以进行一定行政职能活动，成为行政主体。如地方性法规规定了村民委员会的职权包括土地补偿费的使用、税费收缴、集体财产的承包租赁经营、优抚、救灾救济、宅基地审批等行政管理职权。

（三）法律地位

法律法规授权组织有以下两种法律地位。

1. 行政主体

即在法律、法规、规章授权范围内行使所授行政职权时，法律法规授权组织与行政机关处于同等的行政主体地位。法律法规授权组织在行使行政职权时，以自己的名义进行，也以自己的名义承担相应的法律责任。

2. 非行政主体

法律法规授权组织实施授权范围之外的事项时，不享有所授予的行政权力，不是行政主体。例如，高等教育机构在行使颁发学位证书的权力时，是接受授权的行政主体，在除此之外所发生的学校与学生的日常教学关系中，高等教育机构则不是行政主体。

二、受行政机关委托组织

（一）受行政机关委托组织的含义

当某些行政主体因受条件限制或由于存在特殊原因，例如人员不足、专业人员水平和技术装备暂时不适应行政管理的客观需要等，无法亲自行使某项行政管理职权，难以负担起某方面或某项行政管理任务，则可以通过实施行政委托，由其他组织或人员代其具体行使行政职权，以达成行政管理目标，于是行政委托制度便应运而生。受行政机关委托组织是指受行政机关委托行使一定行政职权的组织。行政机关委托组织与法律法规授权组织相同，也是非国家机关的社会组织。该组织所行使的行政职权来源于行政机关的委托，而非直接来源于法律法规的授予。受委托组织只能根据行政机关的委托行使特定的行政职权，而不是一般的行政职权。

（二）受委托组织的范围及委托规则

行政机关委托非国家机关的组织行使行政职权必须遵循以下规则：（1）行政机关的委

托必须有法律、法规和规章的明确依据；(2) 行政机关只能将行政职权委托给具有管理公共事务职能的组织，不得委托给其他组织或者个人；(3) 受委托的组织应当有熟悉法律法规和业务并取得行政执法资格的工作人员，以及应当有条件组织进行相应的技术检查和鉴定；(4) 受委托组织不得再委托。

(三) 法律地位

受行政机关委托的组织在委托的行政职权范围内，只能以委托的行政机关的名义行使行政职权，也由委托的行政机关承担由此产生的法律责任。

三、被授权的组织与受委托的组织的区别

被授权的组织与受委托的组织存在较大差别，受委托的组织不具有行政主体资格，而被授权的组织则有。其具体区别如下。

(一) 性质不同

受委托的组织不具有法律、法规、规章所授予的职权，不是行政主体，只能以委托的行政主体的名义作出行政行为。被授权的组织享有法律、法规、规章所授予的特定的行政职权，属于行政主体。

(二) 产生的依据不同

受委托的组织的权限、范围，只能依行政主体的行政委托行为产生；被授权的组织的行政主体资格则由法律、法规、规章的授权而产生。

(三) 行为的后果不同

受委托的组织的行为后果的法律责任，由行使委托权的行政主体承担，如在行政复议和行政诉讼中，被申请人或被告是行使委托权的行政主体，而不是被委托的组织。被授权的组织则对其行为后果独立承担法律责任。

参考案例2-3

张某诉上海市B区城市交通行政执法大队行政处罚纠纷案

原告张某诉称：2008年4月21日13时许，张某驾车外出寻找门面房，途经本市B区兴塔镇一十字路口时，碰见两个人，要求原告帮忙载一程，将他们带至目的地时遇到了被告的执法人员检查。原告并非从事出租车经营活动，未收取车费，被告用诱骗等不正当手段获取的证据材料不能作为定案依据，故请求判令撤销被告作出的第2200800679号行政处罚决定。被告上海市B区城市交通行政执法大队辩称：根据现场检查笔录、对证人的询问笔录以及原告陈述（申辩）笔录，可以认定原告驾驶非本市车辆，未经批准，擅自从事了起点和终点均在本市行政区域内的出租车经营活动。根据《上海市出租汽车管理条例》第49条第1款之规定，给予其10 000元的行政处罚，认定事实清楚、证据确凿、程序合法，故请求法院判决维持被诉行政行为。

法院经过审理认为：根据《上海市出租汽车管理条例》第4条第2款之规定，被告具有在本行政区域内负责具体实施出租汽车客运监督检查工作的职权。关于执法程序，被告根据现场检查的情况，经过内部立案审批、案件处理审批，告知了原告给予其行政处罚的事实、理由和依据，告知了原告其有陈述和申辩的权利。被告作出的被诉行政处罚具体行政行为，符合《行政处罚法》的有关规定，执法程序合法。关于事实认定，依据现场检查

笔录和对证人的询问笔录，可以确定原告从事了起点和终点均在本市行政区域内的出租车经营活动的事实。从现场检查笔录和对证人的询问笔录来看，原告已与乘客约定好车资，无论原告是否已经实际收取该约定车资，均不影响对原告从事非法营运的定性。关于法律适用，被告认定原告之行为违反了《上海市出租汽车管理条例》第 14 条第 4 款之规定，依据该条例第 49 条第 1 款之规定作出行政处罚决定，并无不当。综上，被告作出被诉行政处罚决定，具有相应的职权依据，事实认定具有相应的证据作为依据，执法程序合法，适用法律、法规并无不当，依法应予以维持。

资料来源：胡锦光．行政法案例分析［M］．3 版．北京：中国人民大学出版社，2010：7.

第四节　公务员

一、公务员概述

（一）公务员的概念、特征与范围

1. 公务员的概念和特征

根据《中华人民共和国公务员法》（以下简称《公务员法》）第 2 条的规定，在我国，公务员是指依法履行公职、纳入国家行政编制、由国家财政负担工资福利的工作人员。

公务员具有以下几个特征：

（1）必须是履行公职的工作人员。履行公职是公务员的核心要素。所谓公职，就是指国家机关、人民团体、公共企业或事业单位中的正式职务。因此，只有在国家机关、人民团体、公共企业或事业单位中担任正式职务的人员才可能属于公务员。这就意味着公务员不是为私人企业或者组织而工作，是为国家和社会公共利益而实施公务活动。

（2）必须是纳入行政编制的工作人员。纳入行政编制意味着只有具有干部身份的人员才可能是国家公务员。如果属于事业编制或没有编制的人员，即使履行公职，也不属于公务员。在我国，中央和县级以上地方各级人民政府都设立了行政编制机构，负责行政编制的管理工作。

（3）必须是由国家财政负担工资和福利的工作人员。公务员的工资和福利来源于国家财政的供给，他们属于国家财政供养的人员。在国家机关或其他公共职能部门工作的人员，如果其工资和福利并非由国家财政负担，那么就不是公务员。但并不是由国家财政供养的人员都是公务员，如公立学校的教师，就不是国家公务员。

（4）必须是依法定方式和程序任用的工作人员。是否依法定的方式和程序任用是判别某人是否为公务员的重要标准。普通公民在符合《公务员法》等法律所规定的条件下，依法定的方式和程序可以成为公务员。任何人未经法定的方式和程序任用均不能自动成为公务员。

只有同时符合以上四个条件，才能成为国家公务员。

2. 公务员的范围

我国的公务员具体指以下机关的工作人员：

（1）中国共产党各级机关的工作人员，包括中央和地方各级党委、纪委的专职领导成员；中央和地方各级党委工作部门和纪检机关的工作人员；街道、乡、镇党委机关的工作

人员。

（2）人民政协的工作人员，包括各级政协委员会主席、专职副主席、秘书长；各级政协委员会工作机构的工作人员；政协各专门委员会办事机构的工作人员。

（3）各级人大机关的工作人员，包括全国人大常委会委员长、专职副委员长、秘书长；各级人大常委会工作人员；各级人大专门委员会办事机构工作人员；乡、镇人大专职主席、副主席。

（4）各级国家行政机关，包括各级人民政府的组成人员，以及各级人民政府工作部门及派出机构的工作人员。

（5）各级监察机关的工作人员，包括国家监察委员会和地方各级监察委员会的工作人员。

（6）审判机关的工作人员，包括最高人民法院及地方各级人民法院的法官、审判辅助人员和行政管理人员。

（7）检察机关的工作人员，包括最高人民检察院及地方各级人民检察院的检察官、检察辅助人员和行政管理人员。

（8）民主党派机关的工作人员，包括中国国民党革命委员会、中国民主同盟、中国民主建国会、中国民主促进会、中国农工民主党、中国致公党、九三学社、台湾民主自治同盟。这八个民主党派的中央和地方各级委员会主席（主委）、专职（驻会）副主席（副主委）、秘书长，以及各民主党派中央和地方各级委员会职能部门和办事机构的工作人员；中华全国工商业联合会机关的工作人员也属于公务员的范围。

（9）部分社会团体机关的工作人员，即工会、共青团、妇女联合会、科学技术协会、归国华侨联合会、中国文学艺术界联合会、中国作家协会、中华全国台湾同胞联谊会、中国残疾人联合会、中国法学会、中国人民对外友好协会、中国国际贸易促进委员会、中国红十字会、中国人民外交学会、宋庆龄基金会、中华全国新闻工作者协会、黄埔军校同学会、中国职工思想政治工作研究会等机关的工作人员，但上述部分社会团体机关中的工勤人员不属于公务员。

（二）公务员的分类

公务员法规定，国家实行公务员职位分类制度。公务员职位类别按照公务员职位的性质、特点和管理需要，划分为综合管理类、专业技术类和行政执法类等类别。对于具有职位特殊性，需要单独管理的，可以增设其他职位类别。各职位类别的适用范围由国家另行规定。

国家实行公务员职务与职级并行制度，根据公务员职位类别和职责设置公务员领导职务、职级序列。

公务员领导职务根据宪法、有关法律和机构规格设置。领导职务层次分为：国家级正职、国家级副职、省部级正职、省部级副职、厅局级正职、厅局级副职、县处级正职、县处级副职、乡科级正职、乡科级副职。

领导职务公务员，是指在各级各类机关中，具有领导、决策、指挥职能的公务员。

公务员职级在厅局级以下设置。综合管理类公务员职级序列分为：一级巡视员、二级巡视员、一级调研员、二级调研员、三级调研员、四级调研员、一级主任科员、二级主任科员、三级主任科员、四级主任科员、一级科员、二级科员。综合管理类公务员，是指在机关中履行决策、组织、指挥、协调、监督等综合管理的公务员。

根据工作需要和领导职务与职级的对应关系，公务员担任的领导职务和职级可以互相转任、兼任；符合规定资格条件的，可以晋升领导职务或者职级。

（三）公务员的法律身份

公务员具有多重的法律身份，即公民身份、国家公务员身份和机关的代表身份。

公务员是公民的一部分。作为公民，其享有宪法、法律和法规所赋予的各项权利，同时承担各项义务，能够以民事主体的身份参与各种民事或劳动法律关系，也能够以行政相对人的身份参与行政法律关系。

当部分公民通过法定的方式和程序成为国家公务员后，便取得了公务员的身份。从本质上讲，公务员身份是公务员与所在机关之间产生的权利与义务关系，属于一种内部法律关系。公务员享有特定的权利，并履行特定的义务。根据《公务员法》第 14 条的规定，公务员应当履行下列义务：（1）忠于宪法，模范遵守、自觉维护宪法和法律，自觉接受中国共产党领导；（2）忠于国家，维护国家的安全、荣誉和利益；（3）忠于人民，全心全意为人民服务，接受人民监督；（4）忠于职守，勤勉尽责，服从和执行上级依法作出的决定和命令，按照规定的权限和程序履行职责，努力提高工作质量和效率；（5）保守国家秘密和工作秘密；（6）带头践行社会主义核心价值观，坚守法治，遵守纪律，恪守职业道德，模范遵守社会公德、家庭美德；（7）清正廉洁，公道正派；（8）法律规定的其他义务。根据《公务员法》第 15 条的规定，公务员享有下列权利：（1）获得履行职责应当具有的工作条件；（2）非因法定事由、非经法定程序，不被免职、降职、辞退或者处分；（3）获得工资报酬，享受福利、保险待遇；（4）参加培训；（5）对机关工作人员和领导人员提出批评和建议；（6）提出申诉和控告；（7）申请辞职；（8）法律规定的其他权利。

参考案例 2-4

李某是某县税务局工作人员，王某是李某的好朋友。王某因与邻居陈某在生意上存在竞争，便请李某去检查陈某的商店。李某到陈某的商店后，以税务局工作人员的身份进行询问和检查。陈某要求李某出示证件，李某不予理睬。陈某要求李某离开，否则将报警。李某恼羞成怒，上前就打陈某。第二天，陈某到公安局报案，经鉴定陈某受轻微伤。县公安局对李某作出拘留 5 天的行政处罚决定。李某所在县税务局得知此事后，给予李某降级的处分。李某不服，向县人民政府申请行政复议。县人民政府依法经过调查，受理了李某就某县公安局对其作出拘留 5 天的行政处罚决定的复议决定，但没有受理县税务局对其作出降级处分的复议决定。之所以如此，理由在于李某在本案中具有双重法律身份。当他实施打人的行为时是普通公民，公安机关对其作出的行政处罚决定属于《行政复议法》规定的受案范围。当他被所在单位县税务局给予降级处分时，则是国家公务员，县税务局对其处分不属于《行政复议法》规定的受案范围。

机关的代表身份则出现在外部法律关系中。当机关，特别是国家行政机关在对外管理时，其实是通过国家公务员进行的。此时，国家公务员就以机关代表的身份与外部各种主体发生权利（力）与义务关系。就国家行政机关而言，作为行政机关的代表，公务员以行政机关的名义行使职权和履行职责，产生的法律后果由所在的行政机关承担。当行政相对人对行政机关的行政行为不服，提起行政复议或行政诉讼时，公务员不是被申请人或被告，其所在的行政机关则是被申请人或被告。

公务员以不同的身份所实施的行为的性质是不同的。当以公民的身份出现时，所实施的行为属于个人行为，如向某人借钱。当以公务员身份在机关内部实施行为时，则属于个人行为或内部行政行为。如某公务员对自己所受的处分不服提出申诉的行为属于个人行为。某公务员保管档案的行为则属于内部公务行为。当以机关代表的身份出现，特别是以行政机关的代表身份出现时，所实施的行为则属于外部公务行为。如税务机关的工作人员向纳税人征税，市场监督管理机关的工作人员向特定的相对人颁发营业执照，等等。

那么如何区别公务员的个人行为与公务行为呢？一般认为有以下几个要素：

(1) 时间要素。公务员在上班时间所实施的行为通常认为是公务行为，在下班时间所实施的行为则是非公务行为。

(2) 公益要素。公务员的行为涉及公共利益或者以公共利益为目的，一般认为是公务行为。

(3) 职权与职责要素。公务员的行为属于其职权与职责范围内的，则视为公务行为。

(4) 名义或公务标志要素。公务员以所属机关的名义或出示能表明其身份的公务标志所实施的行为，通常认为是公务行为。

(5) 命令要素。公务员根据其主管领导的命令、指示所实施的行为，通常认为是公务行为。

当然，在实践中判断公务员的某一行为究竟属于个人行为还是公务行为，需要综合考虑上述要素。

二、公务员法律关系

公务员法律关系是指由公务员法律规范所调整的，公务员基于履行公职与机关之间形成的权利与义务关系。如公务员与人大之间的关系、公务员与国家行政机关之间的关系、公务员与政协之间的关系、公务员与司法机关之间的关系等。它具有以下几个法律特点。

（一）公务员法律关系中的主体双方具有特定性

公务员法律关系只发生在机关与公务员之间。普通公民只有经过法定的方式和程序任职于机关，具有公务员身份后，才能成为公务员法律关系中的当事人。因此，公务员法律关系的主体双方是特定的，即机关和公务员。所谓机关，包括各级人大、人民政府、人民检察院、人民法院等国家机关以及中国共产党、民主党派、人民政协和人民团体等组织。

（二）公务员法律关系中，机关总是居于主导地位

公务员法律关系中，虽然双方都享有一定的权利并履行一定的义务，但机关总是处于优越或主导地位，它们之间的关系是不对等的。如公务员法律关系的产生、变更或消灭，通过由机关的单方意志表示而决定；在公务员法律关系中，机关享有较多的权利，而公务员则承担较多的义务，公务员要接受机关的监督与管理；当公务员与机关发生纠纷时，通常在机关内部加以解决。

（三）公务员法律关系本质上是一种国家委托关系

普通公民只有取得公务员身份后，才能以机关名义实施公务活动，而机关通常情况下代表国家行使职权，履行公共管理职能。因此，公务员担任的公职是一种国家公职，是代表国家和以国家名义实施的公务活动，产生的法律后果由国家承担。所以，公务员法律关

系实质上是国家通过机关与公务员之间形成的一种职务的委托关系。①

三、公务员法律关系的产生、变更与消灭

（一）产生

公务员法律关系的产生，是指公务员经过法定的程序和方式开始担任国家公职。通常通过选任、委任、聘任和考任等方式产生。选任，是指通过民主选举方式产生的公务员。委任，是指由任免机关在其任免权限范围内直接委派工作人员担任一定职务而产生的公务员。聘任，是指机关根据工作需要，经省级以上公务员主管部门批准，对不涉及国家秘密的专业性较强的职位和辅助性职位，以合同方式产生的公务员。考任，是指有任免权的机关根据公开考试和严格考核的方法，择优录用而产生的公务员。

（二）变更

公务员法律关系的变更，是指在公务员任职期间，因某种法律事实的出现而引起公务员法律关系内容发生的变化，但公务员的身份却没有变化。这些法律事实通常包括以下几个：

（1）职务晋升。公务员的职务晋升，是指公务员管理机关按照国家有关法律、法规或规章的规定，根据工作需要和公务中本人的德才表现与工作业绩，提高公务员职务与级别的活动。这意味着公务员在职位结构中所处地位的提高，职权与职责的增大，同时也伴随着工资、福利等方面待遇的提高。因此，晋升能够引起公务员法律关系的变更。

（2）降职。公务员的降职，是指公务员在定期考核中被确定为不称职的，按照规定程序降低一个职务层次任职。这意味着公务员在本部门的职位结构中所处位置的降低，职权与职责范围的缩小，以及工资、福利等待遇的减少。因此，降职能够引起公务员法律关系的变更。

（3）转任。公务员的转任，是指公务员因工作需要或者其他理由在不同职位之间的平级调动。转任会改变公务员与原机关之间的人事关系，因而能引起公务员法律关系的变更。

（4）撤职。公务员的撤职，是指撤销公务员现任职务，但保留公务员身份的一种行为。它同样导致原公务员法律关系的变更。

（三）消灭

公务员法律关系的消灭，是指出现一定法律事实或法律行为，导致公务员身份的丧失。这主要包括以下情形：

（1）辞去公职。它是指公务员根据本人意愿，根据一定程序解除其与机关的职务关系的法律行为。辞去公职一经有权机关批准，公务员法律关系就宣告结束。

（2）辞退。它是指机关依据法定条件和程序解除其与公务员之间的公职关系。被辞退的公务员因此丧失了公务员身份，公务员法律关系自然就不存在了。

（3）退休。它是指公务员因达到一定年龄和工龄，或因丧失工作能力而根据规定办理手续，离开公务员队伍，并领取一定养老金的法律行为。公务员退休后，公务员法律身份就不存在了。

---

① 徐银华，石佑启，杨勇萍．公务员法新论［M］．2版．北京：北京大学出版社，2014．

(4) 罢免。它是指因某种法定原因，公务员被权力机关免去公职的法律行为。公务员被罢免，公务员的法律关系就不存在了。

(5) 开除。它是指机关对严重违法失职的公务员给予开除其公职的一种处分行为。被开除的公务员自然丧失公务员身份了。

(6) 死亡。公务员死亡必然导致公务员身份的丧失，其与机关之间的法律关系也不存在了。

(7) 丧失国籍。它是指因某种原因，公务员丧失了中华人民共和国国籍。这意味着公务员已经丧失担任公务员的资格，公务员法律关系也不复存在了。

参考案例2-5

刘某诉湖南省地勘局“色盲”歧视案

2010年4月，刘某参加了湖南省公务员招考考试，报考湖南省地勘局职业安全管理岗位，职位备注要求是：“长期野外工作，适合男性；注册安全工程师年龄和学历可放宽到35岁、本科。”经过激烈的竞争，刘某以笔试第一、面试第二，综合成绩排名第一的好成绩进入体检环节。但在体检中，他被查出患有红绿色盲。刘某担心这会影响自己的招录，故在体检合格名单出来之前，多次和湖南省地勘局人事处联系，询问色盲是否会影响招录结果，并表示自己在日常生活中对颜色分辨无异常，在前单位从事安全工作4年多，也从未出现过颜色分辨不清的情况，尤其是对红绿单色的辨认并无障碍，人事处回复说单位会综合考虑刘某的情况。当年12月6日，湖南省地勘局发布了考试录用公务员拟录用人员公示，名单上没有刘某。刘某立刻向湖南省地勘局人事处打电话询问自己落选的原因，对方告知是因为体检查出色盲，体检结论为不合格。刘某得知自己体检不合格之后，多次与招考单位沟通，单位坚持称其报考的安全管理岗位属于特殊岗位，并且声称部分高校在安全工程招录过程中对色盲、色弱有限制要求，所以认为刘某不适合该岗位。但国家高等院校录用体检标准的依据是《普通高等学校招生体检工作指导意见》，其中安全工程专业未受色盲、色弱限制。无奈之下，刘某只好申请复检，但单位人事处告知他，由于其体检报告单上医生没有写明复检建议，所以不能申请复检。刘某向湖南省人力资源和社会保障厅反映自己因色盲被拒录却无法申请复检的情况，对方告知考生有申请复检的权利，可以重新向单位申请复检。单位人事处却以其超过体检复检申请期限为由，再次拒绝了他的复检申请。刘某随即向长沙市雨花区法院起诉湖南省地勘局。2011年12月22日，法院正式受理此案。

2012年3月23日，法院追加湖南省公务员局为第二被告；2012年4月6日，本案第一次开庭；同年8月6日，本案第二次开庭审理。在第二次开庭中，原告代理律师提出，被告未及时通知原告体检结果，导致原告刘某未在规定期限内提出复检申请书；被告在招录该岗位时并未事先规定视觉上的限制条件，并且该岗位并非“特殊岗位”，被告因色盲拒录刘某的行为侵犯了原告的平等就业权，属歧视行为。被告律师则称，刘某的体检结论性意见由医院出具，有关单位对体检结果予以了公示，并未在规定期限内收到刘某的复检申请；招录岗位为职业安全管理，色盲会严重影响工作，并可能造成安全问题，刘某不可被录用；体检医院作出的不合格结论符合岗位设置，也符合法律规定，刘某因不符合条件而未被录用，不存在歧视问题。

最终，经过激烈的法庭辩论，法庭当庭宣判：驳回原告刘某的诉讼请求。

第五节　行政相对人

一、行政相对人的概念

在我国，行政相对人是指在行政法律关系中与行政主体相对应的另一方当事人，是其权益受行政主体的行政行为影响的个人或组织。一般来说，行政相对人具有以下几个特征：

（1）行政相对人是指被管理一方，不具有行政管理职权。

（2）行政相对人既可以是组织，也可以是个人。

（3）行政相对人具有相对性。

二、行政相对人的权利和义务

（一）行政相对人的权利

行政相对人有以下权利：

（1）提出申请的权利。行政相对人有依法提出申请的权利，如申请许可证、抚恤金、补助金等。

（2）参与行政管理的权利。行政相对人有权依法参与行政法规、规章及相关行政政策、行政计划的制定，如论证会等。在涉及自身利害关系的处理中有陈述权、申辩权。

（3）听证的权利。在行政机关作出影响行政相对人权益的行政行为之前，必须保障行政相对人有听证的权利，应当告知行政相对人有关行政行为的事实、理由和依据等，给予行政相对人充分的辩论机会，以便查清事实，从而作出合法、公正的行政行为。

（4）知情权。行政相对人有权依法了解有关的行政信息，包括各类规范性文件，有关制度、规则、标准、程序，与行政相对人有关的档案材料等。

（5）申请行政救济的权利。行政相对人若对行政主体作出的行政行为不服，有权依法申请行政复议、提起行政诉讼。当行政主体的行政行为侵犯了行政相对人的合法权益并造成损失时，行政相对人有请求行政赔偿的权利。行政主体撤销或者变更其行为而给行政相对人造成损失的，行政相对人有权要求补偿。行政主体对行政相对人的财产进行征收或者征用时，行政相对人有权要求补偿。

（二）行政相对人的义务

行政相对人有以下义务：

（1）服从行政管理的义务。主要表现为：遵守行政机关发布的行政法规、规章和其他规范性文件；执行行政机关作出的行政处理决定；等等。

（2）协助行政主体执行公务的义务。当行政主体及其工作人员执行公务时，行政相对人有主动予以协助的义务。

（3）遵循法定程序要求的义务。行政相对人在请求行政主体为一定行为或行政主体要求其为一定行为时，应遵循法定的步骤、手续和时限等要求，否则会承担相应的法律责任。

三、行政相对人的范围

依照法律、法规的规定，公民、法人和其他组织能够成为行政相对人。在特殊情况下，在我国的外国人、无国籍人、外国组织也可成为行政相对人。

参考案例 2-6

哈尔滨铁路局牡丹江铁路分局诉鸡西市工商行政管理局行政处罚决定案

2001年8月10日，鸡西市工商行政管理局根据举报，对哈尔滨铁路局牡丹江铁路分局所属西麻山站是否存在向托运人强行收取保价费和延伸服务费等违法行为予以立案，并于当日委托西麻山工商分局进行调查。调查中，向西麻山站站长、收费员及麻山区奥宇石墨矿等多家托运人调取了相关证据。2001年10月25日，鸡西市工商行政管理局向西麻山站送达了听证通知书，书面告知了对西麻山站作出行政处罚决定的内容、事由、法律依据及西麻山站享有的陈述、申辩、申请听证的权利和期限。西麻山站在规定期限内提出了听证申请。2001年11月30日，鸡西市工商行政管理局组织召开了有西麻山站参加的听证会。2001年12月31日，鸡西市工商行政管理局根据所调查的证据，以西麻山站向托运人强行收取了保价费和延伸服务费，排挤其他经营者的公平竞争，违反了《中华人民共和国反不正当竞争法》（以下简称《反不正当竞争法》）第6条的规定为由，依据国家工商行政管理局工商公字〔2001〕第179号文件精神，认定西麻山站为行政处罚对象，依据《反不正当竞争法》第23条的规定，对西麻山站作出责令其立即停止违法行为，并罚款15万元上缴国库的鸡工商处字〔2001〕第92号行政处罚决定。该决定于当日送达西麻山站。西麻山站不服，于2002年1月9日向法院提起行政诉讼。审理中，西麻山站以其不具备行政诉讼原告资格为由申请撤诉，准许撤诉后，西麻山站所在的哈尔滨铁路局牡丹江铁路分局向法院提起行政诉讼，要求撤销鸡西市工商行政管理局所作行政处罚决定。

根据原《行政诉讼法》第41条第1项的规定，原告是认为行政行为侵犯其合法权益的公民、法人或者其他组织。本案中，牡丹江铁路分局已依法到工商行政管理部门注册登记，取得了企业法人营业执照，西麻山站隶属于牡丹江铁路分局，但未办理工商营业执照，其收取的费用统一上缴至牡丹江分局。显然，西麻山站不属于法人。那么西麻山站是否属于其他组织呢？关于其他组织的条件及其范围，行政诉讼法及其司法解释均未作明确规定。最高人民法院原《关于执行〈中华人民共和国行政诉讼法〉若干问题的解释》第97条规定，人民法院审理行政案件，除依照行政诉讼法和本解释外，可以参照民事诉讼法的有关规定。而最高人民法院《关于适用〈中华人民共和国民事诉讼法〉若干问题的意见》第40条对其他组织的条件和范围已有了明确的界定，即《民事诉讼法》第49条规定的其他组织是指合法成立、有一定的组织机构和财产，但又不具备法人资格的组织。包括：(1) 依法登记领取营业执照的私营独资企业、合伙组织；(2) 依法登记领取营业执照的合伙型联营企业；(3) 依法登记领取我国营业执照的中外合作经营企业、外资企业；(4) 经民政部门核准登记领取社会团体登记证的社会团体；(5) 法人依法设立并领取营业执照的分支机构；(6) 中国人民银行、各专业银行设在各地的分支机构；(7) 中国人民保险公司设在各地的分支机构；(8) 经核准登记领取营业执照的乡镇、街道、村办企业；(9) 符合该条规定条件的其他组织。据此，西麻山站亦不属于其他组织，而其主管单位牡丹江铁

路分局系法人，如果认为其合法权益受到行政处罚决定的侵犯向法院提起行政诉讼，即已具备了《行政诉讼法》及其司法解释规定的行政诉讼主体资格，应有权作为本案的原告。

【引例分析】

本案焦点问题在于拍卖协会的法律地位，其能否成为行政诉讼的适格被告。虽然上诉人刘某在二审程序中又撤回了上诉、该案以二审法院裁定准许上诉人撤诉而告终，但是该案所争议的问题在案件审理中依然存在分歧，对于该案如何处理存在两种不同意见：第一种意见认为，拍卖协会作出的第 31 号通知应属于行政诉讼受案范围。《拍卖法》授予拍卖协会监督权利，虽然授权比较宽泛，但是拍卖师执业资格证书的授予实质上是一种资质的认可，可以认为是一种行政许可；而且商务部和人事部于 1996 年 12 月制定的《拍卖师执业资格制度暂行规定》第 25 条规定了拍卖协会具有吊销执业资格证书的职权。虽然此规定能否授权拍卖协会吊销执业资格证书尚存在争议，但这是实体审查的内容，因此应当先受理，后进行实体审查。另一种意见认为，考虑到实际情况，目前对于行业协会纠纷的处理方法以不予受理居多，如起诉中国足协，法院即是驳回起诉。另外，当事人可以向商务部反映，要求商务部予以解决。对于这一类案件，以不予受理为宜。但是，从法理上分析，具备行政管理职能的行业协会应当作为行政诉讼的被告，否则无法保护受其处罚的行政相对人的合法权益。从我国司法实践的情况来看，对行业协会进行行政诉讼的案件进行推进，还需要我国法律对行业协会的性质与地位进一步地予以明晰。

【本章小结】

行政主体是行政职权的拥有者和行政行为的实施者，在行政法律关系中处于主导地位。行政主体是行政法中的基本概念之一。行政主体与行政机关、公务员并不是相同的概念。并非所有的行政机关都能成为行政主体，也并非能够成为行政主体的行政机关和其他组织在一切场合都以行政主体的身份出现。因此，从行政法的角度确立行政主体这一行政法学上的基本概念，不仅有助于明确行政权的归属，保障行政权的有效行使，促进依法行政，确保行政相对人的合法权益得到充分救济，而且有助于进一步促进我国行政法学研究的发展。

【练习题】

1. 名词解释

公务员　行政主体　行政相对人

2. 思考题

（1）行政主体的特点有哪些？

（2）行政机关有哪些分类？

（3）如何理解公务员的法律身份？

（4）法律法规授权组织与受委托组织的区别是什么？

（5）公务员的权利、义务有哪些？

（6）行政相对人的权利、义务有哪些？

3. 案例分析题

某年春节期间的一天下午，某市法院法警大队的队长李某和某镇法庭副庭长何某驾驶警车回家。路过某一街道时，发现街上人多车挤，便拉开警笛借人行道穿行。因车速过快，将停在路旁的一辆私家车蹭破。私家车司机上前理论。李某称，我们是在执行公务，你为何不让道，你的行为属于妨碍公务。私家车司机认为李某执行公务的说法没有道理，哪有在春节期间执行公务的。于是双方争吵起来。李某与何某一起把私家车推开，扬长而去。第二天，私家车司机找到市法院领导，要求法院赔偿。经市法院纪检部门调查，李某等人当天开着警车是去某老板处吃晚饭，是其个人行为，并非执行公务，遂责令李某等人自己赔偿私家车司机的损失。私家车司机不服，认为肇事者是法院的干部和法官，肇事车是法院的警车，应当由法院承担赔偿责任。

问题：李某和何某的行为属于公务行为还是个人行为？

分析要点提示：

本案的关键是如何认定李某等人的行为的性质。李某等人虽然属于国家公务员，但其法律身份却具有多重性。当李某等人以普通公民的身份出现时，所实施的行为属于个人行为；当李某等人以公务员身份出现时，其所实施的行为属于公务行为。

区别个人行为与公务行为，一般有以下几个要素：

(1) 时间要素。公务员在上班时间所实施的行为，通常认为是公务行为，在下班时间实施的行为则是非执行公务的行为。

(2) 公益要素。公务员的行为涉及公共利益或者以公共利益为目的，一般认为是公务行为。

(3) 职权与职责要素。公务员的行为属于其职权与职责范围内的，视为执行公务的行为。

(4) 名义或者公务标志要素。公务员以其所属机关的名义或者出示能够表明其身份的公务标志所实施的行为，通常认为是公务行为。

(5) 命令要素。公务员根据上级或者单位领导的命令、指示所实施的行为，通常认为是公务行为。

本案中，虽然在公务标志上，李某与何某的行为可以被认定为公务行为，但从其他要素来看，如时间要素上，是在春节期间；在公益要素上，是去某企业老板处吃饭，不是为了公共利益；命令要素上，也没有领导的命令、指示。李某等人的行为属于个人行为，应当由其个人承担对私家车司机赔偿的责任。

第三章 行政行为概述

【本章引例】

原告洪某为江西省某乡洪家水库的承包人，被告为当地乡政府。2005 年 5 月，由于连日普降大雨，某乡洪家水库的蓄水超过警戒线。某乡政府工作人员巡查水库堤坝后，为了保护水库大坝以下洪家组 100 余人的人身和财产安全，在水库承包人洪某未到场的情况下，拔掉了洪某在堤坝上加设的妨碍行洪的拦鱼铁栅，致使水库中的鱼有部分从溢洪道跑掉了。原告洪某以乡政府的这一行政行为侵犯了其合法权益、使其蒙受巨大的经济损失为由，向人民法院提起行政诉讼，请求法院判决乡政府赔偿其经济损失 5 万元。

资料来源：华克仁，陈铮．被告的具体行政行为合法，应驳回原告的诉讼请求［EB/OL］．（2009-08-01）［2020-05-06］．http：//www.110.com/ziliao/article-143822．html.

【本章学习目标】

通过本章的学习，你应该能够：

（1）了解行政行为的概念、特征和分类。

（2）明确行政行为的内容和效力。

（3）弄清行政行为的成立要件和生效要件。

（4）掌握行政行为的撤销、无效和废止。

行政行为是整个行政法体系中最为核心的概念。正确界定行政行为，客观地阐述抽象行政行为和具体行政行为，全面、客观、准确地把握行政行为的各种形态，不仅具有重要的学术理论意义，而且对于健全和完善行政诉讼制度，促进我国行政法治建设及民主政治的发展，也具有极其重大的指导价值。

第一节 行政行为的含义和特征

一、行政行为的概念

行政行为是指行政主体行使行政职权所作出的能够产生行政法律效果的行为。行政行为的概念包含下述含义。

（一）行政行为是行政主体所为的行为

行政主体包括行政机关和法律法规授权的组织。行政机关的公务员与法律法规授权组织的工作人员以及行政机关委托的组织或个人，以行政主体的名义实施的行为，被视为行政主体的行为。

（二）行政行为是行使行政职权、进行行政管理的行为

行政机关虽然可以以多种身份开展活动，包括以民事主体的身份进行民事活动、以相对人的身份进行行政活动、以行政主体的身份进行行政管理活动，但是，只有以行政主体身份行使行政职权、进行行政管理活动的，才是行政行为。

（三）行政行为是行政主体实施的能够产生行政法律效果的行为

所谓能够产生行政法律效果，是指行政主体的行为能对行政相对人的权利、义务产生影响，包括有利的影响，如给行政相对人发放许可证、提供行政物质帮助等，也包括不利的影响，如对违法的行政相对人给予行政处罚等。并非行政主体所有的行政职权行为都能够产生行政法律效果，如纯粹的工作汇报、通知等行为，由于不会对相对人的权利义务产生影响，因此不属于行政行为。

二、行政行为的特征

（一）行政行为是执行法律的行为

任何行政行为均需有法律根据，具有从属法律性，没有法律的明确规定或授权，行政主体不得作出任何行政行为。这一点与对公民、组织的要求是不同的。公民、组织只要不做法律禁止的事情即为守法、合法，而行政主体则只能做法律明文规定或授权其做的事情。

（二）行政行为具有一定的裁量性

这是由立法技术本身的局限性和行政管理的广泛性、变动性、灵活性的特点所决定的。法律不管如何严密，也不可能将所有的细节予以规定，而行政事务具有较大的变动性，如果不赋予行政行为较大的自由裁量空间，整个社会的行政管理将陷于被动甚至混乱的状态。但是，裁量是在法律范围内的裁量，在充分发挥主观能动性的前提下，根据立法精神和立法目的积极、灵活地执行法律。

（三）行政主体在实施行政行为时具有单方意志性

行政主体在实施行政行为时，不必与行政相对人协商或征得其同意即可依法自主作出。即使是在行政合同行为中，在行政合同的缔结、变更、接触与履行等诸方面，行政主体均有与民事合同不同的单方意志性。

（四）行政行为是以国家强制力为保障实施的，带有强制性

行政相对人必须服从并配合行政行为，否则，行政主体将予以制裁或强制执行。这种强制性与单方意志性是紧密联系在一起的，没有行政行为的强制性，就无法实现行政行为的单方意志性。

参考案例 3－1

2007 年 11 月，被告厦门市思明区政府莲前街道办事处通知，因湖边水库整治需要，国家将征用赤坡山地块，要求在此经营的企业搬迁，并承诺将按照统一标准进行补偿。2008 年 2 月，租用赤坡山民房经营的原告厦门阳光恒业吸塑包装有限公司与被告、厦门天韵拆迁工程有限公司签订《搬迁奖励协议》。2008 年 6 月 12 日，原告租用的厂房被法院强制拆除。在此过程中，由于被告始终未出示房屋拆迁公告和拆迁许可证，原告认为，按照《城市房屋拆迁管理条例》（已被 2011 年 1 月 21 日颁布的《国有土地上房屋征收与补偿条例》废止）第 8 条的规定，被告并不是拆迁人，不具有与被拆迁人签订《搬迁奖励协议》的民事权利能力，其所实施的与拆迁有关的行为只能是具体行政行为；被告声称本次拆迁有拆迁许可证，却无证据证明，存在虚构拆迁事实的情形，其行为属于"行政机关违法要求履行义务"和"行政机关侵犯其人身权、财产权"。据此，原告将被告诉至法院，请求法院确认被告所实施的与拆迁有关的行为违法并予以撤销。法院经审查认为，被告与原告签订《搬迁奖励协议》是平等主体之间的民事行为，被告的拆迁行为并非具体行政行为，原告的诉讼请求不属于人民法院行政审判范围，故裁定不予受理。原告不服一审裁定依法提起上诉，厦门中院终审维持了一审裁定。

资料来源：街道拆迁引纠纷 [EB/OL]. (2008-10-30) [2020-05-06]. https: //xingzheng. lawtime. cn/jtxzxwgn/2008103044391. html.

第二节　行政行为的分类

行政行为可以按照不同的标准进行分类。

一、行政立法行为、行政执法行为和行政司法行为

依据实施行政行为时所形成的法律关系的不同，行政行为可以分为行政立法行为、行政执法行为和行政司法行为三类。

行政立法行为是指国家行政机关依照法律规定的权限和程序，制定规范性文件的活动。其所形成的法律关系是以行政机关为一方、以不特定的行政相对人为另一方的普遍性的法律关系。其内容涉及对行政法律规范的制定、修改和废止。

行政执法行为是指国家行政机关或法律法规授权的组织执行或适用法律、法规和规章，使法律、法规和规章在实际生活中得以实现的活动。它所形成的法律关系是双方法律关系，以行政主体为一方，以被采取措施的特定相对人为另一方。其内容涉及行政法律规范的执行和行政措施的运用。

行政司法行为是指行政机关作为第三方来裁决行政争议的行为。行政司法中的法律关系是三方法律关系，以行政机关为一方，以发生纠纷的双方当事人各为一方。

二、要式行政行为和不要式行政行为

以行政行为是否具备一定的法定形式为标准，行政行为可以分为要式行政行为和不要式行政行为。要式行政行为与不要式行政行为的区别，关键不在于有无行为的形式，而在于法律是否要求某种行为必须具备特定形式。

要式行政行为是指必须根据法定方式进行或者必须具备法定的形式才能产生法律效力的行为。

不要式行政行为是指不需要具备特定形式或特定程序，只需行为人口头意思表示就可

以生效的行政行为。

三、抽象行政行为和具体行政行为

根据行政行为实施的对象及适用力的不同，行政行为可以分为抽象行政行为和具体行政行为。

抽象行政行为与具体行政行为的主要区别之一是适用的相对人是否具有特定性，抽象行政行为所针对的相对人是不特定的，而具体行政行为所针对的相对人则是特定的。抽象行政行为是指行政主体针对特定的事项而不特定的相对人实施的行政行为，包括行政主体制定行政法规和规章的行为，也包括行政主体制定行政措施和发布行政命令、通知、通告、决议、决定的行为等。

具体行政行为是指国家行政主体针对特定的行政管理对象实施的行政行为，包括行政许可、行政强制、行政处罚等行为，通常以具体、完整的行政决定的形式表现出来。

四、依职权行政行为与依申请行政行为

以行政行为的实施是否必须有行政相对人的申请为标准，将行政行为划分为依职权行政行为与依申请行政行为。

依职权行政行为是指行政主体根据其职权，而无须行政相对人的申请，就能主动实施的行政行为，如税务机关依法征税的行为、交通警察机关依法处罚交通违章行为的行为等。

依申请行政行为是指行政主体只有在行政相对人提出申请后才能实施的行政行为，如市场监督管理机关发放营业执照的行为、民政部门发放抚恤金的行为等。

五、单方行政行为、双方行政行为与多方行政行为

根据决定行政行为时参与意思表示的当事人数目的不同，行政行为可分为单方行政行为、双方行政行为与多方行政行为。

单方行政行为是指由行政机关单方面决定而无须取得行政相对人同意的一种行政行为。除非法律作特殊规定，行政机关实施行政行为，大多采取单方行政行为的形式。

双方行政行为是指行政机关与行政相对人互相协商，经双方意思表示一致后才能采取的行政行为。

多方行政行为是双方行政行为的延伸，参与意思表示的相对人为多方。双方或多方行政行为并不表示相对人也有权实施行政行为，相对人参与意思表示只是实施行政行为的前提条件，而不是实施行政行为本身。

六、羁束行政行为和裁量行政行为

以行政机关在作出行政行为时能否进行主观判断为标准，行政行为可分为羁束行政行为和裁量行政行为。

羁束行政行为是指法律对行政机关所进行的行政行为作了明确具体的规定，行政机关只能依照法律的明确规定实施的行政行为。

裁量行政行为是指法律对行政机关所实施的行政行为没有作出明确的规定，只是规定

了实施该行政行为的原则、幅度、精神、条件等，行政机关依据这些原则、幅度、精神、条件等实施的行政行为。

七、几种特殊的行政行为

（一）行政终局裁决行为

行政终局裁决行为是指法律规定由行政机关最终裁决的行政行为。行政终局裁决行为确定了行政机关对于法律规定的特定领域的事项具有最终的决定权，而不是由法院作出最终的决定。对于行政终局裁决行为，行政相对人不得向法院起诉。

（二）国家行为

国家行为又称政治行为、统治行为、政府行为，指国务院、中央军事委员会、国防部、外交部等根据宪法和法律的授权，以国家的名义实施的有关国防和外交事务的行为，以及经宪法和法律授权的国家机关宣布紧急状态、实施戒严和总动员等行为。这些行为一般排除在司法审查的范围以外，行政相对人不得因为不服国家行为而起诉。排除国家行为的司法审查主要是考虑国家行为并不针对个别的人或者特定群体的利益，而是为国家利益实施。如果行政相对人因为国家行为遭受财产损失，一般可以通过国家补偿的途径得到救济。

除上述分类以外，行政行为还可以依据不同的标准作不同的分类。如以行政行为有无限制条件为标准，行政行为可分为附条件行政行为与不附条件行政行为；以行政行为是否合法（包括是否符合法定权限、法定程序）为标准，行政行为可分为合法行政行为与违法行政行为；以行政行为能否纳入行政诉讼范围为标准，行政行为可分为可诉性行政行为与不可诉性行政行为；以行政行为是否授予行政相对人权利与利益为标准，行政行为可分为授益行政行为与负担行政行为。

第三节　行政行为的内容与效力

一、行政行为的内容

行政行为的内容是指某个行政行为对行政相对人的权利、义务等产生的具体影响。归纳起来，行政行为的内容主要有以下几点。

（一）赋予权益和剥夺权益

赋予权益是指赋予行政相对人法律上的权能、权利或利益。所谓权能，是指从事某种活动或行为的资格，如授予法律职业资格、颁发营业执照使其获得经营的资格等。所谓权利，是指使行政相对人自己能够实施某种行为，或要求他人不为某种行为的自由，如颁发驾驶执照，使其获得驾车的自由，其他任何人非经法律规定不得干预等。所谓利益，是指基于某种权利所得到的好处或便利，如依法发放社会保障金、给予行政奖励等。

剥夺权益是指剥夺行政相对人已有的法律上的权能、权利或利益，如吊销营业执照、收回法律职业资格、收回社会保障金等。剥夺权益一般是以行政相对人有违法行为为前提，是对违法行为的制裁。

（二）科以义务或免除义务

科以义务是指行政主体使行政相对人承担某种作为或不作为义务，如税务机关的征税行为使行政相对人承担纳税义务，城市规划部门要求行政相对人停止违章建筑的施工并拆除违章建筑的决定使行政相对人承担停止施工和拆除违章建筑的义务。

免除义务是指行政主体免除行政相对人原有的义务，如税务机关免除行政相对人的纳税义务等。

（三）确认法律事实与确认法律地位

确认法律事实是指行政主体依法确认对某个法律关系有重大影响的事实是否存在，如交通事故或医疗事故的鉴定结论就属于对交通事故或医疗事故的事实予以确认，确认结果将会对法律责任的分担起重要作用。

确认法律地位是指行政主体依法对某个法律关系中的当事人的权利义务是否存在以及存在的范围加以确认，如房屋管理部门对房屋产权的确认、土地管理部门或人民政府对土地所有权或使用权的确认等。

一般来说，确认法律事实是确认法律地位的基础，确认了法律事实的性质，才能明确当事人双方的权利和义务。

二、行政行为的法律效力

（一）确定力

确定力是指行政行为成立后具有不可变更力，非经法定程序不得任意变更或撤销。确定力对行政主体和行政相对人均有不可争辩的效力。对行政主体而言，非依法定程序和理由，不得随意改变已经作出的行政行为的内容，或就同一项重新作出行为；对行政相对人而言，不得否认行政行为的内容或随意改变其内容，非依法也不得请求改变行政行为。例如行政机关在为公民颁发许可证或执照后，不得任意更改许可内容，而持有许可证或执照的公民，也不得随意超出许可范围，从事许可范围以外的活动。

这里需要注意的是，行政行为具有确定力并不意味着行政行为一旦作出就绝对不可以变更，而是指不得随意撤销或变更。通过法定程序或理由，行政行为方可以依法撤销或变更（如通过行政复议或行政诉讼等）。

（二）拘束力

拘束力是指行政行为成立后即对有关的组织或个人产生法律上的约束效力，不能再作出与该行为相抵触或违反该行为的相关要求的行为。首先，行政行为的拘束力针对直接行政相对人，如公安机关对某人作出处罚决定，该人即应接受处罚，不得以任何理由抗拒处罚；税务机关作出查封某企业财产的决定，该企业即不得拆封启用该财产等。其次，行政行为的拘束力针对间接行政相对人，如市场监管机关为某个体工商户发放营业执照后，其他任何组织、个人均负有不得妨碍其经营的义务，否则将承担相应的法律责任。最后，行政行为的拘束力针对行政主体及其工作人员，包括作出行政行为的行政主体及其工作人员和其他行政主体及其工作人员。

参考案例3-2

2003年4月，在A市人民政府组织的道路运输市场专项治理整顿中，A市交通运输管理处稽查支队在A市人民路进行执法检查。在对某公司正在开展营运活动的面包车进行检查时，查明该车未办理营运手续。稽查支队遂以自己的名义对该公司作出罚款 1 000 元的行政处罚决定。在本案中，稽查支队只是 A 市交通运输管理处的内设机构，A 市交通运输管理处受交通局委托执法，两者都不具有独立的行政主体资格，不能够以自己的名义实施行政执法职权，而必须以交通局的名义实施行政执法职能。因此，稽查支队以自己名义作出的行政处罚决定主体不合法。

资料来源：主体不合法的行政处罚行为违法．(2010－07－16)［2020－03－16］．http：//www.110.com/falv/xingzhengfa/xingzhengzhuti/xzztgn/2010/0716/124161.html.

（三）执行力

执行力是指行政行为成立后，行政相对人必须自觉履行行政行为所设定的义务，否则，行政主体依法有权采取一定的手段，使行政行为的内容得以实现的效力。行政行为的执行力是与其确定力和拘束力联系在一起的，是最终保障性效力。行政行为的这三种效力是行政法上诸多规则产生的基础，比如在行政法上，对于生效的行政行为一般采取不停止执行的原则，即使相对人有异议，或在申请行政复议或提起行政诉讼期间，也不能停止行政行为的执行。只有在例外的情形下，才可以暂停行政行为的执行。

第四节　行政行为的成立、合法要件及生效时间

行政行为是行政主体行使职权的行为，行政行为一旦成立即具有法律效力，但并不意味着行政行为具有实质上的合法性。只有具备合法要件之后，行政行为才能是合法的。

一、行政行为的成立

行政行为发生法律效力是以其成立为前提的。所谓行政行为的成立，是指行政行为的形成或作出。一般来说，行政行为的成立应当具备下述条件。

（一）主体条件

行政行为的作出主体必须是拥有行政职权的国家行政机关的公务人员，或者法律法规授权组织的工作人员，或者是接受行政主体委托的组织的工作人员。非有上述身份的主体所为的行为必定不是行政行为。

（二）主观条件

行政行为的作出主体主观上有凭借行政职权产生、变更或消灭某种行政法律关系的意图，并且显露出达到该种效果的意思表示，无论其意思表示是否真实，均不影响行政行为的成立。

（三）客观条件

行政行为的作出主体客观上有行使行政职权的行为，并通过一定的外部行为方式表现出来。这里的行政职权并不一定是其法定权限内的职权，即使是超越法定权限的越权行为或滥用职权行为，也不影响行政行为的成立。

（四）法律效果条件

行政行为作出后能够产生一定直接或间接的法律效果，使某种行政法律关系产生、变

更或消灭，使行政相对人的权利义务因此受到影响。

二、行政行为的合法要件

行政行为已经确实存在，但并不意味着该存在的行政行为合法有效。只有具备合法要件，才能认定行政行为是合法的。一般来说，行政行为的合法要件包括以下三条。

（一）主体合法

所谓主体合法，是指作出行政行为的组织必须具备行政主体资格，能以自己的名义作出行政行为，并能独立承担法律责任。根据我国有关法律、法规的规定，能够成为行政主体的应当是依法设置的行政机关或依法被授予行政职权的组织。

由于行政行为通常是由行政主体的具体工作人员实施的，因此这些工作人员应具备法定条件，才能保证行政行为的合法有效性。如果是行政机关或法律法规授权组织的工作人员，则须审查这些工作人员是否确为该机关或授权组织所委派行使相应行政职权的人员；如果是行政机关委托的组织或个人，则须审查有无委托的依据或凭证、受委托者的行为是否超出委托范围等。

另外，主体合法除了要求行为主体必须是行政主体之外，还要求其行为必须在权限范围内。如果行政主体的行为超越权限，则其行为不合法。

参考案例3-3

王某与某建筑公司签订了一份合同。合同中约定王某为建筑公司加工一批空心砖，建筑公司按王某提供产品的数量、质量与其结算。王某在与建筑公司签完合同后，招收了部分民工，王某按民工们提供的劳动量支付劳动报酬。后一位民工吴某在工作中右手受伤。吴某认为自己是在为建筑公司加工空心砖时受的伤，请求劳动行政部门认定其受伤是工伤。劳动行政部门认为，吴某与建筑公司没有形成劳动关系，故不能认定为工伤。本案中，王某与建筑公司之间形成的是经济合同关系；王某系非法用工主体，王某与吴某之间形成的应是一种劳务合同关系。故吴某与建筑公司之间并未形成劳动关系，劳动行政部门的认定事实清楚、证据充分，是正确的。

资料来源：张晓丽．论工伤行政确认案件的司法审查［EB/OL］．（2012-04-10）［2020-05-06］．http：//www. chinacourt. org/article/detail/2004/07/id/123173. shtml.

（二）内容合法

行政行为的内容合法要求：（1）行为有确凿的证据证明，有充分的事实根据；（2）行为有明确的法律依据，正确适用了法律、法规、规章，以及其他规范性文件；（3）行为必须公正、合理，符合立法目的和立法精神。

参考案例3-4

2011年10月31日13时许，原告常某经过自家棉花地时，看见四个外来务工人员提着装有棉花的袋子站在自家的棉花地里及地边，常某认为他们偷了自家的棉花，就拦住他们，在索要棉花时与其中两人发生争执，后常某对其中的两名务工人员进行了殴打。2011年11月21日，被告玛纳斯县公安局根据《中华人民共和国治安管理处罚法》的规定，对常某作出治安管理处罚决定书，并于当日将常某送往玛纳斯县拘留所执行5日拘留。后原告常某对该行政处罚决定不服，在法定期限内向法院提起了行政诉讼。法院经过开庭审理，认为被告作出的行政处罚决定事实清楚、证据充分，但未听取当事人的陈述和申辩即作出处罚决定，严重违反了程序性的法律规定，致使行政相对人合法的程序权利得不到应有的保护，应予以撤销。

资料来源：董美玉，李岩，许征．不让申辩即行政拘留，玛纳斯县公安局处罚程序违法输官司[EB/OL]．(2004-07-06)[2020-05-06]．http：//news.ifeng.com/gundong/detail_2012_04/10/13756200_0.shtml.

（三）程序合法

程序是实施行政行为所经过的步骤、时限、方式等。任何行政行为均须通过一定的程序表现出来，没有脱离程序的行政行为。行政行为程序是否合法影响着行政行为实体的合法性。程序合法要求：

（1）行政行为符合行政程序法所确定的基本原则和制度，如行政行为公开、公正、效率原则以及为确保上述原则的实现而确立的情报公开制度、调查制度、职能分离制度、回避制度、辩论制度、听证制度、案卷制度、时效制度等。

（2）行政行为应当符合法定的步骤和顺序。如行政处罚的先调查取证后裁决的顺序不得颠倒，否则即构成违法。

参考案例3-5

2005年4月8日，中国人民银行安陆市支行与安陆市建筑总公司签订一份建筑工程合同，由安陆市建筑总公司承包建设中国人民银行安陆市支行办公楼工程。合同签订后，安陆市建筑总公司委派熊某作为该工程的项目经理开始施工。2005年7月25日，安陆市环境监理大队向该工地下达了排污费核定通知书，核定该工地2005年7月至10月应缴排污费11 200元。同年8月2日，该大队下达了排污费缴纳通知书；8月12日，该大队又下达了排污费限期缴纳通知书，责令该工地缴纳排污费11 200元。该工地项目经理熊某没有在指定期限内缴纳上述款项，安陆市环境保护局遂先后于2005年8月29日和2005年9月6日向该工地下达了行政处罚事先告知书和行政处罚决定书，以该工地拒缴排污费为由，依据《排污费征收使用管理条例》的有关规定，对其处以罚款15 000元，缴纳2005年7月至10月排污费11 200元的行政处罚。熊某不服，诉至法院，要求法院撤销安陆市环境保护局的行政处罚决定。

法院经过审理认为，被告安陆市环境保护局处罚的排污单位是该市建筑总公司承建中国人民银行安陆市支行办公楼的工地，该工地只是工程施工单位安陆市建筑总公司设立的临时机构，不具备独立的企业法人资格，同时被告亦未提供相应的证据证明该工地有独立承担法律责任的能力，所以被告处罚的主体错误。其次，在处罚程序方面，被告对被处罚人处以数额较大（15 000元）的罚款，没有按照《行政处罚法》的规定告知原告有听证的权利，也没有举行听证会，属于程序违法。因此，撤销了该行政行为。

资料来源：陈群安，董志新．主体错误程序违法，安陆环保局处罚决定被撤销[EB/OL]．(2005-12-07)[2020-05-06]．https：//www.chinacourt.org/article/detail/2005/12/id/189159.shtml.

三、行政行为的生效时间

一般来说，具备以上条件的行政行为便可发生预定的法律效力。但是，并不是所有行政行为具备了以上要件便立即生效。行政行为要在现实中产生效力，仅在行政主体内部达成意思表示一致还不够，还必须在与外部的关系上将该意思表示置于相对人能够知悉的状态之下。

（一）即时生效

即时生效是指行政行为一经作出即对相对人产生法律效力，如公安机关对醉酒的人强制进行人身约束的行为等。即时生效的行为因为是当场作出，立即生效，其适用范围较窄，适用条件较为严格。它一般适用于紧急情况下所作出的需要立即实施的行为。

（二）受领生效

受领生效是指行政行为须为相对人受领才开始生效。所谓受领，是指行政机关将行政行为告知相对人，并为相对人所接受。受领并不意味着必须得到相对人同意，相对人同意与否并不影响行政行为的生效，只要行政机关告知相对人，即开始生效。受领生效适用的对象为具体的确定的相对人。

（三）告知生效

告知生效是指行政机关将行政行为的内容采取公告或宣告等有效形式，使相对人知悉、明了行政行为的内容，该行政行为对相对人才能开始生效。告知形式主要有公告、布告、通告、无线广播、电视播放、手机短信、微信等。与受领生效不同，告知生效所适用的对象是难以具体确定的相对人，包括不特定的多数人和具体的相对人但住所地不明确，从而使行政行为的内容无法一一告知或难以具体告知。

（四）附条件生效

附条件生效是指行政行为的生效附有一定的期限或其他条件，在所附期限来到或条件消除时，行政行为才开始生效。

第五节　行政行为的无效、撤销与废止

一、行政行为的无效

行政行为的无效是指行政行为有明显或重大违法情形，自始至终不产生法律效力。

（一）行政行为无效的原因

行政行为无效的原因主要有：（1）行政行为有特别重大的违法情形；（2）行政行为具有明显的违法情形；（3）行政主体不明确或明显超越职权的行为；（4）行政主体受胁迫所为的行政行为；（5）没有可能实施的行政行为；（6）行政行为的实施将导致犯罪。

（二）行政行为无效的后果

行政行为无效的后果有：（1）行政行为被确认无效后即自始至终不发生法律效力；（2）行政相对人可不受该行为之约束，自行决定不履行该行为所规定的义务，而不承担法律责任；（3）被确认为无效的行政行为没有时效的限制，有权的国家机关可在任何时候宣布其无效；（4）行政行为被宣布无效后，行政主体因此所得到的一切利益应返还给对方，而对相对人因此所受到的损失应予以赔偿。

参考案例 3-6

原告李芳系第三人李燕之妹，1992年12月，原告因未达到法定婚龄而冒用李燕的名义与陶开杰登记结婚。1998年7月29日，第三人李燕与杨万在被告重庆市北碚区民政局处填写了《结婚登记申请书》，并提交了所在单位、村民委员会出具的婚姻状况证明。李

燕在填写前述表格及提交资料时，均冒用了李芳的姓名，只是使用了李燕本人的照片。被告工作人员在审查材料时未识别出和第三人杨万一同申请登记结婚的女子并非原告李芳本人，便给原告和第三人杨万办理了结婚登记，并颁发了结婚证。由于李芳、李燕相互冒用对方的名义登记结婚，造成了二人的户口错位，合川市（现重庆市合川区，下同）公安局于2001年将二人的名字予以互换。2006年6月27日，李芳以李燕的名义与陶开杰办理了离婚登记。2010年4月1日，合川市公安局通过自查，对李芳、李燕互换的身份予以纠正，使得二人的身份情况回归到正确状态。原告李芳及第三人杨万、李燕、陶开杰多次要求被告变更婚姻登记，2010年6月2日，在公安机关出具了李芳、李燕变更身份的证明和四人到场作出书面说明的情况下，应李燕、杨万的要求，被告为杨万和李燕换发了结婚证。而在被告处的婚姻登记档案里，李芳与杨万的婚姻登记材料仍然存在。原告遂起诉要求被告撤销其于1998年7月29日办理的结婚登记证书。最终，法院经过审理后判决，确认被告重庆市北碚区民政局于1998年7月29日为李芳和杨万办理结婚登记并颁发结婚证的行政行为无效。

资料来源：邓成江，向品．姐妹俩互换名字结婚，婚姻登记被判无效［EB/OL］．(2012-06-29)［2020-05-06］．http：//www.dyzxw.org/html/article/201206/29/93766.shtml.

二、行政行为的撤销

行政行为的撤销是指对已经发生法律效力的行政行为，如发现其违法或不当，由有权的国家机关予以撤销，使其失去法律效力。

（一）行政行为撤销的原因

撤销的原因，一般是由于行政行为本身含有违法或不当的因素，如行政行为不具备合法条件、行政行为不适当等。

（二）行政行为撤销的后果

行政行为撤销的后果有：

（1）行政行为自作出之日起失去法律效力。

（2）行政行为因行政主体或行政相对人的不同过错而有不同的责任后果。若行政行为是因行政主体的过错而被撤销的，行政主体应予以赔偿；若行政行为是因行政相对人的过错而被撤销的，行政相对人因此所受到的损失自行负责，行政相对人因此所获得的利益应当予以收回。

参考案例3-7

王小飞和叶建国均曾在钰翔精密模具（东莞）有限公司当保安。2005年3月31日下午下班后，叶建国在厂外遇到老乡，其老乡称到钰翔精密模具（东莞）有限公司找叶建国时王小飞说不认识叶建国。2005年4月1日8时10分许，叶建国找到正在上班的王小飞理论前一天发生的事，二人发生口角并打起来，叶建国用事先从车间拿的刀片划伤了王小飞。2005年4月22日，王小飞因上述受伤事件向东莞市社会保障局提出工伤认定申请，东莞市社会保障局收到申请后，分别向王小飞及其用人单位送达了《工伤认定提交材料通知书》，亦对用人单位的员工进行询问及调查。东莞市社会保障局于2005年6月30日作出东社保工伤认字第20050609007号《工伤认定书》并依法送达，认定王小飞2005年4月1日所发生的事故伤害并非因工作原因引起，属非工伤。王小飞不服，向东莞市人民政府提起行政复议，东莞市人民政府维持了上述工伤认定。王小飞仍然不服，向东莞市人民法院提起行政诉讼，东莞市人民法院一审判决驳回王小飞的诉讼请求。王小飞仍不服，向东莞市中级人民法院提起上诉。2006 年 1 月 12 日，东莞市中级人民法院认为王小飞是履行保安工作职责而致伤，撤销了东莞市社会保障局作出的东社保工伤认字第 20050609007 号《工伤认定书》，并要求东莞市社会保障局在判决发生法律效力之日起的 60 日内重新作出行政行为。

三、行政行为的废止

行政行为的废止是指已经发生法律效力的行政行为，因某种法定情形而依法宣布失去法律效力。

（一）行政行为废止的原因

行政行为废止的原因主要有：法律、法规、规章或政策被修改、废止或撤销；国家形势发生重大变化；原定任务已经执行完毕。

（二）行政行为废止的后果

行政行为废止的后果主要有：自废止之日起行政行为失去法律效力；因行政行为废止给相对人带来损失的，行政主体予以适当的补偿。

【引例分析】

本案中被告的行政行为合法，应判决驳回原告的诉讼请求。理由如下：

1.《国家赔偿法》第 2 条规定：“国家机关和国家机关工作人员行使职权，有本法规定的侵犯公民、法人和其他组织合法权益的情形，造成损害的，受害人有依照本法取得国家赔偿的权利。”依照该规定进行国家赔偿，必须具备五个要件：（1）行使职权的主体必须是国家机关及其工作人员；（2）行使职权的行为已确认违法；（3）违法行为侵犯了公民、法人和其他组织的合法权益；（4）已造成损害的后果；（5）违法行为与损害后果之间有因果关系。本案原告的赔偿请求虽具备上述的第一和第四个要件，但却不具备第二、第三及第五个要件。首先，被告的行政行为，没有损害原告的合法权益。所谓合法权益，是指受法律保护的各项权益，包括财产权益和人身权益。本案中，被告作出的行政行为，不是针对原告的合法行为，而是针对原告在堤坝上加设妨碍行洪的拦鱼铁栅的行为，根据《中华人民共和国防洪法》及《江西省实施〈中华人民共和国防洪法〉办法》的有关规定，这一行为属违法行为。其次，被告的行政行为，是在原告不履行法定义务的情况下（这里所指的义务是水库承包人在汛期的巡查、排险义务），为了保护水库大坝以下洪家组 100 余人的人身和财产安全而实施的，虽然给原告造成了一定的经济损失，但这一损失并不是其合法权益所在，而是因其违法行为和不履行法定义务付出的代价。再次，根据《行政诉讼法》的规定，一个行政行为是否合法，是由认定事实的证据是否充分，程序是否符合法律规定，适用法律是否正确，有无超越职权、滥用职权及明显不当等诸多方面决定的。只要其中某一方面不符合规定，该行政行为就构成违法，但不能由此就认为凡行政行为违法即必然与相对人的财产损失有因果关系，而要具体情况具体分析。本案中，原告因被告的行政行为遭受的财产损失，并不是被告的行政行为造成的，而是因其违法架设拦鱼铁栅和不履行法定义务造成的。被告这一行政行为与原告的财产损失有直接因果关系的几个方面

（职权依据、事实依据、适法依据等）均未违法。基于以上分析，由于原告的赔偿请求并不完全具备上述五个要件，不符合《国家赔偿法》第 2 条的规定，因此不应予以支持。

2.《国家赔偿法》第 4 条规定："行政机关及其工作人员在行使职权时有下列侵犯财产权情形之一的，受害人有取得赔偿的权利：……（四）造成财产损害的其他违法行为。"该条法律规定与《国家赔偿法》第 2 条的规定并不矛盾。第 2 条的规定列入该法第一章中，是原则性的规定，第 4 条则列入该法第二章第一节"赔偿范围"中，所以第 2 条的规定对第 4 条的规定起指导作用。第 4 条的规定，蕴含了第 2 条所规定的进行国家赔偿必须同时具备以上五个要件的内容。离开该法第 2 条的规定来理解第 4 条的规定，是片面和错误的。

【本章小结】

行政行为是指行政主体行使行政职权所作出的能够产生行政法律效果的行为。行政行为的特征有：行政行为是执行法律的行为，行政行为具有一定的裁量性，行政行为具有单方意志性，行政行为具有强制性。根据不同的标准，行政行为可以分成不同的种类。行政行为的内容主要有：赋予权益和剥夺权益，科以义务或免除义务，确认法律事实与法律地位。行政行为通常有以下法律效力：确定力、拘束力、执行力。行政行为发生法律效力是以其成立为前提的。行政行为的成立，是指行政行为的形成或作出。行政行为的合法要件包括主体合法、内容合法、程序合法。行政行为的无效是指行政行为有明显或重大违法情形，自始至终不产生法律效力。行政行为的撤销是指对已经发生法律效力的行政行为，如发现其违法或不当，由有权的国家机关予以撤销，使其失去法律效力。行政行为的废止是指已经发生法律效力的行政行为，因某种法定情形而依法宣布失去法律效力。

【练习题】

1. 名词解释

行政行为　抽象行政行为　具体行政行为　裁量行政行为

2. 思考题

（1）行政行为的特征有哪些？

（2）行政行为的效力有哪些？

（3）行政行为的分类有哪些？

（4）行政行为的成立要件有哪些？

（5）行政行为的合法要件有哪些？

（6）行政行为的内容有哪些？

3. 案例分析题

2014 年 1 月 27 日晚，余杭公安分局下属的治安大队接到闲林派出所报警，称该所民警在闲林街道桦树村依法处置杭州余杭鼎立拆迁有限公司工作人员被部分村民围困的警情中，遭到包括杜某在内的 8 位村民辱骂、阻挠。经审查，余杭公安分局于同年 2 月 11 日依法予以立案。

余杭公安分局查看当时出警视频录像后发现，杜某在闲林派出所民警执行职务过程中曾大喊"警察打人了"，并推搡维持秩序的出警人员，企图阻止杭州余杭鼎立拆迁有限公司的车辆离开，严重干扰了公安机关的执法活动。余杭公安分局认定杜某已涉嫌阻碍执行职务，遂于同年2月11日根据《治安管理处罚法》第82条、第83条等规定，作出余公（治）行传字（2014）第3号传唤证，并于当晚19时许持该证前往杜某家中传唤杜某。19时50分，余杭公安分局将杜某传唤到闲林派出所进行询问。在询问查证过程中，余杭公安分局认为杜某涉嫌以公然辱骂等方式阻碍国家机关工作人员执行职务，依照《治安管理处罚法》第50条第1款第2项、第2款和《浙江省公安厅关于违反治安管理行为情节认定的意见》第43条的规定，属情节严重且可能适用行政拘留处罚。经批准，延长询问查证至同年2月19时50分。同年2月12日19时10分，余杭公安分局结束对杜某的询问查证。

另查明：（1）传唤证记载，传唤杜某于2014年2月11日16时前到余杭公安分局闲林派出所接受询问。实际上，余杭公安分局于2014年2月11日19时许首次持传唤证传唤杜某，此前未传唤杜某，亦未就该传唤事宜通知杜某。（2）杜某提出要求法院调取2月11日闲林派出所民警朱某报案的电话清单及报案录音，人民法院向公安机关调查后被告知，因朱某未通过“110”系统报案，故无电话清单及报案录音。（3）经询问查证后，余杭公安分局未对杜某阻碍执行职务的行为作出处罚决定。

问题：余杭公安分局的行为是否合法？

分析要点提示：

本案争议的焦点是余杭公安分局作出的行政传唤的行政行为是否合法有效。首先，余杭公安分局作为治安管理部门，有权对本行政区域内违反治安管理行为人进行传唤、调查。《治安管理处罚法》第82条规定，需要传唤违反治安管理行为人接受调查的，经公安机关办案部门负责人批准，使用传唤证传唤。本案中，杜某在余杭公安分局执行处置杭州余杭鼎立拆迁有限公司工作人员被部分村民围困警情的公务中，存在阻碍国家机关工作人员依法执行职务的嫌疑。因此，余杭公安分局依照《治安管理处罚法》第82条的规定，使用传唤证传唤杜某，属其职责范围。

余杭公安分局作出该传唤证后，应当在传唤证载明的被传唤人到案接受询问时间前，向杜某送达该证。本案中，余杭公安分局在传唤证记载的杜某到案接受询问时间3小时后才首次持证传唤杜某，该传唤证已明显丧失特定的时间效力。余杭公安分局持丧失时间效力的传唤证传唤杜某到案接受询问，具有重大且明显的违法，因而该行为无效。

综上，余杭公安分局作出被诉传唤的行政行为应予确认无效。

第四章　行政立法

【本章引例】

被称为“红头文件”的《北京市人民政府公报》，除发送到本市国家机关，各级公共图书馆、街道图书馆，市人大代表、市政协委员手中和社会集中订阅外，已于2003年3月进入北京王府井等26家新华书店联销店发行销售。一位在新华书店工作了几十年的老员工说，“红头文件”公开发售，这在全国还是第一次。

【本章学习目标】

通过本章的学习，你应该能够：

(1) 了解行政立法的含义和分类。
(2) 明确行政立法的效力。
(3) 分清行政立法的主体。
(4) 掌握行政立法的程序。

立法是专门行使立法权的机关制定、颁布法律的行为。根据我国宪法、法律的有关规定，行政机关在某些情况下，对某些特定的管理领域，依照法定的程序，也可以制定某些规范性法律文件。行政机关的这种在一定范围内依法制定抽象性行为规则的活动，就是行政立法。行政立法行为对整个行政管理领域和行政相对人的权利的保护都有着重要的影响。

第一节　行政立法的含义和特点

一、行政立法的含义

行政立法是指国家行政机关依照法律规定的权限和程序，制定行政法规和规章的活动。行政立法既具有行政的性质，是一种抽象行政行为，又具有立法的性质，是一种准立法行为。应当结合这两个方面来认识行政立法。

(一) 行政立法的行政性质

行政立法的行政性质主要表现在：

(1) 行政立法的主体是国家行政机关。

(2) 行政立法所调整的对象主要是行政管理事务及与行政管理密切关联的事务。

(3) 行政立法的根本目的是实施和执行权力机关制定的法律，实现行政管理职能。

(二) 行政立法的立法性质

行政立法的立法性质主要表现在：

(1) 行政立法是有权行政机关代表国家以国家名义制定行政法律规范的活动。

(2) 行政立法所制定的行为规则属于法的范畴，具有法的基本特征，即普遍性、规范性和强制性。

(3) 行政立法必须遵循相应的立法程序。行政机关制定行政法规、行政规章必须经过起草、征求意见、会议审查、通过、签署、公布等法定程序。

二、行政立法的特点

与权力机关的立法活动及行政行为相比，行政立法具有如下特征。

(一) 行政立法的主体是特定的国家行政机关

一般法律的立法主体是享有立法权的人民代表大会及其常委会，而行政立法的主体是行政机关，并且只能是特定的行政机关。

(二) 行政立法是从属性立法

行政机关与权力机关之间存在产生与被产生、监督与被监督、前者向后者负责的关系，行政机关进行的行政立法必然地从属于权力机关的立法，是权力机关立法的延伸和具体化。

(三) 行政立法具有很强的适应性和针对性

通过制定行政法规范，为作出行政行为提供依据，是行政立法的主要任务之所在。因此，针对社会经济生活中的一般事务的行政立法，对于其效力范围内的人和事具有普遍约束力，对于同一类型的人和事可以多次反复适用。

(四) 行政立法具有多样性和灵活性

国家行政管理事务的广泛性，决定了行政立法的灵活性、多样性。国家行政机关可以在其职权范围内或基于权力机关的授权，根据国家行政管理的需要，采取灵活、多样的形式制定行政法规或规章。

第二节 行政立法的分类

依据不同的标准，行政立法可以作不同的分类。

一、职权立法与授权立法

行政立法依其权力来源不同，可以分为职权立法与授权立法。

职权立法是指国家行政机关直接依照宪法和有关组织法规定的职权制定行政法规和规章的活动。我国《宪法》第 89 条规定，国务院可以根据宪法和法律，规定行政措施，制定行政法规，发布决定和命令。《宪法》第 90 条第 2 款又规定：国务院各部、各委员会根据法律和国务院的行政法规、决定、命令，在本部门的权限内，发布命令、指示和规章。根据《中华人民共和国地方各级人民代表大会和地方各级人民政府组织法》（以下简称《地方组织法》）第60条第1款的规定，省、自治区、直辖市以及设区的市以上的人民政府，可以根据法律和行政法规，制定规章。

授权立法是指依据特定法律、法规授权或者依据国家权力机关或上级国家行政机关通过专门决议的授权，制定规范性法律文件的行为。例如，全国人大常委会通过的《中华人民共和国道路交通安全法》第13条规定的“对机动车的安全技术检验实行社会化。具体办法由国务院规定”，属权力机关对行政机关的立法授权；国务院发布的《城市生活无着的流浪乞讨人员救助管理办法》第17条规定的“本办法的实施细则由国务院民政部门制定”，就是上级行政机关对下级行政机关的立法授权。

二、中央行政立法和地方行政立法

依据行使行政立法权的主体不同，行政立法可分为中央行政立法和地方行政立法。

国务院制定行政法规和国务院各部门制定部门规章的活动称为中央行政立法。中央行政立法调整全国范围内的普遍性问题和须由中央作出统一规定的重大问题，如全国性治安管理问题、资源问题、环境保护问题、国家安全问题等。中央行政立法所制定的行政法规和规章在全国范围内有法律效力。

地方行政立法是指一定层级以上的地方人民政府制定行政规章的活动。在我国，目前有权进行地方行政立法的机关包括省、自治区、直辖市的人民政府，以及设区的市的人民政府。地方行政立法要一方面根据地方的实际情况，将中央行政立法的规定具体化，确定实施细则和实施办法；另一方面对有关地方特殊问题作出具体规定，以调整区域性的特殊的社会关系。

三、执行性立法与创制性立法

依据行政立法内容、目的和功能的不同，行政立法可以分为执行性立法与创制性立法。

执行性立法是指行政机关为了执行法律或地方性法规以及上级行政机关发布的规范性文件所作出的具体规定。执行性立法所制定的行政法规和规章一般称为“实施条例”“实施细则”或“实施办法”。

创制性立法是指行政机关为了填补法律法规的空白或者变通法律法规的个别规定，以实现行政职能而进行的立法。

参考案例4-1

2003年8月施行的《兰州市无公害蔬菜发展管理办法》（以下简称《办法》）属创制性立法，由于没有专门的上位法，兰州市政府法制办主要参照国家和省、市有关规定，并参考了郑州、上海、深圳等城市1999年以来出台的地方性法规、规章。《办法》对无公害蔬菜生产和销售的各个环节做了详细规定。值得关注的是，其中规定商场、超市必须销售无公害蔬菜，各类学校集体食堂和对社会公众开放的酒店、餐厅必须用无公害蔬菜作为食品原料。

第三节　行政立法的效力

行政立法的效力主要是指行政立法对于个人、组织的拘束力，强制执行力，以及对于人民法院审判活动的适用力。行政立法属于法的范畴，只要能有效成立，就具有一般行政行为的确定力、拘束力和执行力。行政立法有效成立的一般条件有：第一，行政立法的内容不与宪法、法律、地方性法规和上级行政立法相抵触；第二，不超越行政立法机关享有的行政立法权；第三，遵循了法定的程序，符合法律规定的行政立法形式。

一、行政立法的效力等级

行政立法的效力等级是指行政法规和规章在我国的法律规范体系中所处的地位。在我国的法律规范体系中，宪法具有最高的效力；法律的效力仅次于宪法，高于行政法规、地方性法规和规章；行政法规的效力高于地方性法规和规章；地方性法规的效力高于本级和下级地方政府规章。省、自治区的人民政府制定的规章的效力高于本行政区域内的设区的市以上的人民政府制定的规章。部门规章之间、部门规章和地方政府规章之间具有同等效力，在各自的权限范围内施行。

二、行政立法的效力范围

（一）时间效力

行政立法的时间效力范围包括行政立法的生效时间和失效时间。行政立法的生效时间一般有两种情况：第一，行政立法自发布之日起生效，这是最通用的一种生效方式；第二，行政立法另定生效日期。行政立法的失效时间一般有四种情况：第一，新法废除旧法；第二，授权法规定的授权时效届满；第三，行政立法因规定的社会事实已消灭或效果已完成而失效；第四，在法规清理中宣布行政法规和规章的废止。

（二）地域效力

中央行政机关的行政立法与地方行政机关的行政立法的地域效力完全不同。一般情况下，中央行政机关制定的行政法规或者规章，在全国范围内都有约束力，但是地方规章仅在本行政区域内有效。

（三）对象效力

行政立法的对象效力是指行政法规和规章适用于哪些对象，即对哪些人和组织发生效力的问题。这包括两个方面：一是对国家机关的拘束力；二是对行政相对人的拘束力，包括对企事业单位、社会团体和个人的效力。一般来说，国务院制定的行政法规和国务院各部委制定的规章，除了行政机关本身也应当受该法规或规章的约束外，对中华人民共和国境内的所有公民、法人和其他组织以及在我国境内的外国公民、企业、组织和无国籍人都发生法律效力，但有特别规定的除外。省、自治区、直辖市的人民政府，设区的市以上的人民政府制定颁布的规章，只对其管辖区内的组织、个人有效。

第四节　行政立法主体

行政立法主体是指依法享有行政立法权，可以制定行政法规或规章的国家行政机关。根据我国宪法、组织法以及有关法律、法规的规定，我国行政立法主体有下述几类。

一、国务院

国务院是我国中央人民政府，是最高国家权力机关的执行机关，是国家最高行政机关，是最高的行政立法主体。它既有依职权立法的权力，又有由国家权力机关和法律授权立法的权力，享有较为完全的行政立法权。

国务院的行政立法权包括：

（1）依职权制定行政法规，其形式一般为“条例”“规定”“办法”等。行政法规是国务院为领导和管理国家的各项工作，根据宪法和法律的规定，依法定程序而制定的政治、经济、教育、科技、文化、外事等各类法规的总称。

（2）根据全国人大及其常委会的授权制定某些具有法律效力的行政法规，一般称为“暂行规定”“暂行办法”。

二、国务院各部门

根据《中华人民共和国立法法》（以下简称《立法法》）第 80 条的规定，国务院各部、委员会、中国人民银行、审计署和具有行政管理职能的直属机构，可以根据法律和国务院的行政法规、决定、命令，在本部门的权限范围内，制定规章。部门规章规定的事项，应当属于执行法律或者国务院的行政法规、决定、命令的事项。

三、省、自治区、直辖市人民政府和设区的市以上的人民政府

根据我国《立法法》第 82 条的规定，省、自治区、直辖市和设区的市、自治州的人民政府，可以根据法律、行政法规和本省、自治区、直辖市的地方性法规，制定规章。地方政府规章可以就下列事项作出规定：（1）为执行法律、行政法规、地方性法规的规定需要制定规章的事项；（2）属于本行政区域的具体行政管理事项。设区的市、自治州的人民政府根据第 82 条第 1 款、第 2 款制定地方政府规章，限于城乡建设与管理、环境保护、历史文化保护等方面的事项。已经制定的地方政府规章，涉及上述事项范围以外的，继续有效。

从我国《地方组织法》和有关法律的规定来看，省、自治区、直辖市人民政府和设区的市、自治州的人民政府在其权限内可以依法律、法规的授权进行行政立法。除此以外的其他任何行政机关都没有进行行政立法的权力。

第五节　行政立法的程序

行政立法程序，是指行政立法主体依法定权限制定行政法规和规章所应遵循的步骤、

方式和顺序，具体指行政机关依照法律规定，制定、修改、废止行政法规和规章的活动程序。

一、起草

起草是指对列入规划的需要制定的行政法规和规章，由人民政府各主管部门分别草拟法案。行政法规和规章的起草一般有两种：一是较为重要的行政法规和规章，其主要内容涉及几个具体部门业务的，由政府法制机构或主要的部门负责，组成由有关部门参加的起草小组进行工作；二是行政法规和规章的主要内容不涉及其他部门业务的，由主管部门负责起草。

二、征求意见

行政立法最具有实质意义的程序是征求意见。在起草行政法规、规章的过程中，应当广泛听取有关机关、公民、社会各组织的意见。听取意见可以采取座谈会、论证会、听证会等多种形式。

参考案例 4-2

2004年11月12日下午，南京市人大常委会针对《南京市大气污染防治条例（草案）》（以下简称《草案》）举行了立法听证会，社会各界人士围绕机动车尾气污染防治、餐饮油烟污染防治、扬尘污染防治、工业废气污染防治、如何完善公众参与大气污染防治的机制等问题广泛发表意见和提出了建议。机动车尾气污染防治是听证会上关注的焦点。对《草案》第31条规定的在道路上行驶的机动车不得排放黑烟或者其他明显可见大气污染物，许多听证代表发表了不同意见。某公司贡先生认为，把“冒黑烟、明显可见”放在治理的首位可以理解，但就现有条件而言，彻底解决冒黑烟问题只能属于空谈，原因是这类车所烧的柴油含硫量达2mg/L，此外，现有的柴油发动机即使使用最先进的净化装置，也无法从根本上解决冒黑烟问题。另一位听证代表则干脆指出，事实上黑烟对大气造成的污染很少，而真正影响空气质量和人体健康的是排放不达标的汽油车所排的看不见的氮氧化物，在立法过程中把表面的、次要的污染矛盾放到主要位置来处理，缺乏科学性。

不少代表认为，《草案》从单纯的防污延伸到综合处理，从浓度控制延伸到对各污染源的综合总量控制，是进步的、科学的，但还可以增加更多人性化内容。比如，对主动进行治污技术改造的企业，改造资金有困难的，应有相应优惠政策或补贴；餐饮业选址的条款可从硬性规定变为倡导性、鼓励性的规范；定期分点公布各旅游点、商业区、开发区的大气环境质量，给群众和外来企业大气质量知情权。此外，代表们还建议：应把与大气污染密切相关的绿化、噪声防治等也纳入条例中，或另外立法；对环保等部门的职能应在条例中明确、细化；建立市民大气防治管理委员会；设立政府官员问责制。

三、审查

审查是指行政法规、规章草案拟定之后，送交政府主管机构进行审议、核查的制度。承担法规、规章审查职能的是政府法制机构。政府法制机构对法规、规章草案审查的主要内容有：制定法规、规章的必要性和可行性；是否符合宪法、法律以及上一层次规范性文件的规定；是否在本机关的权限范围内，是否有越权或滥用职权的现象；法规、规章草案的结构、文字等立法技术是否规范；是否符合上报手续，以及有关的资料、说明是否齐备等。法制机构审查后，写出审查报告，提出是否提交讨论通过的建议。若需讨论通过，应将法规、规章草案的上报稿和修改稿一并呈送。

四、通过

通过是指法规、规章在起草、审查完毕后，交由主管机关的正式会议讨论表决的制度。通常情况下，国务院制定的行政法规，要经过国务院全体会议或常务会议审议通过；各部委制定的规章，要提交部委常务会议审议通过；地方政府制定的地方规章，要提交地方政府常务会议或办公会议审议通过。

国务院常务会议审议通过行政法规，是制定行政法规的通常方式。在审定过程中，如对行政法规草案中的重大问题有意见分歧，则留待下次常务会议审议；如对个别细节问题有意见，则原则通过草案，由国务院法制办会同有关部门按照常务会议的意见进行修改，再送总理审批决定；如果对行政法规草案没有不同意见，则审定通过。

五、签署

行政法规、规章通过后，还须经制定机关的行政首长签署。国务院发布的行政法规，应由国务院总理签署；各部委发布的规章，应由部长或委员会主任签署；地方人民政府发布的地方政府规章，应由省长、自治区主席或市长签署。

六、发布与备案

发布是行政法规、规章生效的必经程序和必要条件。凡是未经发布的行政法规、规章都不能认为已发生效力。行政法规、行政规章一般都须通过政府公报或者通过报纸、杂志、电台、电视等新闻传媒公开发布。

行政法规由总理签署，以国务院令的形式发布，并应及时在国务院公报和在全国范围内发行的报纸上刊登。在国务院公报上刊登的行政法规文本为标准文本。

部门规章由部门首长签署命令公布，并应及时在国务院公报和在全国范围内发行的报纸上刊登。

地方政府规章由省长、自治区主席、市长签署命令公布，并应及时在本级人民政府公报上和本行政区域范围内发行的报纸上刊登。

备案是指将已经发布的行政法规、规章上报法定的机关，使其知晓，并在必要时备查的程序。备案本身只是立法程序的一个后续阶段，而不是立法本身。根据《立法法》的规定，行政法规、规章应当在公布后的30日内依照下列程序报有关机关备案：行政法规报全国人大常委会备案；部门规章和地方人民政府规章报国务院备案；地方政府规章应当同时报本级人大常委会备案；设区的市以上的人民政府制定的规章应当同时报省、自治区的人大常委会和人民政府备案。

【引例分析】

《北京市人民政府公报》是适应政务公开、依法行政和世贸组织规则需要，按照国际惯例出版发行的，是《立法法》规定的刊登政府规章和政策措施的标准文本，具有“红头

文件”同等效力。《北京市人民政府公报》主要刊登本市人民代表大会及其常委会通过的地方性法规和决定，市政府颁布的行政规章和决议、决定、命令、政策，市政府批准的有关机构调整、行政区划变动和人事任免的决定，市政府各工作部门发布的重要文件等。北京市政府颁布的《北京市人民政府工作规则》中明确指出：以市政府、市政府办公厅名义发布的公文，原则上应予公开，并在公报上刊登，市政府各工作部门发布的公文也应在公报上刊登。统一公开政府的政策，有助于进一步推进依法行政，以及建立法治、公开、服务、高效的政府。

【本章小结】

行政立法是指国家行政机关依照法律规定的权限和程序，制定行政法规和规章的活动。行政立法既具有行政的性质，是一种抽象行政行为，又具有立法的性质，是一种准立法行为。依据不同的标准，行政立法可以作不同的分类：职权立法与授权立法、中央行政立法和地方行政立法、执行性立法与创制性立法。

行政立法的主体有国务院，国务院各部门，省、自治区、直辖市人民政府和设区的市以上的人民政府。行政立法的程序有起草、征求意见、审查、通过、签署、发布与备案。

【练习题】

1. 名词解释

职权立法　授权立法

2. 思考题

（1）什么是行政立法？

（2）行政立法的分类有哪些？

（3）行政立法的主体有哪些？

（4）行政立法的程序有哪些？

3. 案例分析题

2003 年 3 月 17 日，就职于广州一服装公司的大学毕业生孙志刚未携带身份证逛街时，被广州黄村街派出所以没有暂住证为由予以收容。3 月 18 日，孙志刚被送往广州收容遣送中转站，后又被收容站送往广州收容人员救治站，并于 3 月 20 日死亡。中山大学中山医学院法医鉴定中心的鉴定表明：“综合分析，孙志刚符合大面积软组织损伤致创伤性休克死亡”——孙志刚是被打死的。经过相关司法程序，相关责任人员被追究法律责任。本案引发了其他法律问题。2003 年 5 月 14 日，三位法学博士将一份题为“关于审查《城市流浪乞讨人员收容遣送办法》的建议书”传真至全国人大常委会法制工作委员会，建议全国人大常委会对收容遣送制度进行违宪审查。三位博士指出，根据我国《宪法》第 37 条的规定，中华人民共和国公民的人身自由不受侵犯。任何公民，非经人民检察院批准或决定或者人民法院决定，并由公安机关执行，不受逮捕。禁止非法拘禁和以其他方法非法剥夺或者限制公民的人身自由，禁止非法搜查公民的身体。我国《行政处罚法》第 9 条规定，限制人身自由的行政处罚，只能由法律设定。我国《立法法》第 8 条和第 9 条规定，对公民政治权利的剥夺、限制人身自由的强制措施和处罚，只能制定法律。因此，1982 年由国务院颁布的《城市流浪乞讨人员收容遣送办法》及其实施细则中限制公民人身自由的规定，违反了《宪法》《行政处罚法》《立法法》。所以，建议对《城市流浪乞讨人员收容遣送办法》进行合宪性审查和合法性审查。

问题：

公民个人是否可以直接“上书”全国人大常委会，建议对行政法规进行审查？

分析要点提示：

根据我国《宪法》的规定，全国人大常委会享有对宪法实施进行监督的权力。其第 67 条第 7 项规定，全国人民代表大会常务委员会有权撤销国务院制定的同宪法、法律相抵触的行政法规、决定和命令。因此才有了三博士“上书”事件。根据我国《宪法》的规定，全国人大常委会有权解释宪法并监督宪法的实施，有权撤销国务院制定的同宪法、法律相抵触的行政法规、决定和命令。我国《立法法》中也有相应的更加具体的规定：公民的建议书由全国人大常委会工作机构进行研究，必要时，送有关的专门委员会进行审查、提出意见。专门委员会认为被提请审查的行政法规同宪法或法律相抵触的，可以向制定机关提出书面审查意见；可以由宪法和法律委员会与有关的专门委员会召开联合审查会议，要求制定机关到会说明情况，再向制定机关提出书面审查意见。制定机关应当在 2 个月内研究提出是否修改的意见，并向全国人民代表大会宪法和法律委员会及有关的专门委员会反馈。如果宪法和法律委员会及有关的专门委员会审查认为行政法规同宪法或法律相抵触而制定机关不予修改的，可以向委员长会议提出书面审查意见和予以撤销的议案，由委员长会议决定是否提请常委会会议审议决定。

第五章　行政许可

【本章引例】

某省卫健委向全省所有医院下发文件，规定凡是在本省医院销售的药品必须在该省卫健委办理登记手续，否则医院不得采购。某药品生产企业将其刚投入试产的新药报到卫健委备案，结果卫健委要求其提交营业执照等资质文件十余种，并指出其中的三份资质文件不合格，不能办理登记手续，也不能在该省的医疗机构销售。此药品生产企业认为该省卫健委违法设定行政许可，遂将其告上法庭。

【本章学习目标】

通过本章的学习，你应该能够：

(1) 掌握行政许可的特征。
(2) 熟悉行政许可设定规则。
(3) 了解行政许可实施相关要求。
(4) 运用行政许可程序。
(5) 知悉行政许可监督。

第一节　行政许可概述

一、行政许可的概念和特征

《中华人民共和国行政许可法》（以下简称《行政许可法》）于2003年8月27日经第十届全国人大常委会第四次会议通过，于2004年7月1日起开始施行，2019年4月23日进行了修改。《行政许可法》的颁布、施行，对于保护公民、法人和其他组织的合法权益，深化行政审批制度改革，推进行政管理体制改革，从源头上预防和治理腐败，保障和监督行政机关有效实施行政管理，都有着重大意义。

行政许可是指行政主体根据行政相对方的申请，经依法审查，通过颁发许可证、执照等形式，赋予或确认行政相对方从事某种活动的法律资格或法律权利的一种行政行为。《行政许可法》第2条对此作出了明确规定。

根据上述这一规定，行政许可的特征主要有以下几个方面。

（一）行政许可是依申请的行政行为

行政相对方针对特定的事项向行政主体提出申请，是行政主体实施行政许可行为的前提条件。一方面，行政主体不能主动赋予行政相对方某种资格或权利，这与行政主体可以依职权主动行使的行为（如行政征收、行政强制、行政处罚等）有着明显不同；另一方面，行政相对方的申请也仅仅具有启动作用，行政主体有权对行政相对方是否符合相应法律、法规、规章规定的特定条件进行审查，进而决定是否对行政相对方颁发相应的许可证或执照。因此，并不是只要行政相对方提出申请，就一定能获得相应的权利或资格。

（二）行政许可的内容是国家一般禁止的活动

行政许可以一般禁止为前提，以个别解禁为内容。国家出于社会公共利益的考虑，对某些权利和自由予以一般禁止，而行政许可则是在国家一般禁止的前提下，对符合特定条件的行政相对方解除禁止，使其享有特定的资格或权利，能够实施某项特定的行为。例如，国家出于公共安全、交通秩序等考虑，在机动车驾驶领域实行一般禁止，同时又通过考试等方式对符合相应条件的个人颁发驾驶执照，赋予其驾驶机动车的资格。也就是说，行政许可针对的是国家一般禁止的活动，是在一定条件下对一般禁止的解除，如果没有一般禁止，也就无所谓行政许可。

（三）行政许可是行政主体赋予行政相对方某种法律资格或法律权利的行政行为

行政许可能够使行政相对方直接获得实施某种行为或从事某种活动的法律资格或权利，是针对特定的人、特定的事作出的一种行政行为。同时，行政许可具有授益性，它与行政处罚、行政强制不同，后者是对相对方施以义务或予以惩罚。

（四）行政许可是一种外部行政行为

《行政许可法》第3条第2款规定："有关行政机关对其他机关或者对其直接管理的事业单位的人事、财务、外事等事项的审批，不适用本法。"根据上述规定，行政许可是行政机关针对行政相对方的一种管理行为，是行政机关依法管理经济和社会事务的一种外部行为。至于行政机关对其他行政机关，或者对机关直接管理的事业单位的人事、财务、外事等事项的审批，则属于内部管理行为，不属于行政许可。

（五）行政许可是一种要式行政行为

行政相对方申请行政许可，必须以书面形式提出。行政许可赋予行政相对方某种法律资格或法律权利，也必须以一定的形式出现，实践中最常见的是许可证和执照。也就是说，行政许可必须遵循一定的法定形式，行政许可应当是明示的书面许可，应当有正规的文书、印章等予以认可和证明。

二、行政许可的作用

行政许可的作用可以概括为以下五个方面：

（1）行政许可是国家对社会经济、政治、文化活动进行宏观调控的有力手段，有助于从直接命令式的行政手段过渡到间接许可的法律手段。

（2）行政许可有利于维护社会经济秩序，保障广大消费者及民众的权益。

（3）行政许可有利于保障社会公共利益，维护公共安全和社会秩序。

（4）行政许可有利于控制进出口贸易，保护和发展民族经济。

（5）行政许可有利于资源的合理配置和环境保护，促进人与环境的和谐、健康、协调发展。

三、行政许可的种类

根据不同的标准，行政许可可作如下分类。

（一）行为许可和资格许可

以许可的性质为标准，行政许可分为行为许可和资格许可。行为许可是指允许符合条件的申请人从事某项活动的许可，如生产、经营许可。这类许可在内容上仅限于许可被许可人进行某种行为活动，不包含资格权能的特别证明内容，也无须对被许可人进行资格能力方面的考核。资格许可是指行政主体应申请人的申请，经过一定的考核程序核发一定的证明文书，允许其享有某种资格或具备某种能力的许可，如法律职业资格证、会计从业资格证、驾驶证等。一般来说，资格许可中同时也包含了对被许可人的行为许可。

（二）独立的许可和附文件的许可

以许可的书面形式及其能否单独使用为标准，行政许可分为独立的许可和附文件的许可。独立的许可指许可证已经规定了所有许可内容，不需要其他文件补充说明的许可，如林木采伐许可证、特种刀具购买证等。明确的范围、事项、时间等是独立的许可的显著特点。附文件的许可是指由于特殊条件的限制，需要附文件加以说明的许可。这种许可在申请、审批或使用时，均应将附加文件附在许可证后作补充性说明，如商标许可证书中还需附有商标的设计图样，否则许可证将无法使用。

（三）权利性许可和附义务的许可

以许可是否附有附加义务为标准，行政许可分为权利性许可和附义务的许可。权利性许可也称无条件放弃的许可，指申请人取得行政许可后，并不承担作为义务，可自由放弃被许可的权利，并且不因此承担任何法律责任的许可，如持枪证、排污许可证等。附义务的许可也称有条件放弃的许可，指被许可人获得许可的同时，亦承担一定期限内从事该活动的义务，否则要承担一定法律责任的许可。承担法律责任的方式一般表现为丧失被许可的权利。如《中华人民共和国企业登记管理条例》规定，企业法人领取“企业法人营业执照”后，满6个月尚未开展经营活动或者停止经营活动满1年的，视同歇业，登记主管机关应当收缴“企业法人营业执照”正、副本，收缴公章，并将注销登记情况告知开户银行。这种许可就是附义务的许可。

（四）排他性许可和非排他性许可

以许可享有的程度为标准，行政许可分为排他性许可和非排他性许可。排他性许可又称独占许可，是指某个人或组织获得该项许可后，其他任何人或组织均不能再获得该项许可。最具代表性的是商标许可。非排他性许可又称共存许可，是指可以为具备法定条件的任何个人或组织所申请并获得的许可。大部分行政许可是非排他性许可。

（五）一般许可和特殊许可

以许可的范围为标准，行政许可分为一般许可和特殊许可。一般许可是指行政主体对符合法定条件的许可申请人直接发放的无特殊限制的许可，如申请驾驶执照的许可。特殊许可是指除符合一般许可的条件外，对申请人还规定有特别限制的许可，又称特许。如《中华人民共和国枪支管理法》规定，国家对枪支的制造、配售实行特别许可制度。未经许可，任何单位或个人不得制造、买卖枪支。

（六）长期许可和短期许可

以许可有效期的长短，行政许可分为长期许可和短期许可。长期许可是指许可机关赋予申请人的有效期较长的一种许可。行政许可机关根据申请人条件和法律赋予其许可证的有效期较短，则称其为临时许可或短期许可。

第二节　行政许可的基本原则

一、合法性原则

合法性原则，也称行政许可法定原则，是指设定和实施行政许可，应当依照法定的权限、范围、条件和程序。《行政许可法》第 4 条对此作出了明确规定。

合法性原则在设定行政许可时，其基本含义是：

（1）应当严格按照《行政许可法》规定的权限范围设定行政许可。

（2）应当严格按照《行政许可法》规定的设定行政许可的范围设立行政许可。

（3）应当按照《行政许可法》确定的条件设定行政许可。

（4）应当按照《行政许可法》和其他有关法律、行政法规的程序设定行政许可。

合法性原则在实施行政许可时，其基本含义是：

（1）实施行政许可的主体及权限应当合法。

（2）实施行政许可应当依照《行政许可法》和其他有关法律、法规和规章规定的条件。

（3）实施行政许可应当严格依照《行政许可法》和其他法律、法规、规章规定的程序。

二、公开、公平、公正、非歧视原则

《行政许可法》第 5 条规定：设定和实施行政许可，应当遵循公开、公平、公正、非歧视的原则。

行政法律制度上的公开通常是指国家行政机关某种活动或者行为过程和结果的公开，其本质是对公众知情权、参与权和监督权的保护。

设定行政许可遵循公开原则的基本要求是：

（1）设定行政许可的过程应当是开放的，从设定行政许可的必要性、可行性，到行政许可可能产生效果的评估，都要广泛听取意见，允许并鼓励公众评论，真正做到集中民意。

（2）凡是有关行政许可的规定应当公布，未经公布的，不得作为实施行政许可的依据。

实施行政许可遵循公开原则的基本要求是：

（1）行政许可实施的主体要公开，谁有权实施哪些行政许可，应当让公众周知。

（2）行政许可实施的条件应该是规范的、明确的、公开的。

（3）行政许可实施的程序，包括申请、受理、审查、听证、决定、检查等程序，都应

当是具体、明确和公开的。

（4）行政许可的实施期限是公开的。

（5）行政机关作出的准予行政许可的决定，应当予以公开，公众有权查阅（涉及国家秘密、商业秘密和个人隐私的情况除外）。

行政许可的实施和结果，除涉及国家秘密、商业秘密或者个人隐私的外，应当公开。未经申请人同意，行政机关及其工作人员、参与专家评审等的人员不得披露申请人提交的商业秘密、未披露信息或者保密商务信息，法律另有规定或者涉及国家安全、重大社会公共利益的除外；行政机关依法公开申请人前述信息的，允许申请人在合理期限内提出异议。符合法定条件、标准的，申请人有依法取得行政许可的平等权利，行政机关不得歧视任何人。

行政法律制度上的公正、公平原则是合法原则的必要补充，它们的基本要求是指行政机关在履行职责、行使权力时，不仅在实体和程序上都要合法，而且还要合乎常理。设定和实施行政许可遵循公平、公正原则，是要求行政许可机关平等地对待所有个人和组织，禁止出现身份上的不平等。根据《行政许可法》的规定，在设定行政许可时，不能对个人和组织因为地位（规模）、经济条件、来自地区不同而规定不同的条件；在实施行政许可时，不能对符合法定条件或者标准的个人和组织实行歧视待遇，要做到一视同仁。

三、便民原则

根据便民原则，行政机关实施行政许可，应当做到以下几点：

（1）行政许可依法需要行政机关内设的多个机构办理的，该行政机关应当确立一个机构统一受理行政许可申请，统一送达行政许可决定；行政许可依法由地方人民政府两个以上部门分别实施的，本级人民政府可以确定一个部门受理行政许可申请并转告有关部门分别提出意见后统一办理，或者组织有关部门联合办理、集中办理，省级人民政府依法应积极决定一个行政机关行使有关行政机关的行政许可权。

（2）公民、法人或者其他组织申请行政许可，应当尽量为其提供方便，如提供符合法定要求的申请书格式文本，允许并鼓励申请人员通过信函、传真、电子数据交换等方式提出申请，将行政许可的申请、依据、条件、数量、程序、期限及需要提交的全部材料的目录等在办公场所公示，当场更正申请材料中的错误，创造条件在网站上公布行政许可事项等。

（3）对符合法定形式、材料齐全的申请，应当尽量当场受理，不得拖延。

（4）应当严格在法定期限内作出行政许可决定或者办完有关事项。

参考案例5-1

2004年7月10日，某国有企业新上一建设项目，计划用地100亩。项目获上级主管部门审核通过后，该企业向国土资源管理部门提出用地申请。4个月后，企业的用地申请仍没有通过，原因是国土资源管理部门每次都会要求该企业提交新的用地申请材料。后来，该企业诉至人民法院。人民法院认为，《行政许可法》第32条规定，行政机关对申请人提出的行政许可申请，认为申请材料不齐全或者不符合法定形式的，应当当场或者在5日内一次告知申请人需要补正的全部内容，逾期不告知的，自收到申请材料之日起即为受理。本案中，国土资源管理部门多次要求该企业提交新的用地申请材料，而不是一次告知申请人需要补正的全部内容，该行为违反了《行政许可法》第32条的规定。同时也违反了《行政许可法》的便民原则，即实施行政许可，应当遵循便民的原则，提高办事效率，提供优质服务，这是行政许可追求的目标之一。国土资源管理部门违反了《行政许可法》的有关规定，因此法院判国土资源管理部门败诉。

四、救济原则

《行政许可法》第7条规定：公民、法人或者其他组织对行政机关实施行政许可，享有陈述权、申辩权；有权依法申请行政复议或者提起行政诉讼；其合法权益因行政机关违法实施行政许可受到损害的，有权依法要求赔偿。根据《行政许可法》的规定，行政机关实施行政许可，应当做到：

（1）在实施行政许可的各个环节，都应当保护公民、法人和其他组织的陈述权、申辩权。

（2）对依法需要听证的事项，必须依法告知申请人、利害关系人申辩和质证。

（3）若公民、法人和其他组织对行政许可不服申请行政复议或者提起行政诉讼，行政机关应当积极参加行政复议或者行政诉讼；因违法实施行政许可造成公民、法人和其他组织损害的，应当依法承担赔偿责任。

五、信赖保护原则

《行政许可法》第8条规定："公民、法人或者其他组织依法取得的行政许可受法律保护，行政机关不得擅自改变已经生效的行政许可。行政许可所依据的法律、法规、规章修改或者废止，或者准予行政许可所依据的客观情况发生重大变化的，为了公共利益的需要，行政机关可以依法变更或者撤回已经生效的行政许可。由此给公民、法人或者其他组织造成财产损失的，行政机关应当依法给予补偿。"

《行政许可法》确立的信赖保护原则的基本内涵是：

（1）公民、法人或者其他组织依法取得的行政许可，是正当的合理信赖，应当受到法律保护，除法律、法规有明确规定的外，行政机关不得撤销或者变更已生效的行政许可。否则，行政机关撤销、变更已生效的行政许可行为就是违法。法律、法规规定可以撤销、变更已生效行政许可的情形，主要是指因行政机关违法实施行政许可或者申请人以违法手段获取行政许可的情形，包括：滥用职权、玩忽职守或者超越职权作出准予行政许可决定的，对不具备申请资格或者不符合法定条件的申请人准予行政许可的，被许可人以欺骗、贿赂等不正当手段取得行政许可的。但是，撤销行政许可可能对公共利益有重大损害的，不得撤销；确需撤销的，被许可人由此造成的损失，行政机关应当依法予以赔偿。

（2）行政机关和申请人、被许可人都没有过错，而是因客观原因，行政机关为了公共利益的需要，可以依法变更或者撤回已经生效的行政许可。

参考案例5-2

某市高新技术产业开发区的某娱乐中心是一家集娱乐、餐饮于一体的综合性经营单位，市卫健委经过审批颁发给该娱乐中心《公共场所卫生许可证》。在该娱乐中心迪厅与卡拉OK厅营业后的不长时间，周边的居民就反映该娱乐中心噪声扰民，特别是夜晚

的噪声更大。市卫健委接到居民投诉后，来到现场进行了多次调查，发现该娱乐中心建在居民社区内，非常不宜进行夜晚娱乐活动。市卫健委遂撤销了对该娱乐中心的《公共场所卫生许可证》，并对其进行了一定经济补偿。该娱乐中心不服，向人民法院提起诉讼。人民法院根据《行政许可法》第 8 条的规定，判决维持被告对该娱乐中心所作出的行政行为。

六、行政许可一般不得转让原则

《行政许可法》第 9 条规定：除法律、法规规定依照法定条件和程序可以转让的行政许可外，其他行政许可不得转让。至于哪些行政许可可以转让，依照什么条件和程序转让，由单行法律、法规规定。如果单行法律、法规没有规定允许转让，被许可人擅自转让行政许可的，被许可人应受行政处罚，构成犯罪的，还要依法追究刑事责任。

行政机关及其工作人员不得以转让技术作为取得行政许可的条件；不得在实施行政许可的过程中，直接或者间接地要求转让技术。

七、监督原则

监督原则，是指行政机关应当依法加强对行政机关实施行政许可和从事行政许可事项活动的监督。《行政许可法》第 10 条规定：县级以上人民政府应当建立健全对行政机关实施行政许可的监督制度，加强对行政机关实施行政许可的监督检查；行政机关应当对公民、法人或者其他组织从事行政许可事项的活动实施有效监督。

第三节 行政许可设定

一、行政许可的设定原则

《行政许可法》第 11 条规定：设定行政许可，应当遵循经济和社会发展规律，有利于发挥公民、法人或者其他组织的积极性、主动性，维护公共利益和社会秩序，促进经济、社会和生态环境协调发展。

（一）设定行政许可应当遵循经济和社会发展规律

设定行政许可，必须界定政府、市场和社会三者之间的关系。凡是市场竞争机制能够有效调节、行业组织或者中介机构能够自行管理的事项，不得设定行政许可。比如，价格问题，一般企业的兼停并转问题，一般产品的产品质量问题，以及许多行业协会对其资格、资质的认定等。只有市场、社会自行解决不了的问题，政府才能介入，才能通过设定行政许可进行干预，如排污问题。

（二）设定行政许可应当有利于发挥公民、法人或者其他组织的积极性、主动性，维护公共利益和社会秩序

根据《行政许可法》第 13 条的规定，公民、法人或者其他组织能够自主决定的，无须设定行政许可。也就是说，原则上，凡是公民、法人或者其他组织能够自主决定，不致损害国家、社会、集体的利益和他人的合法的自由和权利的，通过民事赔偿或者追究其他民事责任能够解决，并且不致造成难以挽回的重大损害的，都不应当设定行政许可，以充

分发挥公民、法人或者其他组织的积极性、主动性。只有当公民、法人或者其他组织行使这些民事权利可能对他人利益或者公共利益造成损害，并且这种损害难以通过事后赔偿加以扼制、补救时，才能设定行政许可。

（三）设定行政许可应当有利于促进经济、社会和生态环境协调发展

设定行政许可，不能仅仅考虑当前和眼下的利益，不能以发展经济作为唯一的目标。实践已经证明，发展经济要坚持可持续性，要统筹社会事业和生态环境的协调发展。因此，设定行政许可，在分配各种资源特别是自然资源时，必须注意评估其是否有利于经济、社会和生态环境的协调发展，凡是妨害三者之间协调关系的，应该严加禁止行政许可。

二、行政许可的设定事项

根据《行政许可法》第12条的规定，下列事项可以设定行政许可：

（1）直接涉及国家安全、公共安全、经济宏观调控、生态环境保护以及直接关系人身健康、生命财产安全等特定活动，需要按照法定条件予以批准的事项。

（2）有限自然资源开发利用、公共资源配置以及直接关系公共利益的特定行业的市场准入等，需要赋予特定权利的事项。

（3）提供公众服务并且直接关系公共利益的职业、行业，需要确定具备特殊信誉、特殊条件或者特殊技能等资格、资质的事项。

（4）直接关系公共安全、人身健康、生命财产安全的重要设备、设施、产品、物品，需要按照技术标准、技术规范，通过检验、检测、检疫等方式进行审定的事项。

（5）企业或者其他组织的设立等，需要确定主体资格的事项。

（6）法律、行政法规规定可以设定行政许可的其他事项。

同时，《行政许可法》第13条还规定，前述事项通过下列方式能够予以规范的，可以不设行政许可：公民、法人或者其他组织能够自主决定的；市场竞争机制能够有效调节的；行业组织或者中介机构能够自律管理的；行政机关采用事后监督等其他行政管理方式能够解决的。

三、行政许可设定权的分配

行政许可设定权的分配是指各种主要法律渊源形式在设定行政许可上的权力配置。

（一）法律的行政许可设定权

法律由全国人大及其常委会制定，在我国法律体系中，其效力仅次于宪法。根据《立法法》的规定，全国人大及其常委会行使国家立法权和专属立法权。行政许可作为一项重要的行政权力，与公民、法人和其他组织的合法权益关系密切。这就要求，一方面，设定行政许可，包括法律设定行政许可，要有必要的限制，以维护公民、法人和其他组织的合法权益；另一方面，社会关系的复杂多变又要求最主要的法律规范（即法律）适应实际需要设定其他行政许可。因此，行政许可法一方面规定法律设定行政许可的事项范围，另一方面又规定法律可以设定其他行政许可。

（二）行政法规的行政许可设定权

根据《宪法》和《立法法》的规定，行政法规的效力等级仅次于法律。其有两方面的权力：一是职权立法，即在法律没有作出规定时，根据职权制定有关经济、文化、社会等方面的行政法规；二是授权立法，即根据全国人大及其常委会的授权制定行政法规。《行政许可法》对行政法规在设定行政许可方面的规定体现了《宪法》和《立法法》规定的精神，一方面，行政法规设定行政许可的权限比法律以外的其他法律规范大；另一方面，它又受一定限制，即法律已经设定行政许可的，行政法规只能作出具体规定，不能增设行政许可（可参见《行政许可法》第16条）。

（三）国务院决定的行政许可设定权

国务院决定是指国务院制定的管理经济、文化、社会事务的行政法规以外的规范性文件。国务院发布决定的权力来源于《宪法》第89条的规定。关于国务院决定能否设定行政许可的问题，立法过程中有以下两种意见：

一种意见认为，行政许可涉及公民、法人和其他组织的权利，设定行政许可只能由法律、法规进行，国务院决定在《立法法》中未作规定的，不应设定行政许可。

另一种意见认为，赋予国务院决定以一定的行政许可设定权是必要的。主要考虑有五点：第一，一些临时性、紧急的和尚未制定法律、行政法规的事项，国务院还需要以行政许可方式进行管理；第二，根据WTO规则，国外采取临时性许可措施时，我国可以采取相应措施，如临时配额、临时许可证管理等；第三，有些比较敏感的问题，制定法律、行政法规的条件一时还不成熟，需要国务院决定设定行政许可进行管理；第四，国务院决定已经设定了不少行政许可，其中有不少在国务院行政审批制度改革中也认为需要保留；第五，在改革开放过程中，在国有企业改革、促进就业与再就业、社会保险等方面，有一些试点、试验的事项，必须先用政策作指导，在局部地区、特定领域实施，积累经验，且在制定法律、行政法规前，也需要采取行政许可的方式实施管理，防止出现混乱。基于以上考虑，《行政许可法》在第14条规定：必要时，国务院可以采用发布决定的方式设定行政许可。实施后，除临时性行政许可事项外，国务院应当及时提请全国人大及其常委会制定法律，或者自行制定行政法规。

（四）地方性法规的行政许可设定权

《行政许可法》规定，地方性法规可以设定行政许可，但是，法律、行政法规已经对有关事项设定行政许可的，地方性法规只能作出具体规定，不得增设行政许可。《行政许可法》第15条第1款规定："尚未制定法律、行政法规的，地方性法规可以设定行政许可"；第16条第2款规定："地方性法规可以在法律、行政法规设定的行政许可事项范围内，对实施该行政许可作出具体规定"。

（五）省级政府规章的行政许可设定权

《行政许可法》第15条第1款规定："本法第十二条所列事项，尚未制定法律、行政法规的，地方性法规可以设定行政许可；尚未制定法律、行政法规和地方性法规的，因行政管理的需要，确需立即实施行政许可的，省、自治区、直辖市人民政府规章可以设定临时性的行政许可。临时性的行政许可实施满一年需要继续实施的，应当提请本级人民代表大会及其常务委员会制定地方性法规。"据此，省级政府需要对设定了行政许可的现行政府规章进行及时清理，凡是不需要保留的行政许可要予以废止；对需要长期实施的行政许可要及时提请省级地方人大及其常委会制定地方性法规。

（六）地方性法规和省级政府规章不得设定行政许可的事项

针对有些地方利用行政许可实施地方封锁、地方保护的现象，为了维护市场经济秩序，促进全国统一市场的形成，根据行政许可不同种类的性质，《行政许可法》第15条第2款规定："地方性法规和省、自治区、直辖市人民政府规章，不得设定应当由国家统一确定的公民、法人或者其他组织的资格、资质的行政许可；不得设定企业或者其他组织的设立登记及其前置性行政许可。其设定的行政许可，不得限制其他地区的个人或者企业到本地区从事生产经营和提供服务，不得限制其他地区的商品进入本地区市场。"

（七）其他规范性文件一律不得设定行政许可

这里所说的其他规范性文件主要包括：全国人大及其常委会、省级人大及其常委会以外的国家权力机关制定的规范性文件，国务院、省级地方人民政府以外的行政机关制定的具有普遍约束力的决定、命令，军事机关、审判机关、检察机关制定的规范性文件，行政机关内设机构制定的规范性文件等。《行政许可法》第17条规定："除本法第十四条、第十五条规定的外，其他规范性文件一律不得设定行政许可。"《行政许可法》的这一条规定对纠正滥设、乱设许可具有指导性作用。

关于国务院部门规章的行政许可设定权问题，在行政许可法立法中各方意见不一致。经过认真研究，《行政许可法》取消了国务院部门规章的行政许可设定权。至于各部门已经设立的确需继续实施的行政许可，在《行政许可法》施行后，可以提请国务院制定行政法规予以确认，有的甚至可以上升为法律加以规定。

四、行政许可设定中的其他问题

设定行政许可，应当听取意见和说明理由。《行政许可法》第19条规定：起草法律草案、法规草案和省、自治区、直辖市人民政府规章草案，拟设定行政许可的，起草单位应当采取听证会、论证会等形式听取意见，并向制定机关说明设定该行政许可的必要性、对经济和社会可能产生的影响以及听取和采纳意见的情况。

《行政许可法》还规定了行政许可的评价制度和授权停止实施行政许可制度。该法第20条规定：行政许可的设定机关应当定期对其设定的行政许可进行评价；对已设定的行政许可，认为通过该法第13条所列方式能够解决的，应当对设定该行政许可的规定及时予以修改或者废止。行政许可的实施机关可以对已设定的行政许可的实施情况及存在的必要性适时进行评价，并将意见报告该行政许可的设定机关。公民、法人或者其他组织可以向行政许可的设定机关和实施机关就行政许可的设定和实施提出意见和建议。该法第21条规定：省、自治区、直辖市人民政府对行政法规设定的有关经济事务的行政许可，根据本行政区域经济和社会发展情况，认为通过该法第13条所列方式能够解决的，报国务院批准后，可以在本行政区域内停止实施该行政许可。

第四节　行政许可实施主体

一、行政许可实施主体的概念

行政许可实施主体是指行使行政许可权并承担相应责任的行政机关和法律、法规授权的具有管理公共事务职能的组织。

二、行政许可实施主体的种类

行政许可实施主体的种类是指行政许可实施主体的具体表现形式，主要有三种：法定的行政机关、被授权的具有管理公共事务职能的组织和被委托的行政机关。

（一）法定的行政机关

《行政许可法》第 22 条规定：行政许可由具有行政许可权的行政机关在其法定职权范围内实施。这既是对行政机关实施行政许可的基本要求，也是对行政许可实施主体的一般性规定。

（二）被授权的具有管理公共事务职能的组织

《行政许可法》第 23 条规定："法律、法规授权的具有管理公共事务职能的组织，在法定授权范围内，以自己的名义实施行政许可。被授权的组织适用本法有关行政机关的规定。"可见，具有管理公共事务职能的组织之所以能够成为行政许可的实施主体，是基于法律、法规的授权。

授权实施行政许可，是指被授权的组织在授权的范围内，以自己的名义实施行政许可。一般认为，被授权实施行政许可的具有管理公共事务职能的组织应当具备下列条件：

（1）该组织必须是依法成立的。

（2）被授权实施的行政许可事项应当与该组织管理公共事务的职能相关联。

（3）该组织应当具有熟悉与被授权实施的行政许可有关的法律、法规和专业的正式工作人员。

（4）该组织应当具备实施被授权实施的行政许可所必需的技术、装备条件等。

（5）该组织能对实施被授权实施的行政许可引起的法律后果独立地承担责任。

针对上述情形，《行政许可法》第 28 条规定："对直接关系公共安全、人身健康、生命财产安全的设备、设施、产品、物品的检验、检测、检疫，除法律、行政法规规定由行政机关实施的外，应当逐步由符合法定条件的专业技术组织实施。专业技术组织及其有关人员对所实施的检验、检测、检疫结论承担法律责任。"

（三）被委托的行政机关

《行政许可法》第 24 条规定："行政机关在其法定职权范围内，依照法律、法规、规章的规定，可以委托其他行政机关实施行政许可。委托机关应当将受委托行政机关和受委托实施行政许可的内容予以公告。委托行政机关对受委托行政机关实施行政许可的行为应当负责监督，并对该行为的后果承担法律责任。受委托行政机关在委托范围内，以委托行政机关名义实施行政许可；不得再委托其他组织或者个人实施行政许可。"

根据《行政许可法》的上述规定，委托实施行政许可必须遵循以下规则：

（1）委托主体只能在其法定职权范围内委托实施行政许可。

（2）委托实施行政许可的依据是法律、法规和规章。非依法律、法规和规章的规定，行政机关无权委托其他行政机关实施行政许可。

（3）委托机关应当对被委托行政机关实施行政许可的行为负责监督，并对被委托机关的行政许可行为的后果承担法律责任。委托机关的监督责任和法律责任是相互统一的，符合委托的一般性质。

（4）被委托实施行政许可的行政机关不得将行政许可实施权再转委托给其他组织或者个人。

（5）委托行政机关应当将被委托行政机关和被委托实施行政许可的内容予以公告。

三、行政许可实施主体制度中的创新

（一）相对集中行使行政许可权

《行政许可法》第 25 条规定：经国务院批准，省、自治区、直辖市人民政府根据精简、统一、效能的原则，可以决定一个行政机关行使有关行政机关的行政许可权。这意味着，经过国务院的批准，省、自治区、直辖市人民政府可以决定一个行政机关行使有关行政机关的行政许可权，实际上是对行政许可权的集中。相对集中行政许可权是相对集中行政执法权的重要组成部分，是深化行政管理体制改革的重要途径，其最终目的是建立符合社会主义市场经济发展要求的行政执法体制。

相对集中行使行政许可权的优点如下：

（1）有助于从源头上消除多头许可的各种弊端。在一个部门负责的许可制度下，许可事项原来所涉及的相关部门不再享有实质性的许可权，而仅有建议权和知情权，原来由多个部门行使的许可权也只归于一个部门行使，避免多头许可。

（2）提高许可效率，降低许可成本。由一个部门统一实施行政许可，可以避免多部门分别许可可能产生的各种矛盾，提高行政机关的许可效率。

（3）方便行政许可申请人。由一个部门统一实施行政许可后，行政许可申请人就不需要周旋于多个机关，只需要向固定部门申请即可，这样大大便利了行政许可的申请人。

（二）一个窗口对外，统一办理、集中办理或者联合办理

《行政许可法》第 26 条规定：“行政许可需要行政机关内设的多个机构办理的，该行政机关应当确定一个机构统一受理行政许可申请，统一送达行政许可决定。行政许可依法由地方人民政府两个以上部门分别实施的，本级人民政府可以确定一个部门受理行政许可申请并转告有关部门分别提出意见后统一办理，或者组织有关部门联合办理、集中办理。”

“一个窗口对外”是指行政许可需要行政机关内设的多个机构办理的，该行政机关应当确定一个机构统一受理行政许可申请，统一送达行政许可决定。根据这种做法，申请人在申请行政许可时，一般只需要与行政机关确定的一个统一的机构接触，由这个统一的机构受理申请，并由该机构向申请人送达行政许可决定，这样就避免了申请人为办理一项行政许可而奔波于多个内设机构，从而降低申请人的申请成本。

“统一办理、集中办理或者联合办理”是指为了克服申请时需要由两个以上部门分别实施行政许可所面临的程序复杂、时限过长等弊端，《行政许可法》提供了三种可供选择的方案：（1）本级人民政府可以确定一个部门受理行政许可申请并转告有关部门分别提出意见后统一办理；（2）本级人民政府可以组织有关部门联合办理；（3）本级人民政府可以组织有关部门集中办理。这一规定是引导性的，各有关地方人民政府可以根据自己本地的实际情况决定采用何种方式。

第五节 行政许可实施程序

一、申请与受理

公民、法人或者其他组织从事特定活动，依法需要取得行政许可的，应当向行政机关提出申请。申请书需要采用格式文本的，行政机关应当向申请人提供行政许可申请书格式文本。申请书格式文本中不得包含与申请行政许可事项没有直接关系的内容。申请人可以委托代理人提出行政许可申请。但是，依法应当由申请人到行政机关办公场所提出行政许可申请的除外。行政许可申请可以通过信函、电报、电传、传真、电子数据交换和电子邮件等方式提出。

行政机关应当将法律、法规、规章规定的有关行政许可的事项、依据、条件、数量、程序、期限以及需要提交的全部材料的目录和申请书示范文本等在办公场所公示。申请人要求行政机关对公示内容予以说明、解释的，行政机关应当说明、解释，提供准确、可靠的信息。

申请人申请行政许可，应当如实向行政机关提交有关材料和反映真实情况，并对其申请材料实质内容的真实性负责。行政机关不得要求申请人提交与其申请的行政许可事项无关的技术资料和其他材料。

行政机关对申请人提出的行政许可申请，应当根据下列情况分别作出处理：

（1）申请事项依法不需要取得行政许可的，应当即时告知申请人不受理。

（2）申请事项依法不属于本行政机关职权范围的，应当即时作出不予受理的决定，并告知申请人向有关行政机关申请。

（3）申请材料存在可以当场更正的错误的，应当允许申请人当场更正。

（4）申请材料不齐全或者不符合法定形式的，应当当场或者在5日内一次告知申请人需要补正的全部内容，逾期不告知的，自收到申请材料之日起即为受理。

（5）申请事项属于本行政机关职权范围，申请材料齐全、符合法定形式，或者申请人按照本行政机关的要求提交全部补正申请材料的，应当受理行政许可申请。

行政机关受理或者不予受理行政许可申请，应当出具加盖本行政机关专用印章和注明日期的书面凭证。

行政机关应当建立和完善有关制度，推行电子政务，在行政机关的网站上公布行政许可事项，方便申请人采取数据电文等方式提出行政许可申请；行政机关应当与其他行政机关共享有关行政许可信息，提高办事效率。

参考案例5-3

高某不服北京市门头沟区民政局婚姻登记案

本案原告高某系高某某的独生子，本案第三人张某某自称是高某某的妻子，于2006年和2008年先后两次以高某为被告之一提起民事诉讼，要求继承高某某的遗产，在庭审过程中提供了与高某某的结婚证，证明其与高某某存在婚姻关系。但是高某认为，张某某与高某某并未履行正常的结婚登记程序，因为在2000年年初，被告北京市门头沟区民政局错将发证日期填写为1998年12月31日的京门字第1142号结婚证颁发给高某某和张某某，导致婚姻登记机关并没有张、高二人结婚登记的档案，所持结婚证与1998年使用之结婚证版本不符。另外，结婚证上的合影未加盖民政局钢印，也没有缴纳结婚证工本费的记录。因此，被告颁发结婚证的行为存在程序错误。原告高某向北京市门头沟区人民法院提起行政诉讼，请求法院依法确认被告向高某某、张某某颁发结婚证的行政行为违法。2008年10月21日一审审结，判决驳回原告高某的诉讼请求。高某不服判决，提起上诉，2009年1月9日北京市第一中级人民法院作出二审判决，驳回上诉，维持原判。

北京市第一中级人民法院经审理认为，我国的婚姻登记制度是一种羁束行政行为，只要符合法定条件，婚姻登记机关就必须给予结婚登记，已经登记结婚的，非因法定无效和可撤销婚姻的原因，婚姻效力保持有效状态。本案中，高某某与张某某的婚姻不存在我国婚姻法规定的无效或可撤销婚姻的任何一种情形，尽管其结婚证存在瑕疵，但这是北京市门头沟区民政局在婚姻登记工作的内部管理上的漏洞所致，不能因此否定高某某与张某某的婚姻关系。因此，综合其他理由，法院依法判决高某某与张某某的婚姻关系合法、有效。

资料来源：国家法官学院，中国人民大学法学院．中国审判案例要览：2010年行政审判案例卷[M]．北京：中国人民大学出版社，2011：281.

二、审查与决定

行政机关应当对申请人提交的申请材料进行审查。申请人提交的申请材料齐全、符合法定形式，行政机关能够当场作出决定的，应当当场作出书面的行政许可决定。根据法定条件和程序，需要对申请材料的实质内容进行核实的，行政机关应当指派两名以上工作人员进行核查。

依法应当先经下级行政机关审查后报上级行政机关决定的行政许可，下级行政机关应当在法定期限内将初步审查意见和全部申请材料直接报送上级行政机关。上级行政机关不得要求申请人重复提供申请材料。

行政机关对行政许可申请进行审查时，发现行政许可事项直接关系他人重大利益的，应当告知该利害关系人。申请人、利害关系人有权进行陈述和申辩。行政机关应当听取申请人、利害关系人的意见。

行政机关对行政许可申请进行审查后，除当场作出行政许可决定的外，应当在法定期限内按照规定程序作出行政许可决定。

申请人的申请符合法定条件、标准的，行政机关应当依法作出准予行政许可的书面决定。行政机关依法作出不予行政许可的书面决定的，应当说明理由，并告知申请人享有依法申请行政复议或者提起行政诉讼的权利。

行政机关作出准予行政许可的决定，需要颁发行政许可证件的，应当向申请人颁发加盖本行政机关印章的下列行政许可证件：（1）许可证、执照或者其他许可证书；（2）资格证、资质证或者其他合格证书；（3）行政机关的批准文件或者证明文件；（4）法律、法规规定的其他行政许可证件。行政机关实施检验、检测、检疫的，可以在检验、检测、检疫合格的设备、设施、产品、物品上加贴标签或者加盖检验、检测、检疫印章。

行政机关作出的准予行政许可决定，应当予以公开，公众有权查阅。

法律、行政法规设定的行政许可，其适用范围没有地域限制的，申请人取得的行政许可在全国范围内有效。

参考案例 5-4

2005 年 3 月，九江矿冶总公司向江西省国土资源厅提交了一份报告，要求办理丁家山矿段下部铜硫矿的开采手续。江西省国土资源厅于当年 9 月 1 日答复九江矿冶总公司，其所申请的矿段已许可九江县金丰矿业有限公司开采。九江矿冶总公司认为，金丰矿业有限公司 2005 年 7 月 12 日才向九江市国土资源局提交开采申请报告，比自己晚了较长时间，却于 7 月 21 日获得了江西省国土资源厅颁发的采矿许可证。对此，九江矿冶总公司认为江西省国土资源厅的行政行为是违法的，在提起行政复议但没有得到满意的结果后，该公司向法院提起了诉讼。这是江西省首例行政许可案。

2006 年 4 月 18 日，南昌市中级人民法院对该案进行了公开审理，并于 7 月 27 日对该案作出了一审判决。法院认为，九江矿冶总公司在九江县金丰矿业有限公司提出申请办理丁家山矿段铜硫矿的开采许可证之前，已经向江西省国土资源厅提出了申请，故九江矿冶总公司也是该行政许可的申请人。同时，江西省国土资源厅对有争议的丁家山矿段铜硫矿的开采进行审查时，应当按照《行政许可法》第 47 条“行政许可直接涉及申请人与他人之间重大利益关系的，行政机关在作出行政许可决定前，应当告知申请人、利害关系人享有要求听证的权利”的规定，通知九江矿冶总公司。但江西省国土资源厅并未履行法定程序，其行政许可程序不合法，该行政行为应予以撤销。为此，南昌市中级人民法院撤销了江西省国土资源厅颁发给九江县金丰矿业有限公司丁家山矿段铜硫矿的采矿许可证。

三、期限

除可以当场作出行政许可决定的外，行政机关应当自受理行政许可申请之日起 20 日内作出行政许可决定。20 日内不能作出决定的，经本行政机关负责人批准，可以延长 10 日，并应当将延长期限的理由告知申请人。但是，法律、法规另有规定的，依照其规定。依照《行政许可法》第 26 条的规定行政许可采取统一办理或者联合办理、集中办理的，办理的时间不得超过 45 日；45 日内不能办结的，经本级人民政府负责人批准，可以延长 15 日，并应当将延长期限的理由告知申请人。

依法应当先经下级行政机关审查后报上级行政机关决定的行政许可，下级行政机关应当自其受理行政许可申请之日起 20 日内审查完毕。法律、法规另有规定的，依照其规定。

行政机关作出准予行政许可的决定，应当自作出决定之日起 10 日内向申请人颁发、送达行政许可证件，或者加贴标签，加盖检验、检测、检疫印章。

行政机关作出行政许可决定，依法需要听证、招标、拍卖、检验、检测、检疫、鉴定和专家评审的，所需时间不计算在上述规定的期限内。行政机关应当将所需时间书面告知申请人。

四、听证

法律、法规、规章规定实施行政许可应当听证的事项，或者行政机关认为需要听证的其他涉及公共利益的重大行政许可事项，行政机关应当向社会公告，并举行听证。

行政许可直接涉及申请人与他人之间重大利益关系的，行政机关在作出行政许可决定前，应当告知申请人、利害关系人享有要求听证的权利；申请人、利害关系人在被告知听证权利之日起 5 日内提出听证申请的，行政机关应当在 20 日内组织听证。申请人、利害关系人不承担行政机关组织听证的费用。

听证按照下列程序和要求进行：

（1）行政机关应当于举行听证的7日前将举行听证的时间、地点通知申请人、利害关系人，必要时予以公告。

（2）听证应当公开举行。

（3）行政机关应当指定审查该行政许可申请的工作人员以外的人员为听证主持人，申请人、利害关系人认为主持人与该行政许可事项有直接利害关系的，有权申请回避。

（4）举行听证时，审查该行政许可申请的工作人员应当提供审查意见的证据、理由，申请人、利害关系人可以提出证据，并进行申辩和质证。

（5）听证应当制作笔录，听证笔录应当交听证参加人确认无误后签字或者盖章。行政机关应当根据听证笔录，作出行政许可决定。

参考案例5-5

2004年7月19日，某市开发区征用集体土地1 000亩，其中有基本农田200亩。在开发区征地过程中，不断有村民向上级主管部门反映，征地单位没有就此次征地行为予以公告和组织听证，违反了《国土资源听证规定》和《行政许可法》的有关规定，要求上级部门查处。上级部门调查后发现，征地单位的确在征地前没有公告和听证。《国土资源听证规定》第19条规定：拟定拟征地项目的补偿标准和安置方案的，主管部门在报批之前，应当书面告知当事人有要求举行听证的权利。如果当事人申请听证而主管部门未予听证，则违反了《行政许可法》的规定。

五、变更与延续

被许可人要求变更行政许可事项的，应当向作出行政许可决定的行政机关提出申请；符合法定条件、标准的，行政机关应当依法办理变更手续。

被许可人需要延续依法取得的行政许可的有效期的，应当在该行政许可有效期届满30日前向作出行政许可决定的行政机关提出申请。但是，法律、法规、规章另有规定的，依照其规定。行政机关应当根据被许可人的申请，在该行政许可有效期届满前作出是否准予延续的决定；逾期未作决定的，视为准予延续。

参考案例5-6

2004年7月10日，中国行政许可法第一案在北京市海淀区人民法院宣判。北京市规划委员会批准北京富润房地产开发有限公司将富润家园小区原规划中配套工程的幼儿园出卖，即将改为一个洗浴中心。为此，北京富润家园的149名业主集体起诉北京市规划委员会，不服北京市规划委员会作出的规划行政许可。北京市规划委员会则认为，该委是依照第三人北京富润房地产开发有限公司变更规划的申请，对第三人提交的消防、环保、人防等有关部门的审核意见进行审查，认为符合城市规划法律法规的规定，因此作出准许变更的规划许可，并未违反法定程序。海淀区人民法院经审理认为，本案中，被告北京市规划委员会未能在法定期限内提供符合审批程序的相关立案、审核的证据，应当视为被诉的行政行为没有证据。故北京市规划委员会作出变更规划许可的行为主要证据不足，理应予以撤销。北京市海淀区人民法院一审宣判，撤销被告北京市规划委员会向第三人北京富润房地产开发有限公司核发的建设工程规划许可证。

六、特别规定

实施行政许可的程序，《行政许可法》第四章第六节有规定的，适用该节规定；该节没有规定的，适用第四章其他有关规定。

国务院实施行政许可的程序，适用有关法律、行政法规的规定。

实施《行政许可法》第12条第2项所列事项的行政许可的，行政机关应当通过招标、拍卖等公平竞争的方式作出决定。但是，法律、行政法规另有规定的，依照其规定。行政机关通过招标、拍卖等方式作出行政许可决定的具体程序，依照有关法律、行政法规的规定。行政机关按照招标、拍卖程序确定中标人、买受人后，应当作出准予行政许可的决定，并依法向中标人、买受人颁发行政许可证件。行政机关违反本条规定，不采用招标、拍卖方式，或者违反招标、拍卖程序，损害申请人合法权益的，申请人可以依法申请行政复议或者提起行政诉讼。

实施《行政许可法》第12条第3项所列事项的行政许可，赋予公民特定资格，依法应当举行国家考试的，行政机关根据考试成绩和其他法定条件作出行政许可决定；赋予法人或者其他组织特定的资格、资质的，行政机关根据申请人的专业人员构成、技术条件、经营业绩和管理水平等的考核结果作出行政许可决定。但是，法律、行政法规另有规定的，依照其规定。

公民特定资格的考试依法由行政机关或者行业组织实施，公开举行。行政机关或者行业组织应当事先公布资格考试的报名条件、报考办法、考试科目以及考试大纲。但是，不得组织强制性的资格考试的考前培训，不得指定教材或者其他助考材料。

实施《行政许可法》第12条第4项所列事项的行政许可的，应当按照技术标准、技术规范依法进行检验、检测、检疫，行政机关根据检验、检测、检疫的结果作出行政许可决定。行政机关实施检验、检测、检疫，应当自受理申请之日起5日内指派2名以上工作人员按照技术标准、技术规范进行检验、检测、检疫。不需要对检验、检测、检疫结果作进一步技术分析即可认定设备、设施、产品、物品是否符合技术标准、技术规范的，行政机关应当当场作出行政许可决定。行政机关根据检验、检测、检疫结果，作出不予行政许可决定的，应当书面说明不予行政许可所依据的技术标准、技术规范。

实施《行政许可法》第12条第5项所列事项的行政许可，申请人提交的申请材料齐全、符合法定形式的，行政机关应当当场予以登记。需要对申请材料的实质内容进行核实的，行政机关依照《行政许可法》第34条第3款的规定办理。

有数量限制的行政许可，2个或者2个以上申请人的申请均符合法定条件、标准的，行政机关应当根据受理行政许可申请的先后顺序作出准予行政许可的决定。但是，法律、行政法规另有规定的，依照其规定。

第六节　行政许可的监督检查

一、行政许可监督检查的种类

根据《行政许可法》第60条和第61条的规定，行政许可监督主要包括行政机关内部的层级监督检查和行政机关对被许可人的监督检查两种。

（一）行政机关内部的层级监督检查

《行政许可法》第60条规定："上级行政机关应当加强对下级行政机关实施行政许可的监督检查，及时纠正行政许可实施中的违法行为。"这就是行政机关内部的层级监督检查。上级行政机关基于行政隶属关系对下级行政机关实行监督检查，这种监督检查在性质上属于政府内部的层级监督检查，具有广泛性、及时性、直接性等特点。

（二）行政机关对被许可人的监督检查

为了改变行政机关重许可、轻监管或者只许可、不监管的状况，并为行政机关提供必要的监督手段，方便其履行监督检查职责，《行政许可法》按照便民、高效的原则，为行政机关对被许可人从事被许可事项的活动规定了一套比较完备的监管机制。

1. 书面检查

《行政许可法》第61条第2款和第3款规定："行政机关依法对被许可人从事行政许可事项的活动进行监督检查时，应当将监督检查的情况和处理结果予以记录，由监督检查人员签字后归档。公众有权查阅行政机关监督检查记录。行政机关应当创造条件，实现与被许可人、其他有关行政机关的计算机档案系统互联，核查被许可人从事行政许可事项活动情况。"根据这一规定，行政机关对被许可人的监督，原则上应当通过书面检查的方式进行，凡是能够书面检查的，要优先使用书面检查方式。这一规定的主要目的是避免对被许可人的干扰，防止执法扰民。同时，行政机关可以要求被许可人报送有关书面材料，通过对这些材料的审查，监督被许可人是否按照被许可的条件、范围、程序等从事被许可事项的活动。

2. 抽样检查、检验、检测与实地检查

《行政许可法》第62条第1款规定："行政机关可以对被许可人生产经营的产品依法进行抽样检查、检验、检测，对其生产经营场所依法进行实地检查。检查时，行政机关可以依法查阅或者要求被许可人报送有关材料；被许可人应当如实提供有关情况和材料。"《行政许可法》授权行政机关在必要时可以依法进行抽样检查、检验、检测和实地检查的同时，对行政机关实施抽样检查、检验、检测和实地检查、定期检验权适用的情形及程序也作了相应的规定。

3. 被许可人的自检制度

《行政许可法》第68条第1款规定了行政机关督促有关单位建立自检制度的义务，即"对直接关系公共安全、人身健康、生命财产安全的重要设备、设施，行政机关应当督促设计、建造、安装和使用单位建立相应的自检制度"。

对直接关系公共安全、人身健康、生命财产安全的重要设备、设施，除了依赖被许可人的自检外，行政机关还应当通过定期检验、不定期巡查，及时发现违法行为。根据《行政许可法》第68条第2款的规定，行政机关在监督检查时，发现直接关系公共安全、人身健康、生命财产安全的重要设施、设备存在安全隐患的，应当责令停止建造、安装和使用，并责令设计、建造、安装和使用单位立即改正。行政机关应将监督重点放在预防安全隐患的产生上，旨在制止违法行为的产生。

4. 对取得特许权的被许可人的监督检查

《行政许可法》第66条规定："被许可人未依法履行开发利用自然资源义务或者未依法履行利用公共资源义务的，行政机关应当责令限期改正；被许可人在规定期限内不改正

的，行政机关应当依照有关法律、行政法规的规定予以处理。"根据《行政许可法》的这一规定，行政机关加强监督检查的重点之一是监督被许可人履行开发利用资源的义务。被许可人未履行义务的，行政机关应当督促其在规定的期限内履行义务；如果被许可人在规定期限内不改正的，行政机关应当依照有关法律、行政法规的规定予以处理。根据法律、行政法规的规定，依法需要收回行政许可的，收回行政许可；依法不能收回的，行政机关应当依法采取其他有效措施确保被许可人履行义务。

《行政许可法》还规定，对于取得直接关系公共利益的特定行业市场准入行政许可的被许可人，行政机关应当监督其履行义务。《行政许可法》第 67 条作了明确的规定："取得直接关系公共利益的特定行业的市场准入行政许可的被许可人，应当按照国家规定的服务标准、资费标准和行政机关依法规定的条件，向用户提供安全、方便、稳定和价格合理的服务，并履行普遍服务的义务；未经作出行政许可决定的行政机关批准，不得擅自停业、歇业。被许可人不履行前款规定的义务的，行政机关应当责令限期改正，或者依法采取有效措施督促其履行义务。"

二、行政许可的撤销与注销

（一）行政许可的撤销

按照依法行政、有错必纠的原则，行政机关若违法作出行政许可决定，应当撤销其作出的行政许可决定。针对实践中存在的行政机关撤销行政许可的条件不清、责任不明、随意性较大等问题，按照既保护被许可人合法权益又督促行政机关履行监督职责的原则，借鉴国外通行做法，《行政许可法》第 69 条从以下两个方面规范行政机关行使撤销权的行为：一是明确了撤销权行使的条件与程序。对违法的行政许可事项，基于保护公共利益的需要，该撤销的，行政机关应当予以撤销；撤销可能对公共利益造成重大损害的，不予撤销；可以撤销也可以不撤销的，行政机关应当衡量各种利益后决定是否行使撤销权。二是由于行政机关的原因导致行政许可决定被撤销时，行政机关应当赔偿被许可人因此受到的损害。

为防止行政机关随意撤销行政许可，规范行政许可撤销权的行使，《行政许可法》第 69 条明确了可以撤销行政许可的五种情形。

1. 行政机关工作人员滥用职权、玩忽职守作出的准予行政许可决定

行政机关工作人员滥用职权、玩忽职守作出的准予行政许可决定，是其在没有按照法定程序、根据法定条件对被许可人的材料和情况进行审查的情况下作出的行政许可决定，它一方面构成违法，另一方面，其决定的正确性和合理性也很难保障。

2. 超越法定职权作出的准予行政许可决定

行政机关实施行政许可行为，必须遵守职权法定和不得越权的原则。行政机关只能在自己的法定权限范围内实施行政许可行为，对于不属于自己职权范围内的行政许可事项不得实施许可行为。行政机关是否超越法定职权，其标准只能是法律、法规以及符合法律、法规的规章。超越法定职权主要有三种情况：超越法定的事项管理权；超越法定的地域管理权；超越法定的级别管理权。

3. 违反法定程序作出的准予行政许可决定

违反法定程序作出的准予行政许可决定，是指违反法律规定的程序要件实施行政许

可，包括违反法定形式、省略或者颠倒行政步骤等。违反法定程序的认定也得以法律、法规、规章为据，包括《行政许可法》和有关规定行政机关实施行政许可应当遵守的程序性的法律、法规、规章。

4. 对不具备申请资格或者不符合法定条件的申请人准予行政许可

行政机关只能对符合法定条件、标准的申请人作出准予行政许可的决定。申请人的申请资格是申请人是否具备提出行政许可申请的条件。申请人不具备申请资格的，行政机关不得受理其行政许可申请，自然谈不上是否符合取得行政许可的条件了。申请人不符合法定条件的，依法不应当取得行政许可，行政机关若准予行政许可，当属违法。但是，需要注意的是，申请人是否符合法定条件，其认定依据也只能是法律、法规和符合法律规定的规章，行政机关在无法定授权的情况下自行规定的条件不能用来作为认定申请人是否应当取得行政许可的条件。

5. 依法可以撤销的其他情形

基于行政许可种类繁多、事项各异，为避免列举不全，从立法技术上考虑，《行政许可法》第 69 条第 1 款在列举了四项可以撤销行政许可的情形外，还规定了一项兜底条款。当然，按照依法行政的要求，可以撤销行政许可的其他情形，也只能由法律、法规、规章作出规定，而不能由行政许可的实施机关自行决定。

根据行政机关实施行政许可的基本原则要求，行政机关在作出撤销行政许可前，应当听取被许可人意见；决定撤销行政许可的，应当作出书面决定，并说明理由、告知诉权。同时，根据《行政许可法》第 69 条第 3 款的规定，行政机关撤销行政许可损害被许可人的合法权益的，应当依法予以赔偿。这一规定主要是为了保护公民、法人或者其他组织对行政行为合法性的信赖。信赖保护原则要求行政主体遵守和履行承诺，不得随意改变其已经作出的决定。行政机关作出行政许可决定后，发现行政许可决定违法需要撤销时，被许可人可能已经基于信赖行政许可决定的合法而投入大量的人力、物力、财力，以开展依法需要取得行政许可的该项活动。即使行政机关撤销行政许可是为了维护公共利益，但对被许可人产生的损害，也应当予以赔偿，赔偿应以被许可人因此受到的实际损害为限。

参考案例 5-7

北京李老爹鱼头火锅不服丰台区环保局撤销环保行政许可案

2002 年 8 月 27 日，李老爹火锅方庄分公司（以下简称分公司）取得了营业执照，经营场所为方庄芳星园三区 25 号楼底层。2004 年年初，分公司向丰台区环保局申请环保审批并提交一份由芳星园三区居委会提供的证明大多数居民同意其在该地开设饮食服务的咨询意见。同年 6 月 1 日，丰台区环保局作出丰环批字〔2004〕13 号《关于餐饮建设项目环境影响报告表的批复》（以下简称 13 号批复），对分公司的申请予以认可。自 2004 年 8 月开始，陆续有该楼高层居民举报分公司在经营时噪声大、油烟大。丰台区环保局对分公司的排烟和噪声进行了检查，结果显示未超过标准。9 月 25 日，该楼居民李某向丰台区人民政府提起行政复议，要求撤销 13 号批复，李某同时提交了多户居民反对楼下开餐馆的联合签名。

复议期间，丰台区环保局认为分公司在申请环保许可时提交的民意咨询意见内容不真实，遂于 2004 年 11 月 26 日直接发出了撤销通知，撤销了 13 号批复，但在撤销通知中未

对撤销理由进行说明。分公司不服该撤销决定，向丰台区人民政府提起复议。丰台区人民政府维持了丰台区环保局的撤销决定，于是分公司提起行政诉讼，丰台区人民法院经过审理，以违反行政程序为由判决撤销丰台区环保局的撤销通知。

资料来源：胡锦光．行政法案例分析［M］．3版．北京：中国人民大学出版社，2010：58.

（二）行政许可的注销

注销行政许可是指基于特定事实的出现，由行政机关依据法定程序收回行政许可证件或者公告行政许可失去效力。在实践中，经常出现这样一些情况：行政机关随意注销行政许可；对行政许可尚未失去效力的也予以注销；注销行政许可后不收回行政许可证件，或者只通知被许可人而不向社会公示，导致注销行政许可后被许可人仍然可以从事有关应当取得行政许可的活动。为此，《行政许可法》第70条规定了注销行政许可适用的情形和行政机关应当依法办理有关行政许可注销手续的义务。

注销的前提是出现了使行政许可失去效力的特定事实。这一事实，有的是被许可人违法从事有关活动，有的只是客观事实而与被许可人行为的违法与否无关。鉴于注销行政许可后，自然人、法人或者其他组织继续从事应当取得行政许可的活动属于违法行为，因此，对注销行政许可适用的情形应当予以规范，以防止行政机关滥用权力侵害被许可人的合法权益。《行政许可法》总结实践经验，规定了应当注销行政许可的以下六种情形。

1. 行政许可有效期届满未延续的

行政许可有效期届满后，被许可人拟继续从事有关活动的，应当依法向作出行政许可决定的行政机关提出延续行政许可的申请。行政机关应当根据《行政许可法》第50条的规定，结合有关法律、法规，对被许可人的申请作出处理。被许可人未申请延续行政许可的，或者其延续行政许可的申请未被行政机关核准或者不属于依法被视为准予延续的，其已经取得的行政许可自有效期届满之日起失去效力。出现这种情形时，行政机关应当依法注销行政许可。

参考案例5－8

四川省某市为了实施旧城改造，决定对老城区进行拆迁。该市城市拆迁主管部门颁发的拆迁许可证上的时间为2000年9月至2001年3月。但是，由于领到拆迁许可证的拆迁人和拆迁户（被拆迁人）之间就拆迁补偿的方案无法达成一致，拆迁工程就一直没能进行。一直拖到2003年，在早已过了拆迁期限的情况下，原拆迁人对拆迁户发出拆迁通知书，要对该地区进行拆迁。不少拆迁户对此表示不服，提起了诉讼。按照《行政许可法》的规定，实施特定的行政许可也是有特定权限、范围、条件等要求的，但同时这部法律在“监督检查”一章中也提到了对于有效期届满而延续的要进行注销。本案中的行政许可有效期届满，却没有注销，因此，拆迁人应当重新申请拆迁许可证，才是合法的。

2. 赋予公民特定资格的行政许可，该公民死亡或者丧失行为能力的

赋予公民特定资格的行政许可，即对人的行政许可，是基于被许可人的自身条件而作出的。这类行政许可，只能证明被许可人本人是否具备取得行政许可的条件。该行政许可既不能转让，也不能继承，是与该公民的人身联系在一起的。公民取得特定资格，都是为了从事一定的活动的，如果公民死亡或者丧失了行为能力，他（她）就无法从事与该特定资格有关的行为，其取得的行政许可也就不再具有效力，应予注销。

3. 法人或者其他组织依法终止的

如果行政许可是与该法人或者组织联系的，该法人或者组织依法终止后，其取得的行政许可也相应失去效力。

4. 行政许可依法被撤销、撤回，或者行政许可证件依法被吊销的

不具备取得行政许可条件而取得行政许可的，应当依法由有关行政机关予以撤销；具备取得行政许可的条件但因行政许可所依据的法律、法规、规章修改或者废止，或者准予行政许可所依据的客观情况发生重大变化，基于公共利益的需要，行政机关可以依法撤回行政许可；被许可人取得行政许可后从事违法活动，依法需要吊销行政许可证件的，行政机关应当吊销行政许可。在这三种情况下，被许可人取得的行政许可不再具有法律效力。

5. 因不可抗力导致行政许可事项无法实施的

不可抗力，是指不可预见、不能避免、不能克服的客观情况。如行政机关赋予企业取水许可，因当年天气干旱，没有充分的水资源供被许可人取水。这种情况下，被许可人不可能再实施该行政许可，维持该行政许可的效力已经毫无意义。

6. 法律、法规规定的应当注销行政许可的其他情形

如基于政府机构改革中政府职能事项的调整，行政许可的主管机关可能发生变化，或者行政许可的实施机关发生改变可能需要换证。换证后，被许可人取得的由先前行政机关颁发的行政许可决定就不再有法律效力。

出现依法应当注销行政许可的情形的，行政机关应当依法办理有关行政许可的注销手续，如收回颁发的行政许可证件，或者在行政许可证件上加注发还；对找不到被许可人的或者注销行政许可事项需要公示的，行政许可还应当公告注销行政许可。当然，为了保护被许可人的合法权益，规范行政机关注销行政许可的行为，行政机关注销行政许可时应当作出书面决定，并告知申请人注销行政许可的理由、依据。

第七节　行政许可中的法律责任

一、行政许可机关及其工作人员的法律责任

《行政许可法》第 4 条规定：设定和实施行政许可，应当依照法定的权限、范围、条件和程序。这是关于行政许可合法性原则的规定。

（一）行政法律责任

1. 行政许可法规定的应当承担行政法律责任的几种违法行为

（1）规范性文件违法设定行政许可。为了从源头上解决当前存在的乱设、滥设行政许可问题，《行政许可法》第 17 条规定：除该法第 14 条、第 15 条规定的外，其他规范性文件一律不得设定行政许可。其他规范性文件违法设定行政许可，是指国务院部门规章、设区的市地方政府规章、依法不享有规章制定权的地方人民政府和其他机关制定的规范性文件在上位法没有规定行政许可的情形下，自行创设行政许可。当然，如果只是在上位法设定的行政许可事项范围内，对实施该行政许可作出具体规定的，不是设立行政许可。

（2）行政许可实施机关及其工作人员违反法定的程序实施行政许可。《行政许可法》第 72 条规定：“行政机关及其工作人员违反本法的规定，有下列情形之一的，由其上级

行政机关或者监察机关责令改正；情节严重的，对直接负责的主管人员和其他直接责任人员依法给予行政处分：（一）对符合法定条件的行政许可申请不予受理的；（二）不在办公场所公示依法应当公示的材料的；（三）在受理、审查、决定行政许可过程中，未向申请人、利害关系人履行法定告知义务的；（四）申请人提交的申请材料不齐全、不符合法定形式，不一次告知申请人必须补正的全部内容的；（五）违法披露申请人提交的商业秘密、未披露信息或者保密商务信息的；（六）以转让技术作为取得行政许可的条件，或者在实施行政许可的过程中直接或者间接地要求转让技术的；（七）未依法说明不受理行政许可申请或者不予行政许可的理由的；（八）依法应当举行听证而不举行听证的。”

（3）行政许可实施机关违反法定条件实施行政许可的行为。根据《行政许可法》第74条的规定，行政许可实施机关及其工作人员违反法定条件实施行政许可的行为有以下三种：

第一，对不符合法定条件的申请人准予行政许可或者超越法定职权作出准予行政许可决定的行为。

第二，对符合条件的申请人不予行政许可或者不在法定期限范围内作出准予行政许可决定。

第三，依法应当根据招标、拍卖结果或者考试成绩择优作出准予行政许可决定，未经招标、拍卖或者考试，或者不根据招标、拍卖结果或者考试成绩择优作出准予行政许可决定的行为。

（4）行政许可实施机关实施行政许可，擅自收费或者不按照法定项目和标准收费的行为；行政许可实施机关及其工作人员截留、挪用、私分或者变相私分实施行政许可依法收取的费用的行为。

（5）行政机关不依法履行监督职责或者监督不力的行为。《行政许可法》规定，县级以上人民政府应当健全对行政机关实施行政许可的监督制度，加强对行政机关实施行政许可的监督检查；行政机关应当对公民、法人或者其他组织从事行政许可事项的活动实施有效监督。

（6）行政机关工作人员办理行政许可、实施监督检查，索取或者收受他人财物或者谋取其他利益的行为。

2. 行政机关及其工作人员承担行政法律责任的具体形式

对于行政机关及其工作人员的违法行为，没有构成犯罪的，《行政许可法》规定了行政机关及其工作人员应当承担的相应的行政法律责任。

（1）有关机关责令设定行政许可的机关改正，或者依法予以撤销。

（2）上级行政机关或者监察机关责令改正。对于行政机关及其工作人员违反《行政许可法》规定的法定条件和法定程序实施行政许可的，由其上级行政机关责令改正。对于行政机关不依法履行监督职责或者监督不力，造成严重后果的，由其上级行政机关或者监察机关责令改正。对于行政机关实施行政许可，擅自收费或者不按照法定项目和公布的标准收费的，由其上级行政机关或者监察机关责令退还非法收取的费用。对于行政机关及其工作人员截留、挪用、私分或者变相私分实施行政许可依法收取的费用的，由财政部门或者其他有关部门予以追缴，上缴国库。

（3）直接负责的主管人员和其他直接责任人员所在单位、上级机关或者监察机关给予行政处分。行政机关及其工作人员违反法定程序实施行政许可，情节严重的，对直接负责的主管人员和其他直接责任人员给予行政处分。行政机关违反法定条件实施行政许可，对直接负责的主管人员和其他直接责任人员给予行政处分。行政机关实施行政许可，擅自收费或者不按照法定项目和公布的标准收费的或者截留、挪用、私分或者变相私分实施行政许可依法收取的费用的，对直接负责的主管人员和其他直接责任人员给予行政处分。行政机关不依法履行监督职责或者监督不力，造成严重后果的，对直接负责的主管人员和其他直接责任人员给予行政处分。所谓“直接负责的主管人员和其他直接责任人员”，是指对上述违法行为负有直接、主要责任的有关领导和执行人员。行政机关工作人员办理行政许可、实施监督检查，索取或者收受他人财物或者谋取其他利益，尚不构成犯罪的，给予行政处分。

（4）行政赔偿。《行政许可法》规定，行政机关违法实施行政许可给当事人的合法权益造成损害的，应当承担行政赔偿责任。

（二）刑事法律责任

《行政许可法》规定的行政机关及其工作人员应当承担刑事法律责任的违法行为主要有以下三类：

（1）行政机关工作人员办理行政许可、实施监督检查，索取、收受他人财物或者谋取其他利益，情节严重，构成犯罪的违法行为。

（2）行政机关工作人员实施行政许可滥用职权、玩忽职守，构成犯罪的违法行为。

（3）行政机关接受截留、挪用、私分或者变相私分实施行政许可依法收取的费用，构成犯罪的违法行为。

对行政机关及其工作人员上述的犯罪行为，应当根据《中华人民共和国刑法》（以下简称《刑法》）和《中华人民共和国刑事诉讼法》（以下简称《刑事诉讼法》）的规定给予刑罚。

二、行政许可申请人及其被许可人的法律责任

《行政许可法》中对行政许可申请人及其被许可人的法律责任规定了两个幅度，程度较轻者予以行政处罚或者限制申请资格，较重者予以刑事处罚，如该法第 79 条、第 80 条、第 81 条的规定。其中，行政处罚是原则，限制申请资格和刑罚是例外。

（一）行政法律责任

1. 行政处罚的适用情况

根据《行政许可法》的规定，行政处罚主要适用于以下几种情况：

（1）行政许可申请人隐瞒有关情况或者提供虚假材料申请行政许可的。

（2）被许可人以欺骗、贿赂等不正当手段取得行政许可的。

（3）有下列情形且违法程度较轻的：涂改、倒卖、出租、出借行政许可证件，或者以其他形式非法转让行政许可的；超越行政许可范围进行活动的；向负责监督检查的行政机关隐瞒有关情况、提供虚假材料或者拒绝提供反映其活动情况的真实材料的；法律、法规、规章规定的其他违法行为。

（4）公民、法人或者其他组织未经行政许可，擅自从事依法应当取得行政许可的活动的。

2. 限制申请人申请资格的法律责任

《行政许可法》第78条规定：行政许可申请人隐瞒有关情况或者提供虚假材料申请行政许可的，行政机关不予受理或者不予行政许可，并给予警告；行政许可申请属于直接关系公共安全、人身健康、生命财产安全事项的，申请人在1年内不得再次申请该行政许可。该法第79条规定：被许可人以欺骗、贿赂等不正当手段取得行政许可的，行政机关应当依法给予行政处罚；如果该行政许可属于直接关系公共安全、人身健康、生命财产安全事项的，申请人在3年内不得再次申请该行政许可。

（二）刑事法律责任

根据《行政许可法》的相关规定，被许可人违法从事行政许可活动，情节严重构成犯罪的，要依法追究其刑事责任。

参考案例5-9

某国土资源管理部门根据村民王某报上的材料，在未进行实地勘测的情况下，为其办理了集体土地使用证。不久，国土资源管理部门接到举报，称王某占用耕地建房。国土资源管理部门现场调查后，发现举报属实，拟对王某作出拆除房屋并复垦的行政处罚。王某认为用地事实都已经在上报的材料中写明，现在的问题是国土资源管理部门在办理集体土地使用证的过程中工作失职所致，如果要拆除房屋，国土资源管理部门必须承担办证中的过错责任，赔偿其损失。因此，王某诉至人民法院。

人民法院经审理认为，依照《土地登记规则》的规定，土地登记依照下列程序进行：（1）土地登记申请；（2）地籍调查；（3）权属审核；（4）注册登记；（5）颁发或者更换土地证书。本案中国土资源管理部门未经过地籍调查即直接颁发证书，属明显违反法定程序的行为。依《行政许可法》第69条的规定，违反法定程序作出准予行政许可决定的，作出行政许可决定的行政机关或者其上级行政机关，根据利害关系人的请求或者依据职权，可以撤销行政许可；如果撤销行政许可，使被许可人的合法权益受到损害的，行政机关应当依法给予赔偿。然而，在本案中，王某实为占用耕地建房，但在申请宅基地时并未说明这一点，其行为有骗取行政许可的嫌疑。依《行政许可法》第69条的规定，以欺骗手段取得行政许可后又撤销行政许可的，被许可人基于行政许可取得的利益不受保护。因此，在这一行政许可实施过程中，行政机关和申请人都有过错，应共同承担责任。

【引例分析】

实践中，一些行政机关"找事""争权"，热衷于搞审批，根本原因在于可以以此"设租""寻租"，获取不当得利。所以，行政许可权过大、过滥，再加上实施行政许可的随意性和缺乏必要的监督和制约，是产生腐败的土壤和条件。反对腐败，既要治标，更要治本。规范行政许可的设定和实施，依法对行政许可权进行有效的监督和制约，是遏制腐败的治本之策。基于这种考虑，《行政许可法》第12条、第13条对行政许可的设定范围作出了明确规定，只有六类事项可以设定行政许可。同时《行政许可法》还规定，如果上述事项通过下列方式能够予以规范的，可以不设行政许可：公民、法人或者其他组织能够自主决定的；市场竞争机制能够有效调节的；行业组织或者中介机构能够自律管理的；行政机关采用事后监督等其他行政管理方式能够解决的。

本案属于典型的违法设定行政许可案件。根据《中华人民共和国药品管理法》和《中华人民共和国药品管理法实施条例》的规定，药品生产企业具有合法的营业执照和生产许可证，即为合法药品产品企业，其产品经国家食品与药品监督管理部门批准上市后（取得药品生产批件），就可以投入生产并在全国范围内销售。本案中的省卫健委无权对药品生产企业的产品在本省的销售设置"登记"程序。该登记行为的设定是违法的，既违反了行政许可设定事项的规定，也违反了行政许可设定权的分配规则（作为省级人民政府的组成部分，省卫健委没有行政许可设定权）。同时需要注意的是，尽管省卫健委将增加的程序称为"登记"，而没有使用"许可"字样，但这种变换丝毫没有改变该登记程序的实质——增设了需要获得批准才能进行销售的程序。

【本章小结】

行政许可是行政机关依法对社会经济、政治、文化事务实行事前监督管理的一种重要手段，它广泛运用于行政管理中，对行政相对方的权利、义务有着巨大的影响。《行政许可法》于2004年7月1日起开始施行。这无疑是我国社会主义民主与法制建设的一件大事。《行政许可法》的颁布、施行，对于保护公民、法人和其他组织的合法权益，深化行政审批制度改革，推进行政管理体制改革，从源头上预防和治理腐败，保障和监督行政机关有效实施行政管理，都有着重大意义。本章紧密结合行政许可法，对行政许可的概念和特征、基本原则、设定、实施主体、实施程序、费用、监督检查、法律责任等相关问题进行了介绍。

【练习题】

1. 名词解释

行政许可　行政许可设定权　行政许可实施权

2. 思考题

（1）如何理解信赖保护原则？

（2）国务院部委规章是否有行政许可设定权？

（3）如何理解行政许可的设定事项？

（4）如何区分行政许可的撤销、撤回与注销、吊销？

（5）如何理解行政许可听证程序？

（6）如何对行政许可进行分类？

3. 案例分析题

2003年某月，某省甲、乙、丙三名律师决定出资合伙成立"新华夏律师事务所"，于是向该省司法厅提出口头申请成立律师事务所并提供了律师事务所章程，发起人名单、简历、身份证明、律师资格证书、能够专职从事律师业务的保证书，资金证明，办公场所的使用证明，合伙协议。但被告知根据该省地方政府规章相关规定，设立合伙制律师事务所必须有一名以上律师具有硕士以上学位并且需要填写省司法厅专门设计的申请书格式文本。刚好乙为法学博士，于是三人交了50元工本费后领取了专用申请书，带回补正。次日，三人带了补正后的材料前去申请，工作人员A受理了申请，并出具了法律规定的书面凭证。后司法厅指派工作人员B对申请材料进行审查，发现申请人提供的资金证明系伪造，但B碍于与甲、乙、丙三人是好朋友，隐瞒了真实情况，在法定期限内作出了准予设立律师事务所的决定并颁发了《律师事务所执业证书》。1个月后，资金证明被司法厅发

现系伪造，遂撤销了“新华夏律师事务所”的《律师事务所执业证书》。此间，甲、乙、丙三人已付办公场所租金2万元、装修费3万元。

问题：

(1) 该省地方政府规章规定“设立合伙制律师事务所必须有一名以上律师具有硕士以上学位”的条件是否合法？为什么？

(2) 该省地方规章规定“设立律师事务所，需要填写省司法厅专门设计的申请书格式文本”是否合法？能否收取50元工本费？为什么？

(3) 司法厅对撤销“新华夏律师事务所”的《律师事务所执业证书》需要赔偿吗？为什么？

分析要点提示：

(1) 不合法。根据《行政许可法》第14条、第15条的规定，行政许可的设定应该用法律设定，尚未制定法律的，行政法规才可以设定行政许可，尚未制定法律、行政法规的，地方性法规才可以设定行政许可。对于律师事务所的设立条件，《律师法》第14条规定：律师事务所应当有自己的名称、住所和章程；有符合《律师法》规定的律师；设立人应当是具有一定的执业经历，且三年内未受过停止执业处罚的律师；有符合国务院司法行政部门规定数额的资产。该地方政府规章提高了设立律师事务所的条件，是不符合《行政许可法》规定的。

(2) 合法，但不能收取工本费。因为《行政许可法》第58条明确规定：行政机关提供行政许可申请书格式文本，不得收费。

(3) 不需要。因为利益损失是由于申请人提供虚假资金证明造成的，而不是由于行政机关的违法行为。根据《行政许可法》第69条、第76条的规定，行政机关违法实施行政许可，给当事人的合法权益造成损害的，应当依照《国家赔偿法》的规定给予赔偿。本案中行政机关未违法，因此是不需要赔偿的。

第六章　行政强制

【本章引例】

魏某和金某都是外地进京务工人员，在一次送货返回的过程中，因违反交通规则而被罚款。当时魏某和金某身上都没带钱，交警因他们在北京既无固定居所又无固定收入，担心让他们走了之后，罚款将无法执行，所以将金某暂时扣留，让魏某回去取钱。事后，魏某和金某不服交警扣留金某的行为，认为扣留行为没有法律依据，向人民法院提起行政诉讼。

资料来源：胡锦光．行政法案例分析．3版．北京：中国人民大学出版社，2010：79.

【本章学习目标】

通过本章的学习，你应该能够：

(1) 了解行政强制的概念和种类。
(2) 掌握行政强制执行的具体实施和程序。
(3) 掌握行政强制措施的条件和类型。

第一节　行政强制概述

一、行政强制的概念与特征

(一) 行政强制的概念

行政强制是指为了实现一定的行政目的，保障行政管理的顺利进行，行政主体或者行政主体向人民法院申请，通过依法采取强制手段迫使拒不履行行政法义务的相对人履行义务或者达到与履行义务相同的状态；或者出于维护社会秩序或保护公民人身健康、安全的需要，对行政相对人的人身及财产等采取的强制性的行政行为的总称。行政强制包括行政强制措施和行政强制执行。

(二) 行政强制的特征

一般来说，行政强制具有如下特征：

(1) 行政强制的主体是行政机关或者人民法院。根据《中华人民共和国行政强制法》

（以下简称《行政强制法》）的规定，我国采用的行政强制主体体制为以申请人民法院执行为主、以行政机关自己执行为辅，即在法律、法规、规章明确授权的情况下，作出行政行为的行政机关自我执行；在法律、法规、规章没有明确授权的情况下，由作出行政行为的行政机关授权人民法院强制执行。

（2）行政强制的前提是行政相对人拒绝履行义务或者为了维护社会秩序，公民人身健康、安全的需要。在行政机关作出行政行为而行政相对人拒绝履行该行政行为所要求的义务时，为了保证该行政行为内容的实现，可以进行强制执行；在行政机关为了预防违法行为的发生、调查违法案件、防止违法行为危害后果扩大等时，可以进行强制执行。

（3）行政强制的对象是行政相对人的财产和人身自由。

（4）行政强制的目的是实现一定行政目的，保障行政管理的顺利进行。

二、行政强制的种类

行政强制包括行政强制措施与行政强制执行。

行政强制措施是指行政机关在行政管理过程中，为制止违法行为、防止证据损毁、避免危害发生、控制危险扩大等情形，依法对公民的人身自由实施暂时性限制，或者对公民、法人或者其他组织的财物实施暂时性控制的行为。行政强制执行是指行政机关或者行政机关向人民法院申请，对不履行行政决定的公民、法人或者其他组织，依法强制履行义务的行为。两者的主要区别是：

（1）前提不同。行政强制措施不以相对人存在法定义务为前提；而行政强制执行的前提是相对人不履行行政行为所确定的义务，构成义务的不履行。

（2）目的不同。行政强制措施的目的在于预防、制止危害行为或者危险事态的发生、发展，防止证据损毁；而行政强制执行的目的是通过改进强制力强迫义务人履行其应当履行的义务，或者达到与履行义务相同的状态。

（3）实施的主体不同。行政强制措施的主体仅为行政主体；而行政强制执行的主体包括行政主体自行强制执行和由行政主体申请人民法院强制执行两种情形。

（4）实施的程序不同。行政强制措施在紧急情况下可以即时进行，一般情况下也遵循不同于行政强制执行的程序进行；而行政强制执行通常需要经过催告、当事人陈述、行政机关复核、作出行政强制决定、送达行政强制执行决定以及实施行政强制等程序。

三、行政强制的基本原则

我国《行政强制法》在总则部分规定了行政强制的基本原则。

（一）行政强制法定原则

这一原则包括：（1）行政强制设定法定，即行政强制的权限、范围、条件、程序必须由法律作出规定，同时，哪些法律文件有权设定行政强制必须严格依照行政强制法的规定。（2）行政强制实施法定，即行政强制的实施主体、权限、范围、条件和程序必须严格依照法律规定进行，包括主体法定、权限法定、条件法定、程序法定。

（二）行政强制适当原则

这一原则包括：（1）行政强制的设定和实施必须符合理性，手段与目的之间必须符合比例，即手段必须是能够达到目的的手段。（2）以对当事人侵害最小的手段达到目的，即能够以非行政强制的手段达到目的就不需要以行政强制的手段达到目的，必须以行政强制的手段达到目的的，以最小侵害达到目的。

（三）教育与强制相结合原则

这一原则即在实施行政强制的同时，必须教育当事人；能够以教育的方法达到目的的，不以强制的方法达到目的。

（四）不得滥用行政强制原则

这一原则即行政机关及其工作人员不得利用行政强制权为本单位或者个人谋取利益，在行使行政强制权时违反法律规定的，应当承担相应的法律责任。

（五）行政强制的权利救济原则

这一原则包括：（1）行政强制过程中的当事人程序性权利，即陈述权、申辩权。（2）申请行政复议和行政诉讼的权利。（3）请求国家赔偿权。

第二节　行政强制措施

一、行政强制措施的种类与设定

（一）行政强制措施的种类

1. 限制公民人身自由

作为行政强制措施的限制公民人身自由是指行政机关根据法律规定的权限、条件、方式，针对公民的人身自由予以强行限制的行政措施。限制人身自由的行政强制措施通常由公安机关实施。限制人身自由的行政强制措施主要有：行政传唤；约束身体；强制隔离治疗；扣留；收容教养。

2. 查封场所、设施或者财物

作为行政强制措施的查封是指行政主体对涉案的场所、设施或者财物就地查实、封存，以待危险事态获得控制或者其他行政行为作出后再行处理的行政措施。查封的基本特征是：查封的主体是行政主体；查封的对象是场所、设施或者财物；查封的方式是对查封对象进行原地封存，并不转移设施或者财物；查封的后果只是使权利人暂时丧失对查封对象的占有、使用和处分的权利。

3. 扣押财物

作为行政强制措施的扣押财物是指行政主体对涉案的财物进行强制留置、保管，以待后续处理的行政措施。扣押的基本特征是：扣押的主体是行政主体；扣押的对象是财物；扣押的方式一般是将被查获的财物转移到行政机关或者指定的地点进行控制；扣押的后果是使权利人暂时丧失对扣押财物的占有、使用和处分的权利。

4. 冻结存款、汇款

作为行政强制措施的冻结是指行政主体通知有关金融机构对相对人停止办理相关存款、汇款的提现等业务的行政措施。例如，根据《中华人民共和国证券法》第 170 条的规定，对于当事人和与被调查事件有关的单位和个人的资金账户、证券账户、银行账户以及其他具有支付、托管、结算等功能的账户，有证据证明已经或者可能转移或者隐匿违法资金、证券等涉案财产或者隐匿、伪造、毁损重要证据的，经国务院证券监督管理机构主要

负责人或者其授权的其他负责人批准，可以冻结或者查封。

5. 其他行政强制措施

其他行政强制措施有强行进入场所、交通管制、通信管制等。

（二）行政强制措施的设定

1. 法律的设定权

《行政强制法》第10条第1款规定，行政强制措施由法律设定。这一规定表明，行政强制措施原则上由全国人大和全国人大常委会的法律规定。

2. 行政法规的设定权

《行政强制法》第10条第2款规定，尚未制定法律，且属于国务院行政管理职权事项的，行政法规可以设定除该法第9条第1项、第4项和应当由法律规定的行政强制措施以外的其他行政强制措施。可见，行政法规的设定权是要受到限制的：（1）尚未制定法律；（2）属于国务院的行政管理职权事项范围；（3）限制人身自由除外；（4）冻结存款、汇款除外；（5）其他应当由法律设定；（6）法律对行政强制措施的对象、条件、种类已经作出规定的，行政法规不得扩大规定；（7）法律未设定行政强制措施的，行政法规原则上不得设定，只是在法律规定特定事项由行政法规规定具体管理措施的，行政法规才可以设定。

3. 地方性法规的设定权

《行政强制法》第10条第3款规定，尚未制定法律、行政法规，且属于地方性事务的，地方性法规可以设定查封场所、设施或者财物和扣押财物的行政强制措施。可见，地方性法规的设定权是有限制性的：（1）尚未制定法律、行政法规；（2）法律中未设定行政强制措施的，地方性法规不得设定；（3）法律对行政强制措施的对象、条件、种类作出了规定的，地方性法规不得作出扩大规定；（4）在必要时只得设定查封场所、设施或者财物和扣押财物的行政强制措施。

除法律、行政法规、地方性法规以外的其他规范性文件不得设定行政强制措施。

二、行政强制措施的实施程序

（一）一般规定

1. 行政强制措施的实施条件

行政强制措施的实施条件具体有：

（1）法律依据。行政机关必须在履行行政管理职责过程中，依照法律、法规的规定，实施行政强制措施。

（2）违法行为情节显著轻微或者没有明显社会危害的，可以不实施行政强制措施。

（3）移送。行政机关在对违法的当事人实施行政强制措施过程中，发现违法行为可能涉及犯罪时，应当移送司法机关处理。

2. 行政强制措施的实施主体

行政强制措施只能由法律、法规规定的行政机关在法定职权范围内实施。行政强制措施权不得委托。依据《行政处罚法》的规定行使相对集中行政处罚权的行政机关，可以实施法律、法规规定的与行政处罚权有关的行政强制措施。行政强制措施应当由行政机关具备资格的行政执法人员实施，其他人员不得实施。

（二）行政强制措施的一般程序

行政强制措施的一般程序是指除法律有特别规定外，在一般情况下实施行政强制措施所必须遵循的方式、步骤等要求。

一般程序包括以下方面：

（1）实施前的报告和批准。在实施行政强制措施前必须向行政机关负责人报告并获得批准，才可实施行政强制措施。

（2）表明身份。实施行政强制措施的执法人员必须向当事人出示执法证或者工作证以表明自己的身份。

（3）告知。行政机关在实施行政强制措施时，应当向当事人告知该行政强制措施的主要内容、当事人的程序性权利，以及救济方式。

（4）听取陈述和申辩。当事人在行政强制措施实施过程中享有陈述权和申辩权。

（5）制作现场笔录并签章。执法人员在制作完现场笔录后，应当由执法人员和当事人共同签字或者盖章。当事人拒绝签字或者盖章的，执法人员应当在笔录中予以注明。如果当事人拒不到场或者无法到场的，执法人员应当邀请见证人到场，由执法人员和见证人在笔录上共同签字或者盖章。

实施行政强制措施必须由两名以上的执法人员进行。

（三）行政强制措施的特别程序

1. 紧急程序

如果情况紧急，需要当场实施行政强制措施的，行政执法人员应当在 24 小时内向行政机关负责人报告，并补办批准手续。行政机关负责人认为不应当采取行政强制措施的，应当立即解除。所谓紧急情况，是指发生了突发事件、违法行为已经造成损害或者即将造成损害等情形。

2. 限制人身自由的程序

实施限制公民人身自由的行政强制措施，除应当履行一般程序外，还必须遵守以下特别程序：

（1）当场告知或者实施行政强制措施后，立即通知当事人家属实施行政强制措施的行政机关、地点和期限。

（2）在紧急情况下当场实施行政强制措施的，在返回行政机关后，立即向行政机关负责人报告并补办批准手续。

（3）法律规定的其他程序。

实施限制人身自由的行政强制措施不得超过法定期限。实施行政强制措施的目的已经达到或者条件消失，应当立即解除。

（四）查封、扣押的实施

1. 查封、扣押的主体

查封、扣押应当由法律、法规规定的行政机关实施，其他任何行政机关或者组织不得实施。

2. 查封、扣押的对象和范围

查封、扣押限于涉案的场所、设施或者财物，不得查封、扣押与违法行为无关的场所、设施或者财物；不得查封、扣押公民个人及其所扶养家属的生活必需品。当事人的场

所、设施或者财物已被其他国家机关依法查封的，不得重复查封。

3. 查封、扣押决定书

行政机关决定实施查封、扣押的，应当履行一般程序，制作并当场交付查封、扣押决定书和清单。

查封、扣押决定书应当载明下列事项：

（1）当事人姓名或者名称、地址。

（2）查封、扣押的理由、依据和期限。

（3）查封、扣押场所、设施或者财物的名称、数量等。

（4）申请行政复议或者提起行政诉讼的途径和期限。

（5）行政机关的名称、印章和日期。

查封、扣押清单需制作一式两份，由当事人和行政机关分别保存。

4. 查封、扣押的期限

查封、扣押的期限不得超过30日。情况复杂的，经行政机关负责人批准，可以延长，但延长的期限不得超过30日。法律、法规对期限另有规定的除外。延长查封、扣押的期限的决定，应当及时书面通知当事人，并说明理由。对物品需要进行检测、检验、检疫或者技术鉴定的，查封、扣押的期限不包括检测、检验、检疫或者技术鉴定的期限。检测、检验、检疫或者技术鉴定的费用由行政机关承担。

5. 行政机关的保管义务和赔偿责任

对查封、扣押的场所、设施或者财物，行政机关应当妥善保管，不得使用或者损毁；造成损失的，应当承担赔偿责任。对查封的场所、设施或者财物，行政机关可以委托第三人保管，第三人不得损毁或者擅自转移、处置。因第三人的原因造成的损失，行政机关先行赔付后，有权向第三人追偿。因查封、扣押发生的费用由行政机关承担。

6. 查封、扣押的后续处理

行政机关采取查封、扣押措施后，应当及时查清事实，在规定的期限内作出处理决定。对违法事实清楚，依法应当没收的非法财物予以没收；法律、行政法规规定应当销毁的，依法销毁；应当解除查封、扣押的，作出解除查封、扣押的决定。

7. 查封、扣押的解除

有下列情形之一的，行政机关应当及时作出解除查封、扣押的决定：

（1）当事人没有违法行为。

（2）查封、扣押的场所、设施或者财物与违法行为无关。

（3）行政机关对违法行为已经作出处理决定，不再需要查封、扣押。

（4）查封、扣押的期限已经届满。

（5）其他不再需要采取查封、扣押措施的情形。

解除查封、扣押应当立即退还财物；已将鲜活物品或者其他不易保管的财物拍卖或者变卖的，退还拍卖或者变卖所得款项。变卖价格明显低于市场价格，给当事人造成损失的，应当给予补偿。

（五）冻结的实施

1. 冻结的主体和范围

冻结存款、汇款应当由全国人大和全国人大常委会制定的法律规定的行政机关实施，不得委托给其他行政机关或者组织；其他任何行政机关或者组织不得冻结存款、汇款。冻结存款、汇款的数额应当与违法行为涉及的金额相当；已被其他国家机关依法冻结的，不得重复冻结。

2. 冻结的程序

行政机关依照法律规定决定实施冻结存款、汇款的，应当在冻结前向行政机关负责人报告并经批准后才能实施；冻结需要两名以上行政执法人员实施；行政执法人员应出示执法身份证件；冻结时需要制作现场笔录，并且还要向金融机构交付冻结通知书。金融机构接到行政机关依法作出的冻结通知书后，应当立即予以冻结，不得拖延，不得在冻结前向当事人泄露信息。法律规定以外的行政机关或者组织要求冻结当事人存款、汇款的，金融机构应当拒绝。

3. 冻结决定书

行政机关依照法律规定冻结存款、汇款的，应当在3日内向当事人交付冻结决定书。冻结决定书应当载明下列事项：

（1）当事人的姓名或者名称、地址。

（2）冻结的理由、依据和期限。

（3）冻结的账号和数额。

（4）申请行政复议或者提起行政诉讼的途径和期限。

（5）行政机关的名称、印章和日期。

4. 冻结期限

自冻结存款、汇款之日起30日内，行政机关应当作出处理决定或者解除冻结决定；情况复杂的，经行政机关负责人批准，可以延长，但是延长的期限不得超过30日。法律对此期限另有规定的依照法律规定。延长冻结的决定应当及时书面告知当事人，并说明理由。

5. 冻结的解除

有下列情形之一的，行政机关应当及时作出解除冻结的决定：

（1）当事人没有违法行为。

（2）冻结的存款、汇款与违法行为无关

（3）行政机关对违法行为已经作出处理决定，不再需要冻结。

（4）冻结期限已经届满。

（5）其他不再需要采取冻结措施的情形。

行政机关作出解除冻结决定的，应当及时通知金融机构和当事人。金融机构接到通知后，应当立即解除冻结。行政机关逾期未作出处理决定或者解除冻结决定的，金融机构应当自冻结期满之日起解除冻结。

第三节　行政强制执行

一、行政强制执行的设定和方式

（一）行政强制执行的设定

依照行政强制法的规定，行政强制执行由法律设定。因此，行政强制执行只能由全国人大和全国人大常委会制定的法律设定，而不能由法律以外的其他规范性文件设定，包括行政法规、地方性法规。法律如果没有规定行政机关强制执行的，作出行政决定的行政机关应当申请人民法院强制执行。

（二）行政强制执行的方式

1. 加处罚款或者滞纳金的执行罚

执行罚是指行政机关对拒不履行不作为义务或者不可为他人代替履行的作为义务的相对人，科以新的金钱给付义务，从而迫使其履行义务的一种间接强制执行方式。加处罚款是指行政机关对于逾期拒不履行行政处罚决定的相对人采取新增罚款数额的措施，以迫使其履行行政处罚决定的强制措施。作为行政强制执行中的加处罚款与行政处罚决定中的罚款，两者在性质、目的和反复适用性上存在不同。滞纳金是指行政机关对于到期不缴纳有关税、费的相对人采取加收金钱，以迫使其履行税、费缴纳义务的强制措施。

2. 划拨存款、汇款

划拨存款、汇款是指由法律规定的行政机关对不履行金钱给付义务的相对人作出划拨存款、汇款的决定，并书面通知相关金融机构，将相应的款额划归行政机关指定的账户，以实现相对人金钱给付义务的执行方式。

3. 依法处理查封、扣押的场所、设施或者财物

依法处理查封、扣押的场所、设施或者财物是指对于不履行金钱给付义务的相对人，行政机关依照法定方式、程序等将其财物所有权进行转移获得相应的价款冲抵金钱给付义务的行政强制执行方式，主要包括拍卖、变卖等。

4. 排除妨碍、恢复原状

排除妨碍是指排除对权利人的权益和公共利益的阻碍。恢复原状是指通过修理等手段使受到损坏的财产恢复到损坏前的状态。

5. 代履行

代履行又称代执行，是指有强制执行权的机关或者受其委托的第三人代替负有义务的相对人履行法律规定的或者行政行为设定的行政法义务的一种强制执行方式。《行政强制法》第50条规定，行政机关依法作出要求当事人履行排除妨碍、恢复原状等义务的行政决定，当事人逾期不履行，经催告仍不履行，其后果已经或者将危害交通安全、造成环境污染或者破坏自然资源的，行政机关可以代履行，或者委托没有利害关系的第三人代履行。

6. 其他行政强制执行方式

根据我国现行法律的规定，其他行政强制执行方式主要有：（1）强制履行兵役；（2）强制搬迁；（3）保证金抵缴；（4）强制传唤；（5）强制带离；（6）强制戒毒；等等。

二、行政强制执行程序

（一）行政强制执行的一般规定

1. 行政强制执行的条件

行政强制执行需要具备以下两个条件：

（1）前提条件。行政强制执行的前提条件是行政机关依法作出行政决定后，当事人在行政机关决定的期限内不履行义务。

（2）主体条件。采取行政强制执行的应该是作出行政决定的行政机关，而且只有享有强制执行权的行政机关才可以实施行政强制执行。

2. 行政强制执行的一般程序

行政强制执行的一般程序包括：

（1）催告程序。行政机关作出行政强制执行决定前，应当事先催告当事人履行义务。催告应当以书面形式作出，并载明履行义务的期限、履行义务的方式、涉及金钱给付的应当有明确的金额和给付方式、当事人依法享有的陈述权和申辩权。

（2）抗辩程序。当事人收到催告书后有权进行陈述和申辩。行政机关应当充分听取当事人的意见，对当事人提出的事实、理由和证据，应当进行记录、复核。当事人提出的事实、理由或者证据成立的，行政机关应当采纳。

（3）决定程序。经催告，当事人逾期仍不履行行政决定，且无正当理由的，行政机关可以作出强制执行决定。强制执行决定应当以书面形式作出，并载明当事人的姓名或者名称、地址；强制执行的理由和依据；强制执行的方式和时间；申请行政复议或者提起行政诉讼的途径和期限；行政机关的名称、印章和日期。在催告期间，对有证据证明有转移或者隐匿财物迹象的，行政机关可以作出立即强制执行决定。

（4）送达程序。行政机关制作的催告书和行政强制执行决定书都应当直接送达当事人。当事人拒绝接收或者无法直接送达当事人的，应当按照民事诉讼法的有关规定送达。

3. 行政机关强制执行的中止

有下列情形的，中止执行：

（1）当事人履行行政决定确有困难或者暂无履行能力的。

（2）第三人对执行标的主张权利，确有理由的。

（3）执行可能造成难以弥补的损失，且中止执行不损害公共利益的。

（4）行政机关认为需要中止执行的其他情形。

中止执行是暂时性停止执行，在中止执行的法定情形消失后，行政机关应当恢复执行。对没有明显社会危害，当事人确无能力履行，中止执行满 3 年未恢复执行的，行政机关不再执行。

4. 行政机关强制执行的终结

行政机关终结执行是指行政机关在强制执行过程中，由于出现了某种特殊情况，使执行持续无法或者无须继续进行，从而结束执行程序。有下列情形之一的，终结执行：

（1）公民死亡，无遗产可供执行，又无义务承受人的。

（2）法人或者其他组织终止，无财产可供执行，又无义务承受人的。

（3）执行标的灭失的。

（4）据以执行的行政决定被撤销的。

（5）行政机关认为需要终结执行的其他情形。

5. 行政机关强制执行的补救

行政机关在执行中或者执行完毕后，据以执行的行政决定被撤销、变更或者执行错误的，应当恢复原状或者退还财物；不能恢复原状或者退还财物的，依法予以赔偿。

6. 行政机关强制执行的和解

行政机关实施行政强制执行，可以在不损害公共利益和他人合法权益的情况下，与当事人达成执行协议。执行协议可以约定分阶段履行；当事人采取补救措施的，可以减免加处的罚款或者滞纳金。但是，当事人不履行执行协议的，行政机关应当恢复强制执行。

7. 行政机关强制执行的限制性规定

限制性规定主要有：

（1）时间限制。行政机关不得在夜间或者法定节假日实施行政强制执行，但是情况紧急的除外。

（2）方式限制。行政机关不得对居民生活采取停止供水、供电、供热、供燃气等方式迫使当事人履行相关行政决定。

（3）强拆限制。对违法建筑物、构筑物、设施等需要强制拆除的，应当由行政机关予以公告，限制当事人自行拆除。当事人在法定期限内不申请行政复议或者提起行政诉讼，又不拆除的，行政机关可以依法强制拆除。

（二）金钱给付义务的强制执行程序

金钱给付义务的强制执行是指义务人逾期不履行行政法上的金钱给付义务，行政机关按时科以义务人一定数额的新的金钱给付义务，以促使其及时履行义务；在行政机关依法加处罚款或者滞纳金超过一定期限后，义务人仍不履行义务的，行政机关可以采用强制划拨、拍卖等方式达到与义务人履行义务相同状态的一种强制执行方式。

1. 加处罚款或者滞纳金

行政机关依法作出金钱给付义务的行政决定，当事人逾期不履行的，行政机关可以依法加处罚款或者滞纳金。加处罚款或者滞纳金的标准应当告知当事人。加处罚款或者滞纳金的数额不得超过金钱给付义务的数额。

行政机关实施加处罚款或者滞纳金超过30日，经催告当事人仍不履行的，具有行政强制执行权的行政机关可以强制执行。行政机关实施强制执行前，需要采取查封、扣押、冻结措施的，按照相应程序办理。没有行政强制执行权的行政机关应当申请人民法院强制执行。但是，当事人在法定期限内不申请行政复议或者提起行政诉讼，经催告仍不履行的，在实施行政管理过程中已经采取查封、扣押措施的行政机关，可以将查封、扣押的财物依法拍卖，抵缴罚款。

2. 划拨存款、汇款

划拨存款、汇款应当由法律规定的行政机关决定，并书面通知金融机构。金融机构接到行政机关依法作出的划拨存款、汇款的决定后，应当立即划拨。法律规定以外的行政机关或者组织要求划拨当事人存款、汇款的，金融机构应当拒绝。

3. 拍卖财物

拍卖是指以公开竞价的形式，将特定物品或者财产权利转让给最高应价者的买卖方式。依法拍卖财物，由行政机关委托拍卖机构依照拍卖法的规定办理。

划拨的存款、汇款以及拍卖和依法处理所得的款项应当上缴国库或者划入财政专户。任何行政机关或者个人不得以任何形式截留、私分或者变相私分。

4. 代履行

代履行是指义务人不履行行政机关依法作出的要求履行排除妨碍、恢复原状等义务的行政决定，行政机关或者其委托的没有利害关系的第三人代为履行行政法义务，而由义务人承担后果并支付履行费用的一种强制执行方式。

代履行应当遵循下列规定：

（1）代履行前送达决定书，代履行决定书应当载明当事人的姓名或者名称、地址，代履行的理由和依据、方式和时间、标的、费用预算以及代履行人。

（2）代履行3日前，催告当事人履行，当事人履行的，停止代履行。

（3）代履行时，作出决定的行政机关应当派员到场监督。

（4）代履行完毕，行政机关到场监督的工作人员、代履行人和当事人或者见证人应当在执行文书上签名或者盖章。

代履行的费用按照成本合理确定，由当事人承担。但是，法律另有规定的除外。

需要立即清除道路、河道、航道或者公共场所的遗洒物、障碍物或者污染物，当事人不能清除的，行政机关可以决定立即实施代履行；当事人不在场的，行政机关应当事后立即通知当事人，并依法作出处理。

三、申请人民法院强制执行

申请人民法院强制执行是指相对人既不履行行政决定确定的义务，又不申请行政复议或者提起行政诉讼时，行政机关或者行政决定确定的权利人申请人民法院强制执行，人民法院对申请进行审查并裁定是否执行的制度。

（一）申请人民法院强制执行的条件

1. 形式条件

根据申请人的不同，所需要向人民法院提交的材料也有所不同。行政机关申请人民法院强制执行，应当提供以下材料：（1）强制执行的申请书；（2）行政决定书及作出决定的事实、理由和依据；（3）当事人的意见及行政机关催告情况；（4）申请强制执行标的的情况；（5）法律、行政法规规定的其他材料。权利人申请人民法院强制执行的，权利人应当提交力所能及的材料，包括强制执行申请书，由人民法院向作出裁决的行政机关调取有关材料。

2. 程序条件

行政机关申请人民法院强制执行的程序条件是：（1）须先行催告才能提出申请；（2）须向有管辖权的人民法院申请；（3）须在法定期限内提出申请，即在被执行人的法定起诉期限届满之日起3个月内提出申请。权利人申请人民法院强制执行的程序条件是：（1）须向有管辖权的人民法院申请；（2）须在法定期限内提出申请，即自被执行人的履行期限和起诉期限届满之日起3个月后的90天内提出申请。

3. 实体条件

行政机关申请人民法院强制执行的实体条件是：（1）申请人须为作出行政行为的行政机关；（2）申请人须没有强制执行权，或者根据法律规定，既有强制执行权又可以申请人民法院强制执行的；（3）行政行为须为要式行为；（4）行政行为须合法；（5）须相对人在法定期限内既不申请行政复议或者提起行政诉讼，也不履行行政行为。权利人申请人民法院强制执行的实体条件与行政机关作为申请人的实体条件基本相同，但申请人必须是行政行为确定的权利人或者其继承人、权利承受人，以及作出裁决的行政机关在法定期限内未申请人民法院强制执行。

（二）人民法院对强制执行申请的审查

1. 形式审查

人民法院接到行政机关强制执行的申请，应当在5日内受理。行政机关对人民法院不予受理的裁定有异议的，可以在15日内向上一级人民法院申请复议，上一级人民法院应当自收到复议申请之日起15日内作出是否受理的裁定。

2. 实质审查

人民法院对行政机关强制执行的申请进行书面审查，对符合申请材料要求且行政决定具备法定执行效力的，除明显违法的以外，人民法院应当自受理之日起7日内作出执行裁定。人民法院发现有下列情形之一的，在作出裁定前可以听取被执行人和行政机关的意见：（1）明显缺乏事实根据的；（2）明显缺乏法律、法规依据的；（3）其他明显违法并损害被执行人合法权益的。人民法院自受理之日起30日内作出是否执行的裁定。裁定不予执行的，应当说明理由，并在5日内将不予执行的裁定送达行政机关。

（三）人民法院的执行程序

1. 一般执行程序

人民法院在执行金钱给付义务的案件时，如需要拍卖财物，必须委托拍卖机构依照拍卖法的规定办理；对于划拨存款、汇款及拍卖所得，无论是人民法院先行扣除的执行费用，还是行政机关在执行所得中应获的部分，均应上缴国库或者划入财政专用账户，不得直接划入人民法院或者行政机关的基本账户或者其他账户，不得以任何形式截留、私分或者变相私分。其他执行程序依照民事诉讼法中关于执行的规定。

行政机关申请人民法院强制执行，不需要缴纳申请费。强制执行的费用由被执行人承担。人民法院以划拨、拍卖方式强制执行的，可以在划拨、拍卖后将强制执行的费用扣除。

2. 紧急情况下的强制执行程序

因情况紧急，为保障公共安全，行政机关可以申请人民法院立即执行。经人民法院院长批准，人民法院应当自作出执行裁定之日起5日内执行。

四、行政强制执行的法律责任

（一）承担法律责任的情形

1. 行政机关及其工作人员承担责任的情形

行政机关及其工作人员承担责任的情形包括：（1）没有法律、法规依据的；（2）改变行政强制执行对象、条件、方式的；（3）违反法定程序实施行政强制执行的；（4）违反规定，在夜间或者法定节假日实施行政强制执行的；（5）对居民生活采取停止供水、供电、供热、供燃气等方式迫使当事人履行相关行政决定的；（6）有其他违法实施行政强制执行情形的；（7）违法实施查封、扣押、冻结的；（8）行政机关为牟取私利，违法实施行政强制执行的；（9）违法指令金融机构将款项划入国库或者财政专户以外的其他账户的；（10）违反规定，给公民、法人或者组织造成损失的；（11）违反规定，构成犯罪的。

2. 金融机构承担责任的情形

金融机构承担责任的情形包括：（1）在冻结前向当事人泄露信息的；（2）对应当立即冻结、划拨的存款、汇款不冻结或者不划拨，致使存款、汇款转移的；（3）将不应当冻结、划拨的存款、汇款予以冻结或者划拨的；（4）未及时解除冻结存款、汇款的。

3. 人民法院及其工作人员承担责任的情形

人民法院及其工作人员承担责任的情形包括：（1）在行政强制执行中有违法行为或者扩大强制执行范围的；（2）违法指令金融机构将款项划入国库或者财政专户以外的其他账户的；（3）违法实施行政强制执行给相对人造成损失的；（4）违反规定构成犯罪的。

（二）承担法律责任的形式

行政机关及其工作人员、金融机构和人民法院承担责任的方式基本相同，包括：（1）纪律处分；（2）责令改正；（3）追缴款项；（4）行政处罚；（5）民事赔偿；（6）国家赔偿；（7）刑事责任。

【引例分析】

行政强制执行在行政法上的基本作用就是确保所预期行政状态的实现，或者说，是义务人不履行行政法上的义务时，通过强制手段实现与已履行义务同样的状态。这种所预期行政状态的实现，在传统行政强制执行理论中，既可以通过行政机关直接对义务人的人身或财产施加物理上的强力完成（直接强制），也可委托第三人代为履行（代执行），还可以通过心理强制来实现（执行罚）。上述这些强制执行手段均发源于德国，与民事上的强制手段一起从强制执行制度中分化、发展而来，其概念框架的形成受到民事强制执行的影响。从历史上看，主要适用于警察行政领域。

在本案中，行为人魏某和金某违反道路通行规定，交警有权罚款，但法律并未授权其采取扣留措施，故扣留行为没有法律依据，是违法的，但交警的顾虑并非没有道理。所以，在本案中，交警在对魏某和金某进行处罚时，可以适用当场收缴，如果魏某和金某故意隐瞒欺骗，拒不缴纳罚款，则可以通知当地公安部门以妨碍执行公务的违法行为对其进行处罚。从长远来看，可进一步改革制度，建立罚款和拘留的转换制度，或建立劳役罚制度，以强化行政主体的强制执行手段。

【本章小结】

行政强制是指为了实现一定的行政目的，保障行政管理的顺利进行，行政主体或者行政主体向人民法院申请，通过依法采取强制手段迫使拒不履行行政法义务的相对人履行义务或者达到与履行义务相同的状态；或者出于维护社会秩序或保护公民人身健康、安全的需要，对行政相对人的人身及财产等采取的强制性的行政行为的总称。行政强制包括行政强制措施和行政强制执行。

行政强制措施是指行政机关在行政管理过程中，为制止违法行为、防止证据损毁、避免危害发生、控制危险扩大等情形，依法对公民的人身自由实施暂时性限制，或者对公民、法人或其他组织的财物实施暂时性控制的行为。行政强制执行是指行政机关或者行政机关向人民法院申请，对不履行行政决定的公民、法人或者其他组织，依法强制履行义务的行为。

【练习题】

1. 名词解释

行政强制执行　行政强制措施　代履行　执行罚

2. 思考题

(1) 行政强制的含义和特征是什么?

(2) 行政强制的种类有哪些?

(3) 行政强制执行的种类有哪些?

(4) 行政强制执行的具体实施方式有哪些?

(5) 行政强制措施的种类有哪些?

3. 案例分析题

2014 年 12 月底，A 某未经有关部门批准，擅自在省道 207 线某段东侧的公路建筑控制区内修建自用房屋。河南省鹿邑县公路局巡查发现该行为后作出决定，要求 A 某在 2015 年 1 月 9 日前自行拆除该违法建筑物。至截止日，A 某仍未履行该决定，并乘巡查人员离开之机继续建房。同日，鹿邑县公路局向 A 某送达了交通运输行政强制执行催告书，催告 A 某于 1 月 18 日前自行拆除尚未建成的房屋。至 1 月 18 日，A 某仍未履行该决定。3 月 2 日，鹿邑县公路局作出要求 A 某自行拆除违法建筑的公告和交通运输行政强制决定，要求 A 某在 7 月 6 日前自行拆除尚未建成的房屋。在公告期内，A 某乘巡查人员离开之机又继续实施建房行为。4 月 22 日，鹿邑县公路局以 A 某违反公告要求为由，采取代履行强制执行措施，强制拆除 A 某在公路建筑控制区的尚未建成的房屋。对此，A 某不服，提出行政诉讼，请求确认该代履行行为违法并要求对其予以国家赔偿。

分析要点提示:

一审法院审理后认为，A 某所建房屋系违法建筑物，应予拆除，且在公告拆除期内继续违法施工。因此，鹿邑县公路局可以提前终结公告，实施代履行以强制拆除违法建筑物，判决驳回 A 某的诉讼请求。A 某不服一审判决，提起上诉。

二审法院审理后认为，A 某建房违法且在公告拆除期内继续违法施工，公路机构有权提前终结公告，实施代履行，遂判决驳回上诉，维持原判。

该案中，因 A 某无权在公路建筑控制区内修建自用建筑物，鹿邑县公路局依法责令 A 某拆除或者以代履行方式拆除该违法建筑物。为了保护相对人的利益，鹿邑县公路局在强制拆除违法建筑物前依照《行政强制法》提前告知 A 某，要求其自行拆除。然而 A 某置若罔闻，继续违法施工。由于 A 某继续施工的行为已经危及公共交通安全，鹿邑县公路局可以提前终结公告，实施代履行。

第七章 行政处罚

【本章引例】

崔某、窦某、布某同是某公司铸管车间工人，2008 年 3 月 9 日凌晨三人一起工作，凌晨 2 时许，崔某和窦某、布某因琐事发生口角，进而演化为互殴。在厮打过程中，崔某将窦某和布某打伤，后双方被其他工友制止。崔某随即驾车离开，公司保卫部门将伤者送往医院，于上午 9 时许报案，派出所当日立案后便展开调查。在办案过程中，于 2008 年 4 月 9 日以案情重大、复杂为由向县公安局申请了延期，并获批准；2008 年 3 月 13 日窦某、布某向县公安局提出了法医鉴定申请，该局于当日受理后，在 3 月 17 日作出了鉴定书，鉴定结论是窦某、布某二人均属于轻微伤，在当日将鉴定书送达窦某、布某。县公安局于 2008 年 5 月 15 日对崔某作出了行政拘留 10 日、并处罚款 500 元的处罚，当日将处罚决定书分别送达了崔某、窦某、布某三人。

资料来源：胡锦光．行政法案例分析［M］．3 版．北京：中国人民大学出版社，2010：75.

【本章学习目标】

通过本章的学习，你应该能够：

（1）了解行政处罚的概念和特征。
（2）掌握行政处罚的种类和形式。
（3）明确行政处罚的主体。
（4）运用行政处罚的程序。

第一节 行政处罚概述

一、行政处罚的含义

行政处罚是指行政机关依法对违反行政管理秩序的公民、法人或者其他组织，以减损权益或者增加义务的方式予以惩戒的行为。

二、行政处罚与相关概念的区分

（一）行政处罚与行政处分

行政处分是指国家行政机关对其内部违法失职的公务员实施的一种惩戒措施。行政处分与行政处罚的区别主要有以下几个方面。

1. 作出的主体不同

行政处罚是由享有行政处罚权的主体作出的；行政处分是由受处分公务员所在的行政机关，或上级行政机关、监察机关作出的。

2. 制裁的对象不同

行政处罚制裁的对象是违反行政法律规范的公民、法人或其他组织；行政处分制裁的对象仅限于行政机关内部的公务员。

3. 采取的形式不同

行政处罚的形式、种类很多，如警告、罚款、没收财物、吊销许可证照、责令停产停业、行政拘留等；行政处分的形式有警告、记过、记大过、降级、撤职和开除六种形式。

4. 行为的性质不同

行政处罚属于外部行政行为，以行政管辖关系为基础；行政处分属于内部行政行为，以行政隶属关系为基础。

5. 依据的法律法规不同

行政处罚所依据的是有关行政管理的法律法规；行政处分只能依据有关行政机关工作人员或国家公务员的法律法规的规定。

6. 救济途径不同

行政处罚的救济途径是行政复议、行政诉讼及行政赔偿；行政处分的救济途径是向上一级行政机关或监察机关申诉。

（二）行政处罚与刑罚

行政处罚与刑罚都是具有国家强制力的制裁方式，但两者有显著区别。

1. 权力性质不同

行政处罚与刑罚虽然都是追究违法者的责任，但行政处罚是国家行政权力的运用，刑罚是国家司法权力的运用。

2. 实施处罚的主体不同

行政处罚是由有外部管理权限的行政机关或法律、法规授权的组织实施；刑罚的实施主体是国家司法机关——人民法院。

3. 适用的条件不同

行政处罚一般情况下适用于“尚未构成犯罪”的违法行为；刑罚适用于构成犯罪的违法行为。

4. 作出处罚决定的程序不同

行政处罚是按照《行政处罚法》规定的行政程序作出的；刑罚必须根据《刑事诉讼法》规定的程序作出。

5. 处罚的种类不同

行政处罚的种类很多，既有《行政处罚法》的统一规定，又有各单行法律、法规的分散规定。刑罚的种类则由《刑法》统一规定，有两类十种，即五种主刑和五种附加刑：主刑是管制、拘役、有期徒刑、无期徒刑、死刑；附加刑是罚金、剥夺政治权利、没收财产、驱逐出境（适用于外国人）以及剥夺奖章、勋章和荣誉称号（适用于军人）。

三、行政处罚的基本原则

行政处罚的基本原则是指对行政处罚的设定和实施具有普遍指导意义的准则。《行政处罚法》确立了以下几项行政处罚的基本原则。

（一）行政处罚法定原则

《行政处罚法》第4条规定："公民、法人或者其他组织违反行政管理秩序的行为，应当给予行政处罚的，依照本法由法律、法规或者规章规定，并由行政机关依照本法规定的程序实施。"依法行政是行政法最主要和最基本的原则，处罚法定可以说是依法行政对行政处罚的基本要求。处罚法定包含三层意思。

1. 行政处罚的主体法定

这种法定性表现在以下两个方面：

（1）在行政处罚的设定权方面，设定行政处罚的主体是法定的，即只有全国人大及其常委会、国务院、一定级别以上的地方人大及其常委会、国务院各部委及直属机构、一定级别以上的地方人民政府有权设定行政处罚；设定行政处罚的形式是法定的，即上述主体只能以法律、法规和规章的形式设定行政处罚；设定权的分工是法定的，即不同的规范性法律文件必须在《行政处罚法》规定的范围内设定行政处罚。

（2）在行政处罚的实施权方面，实施行政处罚的主体是法定的，即只有法律、法规规定或授权行使处罚权的行政机关或组织才可以实施行政处罚，其他任何机关、社会团体、个人均无权实施处罚，而且处罚机关或组织必须在法定的职权范围内行使行政处罚权。

2. 行政处罚有法定依据

行政机关对公民、法人或者其他组织实施行政处罚必须要有法定依据，没有法定依据的，不得实施行政处罚。罪刑法定，法无明文规定不为罪，这是刑法上的一个重要原则。这一原则被引入行政法领域，表述为"法无明文规定不为罚"。这里的"法"具体是指法律、行政法规、地方性法规和规章。行政机关应当依据这四种规范性法律文件实施行政处罚，否则，其行政处罚决定无效。公民、法人或者其他组织有权拒绝接受处罚，或者依法申请行政复议或者提起行政诉讼。

3. 行政处罚的程序法定

行政机关实施行政处罚不但要求实体合法，而且要求程序合法。这里要求行政处罚所遵循的程序主要指法定程序。《行政处罚法》对行政处罚的适用程序、决定程序及执行程序作出了具体规定。

参考案例7-1

冉某诉酉阳土家族苗族自治县公安局治安行政处罚纠纷案

2008年7月2日上午7时许，原告冉某与其妻李某到冉某英家收取欠款，由于冉某英无力偿还，李某与冉某英发生口角，李某去抱冉某英家的电视机，冉某英用开水泼向李某，致其烫伤。李某随即与冉某英发生厮打，冉某英之父冉某银泼开水误伤了冉某英。冉某见妻子吃亏，便跑去殴打冉某英，致冉某英多处软组织受伤。冉某银见状便用开水泼向

冉某，致冉某烫伤。后事态一度平息，但冉某英的弟弟、外甥等人赶来后，又与冉某银一起手持钢筋追打冉某，并追至李某家对李某进行殴打。冉某在冉某银等人殴打李某的过程中又返回冉某英家，将冉某英家的灶台、铁锅损坏。2008年8月8日，被告酉阳土家族苗族自治县公安局以渝公（酉阳）决字〔2008〕第447号和渝公（酉阳）决字〔2008〕第448号行政处罚决定书分别给予本案原告冉某行政拘留5日、并处罚款200元和行政拘留5日的处罚，对其他同案关系人也作了相应的处罚。

原告冉某诉称，其行为应认定为正当防卫，被告对其作出两次处罚决定却对同案的其他人不予追究，违反了公平原则和一事不再罚的原则，故诉至人民法院请求确认被告2008年8月8日所作渝公（酉阳）决字〔2008〕第447号和第448号行政处罚决定书的行政行为违法，并撤销其行政行为。被告则辩称，其对原告冉某的违法行为依法进行行政处罚，认定事实清楚，证据来源合法，适用法律正确，未超越职权和滥用职权，请求人民法院依法维持其作出的行政处罚决定。法院经过审理认为，原告冉某存在殴打他人和损坏他人财物的两个违法行为且不符合正当防卫的条件，被告的处罚决定并不违反一事不再罚的原则，但其中的事实叙述有所欠妥，对同案相关人员的行为也已处以行政处罚，并积极努力作为，不存在不公平的情况，依法判决维持被告作出的行政处罚决定，驳回原告的诉讼请求。

资料来源：董补民. 冉×诉公安局治安行政处罚纠纷案［EB/OL］.（2015-10-20）［2020-05-06］. http://lawyers.66law.cn/s2f083493d3848_i70262.aspx.

（二）公正、公开原则

《行政处罚法》第5条规定："行政处罚遵循公正、公开的原则。设定和实施行政处罚必须以事实为依据，与违法行为的事实、性质、情节以及社会危害程度相当。对违法行为给予行政处罚的规定必须公布；未经公布的，不得作为行政处罚的依据。"这一原则的要求是：（1）行政处罚的依据必须公开；（2）实施行政处罚的工作人员必须公开身份；（3）行政机关作出处罚前，必须向相对人告知处罚的事实、依据、理由；（4）行政处罚的听证必须公开进行。

（三）行政处罚与教育相结合原则

《行政处罚法》第6条规定："实施行政处罚，纠正违法行为，应当坚持处罚与教育相结合，教育公民、法人或者其他组织自觉守法。"处罚与教育相结合，一方面是说要对违反行政管理法律规范的行政相对人进行惩罚，另一方面也教育行政相对人自觉遵守法律。行政处罚主要是通过对违反行政法义务的行政相对人进行惩罚，从而对其本人及其他行政管理相对人产生威慑作用，抑制并预防将来对行政管理秩序的侵害，所以处罚本身具有很强的教育作用。这种教育作用，一是通过对违法的行政相对人实施处罚，并对其进行思想教育，使其从思想上认识到自己行为的危害性，做到以后不再违法，以达到特殊教育目的；二是通过实施行政处罚，以国家强制力所产生的威慑作用对其他不安分的行政管理相对人起到警示作用，使其悬崖勒马，自觉守法，从而收到一般教育的效果。但是，教育必须以处罚为后盾，教育代替不了处罚，对应受处罚的违法行为人在给予处罚时要予以教育，二者不可偏废。只有这样，才能达到制止、预防违法的目的。

（四）保护相对人程序性权利原则

《行政处罚法》第7条规定："公民、法人或者其他组织对行政机关所给予的行政处罚，享有陈述权、申辩权；对行政处罚不服的，有权依法申请行政复议或者提起行政诉讼。公民、法人或者其他组织因行政机关违法给予行政处罚受到损害的，有权依法提出赔偿要求。”依据该条规定，在行政处罚中，相对人享有陈述权、申辩权、申请复议权、行政诉讼权以及要求行政赔偿的权利。除上述五项程序性权利之外，《行政处罚法》还赋予相对人要求行政机关及其执法人员出示身份证件的权利、被告知权、听证申请权、申请回避等各项权利。

（五）承担民事责任和刑事责任原则

公民、法人或者其他组织因违法行为受到行政处罚，其违法行为对他人造成损害的，应当依法承担民事责任。违法行为构成犯罪，应当依法追究刑事责任的，不得以行政处罚代替刑事处罚。

第二节　行政处罚的种类和设定

一、行政处罚的种类

（一）人身罚

人身罚亦称自由罚，是限制或剥夺违法者人身自由的行政处罚。人身自由是宪法规定的公民各种基本权利得以存在的基础，人身自由受到限制或剥夺，意味着其他任何基本权利都将难以行使。因此，“限制人身自由的行政处罚，只能由法律设定”。并且人身罚的行使主体仅限于公安机关，以防止因人身罚的滥用而影响公民的最基本权利。

1. 行政拘留

行政拘留又称治安拘留，是公安机关依法对违反行政法律规范（特别是治安管理法律规范）的人，在短期内限制其人身自由的一种处罚。根据《治安管理处罚法》《出境入境管理法》等法律规范的规定，行政拘留的期限为1日以上、15日以下。除县级以上的公安机关外，其他任何行政机关都没有决定行政拘留的权力。行政拘留一般适用于严重违反治安管理的行为人，并且只有在适用警告、罚款处罚不足以惩戒违法者时才适用。

2. 驱逐出境、禁止进境或出境、限期出境

这是指公安、边防、安全机关对违反我国行政法律规范的外国人、无国籍人采取的，强令其离开或禁止进入中国国境的处罚形式。《出境入境管理法》《国家安全法》对此分别作出规定。

以上第二种处罚形式，《行政处罚法》未明确列入处罚种类，可以归为“其他行政处罚”一类。

（二）财产罚

财产罚是特定的行政机关或法定的其他组织强迫违法者缴纳一定数额的金钱或一定数量的物品，或者限制、剥夺其某种财产权的处罚。

1. 罚款

这是指有行政处罚权的行政主体依法强制违反行政法律规范的行为人在一定期限内向国家缴纳一定数额的金钱的处罚方式。罚款的数额应由具体的行政法律规范规定，一般是规定最高额和最低额，并规定加重和减轻的限额。行政处罚机关只能在法定幅度内决定罚款数额，不能有任何超越。作出罚款决定的行政机关应当与收缴罚款的机构分离。除法定当场收缴的情形外，作出行政处罚决定的行政机关及其执法人员不得自行收缴罚款。依法当场收缴罚款的，必须出具统一收据，否则，当事人有权拒绝缴纳罚款。罚款必须全部上缴国库。

2. 没收

这是指有处罚权的行政主体依法将违法行为人的违法所得和非法财物收归国有的处罚形式。违法所得是指违法行为人从事非法经营等获得的利益。非法财物是指违法者用于从事违法活动的违法工具、物品和违禁品等。

没收非法财物，必须按照国家规定公开拍卖或者按照国家有关规定处理，处罚机关不得私分、截留、随意毁损、通过非法途径低价处理或者随意使用。没收违法所得或者没收非法财物拍卖的款项，必须全部上缴国库，任何行政机关或者个人不得以任何形式截留、私分或者变相私分。

（三）行为罚

行为罚亦称能力罚，是限制或剥夺行政违法者某些特定行为能力和资格的处罚。

1. 暂扣或者吊销许可证、执照

这种处罚亦称许可证罚，是限制或剥夺违法者从事某项活动的权利或资格的处罚形式。

暂扣许可证、执照的特点在于暂时中止持证人从事某种活动的资格，待其改正违法行为后或经过一定期限，再发还证件，恢复其资格，允许其重新享有该权利和资格。吊销许可证、执照的特点在于撤销相对人的凭证，终止其继续从事该凭证所允许活动的资格。《行政处罚法》对吊销许可证或者执照规定了听证程序，以确保慎重适用该处罚形式，保护相对人的合法权益。

2. 降低资质等级

降低资质等级属于建筑类的行政处罚。《建设工程质量管理条例》第 75 条规定：“本条例规定的责令停业整顿，降低资质等级和吊销资质证书的行政处罚，由颁发资质证书的机关决定；其他行政处罚，由建设行政主管部门或者其他有关部门依照法定职权决定。”

企业被降低资质等级的情形主要有以下几种：

（1）超越本单位资质等级承揽工程的，责令停止违法行为，处以罚款，可以责令停业整顿，降低建筑资质等级；情节严重的，吊销资质证书；有违法所得的，予以没收。

（2）建筑施工企业转让、出借建筑资质证书或者以其他方式允许他人以本企业的名义承揽工程的，责令改正，没收违法所得，并处罚款，可以责令停业整顿，降低建筑资质等级；情节严重的，吊销资质证书。对因该项承揽工程不符合规定的质量标准造成的损失，建筑施工企业与使用本企业名义的单位或者个人承担连带赔偿责任。

（3）承包单位将承包的工程转包的，或者违反相关规定进行分包的，责令改正，没收违法所得，并处罚款，可以责令停业整顿，降低建筑资质等级；情节严重的，吊销资质证书。

3. 限制开展生产经营活动、责令停产停业、责令关闭

这是对违反行政法律规范的工商企业和工商个体户责令其停止生产、停止营业的一种处罚形式。其并不是直接限制或剥夺违法者的财产权，而是责令违法者暂时停止其所从事的生产经营活动，一旦违法者在一定期限内及时纠正了违法行为，按期履行了法定义务，仍可继续从事曾被停止的生产经营活动，无须重新申请领取有关许可证和执照。为了防止行政机关的恣意性，《行政处罚法》对责令停产停业规定了听证程序，以保护相对人的合法权益。

4. 限制从业

例如，《建设工程质量管理条例》第 72 条规定："违反本条例规定，注册建筑师、注册结构工程师、监理工程师等注册执业人员因过错造成质量事故的，责令停止执业 1 年；造成重大质量事故的，吊销执业资格证书，5 年以内不予注册；情节特别恶劣的，终身不予注册。"

（四）申诫罚

申诫罚亦称精神罚或影响声誉罚，是行政机关向违法者发出警戒，申明其有违法行为，通过对其名誉、荣誉、信誉等施加影响，引起其精神上的警惕，使其不再违法的处罚形式。

1. 警告

这是行政主体对较轻的违法行为的作出者予以谴责和告诫的处罚形式。警告的目的在于通过对违法行为人予以精神上的惩戒，申明其有违法行为，以使其不再违法。

2. 通报批评

这是行政机关将对违法者的批评以书面形式公布于众，指出其违法行为，予以公开谴责和告诫，以避免其再犯的处罚形式。通报批评既是对违法者的惩戒和教育，也是对广大群众的教育。

警告和通报批评既可以对公民个人适用，也可以对法人或其他组织适用；既可单处，也可与其他行政处罚同时适用。

（五）法律、行政法规规定的其他行政处罚

这一规定不是指具体的处罚种类，从立法技术上讲，它是一种"兜底"条款，旨在囊括尚未被《行政处罚法》罗列的其他处罚种类；从立法实践上讲，它是一种"预设"条款，旨在防止现有法律、行政法规规定并正在适用的行政处罚种类遗漏或今后立法中可能出现的新的处罚种类无法设置。

除上述行政处罚外，由法律和行政法规新创设的行政处罚种类主要有强制履行兵役、责令恢复植被、责令退还、限期拆除、限期治理、责令退回土地、撤销注册商标等。

二、行政处罚的设定

行政处罚设定权属于立法权范畴，是指通过立法规定出现何种情况、在何种条件下应予何种处罚的权力。《行政处罚法》第 10 条至第 15 条对行政处罚的设定作出了明确的规定。

（一）法律的设定权

全国人大及其常委会制定的法律有权根据需要设定任何一种行政处罚。鉴于限制人身自由的行政处罚是影响公民权利最重的行政处罚，因而其只能由国家权力机关以法律形式设定。

1. 法律可以设定各种行政处罚

这里的“各种”包括两方面的含义：第一，是指《行政处罚法》规定的六种行政处罚，即警告、罚款、没收违法所得和没收非法财物、责令停产停业、暂扣或者吊销许可证及执照、行政拘留。法律可以设定这六种行政处罚。第二，是指《行政处罚法》第 9 条规定的六种行政处罚以外的其他被全国人大及其常委会认为应当作为行政处罚的新的行政处罚种类，即《行政处罚法》授权法律可以在已明确规定的六种行政处罚之外创设新种类的行政处罚。

2. 法律是我国设定人身罚的唯一规范性文件

限制人身自由的行政处罚只能由法律设定，而不能由法律以外的其他规范性法律文件设定。

参考案例 7-2

某县人民政府为确保其辖区白水乡的水利修复工程如期竣工，根据上级口头指示，作出如下决定：白水乡凡有劳动能力者，除在校学生外，都必须上堤参加水利修复工程。违者每一劳动力缺工一天，罚款 50 元。罚款达 200 元者，可以强行收缴，并拘留 10 天。该乡以此决定为依据，对农民张某作出罚款 300 元、当场收缴并拘留 10 天的行政处罚决定。张某不服，遂向该县人民法院提起行政诉讼。法院认为，《行政处罚法》规定限制人身自由的行政处罚只能由法律设定，该县仅依据上级口头指示所作出的决定是不能设置行政拘留这种限制人身自由的行政处罚方式的。因此，该乡对张某作出的行政行为是无效的。

（二）行政法规的设定权

国务院作为我国最高国家行政机关，可以在行政法规中设定除限制人身自由以外的行政处罚。如果法律对违法行为已经作出行政处罚规定，行政法规需要作出具体规定的，必须在法律规定的给予行政处罚的行为、种类和幅度的范围内规定。

1. 行政法规可以设定除限制人身自由以外的行政处罚

《行政处罚法》第 11 条第 1 款规定：行政法规可以设定除限制人身自由以外的行政处罚。因此行政法规不能对公民的人身权利作出限制性规定或者惩罚性规定。涉及人身罚类的行政处罚，行政法规不能设定，即不仅不能设定行政拘留，一切限制人身自由的行政处罚都不能设定。

2. 行政法规有权创设新种类的行政处罚

《行政处罚法》第 9 条第 6 项规定：法律、行政法规规定的其他行政处罚。可见，行政法规除《行政处罚法》已经明确列举的行政处罚种类外，还可以创设新种类的行政处罚。设定行政处罚的新种类，这是法律和行政法规的设定权与地方性法规、规章设定权的不同点。而在设定行政处罚的新种类上，行政法规只可以创设除限制人身自由以外的新种类的行政处罚。这也是行政处罚设定权的重要组成部分。

3. 行政法规设定权受法律限制

行政法规在效力上低于法律，只能根据法律而制定。相应的，《宪法》明确规定：全国人大常委会有权撤销国务院制定的同宪法法律相抵触的行政法规。在行政处罚设定权上，行政法规要受到法律两个方面的限制：

（1）《行政处罚法》所规定的行政法规设定权只是一种权能或者资格。其行使这种权能或者资格的基本前提是，法律在该行政法律关系中未行使设定权。如果法律在该行政法律关系中已行使了设定权，则行政法规就不得行使设定权，且在应受处罚行为、处罚种类及处罚幅度上都不得作出与法律相抵触的规定。

（2）《行政处罚法》第 11 条第 2 款规定：法律对违法行为已经作出行政处罚规定，行政法规需要作出具体规定的，必须在法律规定的给予行政处罚的行为、种类和幅度的范围内规定。法律对违法行为未作出行政处罚规定，行政法规为实施法律，可以补充设定行政处罚。拟补充设定行政处罚的，应当通过听证会、论证会等形式广泛听取意见，并向制定机关作出书面说明。行政法规报送备案时，应当说明补充设定行政处罚的情况。

（三）地方性法规的设定权

行使地方性法规制定权的地方人大及其常委会在地方性法规中可以设定除限制人身自由、吊销营业执照以外的行政处罚。在法律、行政法规对违法行为已经作出行政处罚规定，地方性法规需要作出具体规定的，必须在法律、行政法规规定的给予行政处罚的行为、种类和幅度的范围内规定。法律、行政法规对违法行为未作出行政处罚规定，地方性法规为实施法律、行政法规，可以补充设定行政处罚。拟补充设定行政处罚的，应当通过听证会、论证会等形式广泛听取意见，并向制定机关作出书面说明。地方性法规报送备案时，应当说明补充设定行政处罚的情况。在我国，有权制定地方性法规的主体包括：省、自治区、直辖市的人大及其常委会、设区的市的人大及其常委会。

（四）部委规章的设定权

国务院各部委制定的规章，可以在法律、行政法规规定的给予行政处罚的行为、种类和幅度的范围内作出具体规定。尚未制定法律、行政法规的，国务院各部委制定的规章对违反行政管理秩序的行为，可以设定警告、通报批评或者一定数量罚款的行政处罚。罚款的限额由国务院规定。此外，国务院可以授权直属机构同国务院各部委一样享有行政处罚的设定权。

（五）地方政府规章的设定权

省、自治区、直辖市人民政府和设区的市人民政府、自治州人民政府制定的规章，可以在法律、法规规定的给予行政处罚的行为、种类和幅度的范围内作出具体规定。尚未制定法律、法规的，对违反行政管理秩序的行为，上述政府规章可以设定警告、通报批评或者一定数额罚款的行政处罚。罚款的限额由省、自治区、直辖市人民代表大会常务委员会规定。

《行政处罚法》还对行政处罚设定权作了限制性规定，除法律、法规和规章可以设定行政处罚外，其他规范性文件一律不得设定行政处罚。

第三节　行政处罚的实施机关

行政处罚的实施机关是指依法有权或受托实施行政处罚的主体。根据我国《行政处罚法》的规定，行政处罚实施机关的种类具体如下。

一、一般行政机关

《行政处罚法》第 17 条规定：行政处罚由具有行政处罚权的行政机关在法定职权范围

内实施。因此，行政机关要享有行政处罚权，必须同时具备以下两个条件：

（1）必须是履行外部行政管理职能的行政机关。

（2）必须有法律、法规和规章的明确授权。

二、综合执法机关

《行政处罚法》第 18 条规定：国家在城市管理、市场监管、生态环境、文化市场、交通运输、应急管理、农业等领域推行综合行政执法制度，相对集中行政处罚权。国务院或者省、自治区、直辖市人民政府可以决定一个行政机关行使有关行政机关的行政处罚权，但限制人身自由的行政处罚权只能由公安机关和法律规定的其他机关行使。

三、法律法规授权的组织

《行政处罚法》对法律法规授权的组织行使行政处罚权作了比以前更加严格的规定：

（1）只有法律、法规才有权授予其他组织实施行政处罚，其他规范性文件不得授权。

（2）被授权组织必须是具有管理公共事务职能的组织，主要包括具有管理公共事务职能的企业事业组织、社会组织及社会团体、基层群众性自治组织、群众性治安保卫组织等。

（3）被授权组织必须具备法律规定的条件。

（4）获得授权实施行政处罚的组织只能在法定授权范围内实施行政处罚。

四、受行政机关委托的组织

《行政处罚法》规定行政机关可以委托组织实施行政处罚，同时，又对这种委托行为作了非常具体明确的规定，建立了比较完善的法律规范。

（一）行政机关委托非行政机关的组织实施行政处罚的条件

行政机关委托非行政机关的组织实施行政处罚，必须同时具备以下三个条件：

（1）行政机关依照法律、法规、规章的规定。

（2）行政机关可以在其法定权限内书面委托。委托书应当载明委托的具体事项、权限、期限等内容。委托行政机关和受委托组织应当将委托书向社会公布。

（3）受委托组织必须符合以下条件：第一，依法成立并具有管理公共事务职能；第二，有熟悉有关法律、法规、规章和业务并取得行政执法资格的工作人员；第三，需要进行技术检查或者技术鉴定的，应当有条件组织进行相应的技术检查或者技术鉴定。行政机关不得委托其他组织或者个人实施行政处罚。

委托行政机关对受委托组织实施行政处罚的行为应当负责监督，并对该行为的后果承担法律责任。受委托组织在委托范围内，以委托行政机关名义实施行政处罚；不得再委托其他组织或者个人实施行政处罚。

（二）委托行政机关与受委托组织之间是委托与被委托关系

行政机关委托非行政机关的组织实施行政处罚，由此双方产生监督和被监督关系，委托行政机关有责任监督受委托组织的执法活动。如果发现其有超越权限、滥用行政处罚权或者违反法定程序的行为，委托机关有权解除委托关系。

在委托关系中，受委托组织是以委托行政机关的名义实施行政处罚的。因此，其产生的一切法律上的后果，均由委托行政机关承担，包括在行政复议、行政诉讼及国家赔偿中的法律后果。

第四节　行政处罚的管辖和适用

一、行政处罚的管辖

《行政处罚法》第 22 条规定：行政处罚由违法行为发生地的行政机关管辖，法律、行政法规、部门规章另有规定的，从其规定。这一规定明确了关于行政处罚的几个原则。

（一）地域管辖原则

行政处罚由违法行为发生地的行政机关管辖。也就是说，不论相对人的住所在何处，相对人在哪里实施了违法行为，哪里的行政机关就有权对其实施行政处罚。

（二）级别管辖原则

行政处罚由县级以上的行政机关管辖。违法行为发生地的行政机关可能有若干个，它们并不是对同一件行政处罚案件都有权进行处罚，而只能由县级以上的行政机关进行处罚。

省、自治区、直辖市根据当地实际情况，可以决定将基层管理迫切需要的县级人民政府部门的行政处罚权交由能够有效承接的乡镇人民政府、街道办事处行使，并定期组织评估。决定应当公布。承接行政处罚权的乡镇人民政府、街道办事处应当加强执法能力建设，按照规定范围、依照法定程序实施行政处罚。

（三）职能管辖原则

行政处罚只能由具有行政处罚权的行政机关管辖。在实践中，行政机关种类繁多，各有不同的职权，它们只能实施在本部门职权范围内的行政处罚，而不能超越职权范围，去实施别的部门有权实施的行政处罚。如市场监督管理机关不能实施卫生监管机关有权实施的行政处罚；卫生部门不能够实施市场监督管理部门有权实施的行政处罚。当然，按照《行政处罚法》第 18 条的规定，某一行政机关可以实施另一行政机关有权作出的行政处罚，但这有着严格的限制，即只有国务院或者省、自治区、直辖市人民政府可以决定一个行政机关行使有关行政机关的行政处罚权，而且限制人身自由的行政处罚权只能由公安机关或者法律规定的其他机关行使，其他任何机关都不得实施限制人身自由的行政处罚。

（四）关于管辖争议的解决

《行政处罚法》第 25 条规定，两个以上行政机关都有管辖权的，由最先立案的行政机关管辖。行政机关之间对管辖发生争议的，应当协商解决，协商不成的，应当报请共同的上一级行政机关指定管辖；也可以直接由共同的上一级行政机关指定管辖。

二、行政处罚的适用

行政处罚的适用是指行政主体依法认定违法行为，并决定是否给予行为人处罚和如何处罚的活动。关于行政处罚的适用，主要涉及以下问题。

（一）行政处罚适用的原则

行政处罚法的基本原则是贯穿整个行政处罚法，对行政处罚的设定、实施、执行等各

方面具有指导意义的基本准则。行政处罚的适用原则仅仅是关于行政机关在具体实施行政处罚时所必须遵守的准则，它并不贯穿于行政处罚的整个过程。行政处罚适用的原则有以下几个。

1. 一事不再罚原则

一事不再罚原则是行政处罚适用方面极为重要的原则，它主要是指对相对人同一个违反行政法律规范的行为，不得以相同的事实和相同的依据，给予两次以上的行政处罚。《行政处罚法》第29条规定：对当事人的同一个违法行为，不得给予两次以上罚款的行政处罚。同一个违法行为违反多个法律规范应当给予罚款处罚的，按照罚款数额高的规定处罚。这一规定实际上是一事不再罚原则的重要体现，它对于抑制实践之中存在的滥罚款现象具有重要的意义。当然，《行政处罚法》的这一规定还不能称作是一事不再罚原则的充分体现，因为它仅仅规定了不得给予两次以上的“罚款”，而不是不得给予两次以上的“行政处罚”。

2. 行政处罚折抵刑罚原则

《行政处罚法》第35条规定：违法行为构成犯罪，人民法院判处拘役或者有期徒刑时，行政机关已经给予当事人行政拘留的，应当依法折抵相应刑期；违法行为构成犯罪，人民法院判处罚金时，行政机关已经给予当事人罚款的，应当折抵相应罚金。这一原则并不是具有“以罚代刑”的意思。因为，行政处罚折抵刑罚仅仅是在“执行”上的折抵，而不是行政处罚决定代替了刑罚。

3. 行政处罚追诉时效原则

所谓追诉时效，是指法律规定的追究违法行为人法律责任的有效期限。超过此期限，有关机关就不能再追究行为人的法律责任，行为人也不再承担法律上的责任。《行政处罚法》第36条规定：“违法行为在二年内未被发现的，不再给予行政处罚。涉及公民生命健康安全、金融安全且有危害后果的，上述期限延长至5年。法律另有规定的除外。前款规定的期限，从违法行为发生之日起计算；违法行为有连续或者继续状态的，从行为终了之日起计算。”这一规定中的“法律”，是指形式上的法律，即全国人大及其常委会制定的法律或法律性文件。

参考案例7-3

袁某和易某于2002年5月从他人手中调进288.5千克稻种进行代销，同月被某镇政府以无证违法经营稻种为由处以7 913.1元的罚款（罚款收据于2003年1月才开出），所销稻种予以收回，袁某、易某不服某镇政府的行政处罚，于2004年6月向法院提起行政诉讼，法院于2004年7月22日作出行政判决，以某镇政府不具备农业行政执法主体资格为由，撤销了某镇政府的行政行为。2004年8月，某区农业局对袁某、易某作出行政处罚决定。袁某、易某不服某区农业局的行政处罚，向法院提起行政诉讼。本案的诉讼焦点之一是，区农业局作出的行政处罚决定是否已过两年的追诉时效的问题。

在本案中，由于镇政府不具有农业行政执法的主体资格，其对袁某、易某无证经营稻种的违法行为进行处罚，不符合法律规定，应予以撤销。但镇政府所作出的行政处罚被撤销，并不意味着有行政执法主体资格的区农业局对袁某、易某的违法行为不能再作出行政处罚，相反，具有行政执法主体资格的区农业局有权依照职权对这一违法行为作出行政处罚。同时本案中，应当因袁某、易某不服镇政府的行政处罚提出行政诉讼而适用时效中断的规定，从中断时起，两年的追诉时效应重新计算。所以，区农业局的行政处罚未超过两年的诉讼时效。

资料来源：农业局对销售假种子者作出的行政处罚是否已过追诉时效［EB/OL］．（2008－02－23）［2020－05－06］．http：//www.148com.com/html/650/105496.html.

（二）行政处罚适用的条件

行政处罚适用的条件包括前提条件、主体条件、对象条件和时效条件。

1. 前提条件

行政处罚适用的前提条件是行政违法行为的客观存在，至于行政违法行为的构成要件，只需要具备主体要件、客观要件即可，主观过错不是行政违法的构成要件。

2. 主体条件

行政处罚适用的主体条件，即行政处罚必须由享有法定的行政处罚权的适格主体实施。

3. 对象条件

行政处罚适用的对象条件，必须是违反行政管理秩序的公民、法人或者其他组织。

4. 时效条件

行政处罚适用的时效条件是指对行为人实施行政处罚，还需其违法行为未超过追究时效，超过法定的追究违法者责任的有效期限，则不得对违法者适用行政处罚。我国《行政处罚法》第36条规定：违法行为在2年内未被发现的，不再给予行政处罚。这是行政处罚适用的一般时效条件。

参考案例7－4

某市一社会团体没有向登记管理机关市民政局提出设立分支机构的申请，未经登记擅自设立其分支机构。该社会团体擅自设立的分支机构在社会上开展活动后，被市民政局发现。市民政局社会团体管理办公室经过调查取证，查明该社会团体确实存在擅自设立分支机构的违法事实后，作出责令改正的行政处理决定，并决定对其给予警告的行政处罚。该社会团体不服市民政局的行政处罚，向人民法院提起行政诉讼。法院经过审理查明，市民政局实施的行政处罚，事实清楚，证据确凿，适用法律正确，调查取证及作出处罚决定等程序合法，但行政处罚通知书、行政处罚决定书没有使用市民政局的印章，而是使用市民政局社会团体管理办公室的印章。对此，法院认为对该社会团体实施行政处罚的主体不适格，判决市民政局撤销对该社会团体实施警告这一行政处罚的行政行为，责令市民政局重新作出行政处罚的行政行为。

第五节　行政处罚的程序

《行政处罚法》规定的行政处罚的基本程序，是由行政处罚决定程序和行政处罚执行程序组成的。

一、行政处罚决定程序

行政处罚决定程序是整个行政处罚程序的关键环节，是保障正确实施行政处罚的前提

条件。

（一）一般规定

行政处罚决定程序的一般规定如下：

（1）行政处罚的实施机关、立案依据、实施程序和救济渠道等信息应当公示。

（2）公民、法人或者其他组织违反行政管理秩序的行为，依法应当给予行政处罚的，行政机关必须查明事实；违法事实不清、证据不足的，不得给予行政处罚。

（3）行政机关依照法律、行政法规规定利用电子技术监控设备收集、固定违法事实的，应当经过法制和技术审核，确保电子技术监控设备符合标准、设置合理、标志明显，设置地点应当向社会公布。电子技术监控设备记录违法事实应当真实、清晰、完整、准确。行政机关应当审核记录内容是否符合要求；未经审核或者经审核不符合要求的，不得作为行政处罚的证据。行政机关应当及时告知当事人违法事实，并采取信息化手段或者其他措施，为当事人查询、陈述和申辩提供便利。不得限制或者变相限制当事人享有的陈述权、申辩权。

（4）行政处罚应当由具有行政执法资格的执法人员实施。执法人员不得少于两人，法律另有规定的除外。执法人员应当文明执法，尊重和保护当事人合法权益。

（5）执法人员与案件有直接利害关系或者有其他关系可能影响公正执法的，应当回避。当事人认为执法人员与案件有直接利害关系或者有其他关系可能影响公正执法的，有权申请回避。当事人提出回避申请的，行政机关应当依法审查，由行政机关负责人决定。决定作出之前，不停止调查。

（6）行政机关在作出行政处罚决定之前，应当告知当事人拟作出的行政处罚内容及事实、理由、依据，并告知当事人依法享有的陈述、申辩、要求听证等权利。

（7）当事人有权进行陈述和申辩。行政机关必须充分听取当事人的意见，对当事人提出的事实、理由和证据，应当进行复核；当事人提出的事实、理由或者证据成立的，行政机关应当采纳。行政机关不得因当事人陈述、申辩而给予更重的处罚。

（8）证据包括：书证；物证；视听资料；电子数据；证人证言；当事人的陈述；鉴定意见；勘验笔录、现场笔录。证据必须经查证属实，方可作为认定案件事实的根据。以非法手段取得的证据，不得作为认定案件事实的根据。

（9）行政机关应当依法以文字、音像等形式，对行政处罚的启动、调查取证、审核、决定、送达、执行等进行全过程记录，归档保存。

（10）具有一定社会影响的行政处罚决定应当依法公开。公开的行政处罚决定被依法变更、撤销、确认违法或者确认无效的，行政机关应当在3日内撤回行政处罚决定信息并公开说明理由。

（11）发生重大传染病疫情等突发事件，为了控制、减轻和消除突发事件引起的社会危害，行政机关对违反突发事件应对措施的行为，依法快速、从重处罚。

（12）行政机关及其工作人员对实施行政处罚过程中知悉的国家秘密、商业秘密或者个人隐私，应当依法予以保密。

（二）简易程序

简易程序又称当场处罚程序，是指行政机关对于符合法定条件的行政处罚事项当场作出行政处罚决定的处罚程序。法律设置简易程序的目的，在于迅速、及时地处理比较轻微的行政违法行为，这是行政效率原则的要求。

1. 适用简易程序的条件

《行政处罚法》第51条规定：违法事实确凿并有法定依据，对公民处以200元以下、对法人或者其他组织处以3 000元以下罚款或者警告的行政处罚的，可以当场作出行政处罚决定。法律另有规定的，从其规定。这一规定确定了适用简易程序的条件，即相对人违法的事实确凿、有法定依据、较少数额的罚款或者警告的行政处罚。上述第三个方面的条件说明，只有警告或者较少数额罚款的案件才能适用简易程序。一般来说，行政机关只可能对轻微的行政违法行为处以警告或者小数额罚款的处罚。

2. 简易程序的处罚步骤

按照法律的规定，简易程序的处罚步骤可以分为以下几个方面：

（1）表明身份。即行政机关工作人员向接受处罚的相对人出示执法证件。《行政处罚法》第52条规定：执法人员当场作出行政处罚决定的，应当向当事人出示执法证件。相对人也有权要求行政机关工作人员出示有关证件，行政机关工作人员不出示的，相对人可以拒绝接受处罚。

（2）确认违法事实，说明处罚理由和处罚依据。相对人如果表示异议，工作人员应当在听取相对人的陈述或者辩解后，向相对人指出其违法的事实、处罚的法律依据和处罚的理由。这有利于相对人了解法律的规定，也有利于其接受行政处罚。

（3）制作并向相对人交付行政处罚决定书。按照规定，行政处罚决定书应当载明当事人的违法行为、行政处罚种类和依据、罚款数额、时间、地点以及行政机关名称，并由执法人员签名或者盖章。当事人拒绝签收的，应当在行政处罚决定书上注明。

（4）备案。《行政处罚法》第52条还规定：执法人员当场作出的行政处罚决定，必须报所属行政机关备案。当事人对当场作出的行政处罚决定不服的，可以依法申请行政复议或者提起行政诉讼。

参考案例7-5

郭某是运煤司机，一日运煤经过309国道某交通检查站时，执勤人员宋某（身着交通警察制服，佩戴执勤袖章）向郭某走过来，递给了郭某一张处罚决定书，说："交20块钱再走。"郭某接过处罚决定书，见上面印的内容是：根据有关规定，罚款20元。处罚决定书上盖有某省某市交通大队的印章。郭某对宋某说："为什么要罚我？"宋某说："你超载。"郭某辩称："我只拉半车煤，怎么就超载？"宋某不耐烦地说："让你交你就交，啰嗦什么。"郭某说："不说清楚，我就不交。"这时，宋某又递过一张处罚决定书，并说："就你这态度，再罚20元。"郭某怕争辩下去又要罚款，只好交了40元钱离去，宋某未出具收据。事后，郭某向有关机关投诉，经过法定程序，有关机关将40元钱退还给郭某，并对宋某滥用职权的行为追究责任。

（二）一般程序

行政处罚的一般程序又称普通程序，是指除了法律特别规定应当适用简易程序和听证程序的情况外，行政处罚通常所适用的程序。

一般程序规定的处罚步骤如下。

1. 立案

立案是行政处罚程序的开始。立案的条件是：行政机关通过对有关材料的审查，认为有行政违法行为的发生，且属于本部门管辖，以及不属于适用简易程序的案件。

2. 调查

立案后，行政机关应当对案件进行全面细致的调查取证。根据《行政处罚法》第 54 条的规定，行政机关必须全面、客观、公正地调查，收集有关证据；必要时，依照法律、法规的规定，行政机关还可以进行检查。

3. 决定

行政机关在对案件调查结束后，应当对调查结果进行审查，根据不同的情况作出处理。按照《行政处罚法》第 57 条的规定，调查终结，行政机关负责人应当对调查结果进行审查，根据不同情况，分别作出决定：确有应受行政处罚的违法行为的，根据情节轻重及具体情况，作出行政处罚决定；违法行为轻微，依法可以不予行政处罚的，不予行政处罚；违法事实不能成立的，不予行政处罚；违法行为已构成犯罪的，移送司法机关。对情节复杂或者重大违法行为给予行政处罚，行政机关的负责人应当集体讨论决定。有下列情形之一，在行政机关负责人作出行政处罚的决定之前，应当由从事行政处罚决定法制审核的人员进行法制审核；未经法制审核或者审核未通过的，不得作出决定：(1) 涉及重大公共利益的；(2) 直接关系当事人或者第三人重大权益，经过听证程序的；(3) 案件情况疑难复杂、涉及多个法律关系的；(4) 法律、法规规定应当进行法制审核的其他情形。行政机关中初次从事行政处罚决定法制审核的人员，应当通过国家统一法律职业资格考试取得法律职业资格。

4. 制作处罚决定书

处罚决定书应当载明法定的事项。按照《行政处罚法》第 59 条的规定，行政处罚决定书应当载明：当事人的姓名或者名称、地址；违反法律、法规或者规章的事实和证据；行政处罚的种类和依据；行政处罚的履行方式和期限；不服行政处罚决定，申请行政复议或者提起行政诉讼的途径和期限；作出行政处罚决定的行政机关名称和作出决定的日期。另外，行政处罚决定书必须盖有作出行政处罚决定的行政机关的印章，否则视为无效。

5. 说明理由并告知权利

行政机关及其执法人员在作出行政处罚决定之前，未依法向当事人告知拟作出的行政处罚内容及事实、理由、依据，或者拒绝听取当事人的陈述、申辩，不得作出行政处罚决定；当事人明确放弃陈述或者申辩权利的除外。

6. 裁决和送达处罚决定书

在听取了相对人的陈述和申辩后，行政机关认为相对人的陈述和申辩没有事实和法律上的依据，处罚决定事实清楚，证据确凿，适用法律正确、合理的情况下，应当在立案之日起 90 日内作出正式的裁决，法律、法规、规章另有规定的，从其规定。行政处罚决定书应在宣告后当场交付当事人；不在场的，应在 7 日内依照民事诉讼法有关规定送达。

（三）听证程序

所谓听证程序，是指在行政机关作出行政处罚决定前，在非本案调查人员主持下，举行有本案的调查人员和相对人参加的、供相对人陈述并与调查人员进行辩论的程序。听证的目的在于在行政处罚决定作出前，广泛地听取有关各方的意见，避免作出违法或者不当的处罚决定。

1. 听证程序的适用条件

并非所有的行政处罚决定都要适用听证的程序。为了保障行政效率，《行政处罚法》具体规定了听证程序的适用条件。《行政处罚法》第 63 条规定：行政机关拟作出下列行政处罚决定，应当告知当事人有要求听证的权利，当事人要求听证的，行政机关应当组织听证：（1）较大数额罚款；（2）没收较大数额违法所得、没收较大价值非法财物；（3）降低资质等级、吊销许可证件；（4）责令停产停业、责令关闭、限制从业；（5）其他较重的行政处罚；（6）法律、法规、规章规定的其他情形。

这一规定确定了适用听证程序的实质条件与形式条件。实质条件是：听证程序只适用于行政机关作出责令停产停业、吊销许可证或者执照、较大数额罚款等较为严厉的行政处罚决定的场合。行政机关作出的其他行政处罚决定不适用听证程序。形式条件是：相对人提出听证的申请。相对人如果不提出举行听证的申请，即使案件属于实体上应当举行听证程序的处罚案件，行政机关也没有举行听证的义务。按照法律的规定，相对人提出请求是举行听证的充分条件。换句话讲，行政机关在相对人提出请求后并没有自由裁量的权力，只能按照相对人的请求依法举行听证。

2. 听证程序的具体环节

（1）相对人申请。相对人要求举行听证的，应当在行政机关告知后 5 日内提出。

（2）行政机关通知。行政机关应当在听证的 7 日前通知当事人及有关人员举行听证的时间、地点。

（3）确定听证的形式。除涉及国家秘密、商业秘密或者个人隐私外，听证公开举行。

（4）确定听证的主持人与参与人。听证由行政机关指定的非本案调查人员主持，相对人认为主持人与本案有直接利害关系的，有权申请回避，相对人可以亲自参加听证，也可以委托一至两名代理人参加。

（5）实行听证辩论程序。举行听证时，调查人员提出当事人违法的事实、证据和行政处罚建议，当事人进行申辩和质证。

（6）制作听证笔录。听证应当制作笔录，笔录应当交当事人或其代理人审核无误后签字或者盖章。

（7）关于听证费用。相对人不承担行政机关组织听证的费用。

听证结束后，行政机关应当根据听证笔录，依照《行政处罚法》第 57 条关于一般程序的规定，作出决定。

参考案例 7-6

2003 年 12 月 20 日，原告何伯琼之夫黄泽富与四川省金堂县图书馆联办多媒体电子阅览室。经双方协商，由黄泽富出资金和场地，每年向金堂县图书馆缴管理费 2 400 元。2004 年 4 月 2 日，黄泽富以其子何熠的名义开通了 ADSL84992722（期限到 2005 年 6 月 30 日），在金堂县赵镇桔园路一门面房挂牌开业。4 月中旬，金堂县文体广电局市场科以整顿网吧为由要求其停办。经金堂县图书馆与黄泽富协商，金堂县图书馆于 5 月中旬退还黄泽富 2 400 元管理费，摘除了“金堂县图书馆多媒体电子阅览室”的牌子。2005 年 6 月 2 日，金堂县工商局会同金堂县文体广电局、金堂县公安局对原告金堂县赵镇桔园路门面房进行检查时发现，金堂实验中学初一学生叶某、杨某、郑某和数名成年人在上网打游戏。原告未能出示网络文化经营许可证和营业执照。金堂县工商局按照《互联网上网服务

营业场所管理条例》第27条“擅自设立互联网上网服务营业场所，或者擅自从事互联网上网服务经营活动的，由工商行政管理部门或者由工商行政管理部门会同公安机关依法予以取缔，查封其从事违法经营活动的场所，扣押从事违法经营活动的专用工具、设备”的规定，以成工商金堂扣字〔2005〕第02747号《扣留财物通知书》决定扣留原告的32台电脑主机。何伯琼对该扣押行为及扣押电脑主机数量有异议，遂诉至法院，认为实际扣押了其33台电脑主机，并请求撤销该《扣留财物通知书》。2005年10月8日金堂县人民法院作出〔2005〕金堂行初字第13号《行政判决书》，维持了成工商金堂扣字〔2005〕第02747号《扣留财物通知书》，但同时确认金堂县工商局扣押了何伯琼33台电脑主机。同年10月12日，金堂县工商局以原告的行为违反了《互联网上网服务营业场所管理条例》第7条、第27条的规定作出了成工商金堂处字〔2005〕第02026号《行政处罚决定书》，决定“没收在何伯琼商业楼扣留的从事违法经营活动的电脑主机32台”。

法院生效裁判认为：《行政处罚法》第42条规定：“行政机关作出责令停产停业、吊销许可证或者执照、较大数额罚款等行政处罚决定之前，应当告知当事人有要求举行听证的权利。”虽然该条规定没有明确列举“没收财产”，但是该条中的“等”系不完全列举，应当包括与明文列举的“责令停产停业、吊销许可证或者执照、较大数额罚款”类似的其他对相对人权益产生较大影响的行政处罚。为了保证行政相对人充分行使陈述权和申辩权，保障行政处罚决定的合法性和合理性，对没收较大数额财产的行政处罚，也应当根据《行政处罚法》第42条的规定适用听证程序。关于没收较大数额的财产标准，应比照《四川省行政处罚听证程序暂行规定》第3条“本规定所称较大数额的罚款，是指对非经营活动中的违法行为处以1 000元以上，对经营活动中的违法行为处以20 000元以上罚款”中对罚款数额的规定。因此，金堂县工商局没收黄泽富等三人32台电脑主机的行政处罚决定，应属没收较大数额的财产，对黄泽富等三人的利益产生重大影响的行为，金堂县工商局在作出行政处罚前应当告知被处罚人有要求听证的权利。本案中，金堂县工商局在作出处罚决定前只按照行政处罚一般程序告知黄泽富等三人有陈述、申辩的权利，而没有告知听证权利，违反了法定程序，依法应予以撤销。

资料来源：最高人民法院第二批指导性案例，2012年4月9日发布．

二、行政处罚执行程序

行政处罚的执行程序，是指在行政机关作出行政处罚决定后，有关的国家机关得以使相对人履行处罚决定确立的义务的一种程序。《行政处罚法》规定了行政处罚执行程序的原则和具体内容。

（一）行政处罚执行程序的原则

1. 行政处罚不因复议或者诉讼停止原则

《行政处罚法》第73条规定：当事人对行政处罚决定不服申请行政复议或者提起行政诉讼的，行政处罚不停止执行，法律另有规定的除外。行政处罚不因行政复议或者行政诉讼而停止，这是行政处罚行政行为具有法律上的“公定力”的重要体现。所谓行政行为的“公定力”，是指行政行为一经作出，不论是否合法，即具有被推定为合法而要求所有机关、组织或者个人予以遵守的一种法律效力。这就是说，行政机关依据法定程序作出的行政处罚，除非明显、重大违法，在未经过法定程序经由法定机关宣告无效之前，都应当被推定具有法律上的效力，类似于刑法上的无罪推定。

《行政处罚法》第73条规定的“法律另有规定的除外”中的“法律”，在目前主要是指《行政复议法》和《行政诉讼法》。《行政诉讼法》第56条规定：诉讼期间，不停止行政行为的执行。但有下列情形之一的，裁定停止执行：（1）被告认为需要停止执行的；（2）原告或者利害关系人申请停止执行，人民法院认为该行政行为的执行会造成难以弥补的损失，并且停止执行不损害国家利益、社会公共利益的；（3）人民法院认为该行政行为的执行会给国家利益、社会公共利益造成重大损害的；（4）法律、法规规定停止执行的。当事人对停止执行或者不停止执行的裁定不服的，可以申请复议一次。当事人对限制人身自由的行政处罚决定不服，申请行政复议或者提起行政诉讼的，可以向作出决定的机关提出暂缓执行申请。符合法律规定情形的，应当暂缓执行。

2. 罚缴分离原则

《行政处罚法》第67条规定：作出罚款决定的行政机关应当与收缴罚款的机构分离。这一原则的确立，对于行政机关受利益驱动滥罚款的现象是一个有效的遏制。该条还规定：除按照该法第68条、第69条的规定当场收缴的罚款外，作出行政处罚决定的行政机关及其执法人员不得自行收缴罚款；当事人应当自收到行政处罚决定书之日起15日内，到指定的银行或者通过电子支付系统缴纳罚款；银行应当收受罚款，并将罚款直接上缴国库。

（二）行政处罚程序的具体内容

1. 专门机构收缴罚款

罚款机关与收缴罚款机关分离原则并不意味着所有的罚款都由专门机关收缴。考虑到行政效率的要求，按照《行政处罚法》第68条的规定，行政机关依法当场作出行政处罚决定，有下列情形之一的，执法人员可以当场收缴罚款：（1）依法给予100元以下的罚款的；（2）不当场收缴事后难以执行的。此外，《行政处罚法》第69条还规定，在边远、水上、交通不便地区，行政机关及其执法人员依法作出罚款决定后，当事人向指定的银行或者通过电子支付系统缴纳罚款确有困难，经当事人提出，行政机关及其执法人员可以当场收缴罚款。

2. 当场收缴罚款

当场收缴罚款的程序是：行政机关及其执法人员当场收缴罚款的，必须向当事人出具国务院财政部门或者省、自治区、直辖市财政部门统一制发的专用票据；不出具财政部门统一制发的专用票据的，当事人有权拒绝缴纳罚款。执法人员当场收缴的罚款，应当自收缴罚款之日起2日内，交至行政机关；在水上当场收缴的罚款，应当自抵岸之日起2日内交至行政机关；行政机关应当在2日内将罚款缴付指定的银行。

3. 强制执行

《行政处罚法》规定了以下几种强制执行程序：

（1）执行罚。相对人到期不缴纳罚款的，每日按罚款数额的3%加处罚款，加处罚款的数额不得超出罚款的数额。

（2）行政机关可以根据法律的规定，将查封、扣押的财物拍卖、依法处理或者将冻结的存款、汇款划拨抵缴罚款。

（3）根据法律规定，采取其他行政强制执行方式。

（4）申请人民法院强制执行。强制执行针对的对象是那些有能力履行处罚决定而故意拖延不履行的相对人，对于当事人确有经济困难，需要延期或者分期缴纳罚款的，经行政机关批准，申请法院强制执行的期限，自暂缓或者分期缴纳罚款期限结束之日起计算。

【引例分析】

行政机关决定对相对人处以行政处罚时，需要满足以下条件：

1. 处罚主体合法

处罚主体合法的具体表现为：

（1）在行政处罚的设定方面，设定处罚的主体符合法律规定，即只有全国人大及其常委会、国务院、一定级别以上的地方人大及其常委会、国务院各部委及其直属机构、一定级别以上的地方人民政府才有权设定行政处罚的形式。

（2）在行政处罚的具体实施方面，实施主体是法定的，即只有法律法规规定或授权的行政机关或组织才有权实施行政处罚，其他任何机关、社会团体、个人均无权实施行政处罚。

2. 处罚依据合法

行政机关对公民、法人或者其他组织实施行政处罚必须要有法律依据，否则，不得实施行政处罚。本案中主要是依据《治安管理处罚法》第 26 条之规定进行判断。

3. 处罚程序合法

合法的行政处罚程序指法定程序，包括决定、适用和执行程序。本案主要涉及依据《治安管理处罚法》第 99 条的规定，对当地派出所及县公安局在作出行政处罚决定过程中的程序合法问题进行判断。

综上可见，该县公安局对崔某的行政处罚决定是符合法律规定的。

资料来源：胡锦光．行政法案例分析［M］．3 版．北京：中国人民大学出版社，2010：76；国家法官学院，中国人民大学法学院．中国审判案例要览：2010 年行政审判案例卷［M］．北京：中国人民大学出版社，2011：281.

【本章小结】

行政处罚的基本原则，是指对行政处罚的设定和实施具有普遍指导意义的准则。行政处罚法确立了处罚法定；公正、公开；处罚与教育相结合；保护当事人合法权益；不免除民事责任、不取代刑事责任等原则。

行政处罚设定权属于立法权范畴，是指通过立法规定出现何种情况、在何种条件下应予何种处罚的权力。行政处罚的设定，应当由法律、行政法规及《行政处罚法》规定的国家机关在职权范围内依法规定。

行政处罚的实施机关有一般行政机关、综合执法机关、法律法规授权组织、受委托组织等。

行政处罚的管辖是指各行政主体之间进行行政处罚时在事务、地域和层级方面的分工。其主要有级别管辖、地域管辖、职能管辖、指定管辖以及移送管辖。

行政处罚的适用或称行政处罚的实施，是指行政主体依法认定违法行为，并决定是否给予行为人处罚和如何处罚的活动。

行政处罚决定程序是整个行政处罚程序的关键环节，是保障正确实施行政处罚的前提条件。它可分为简易程序、一般程序和听证程序三类。行政处罚执行程序是指有关国家机关对违法者执行行政处罚决定的程序，是行政处罚决定的实现阶段。

【练习题】

1. 名词解释

行政处罚　行政处罚设定权　简易程序　罚缴分离

2. 思考题

（1）简述行政处罚的概念与特征。

（2）行政处罚与行政处分的区别有哪些？

（3）行政处罚的原则有哪些？

（4）行政处罚的种类有哪些？

（5）行政处罚的设定有哪些种类？

（6）行政处罚适用的条件是什么？

（7）行政处罚的管辖有哪些种类？

（8）行政处罚的程序有哪些？

（9）行政处罚简易程序适用的条件有哪些？

（10）行政处罚听证程序适用的条件有哪些？

3. 案例分析题

2008年4月21日13时左右，原告张伟驾驶车牌号为浙KJ3655的五菱面包车（无出租汽车营运证件）在金山区亭枫公路兴新路口，接载两名乘客，并约定按每千米2元的价格将其载到金山区朱泾镇建设村。当车辆行驶至朱泾达威时装有限公司门口时，被被告上海市金山区城市交通行政执法大队的执法人员查获。同日，被告对该案予以立案，扣押了涉案车辆。被告向原告送达了《行政处罚事先告知书》后，于2008年5月6日作出了对原告处以10 000元罚款的行政处罚决定。原告在交纳了10 000元罚款后，对该行政处罚决定不服，于是向法院提起了行政诉讼。

问题：

本案中的被告对原告作出的行政处罚是否存在法律依据？

分析要点提示：

依法行政是行政法的基本原则，因此行政执法机关在作出行政处罚决定时，也必须恪守依法行政原则，具体表现为处罚法定原则，处罚的主体法定，必须是法定有权机关；处罚的依据法定；处罚的程序法定。

在本案中，首先根据《上海市出租汽车管理条例》第4条之规定，被告具有在本行政区域内负责具体实施出租汽车客运监督检查工作的职权。

其次，关于执法程序，被告根据现场检查的情况，经过内部立案审批、案件处理审批，告知了原告给予行政处罚的事实、理由和依据，告知了原告有陈述和申辩的权利，作出被诉行政处罚决定，符合《中华人民共和国行政处罚法》的有关规定，执法程序合法。

再次，关于事实认定，依据现场检查笔录和对证人的询问笔录，可以确认原告从事了起点和终点在本市行政区域内的出租汽车经营活动的事实。从现场检查笔录和证人询问笔录来看，原告已与乘客约定好车资，无论原告是否已实际收取该约定的车资，均不影响对原告从事非法营运的定性。

最后，关于法律适用，被告认定原告之行为违反了《上海市出租汽车管理条例》第14条第4款之规定，依据《上海市出租汽车管理条例》第49条第1款之规定，作出被诉行政处罚决定，并无不当。

综上，被告作出被诉行政处罚决定，具有相应的职权依据，事实认定具有相应的证据，执法程序合法，适用法律、法规并无不当，依法应予维持。

资料来源：张伟诉交通大队行政处罚纠纷案［EB/OL］.［2020-05-06］. http：//s. yingle. com/w/xz/206523. html.

第八章　行政程序

【本章引例】

A公司经申请审批取得企业建设用地一块，位于漳浦县旧镇林美村，核准建设用地面积18 783m²。2001年5月14日，漳浦县国土资源局颁发〔2001〕浦土用字第G031号建设用地批准书，次日该批准书由旧镇镇政府委派协助外商企业办理征用地手续的干部杨某代为领取，后转给A公司的隐名投资人林某。2007年5月31日，A公司向漳浦县人民法院提起行政诉讼，认为漳浦县国土资源局颁证行政程序存在违法，请求人民法院依法撤销〔2001〕浦土用字第G031号建设用地批准书。

资料来源：林振通. 国土资源局向建设单位颁证时由他人代领 程序是否违法？[EB/OL]. (2009-01-06)[2020-05-06]. https://www.chinacourt.org/article/detail/2009/01/id/339744.shtml.

【本章学习目标】

通过本章的学习，你应该能够：

(1) 了解行政程序的概念与分类。
(2) 明确行政程序的基本原则。
(3) 掌握行政程序的基本制度。

第一节　行政程序的概念、分类和意义

一、行政程序的概念

行政程序是指行政主体在行使行政职权、实施行政管理活动过程中所应遵循的方式、步骤、次序以及时限的总和。

二、行政程序的分类

行政程序常见的分类大致包括以下几种。

(一) 内部行政程序与外部行政程序

这是以行政程序的适用范围为标准所作的分类。所谓内部行政程序，是指行政机关在

内部管理中所采用的程序。凡是基于上下级行政机关的领导监督关系或对等行政机关的协调关系而实施有关行为所遵循的程序都属于内部行政程序，如行政机构的设置、工作人员的调配程序、行政机关内部的监督、上下级的信息沟通及反馈程序等。所谓外部行政程序，是指行政机关在对外管理中所适用的程序，即行政机关与行政相对方基于行政管理关系而实施有关行为所遵循的程序，如行政强制程序、行政处罚程序等。外部行政程序一般与行政相对方的权利与义务密切相关。内部行政程序与外部行政程序的区分不是绝对的，它们常常紧密联系，相互交织，有时还可以互相转换。

（二）法定程序和裁量程序

行政程序以是否由法律加以明确规定为标准分为法定程序和裁量程序。所谓法定程序，是指由法律加以明确规定，行政机关必须严格遵守的程序。行政机关实施行政行为时，违反法定程序将导致该行为被撤销。所谓裁量程序，是指行政机关在进行管理、实施行政行为时可以在法定范围内选择适用的程序。裁量程序的存在是由行政管理的多样性、客观情况的复杂性所决定的。法定程序与裁量程序的区分同样不是绝对的，根据管理的需要和民主、效率的要求，两种程序可以相互转化。

（三）事前行政程序和事后行政程序

这是以行政程序适用的时间为标准所作的分类。所谓事前行政程序，是指行政行为实施前或实施过程中应遵循的程序，如行政处理决定过程中的调查程序、行政立法过程中的征求意见程序等。所谓事后行政程序，是指行政行为实施后，为确定其行为的合法性与正当性以及纠正违法、不当行为而适用的程序，如给予受害相对方补救的行政救济程序等。无论是事前行政程序还是事后行政程序，其目的都在于保障行政相对方的合法权益，监督控制行政权力。

（四）行政立法程序、行政执法程序和行政司法程序

这是以行政程序适用于不同的行政职能为标准所作的分类。国家行政机关具有行政立法、行政执法和行政司法的职能，这些不同类型的行政行为都必然要有与其相应的行政程序。行政立法程序是指行政机关制定行政法律规范所适用的程序。行政执法程序是指行政机关及其工作人员依法行使行政职能，实施行政行为所适用的程序，包括行政决定程序、行政强制程序、行政处罚程序等，是行政程序的主要构成部分。行政司法程序是指行政机关以公断人的身份裁决行政主体与行政相对方的行政争议以及平等主体间民事争议所适用的程序，此种程序类似于人民法院处理争讼案件的程序，也被称为“准司法程序”。

三、行政程序的意义

行政程序充分体现了行政权在实施过程中的个性特点，体现了行政程序对民主和效率的双重保护功能，以及行政程序在行政权和公民权之间的平衡和协调作用。行政程序作为一个统一的有机整体，其每一环节、步骤和方法固然可以在保障民主和保障效率方面有所侧重，但却不可能脱离行政程序的整体功能而仅仅是绝对保障公平。

行政程序具有以下几个方面的意义。

（一）行政程序可以确保行政权的有效行使

在行使行政权的过程中，实体法律的意义仅仅在于确认法律上行政权的存在，确定其必备的要件，但如何确认行政相对人的行为事实，则必须通过设定法定程序来实现。由于

行政权的运用最终离不开人的因素，离不开行政人员的主观意志，因此，要避开其可能出现的偏差，必须由法律为行政主体设定轨道，对行政主体行使行政权的每一个环节都加以规范，从而使行政行为的实施结果与法定结果协调统一。

（二）通过行政相对人的民主参与，扩大公民行使参政权的途径，确保公民民主权利实现

行政行为由行政主体的单方意志支配，这是形成行政行为专横、滥用权力的重要条件之一，也是引起行政争议的重要原因。因此，赋予行政相对人在行政程序中的参与权利，建立与健全行政程序中的行政相对人参与机制，是防止行政专横和滥用职权、减少行政争议的有效途径。随着建设社会主义法治国家进程的加快，公民作为国家权力的主体，无论是形式上还是实质上，都要求更多地参与国家的管理活动，尤其是对直接涉及本人利益的行政行为，表现出强烈的参与欲望。行政程序不仅实现了行政相对人对行政行为的有效监督，而且达到及时保护其合法权益的目的。在行政程序中的听证制度，就是保证公民直接参与行政行为的重要制度。

（三）从程序上保证行政相对人的合法权益

行政相对人的程序权益和实体权益是紧密联系在一起的。程序权益是实现实体权益的前提和基础；离开了程序权益的法律保护，实体权益也就难以完全实现。如果不从法律程序上对行政权行使的前提及过程进行规范，那么，便无从判定实体意义上行政权的行使是否合法，也无从补救行政相对人的权益。

（四）提高行政效率

行政程序为行政权的运行设定了必要的方式、步骤，并且具有明确的期间限制。前者不可消减，否则会欲速而不达，背离行政目的，减损行政效能；后者更是不可怠慢，否则会影响行政效率。行政程序的一系列制度，也为行政效率的实现提供了保障，主要表现有：一是时效制度，是指行政主体在法定期限内不作为，待法定期限届满后即产生相应不利的法律后果；二是代理制度，是指行政主体不履行或无法履行法定义务时，依法由他人代而为之；三是不停止执行制度，是指行政相对人因不服行政决定而提起申诉后，除法律规定的情形外，行政决定必须执行；四是紧急处置制度，是指行政机关在某些法定的特殊情况下，可以省略某些程序而采取紧急措施的制度。为了提高行政效率，一些国家还设立了代行职务制度、委托制度、排除行政障碍制度、受理证制度、职务协调制度、行政决定转换与补正制度、催促制度等。

第二节　行政程序的基本原则

行政程序的基本原则是指贯穿于所有行政程序法规范的基本准则和内在精神。一般情况下，行政程序的基本原则应包括行政民主原则、行政法治原则、行政公平原则、行政效率原则、行政公开原则、行政公正原则等。

一、行政民主原则

行政民主原则，是指行政程序必须贯穿民主精神，体现民主意志，符合民主要求。行政民主原则要求行政程序的内容更注重于行政民主化和对公民民主权利的保障。必须从保障公民民主的角度出发，通过对行政主体职责、权限、行为方式的规范，对行政权的运行进行控制、监督。

二、行政法治原则

行政法治原则，是指行政程序必须贯穿法治精神，实行依法行政。行政法治原则是中国行政程序的基本原则，也是中国行政程序法的基本原则，它是法治原则在行政程序领域的具体运用，是依法行政的具体体现。

三、行政公平原则

行政公平原则，是指行政机关在实施行政行为时要在程序上平等对待行政相对人，排除各种可能造成不平等或偏见的因素。行政公平原则是现代行政程序最基本的原则，是行政程序民主化的必然要求。

四、行政效率原则

行政效率原则，是指为了保证行政活动的高效率，行政程序的各个环节应当有时间上的限制。另外，对行政行为顺序的要求也是行政效率原则的一个重要内容。

行政效率是行政管理活动的生命，没有一定的行政效率，则无法实现行政管理目的，但过分强调效率，又会影响行政程序的民主公正性，因此，正当的行政程序应兼顾效率与公正，尽可能地使效率与公正平衡协调，在提高行政效率时不违反公平原则，不损害行政相对人的合法权益。效率原则是行政程序时间性的另一表现，时限的规定正是为了提高行政效率。另外，行政行为的标准化、格式化，也有利于行政效率的提高。

五、行政公开原则

行政公开原则，是指对重要的行政行为，与公民权利义务直接相关的行政行为，要通过一定的行政程序让公民了解。行政公开原则实际上是行政程序的特有原则，也是行政程序区别于行政实体法的根本标志。这些行政行为主要是指制定行政规范，作出行政处理决定和处罚决定，实施强制执行等行为。公开原则是政府活动公开化在行政程序上的具体化，是公民参政权的延伸。行政行为通过一定程序予以公开，将提高公民对行政机关的信任度，使公民能够监督行政机关及其工作人员是否依法行政，从而帮助行政机关克服官僚主义，同时也保障了公民对政府工作的了解权。

参考案例8-1

2004年5月10日，董某向徐汇区房管局申请查阅一处房屋的产权登记历史资料。董某查阅房屋产权登记历史资料的目的在于获取该房屋历史上属于自己而只是由于特殊原因被他人占用的证据，从而为自己的民事诉讼提供充足证据。董某称“该处房屋由其父于1947年以240两黄金从法商中国建业地产公司购买，自1947年9月1日起至1968年7月16日董某一家实际居住在该房屋”。针对董某的查阅请求，徐汇区房管局作出书面回复：“因该处房屋原属外产，已由国家接管，董某不是产权人，故不能提供查阅。”因对徐汇区房管局拒绝公开行为不服，董某向徐汇区人民法院提起行政诉讼，要求法院判令被告履行信息公开义务。

董某提起诉讼的理由是：根据《上海市政府信息公开规定》，政府信息公开工作应以公开为原则，不公开为例外；除法律明文规定可以免除公开的信息，其余政府信息应该按规定公开。而徐汇区房管局没有法律依据，拒绝公开她要求查询的信息，违反了《上海市政府信息公开规定》的规定，因为该规章确定了任何人可以请求查阅政府信息的请求公开制度。

六、行政公正原则

行政公正原则，是指行政主体在实施行政行为过程中，在程序上要公正、平等地对待各方当事人，排除各种可能不平等或不公正的因素。

第三节 行政程序的基本制度

一、行政程序公正原则的保障制度

行政程序公正原则，意味着听取当事人的意见，在程序上平等对待当事人，排除各种各样可能造成不平等或者偏见的因素。行政程序公正原则通过回避制度、合议制度、听证制度等一系列客观制度来保障。

（一）回避制度

回避制度来源于普通法上的自然公正原理，这一原理要求“任何人都不得在与自己有关的案件中担任法官”。当程序活动的主持者和裁判者受到或看起来受到某种直接或间接利益的影响，或者对程序活动中的法律、事实和当事人存在偏见时，这样的裁判者对该具体的程序活动来说就是不合格的，他们应当回避，当事人也有权提出回避申请。

利害关系人必须回避，这已是各国普遍采用的一项法律原则，并且大多数国家在实际制度中尽力奉行。在行政程序中，同行政相对人或者行政事项有利害关系的公务员必须避免参与有关行政行为，以确保行政行为形式上的公正性。回避制度有助于消除人们对行政方面“官官相护”的顾虑，改善行政主体和行政相对人的关系，有助于避免将不相关的因素带入行政决定之中，或者将重要的因素排除在行政决定之外，为行政主体公正、合理地作出行政决定提供前提条件。

参考案例8-2

本案原告某电子科技公司与本案被告某质量技术监督局签订了一份《安装工程施工合同》，合同约定，原告负责为被告办公楼安装局域网，工程造价为88 000元，承包方式为包工包料。合同签订后，原告即着手进行工程安装。施工中，被告对工程材料质量进行监督检查，后以工程材料系假冒产品为由，对原告作出行政处罚决定，责令其停止销售，没收违法销售的假冒产品，并处罚款93 263元，没收违法所得17 220元。原告某电子科技公司不服处罚，向某市人民法院提起行政诉讼，请求法院判决撤销被告作出的行政处罚决定。法院经审理认为，《行政处罚法》（修改前）第37条第3款规定的回避对象，不仅适用于行政执法人员，而且适用于行政执法单位。被告在查处本案过程中，因其与原告有法律上的直接利害关系，依法应当回避而没有自行回避，违反了法定程序，依法判决撤销被告所作出的行政处罚决定。

资料来源：刘德生．执法回避也应适用于行政执法单位［EB/OL］．（2008-05-26）［2020-05-06］．http：//www.cqn.com.cn/news/cpkkxbg/210199.html.

（二）合议制度

合议制度，是指行政机关对于某些重大的问题，特别是专业性强、技术性要求较高的事务，或者公共性强的问题，应由若干公务员组成一定的会议或委员会，采取少数服从多数的原则作出行政决定或裁决的制度。

行政的层级性，决定了行政首长负责制更有利于行政事务的有效推行。但是，对于某些重大问题，特别是有关专业性强、技术性要求高的事务，或者公共性极强的问题，为了避免偏见和个人主观臆断，应由若干公务员组成一定的会议或委员会，以合议的形式作出行政行为。只有这样才能确保行政决定实际上的公正性、合理性。实行这一制度时，合议组织必须首先取得独立的、不受干涉的行政决定权。合议采取民主集中制，决定或裁决必须取得半数以上的多数成员同意方可生效。决议一般以公开投票的方式进行，合议组织成员对自己的投票可以陈述或不陈述理由。

（三）听证制度

行政听证的实质是行政相对人就行政主体的不利处分进行答辩防御。从法律程序的角度来看，这是体现程序的形式公正的最基本的要求。在现代社会国家，为了确保行政相对人能够切实参与行政过程，防止行政权的独断专横，保障公民的合法权益，世界各国普遍在行政法领域广泛运用辩论和听证程序，许多发达国家都建立了辩论和听证的法律制度。行政机关必须充分听取当事人的意见，对当事人提出的事实、理由和证据，应当进行复核，采纳其正确者，摒弃其不正确者，并说明理由。陈述和申辩制度有利于澄清事实，促使行政机关注意以事实为根据，以法律为准绳，依法合理地行使行政权，减少和避免失误。

行政听证分为正式听证和非正式听证。正式听证模仿司法程序，由听证主持人居中主持，行政主体和行政相对人处于两造对抗的态势，在听证过程中，行政相对人可以是委托代理人，可以陈述意见、提出证据、对质证人等。

一般来说，听证程序由如下基本步骤构成：

（1）通知。这是指行政主体在举行听证前将有关听证的事项告知相对人。通知是听证必不可少的程序，它是相对人获得听证权的一种首要的程序保障。它包括应将听证的内容以及有关事项告知相对人，如举行听证的时间、地点，听证所涉及的事实问题和法律问题等，以及采取适当的方式将通知及时送达受通知人，比如可通过公告、面告、邮寄的方式及时、迅速地将通知送达受通知人。

（2）举行听证。它是相对人向行政机关陈述意思、递交证据和行政机关听取意见及接纳证据的过程。听证活动由听证主持人主持进行，双方当事人可以相互辩论、质证，提出有关证据，提出回避，听从听证主持人的决定。

（3）听证笔录。听证笔录具有约束行政行为的法律效力，也就是说，经过听证之后的行政决定必须以听证笔录所记载的结论作为结论，因为这个结论具有“真理一致性”。

（四）禁止单方接触制度

行政机关处理两个以上相对人具有相互排斥利益的事项，或者裁决某些民事争议时，在作出决定或裁决前，不能在一方当事人不在场的情况下与另一方当事人单独接触，听取其陈述，接受其证据材料等。这是现代行政程序法上的一条重要规则。其目的在于避免偏袒或不公正交易的嫌疑，使行政决定或裁决不仅在实体内容上具有公正性，而且在程序上、外观上也充分显示公平、公正和正义。这种原则的确立及在实际行政过程中的贯彻实施，对于防止滥用职权和暗箱操作等，具有极其重大的意义。

（五）职能分离制度

程序结构上的职能分离有两个层次：一是完全的职能分离，即把调查职能、审理职能和裁决职能完全分开，由相互独立的机构行使；二是内部的职能分离，指行政机关的调查、听证和裁决职能由不同的实际工作人员行使。职能分离的重要目的在于避免裁判者在作出决定之前就形成了“成见”，从而影响程序中立。假如制作裁决的主体与主持调查的主体是合一的，可能在决定正式作出之前他就有了自己的结论；在听证和决定的制作时可能就很难接受与自己观点相反的意见，因而也就难以客观、全面地作出裁决。换言之，由于受到调查阶段有关信息的影响，裁判者作出决定时的独立性会受到质疑。此外，调查与裁决的功能混合，还可能导致裁判者“成为自己案件的法官”这种情形，因为从逻辑上讲，裁判者总是会极力维护自己在调查阶段形成的“确信”。上述情况都会影响程序活动的过程和结果的公正性。同理，规则的设定权、实施权以及相应的裁决权的混合也可能产生类似的影响。

二、相对人参与原则的保障制度

通过相对人参与，行政权的行使便增强了可接受性，有利于创造一种政府和民众共同治理的新秩序，因而其程序容易获得一种正当性。在行政程序法层面，相对人参与的原则同样应当全面贯彻和坚持，但是，从程序制度的架构来看，一般是通过以下四个方面得以贯彻和实现的。

（一）表明身份的制度

法治行政的原理要求行政权的行使必须符合法定的权限、范围、程序和条件，而程序正当原则要求将作出行政行为的全过程予以公开，在适当的阶段赋予相对人以参与的机会。行政行为具有公定力、拘束力和执行力，其前提条件就是作出行政行为的主体是行政主体。换言之，行政权的行使主体必须具有法定的权限，因此，行政主体在实施行政行为时，要通过一定的方式向行政相对人表明自己的身份，包括配有明显标志或者出示证件，以便行政相对人判断其是否拥有相应的权限，是否有必要予以服从。这种制度是程序公正原则的重要组成部分，更是相对人参与的一个先决条件。

（二）告知制度

告知，是指行政主体应将与其具有利害关系的行政决定告知行政程序的当事人。依照其时间和作用，大致包括以下两类。

1. 预先告知

预先告知是指行政主体在作出行政决定之前将有关事实、理由和法律依据告知行政相对人和利害关系人。我国《行政处罚法》第 44 条规定：行政机关在作出行政处罚决定之前，应当告知当事人拟作出行政处罚内容及事实、理由、依据，并告知当事人依法享有陈述、申辩、要求公证等权利。预先告知的作用在于促使当事人及时采取程序行为，例如陈述意见、申请听证等。

2. 事后告知

事后告知是指行政主体将已经作出的行政决定告知行政相对人和利害关系人。事后告知的功能，一是使行政相对人明白行政决定的内容，并依照告知的内容对其发生效力；二是使行政相对人能够通过行政诉讼来维护其自身权益。

（三）陈述申辩制度

行政主体进行行政立法活动，或者作出行政处理决定，都必须进行全面、客观、公正的调查工作。调查程序的全面、客观、公正性，要求广泛听取各方面、各阶层的意见，尤其是充分听取和尊重行政相对人的意见。在参与型行政的制度安排中，作为行政过程中听取意见的制度，陈述、申辩程序和听证程序具有典型的代表意义。

在现代社会国家，为了确保行政相对人能够切实参与行政过程，防止行政权的独断专横，保障公民的合法权益，世界各国普遍在行政法领域广泛运用辩论和听证程序，许多发达国家都建立了辩论和听证的法律制度。《行政处罚法》和《行政许可法》都确立了辩论和听证制度。行政行为影响到行政相对人的权益时，应该确保其有进行陈述和申辩的机会。行政机关必须充分听取当事人的意见，对当事人提出的事实、理由和证据，应当进行复核，采纳其正确者，摒弃其不正确者，并说明理由。陈述和申辩制度有利于澄清事实，促使行政机关注意以事实为根据，以法律为准绳，依法合理地行使行政权，减少和避免失误。

（四）说明理由制度

说明理由制度是针对行政主体一方设置的，与行政相对方所享有的陈述申辩制度相对应。说明理由是指在行政程序活动中，行政主体在作出对行政相对人合法权益产生不利影响的行政行为时，除法律有特别规定外，必须向行政相对人说明其作出该行政行为的事实因素、法律依据以及进行自由裁量所考虑的政策、公益等因素。

行政行为说明理由就内容而言，可以分为合法性理由和正当性理由。前者用于说明行政行为合法性的依据，如事实材料、法律规范；后者则是用于说明行政机关正当行使裁量权的依据，如政策形势、公共利益、惯例、公理等。

行政行为之所以需要说明理由，原因在于行政行为如果要对外发生法律效力，则必须通过程序论证说服行政相对人，因为在理性化和民主化的世界中，行政相对人不会接受未经论证的行政决定。因此，行政程序中的说明理由制度是行政主体就作出行政行为的依据所进行的一种主观法理上的论证、阐述，充分体现现代行政法治下行政行为之程序论证特点，经过说明理由，可以提高行政相对人对行政行为的可接受性程度。

三、效率原则的保障制度

没有一定的行政效率，就无法适应瞬息万变的行政需要，就无法实现行政管理的目的。效率性是行政活动区别于其他活动的重要特征之一。行政效率原则的具体贯彻和实现，大致包括以下三个方面的内容。

（一）时限、时效的制度

任何行政行为的作出必然要经过一定的时间，但时间应有一定的限制，并且与行政活动的特点和效率性相一致。换言之，任何行政行为都应该有期限的限制。

时效，是指一定的事实状态在经过一定的时间之后，便会依法发生一定法律效果的制度。不同的法律部门在时效的种类上存在差异。如民法上的时效，分为取得时效和消灭时效；刑法上的时效，分为追诉时效和行刑时效；行政法上的时效，则分为追究时效和执行时效。所谓行政法上的追究时效，是指行政主体对违法行为人依法追究法律责任应当遵循一定的期限（有效期限），如果超出这一期限，则不能再行追究；所谓行政法上的执行时效，是指行政处理决定作出后，如经过一定期间仍未执行，则可免予执行。行政法律关系一般比较强调尽快安定，以利于各种利益尤其是公共利益的实现。因此，行政法上有必要设置各种时效制度。行政法上的时效制度，对于切实保障行政相对人的合法权益，促进作出行政行为或者其他处理决定效率的提高，有着不可忽视的作用。

参考案例 8-3

甲公司与乙公司于 2000 年 11 月签订委托加工合同，约定乙公司提供药品批准文号，并委托甲公司按《中国药典》标准和 GMP 管理生产药品。药品监督管理部门批复同意乙公司委托甲公司生产合同约定的三种药品。但甲公司超出了药品监督管理部门批复范围，生产批复范围之外的其他种类药品。2001 年 11 月 27 日，药品监督管理局决定对乙公司擅自委托甲公司加工生产被撤销药品生产批准文号的复方氨基酸注射液 18AA（250ml：7.5g 和 500ml：15g）一案予以立案查处。2002 年 10 月，药品监督管理局作出行政处罚决定，认定甲公司未经批准擅自接受乙公司加工生产复方氨基酸注射液 18AA（250ml：7.5g 和 500ml：15g）共 26 批，其中 250ml 的 10 批共 61 080 瓶，500ml 的 16 批共 104 260 瓶，违反了《中华人民共和国药品管理法》第 31 条和国家药品监督管理局《关于药品异地生产和委托加工有关规定的通知》第 1 条的规定，决定没收、封存药品，没收违法所得 156 259.84 元，并处 156 259.84 元罚款。甲公司对该处罚决定不服，提出行政复议申请。经审查，行政复议机关认为药品监督管理局办案期限从 2001 年 11 月到 2002 年 10 月，达 1 年时间，大大超出了《药品监督行政处罚程序》第 26 条规定的期限，属于违反法定程序，遂作出了撤销药品监督管理局的行政处罚决定的行政复议决定。

（二）关于步骤、顺序的制度安排

行政程序是行政主体作出行政行为所应当遵循的步骤和顺序。在制度上对作出行政行为的步骤和顺序予以周密的安排，使得行政处理规范化、定型化、流程化，对于贯彻效率原则具有极其重要的意义。因此，行政程序法规范大多对行政主体的行为方式在时间上予以相关步骤和先后顺序的规定。作出行政行为需要经过相应的步骤，行为方式的环节顺序在时间上也需要有先后安排。

（三）简易程序的活用

在现代社会国家，行政事务纷繁复杂，各种行政需要层出不穷，政府职能的转换和国家、社会、个人的分野常常处于变动状态，而行政主体的重要使命决定了其必须对变化多端的形势及时采取相应的措施，作出适宜的决定。因此，各国行政程序法在设置正式制度或者程序的同时，一般都规定了简易程序。在紧急情况下或者对于比较简单的事项，从行政效率的角度出发，可适用简易程序。尤其是对于大量规范化、定型化、流程化的工作来说，简易程序的广泛适用不仅是效率原则的要求，而且也是节省成本的经济原则的要求，亦是行政组织精简、效能和统一原则得以贯彻落实的基本环境条件。《行政处罚法》中规定了当场处罚的简易程序，《行政许可法》虽然没有设专章或者专节来规定简易程序，但是，其对于各类行政许可的程序予以分门别类的特别规定，在"应当遵循便民的原则，提高办事效率，提供优质服务"的总原则指导下，贯穿于整部法律各个部分的便民、效能和服务的理念及具体的制度或者程序的架构，都是简易程序活用的典范。

【引例分析】

在本案审理中，对漳浦县国土资源局颁证行政程序是否违法，存在两种不同的观点。

第一种观点认为：漳浦县国土资源局在颁发建设用地批准书程序中，将该建设用地批准书颁发给未经土地使用权人授权的其他人，导致程序违法，A公司请求法院撤销该建设用地批准书合法有据，应予以支持。

第二种观点认为：漳浦县国土资源局在颁发建设用地批准书时，该批准书由政府委派协助办理外商企业建设用地干部杨某代领并于事后转交A公司隐名投资人林某，并不违反法律禁止性规定，也没有损害A公司的财产权益。漳浦县国土资源局的行政行为程序合法，适用法律正确，应予以维持。

在本案中，行政机关颁证行政程序并无违反法律禁止性规定。漳浦县国土资源局将该建设用地批准书交给杨某代领后转给A公司的隐名投资人林某，该行为并不违反《中华人民共和国土地管理法实施条例》第23条第1款第3项“农用地转用方案、补充耕地方案、征收土地方案和供地方案经批准后，由市、县人民政府组织实施，向建设单位颁发建设用地批准书”的规定。本案中的建设用地使用人即建设单位系A公司，发证对象正确。至于应由何人领证，法律并无明确规定，没有禁止性规定，就不能视为违法，况且本案“建设用地批准书”已由镇政府委派协助办理外商企业征用地手续的干部杨某代领并转给A公司隐名投资人并无不妥。本案行政程序虽有一定的瑕疵，但未构成根本违法，不引起行政行为无效的法律后果。因此，漳浦县国土资源局颁证程序合法，适用法律正确。

【本章小结】

行政程序是指行政主体的行政行为在时间和空间上的表现形式，即指行政行为所遵循的方式、步骤、顺序以及时限的总和。行政程序充分体现了行政权在实施过程中的个性特点，体现了行政程序对民主和效率的双重保护功能。

行政程序的基本原则包括行政民主原则、行政法治原则、行政公平原则、行政效率原则、行政公开原则、行政公正原则等。

行政程序的基本制度包括回避、合议、听证、禁止单方面接触、职能分离、表明身份、告知、陈述申辩、说明理由、时效等制度。

【练习题】

1. 名词解释

行政程序　行政民主原则　行政公开原则

2. 思考题

(1) 简述行政程序的概念和特征。

(2) 行政程序的基本原则有哪些?

(3) 行政程序的基本制度有哪些?

3. 案例分析题

“非典”期间，A省为了从重从快打击擅自提高药品价格、扰乱市场的行为，发出题为“关于要求在‘非典’防治时期提高听证程序规定罚款标准的紧急请示的答复”的紧急通知，全文如下：

省物价局：

你局《关于要求在“非典”防治时期提高听证程序规定罚款标准的紧急请示》收悉。鉴于当前价格违法案件增多、依法罚款的数额较大等情况，为尽快查处与“非典”防治有关的价格违法行为，保证市场秩序的稳定，同时，为减少人员聚集、有利于“非典”防治工作，经研究，并报省政府同意，现答复如下：

在“非典”防治的特殊时期，全省各级物价部门作为价格行政主管部门，在作出对公民处以 1 000 元以上的罚款、对法人或其他组织处以 10 000 元以上的罚款决定之前，可不举行听证，但应将此情况告知当事人。“非典”疫情解除后，对公民、法人或其他组织处以较大数额罚款前，仍按《A 省行政处罚听证程序规定》进行听证。本省其他行政执法部门查处与“非典”防治有关的违法行为，对公民、法人或其他组织处以较大数额罚款涉及听证的，按本答复执行。

A 省人民政府法制办公室

二〇〇三年五月十九日

《A 省行政处罚听证程序规定》（1997 年 12 月 24 日 A 省人民政府发布）第 3 条规定：行政机关作出责令停产停业、吊销许可证或者执照、较大数额罚款等行政处罚决定之前，应当告知当事人有要求举行听证的权利；当事人要求听证的，该行政机关应当组织听证。前款中较大数额罚款是指对公民处以 1 000 元以上的罚款，对法人或其他组织处以10 000元以上的罚款。国家有关部门对较大数额罚款已有规定的，从其规定。

问题：

请结合相关法律知识，对 A 省在“非典”防治时期对本应该遵循听证程序的案件特殊处理的做法是否恰当进行评价。

分析要点提示：

《行政处罚法》（修改前）规定了三类行政处罚决定作出之前应告知当事人有要求举行听证的权利，这是一个法定的程序要求，只要当事人在法定期间内要求举行听证，行政机关就应该举行听证，否则构成法定程序的违反。但是在“非典”期间，A 省法制部门基于防治“非典”、避免人群聚集的需要，从快处理“涉非”案件，决定以文件的形式变通《行政处罚法》的规定。虽然紧急状态下人权应受到较多限制，但这种限制应该遵循比例原则的要求，尽管存在目的的正当性，但不能超出适当的范围，手段的采取不能超出可能获得的利益。A 省的这种做法存在替代行为，也可以选择对相对人权利损害更轻的手段。这种断然拒绝经过行政处罚听证程序直接作出决定的行为违反了法定程序要求。

第九章　行政复议

【本章引例】

原告立某，2008年9月19日向被告乐山市人民政府提出行政复议申请，请求确认马边县人民政府2008年8月17日在永红乡宣布竹笋经营权放开的行政行为侵犯了原告的承包经营权，要求马边县人民政府赔偿原告2008年度竹笋承包经营损失费82万元，并提交了相关证据。被告乐山市人民政府法制办公室收到原告的材料后，经审查认为原告申请复议的材料不齐全，需要补正，于同月23日作出补正通知书，要求原告于2008年10月12日之前补正能够证明被申请人作出侵犯其承包经营权的行政行为的证据，并明确告知原告无正当理由逾期不补的，视为放弃行政复议申请。随后，原告于2008年10月8日向被告提交了9份证人证言，并作了一份关于行政复议补正材料的情况说明。2008年10月20日，被告作出乐府复〔2008〕26号《放弃行政复议申请通知书》，认为原告未按要求补正材料，视为已放弃行政复议申请。原告不服，认为自己提交的材料符合《中华人民共和国行政复议法实施条例》第28条规定的受理条件，被告应当受理。因此，原告向乐山市市中区人民法院提起诉讼，请求撤销被告作出的《放弃行政复议申请通知书》，要求被告继续履行审查义务并作出是否受理的决定。

资料来源：国家法官学院，中国人民大学法学院．中国审判案例要览：2010年行政审判案例卷[M]. 北京：中国人民大学出版社，2011：361.

【本章学习目标】

通过本章的学习，你应该能够：

（1）掌握行政复议的概念。

（2）掌握《行政复议法》以及《行政复议法实施条例》的具体规定。

（3）熟练运用行政复议法分析行政复议案件。

第一节　行政复议的概念和原则

一、行政复议的概念

行政复议是指公民、法人或者其他组织认为行政机关的具体行政行为或者该具体行政行为所依据的部分抽象行政行为侵犯其合法权益，依法向上级行政机关或者法律、法规规定的其他机关提出申请，由受理申请的行政机关对行政行为依法进行审查并作出处理决定的活动。我国现行有效的法律法规是《行政复议法》和《行政复议法实施条例》。行政复议具有以下几个特征。

（一）行政复议是行政机关的行政行为

行政复议是行政机关行使行政复议权的行为，行政复议权是行政权的一个组成部分，整个行政复议活动是以行政机关为主导进行的，从这个意义上说，它是一种行政行为。

（二）行政复议是以行政争议为处理对象的行为

行政争议是由于相对人认为行政机关行使行政管理权，侵犯其合法权益而引起的争议。行政复议只以行政争议为处理对象，它不解决民事争议和其他争议。

（三）行政复议以具体行政行为为审查对象，并附带审查部分抽象行政行为

行政机关作出的行政行为可以分为具体行政行为和抽象行政行为，前者如行政处罚、行政强制等行为，后者如制定和发布行政法规、规章和其他规范性文件等。我国行政复议以具体行政行为为审查对象，附带审查抽象行政行为中的其他规范性文件，但不审查行政法规和规章。行政相对人如果认为行政法规、规章违法，应当通过其他法制监督途径解决。

（四）行政复议是由行政相对人启动的

行政复议只能由行政相对人启动，没有行政相对人的申请，行政机关不能主动进行复议活动。从这一点来看，它与司法活动近似，而与一般的行政行为有区别。

（五）行政复议是一种行政司法行为

行政复议虽然是一种行政行为，但创设这项制度的目的是解决行政争议。从公正性的要求考虑，行政复议需要有比较严格的程序，这些程序与司法程序相类似，而与一般的行政程序有较明显的区别。因此可以说，行政复议是一种行政司法行为，或者称为“准司法行为”。

二、行政复议的基本原则

（一）合法原则

合法原则是指行政复议机关必须严格地按照宪法和法律规定的职责权限，以事实为根据，以法律为准绳，对行政管理相对方申请复议的具体行政行为，按法定程序进行审查。根据审查的不同情况，依法作出不同的行政复议决定：对于合法的具体行政行为，依法予以维持；对于违法或者不当的具体行政行为，依法予以改变或者撤销，并可以责令被申请人重新作出具体行政行为。

（二）公正原则

公正原则是指复议机关在行使复议权时应当公正地对待复议双方当事人，不能有所偏袒，公正地作出行政复议决定。《行政复议法》之所以增加该项原则，其原因在于，行政复议与其他行政司法活动一样，除坚持合法原则，还必须公允、合理、无偏私，特别是在行政自由裁量权较大的情况下，必须公正复议，只有做到这一点，才能够保证复议制度真正取信于民，发挥其监督与救济的作用。

（三）公开原则

公开原则是指行政复议活动应当公开进行。除涉及国家秘密、个人隐私和商业秘密外，复议案件的受理、审理、决定都应公之于众，使当事人和社会各界包括媒体充分了解行政复议活动的具体情况，避免暗箱操作导致的腐败与不公正，增强公众对行政复议的信任度。这一原则的主要内容体现在下述两方面。

1. 行政复议过程公开

它要求行政复议机关尽可能听取申请人、被申请人和第三人的意见，让他们更多地介入行政复议程序。

2. 行政资讯公开

它要求行政复议机关在申请人、第三人的请求下，公开与行政复议案件有关的一切材料，确保申请人和第三人有效地参与行政复议程序。

（四）及时原则

及时原则又称效率原则，是指行政复议机关应当在法律规定的期限内，尽快完成复议案件的审查，并作出相应的决定。

（五）便民原则

便民原则是指复议机关应当采取方便申请人进行复议的方式、方法，以确保公民、法人和其他组织能够有效地行使复议的权利，保护其合法权益。便民原则在行政复议中表现为下述几个方面。

1. 在管辖上，原则上让申请人自己选择

《行政复议法》规定，对县级以上地方各级人民政府工作部门的具体行政行为不服的，由申请人选择，可以向该部门的本级人民政府申请行政复议，也可以向上一级主管部门申请行政复议。此外还规定，申请人如果弄不清应向哪一个行政机关申请复议，可以向具体行政行为发生地的县级地方人民政府提出行政复议申请，由接受申请的县级地方人民政府转送有关行政复议机关。

2. 在申请的形式上，规定了可以口头申请

《行政复议法》规定，申请人申请行政复议，可以书面申请，也可以口头申请。口头申请的，行政复议机关应当当场记录申请人的基本情况、行政复议请求，以及申请行政复议的主要事实、理由和时间。

3. 放宽了申请复议的时限

为了方便公民、法人或者其他组织通过申请行政复议保护自己的合法权益，《行政复议法》放宽了申请复议的时限，规定公民、法人或者其他组织认为具体行政行为侵犯其合法权益的，可以自知道该具体行政行为之日起 60 日内提出行政复议申请；但是法律规定的申请期限超过 60 日的除外。因不可抗力或者其他正当理由耽误法定申请期限的，申请期限从障碍消除之日起继续计算。

4. 行政复议机关受理行政复议申请，不得向申请人收取任何费用

申请人不交申请费，一方面使行政机关易于了解到行政管理中的违法和不足；另一方面为切实保护行政相对人的合法权益提供了便利，使行政复议比行政诉讼更显优越。

（六）有错必纠原则

有错必纠原则是指复议机关发现原行政机关行政行为错误、违法的，必须及时予以纠正。有权机关发现复议机关及复议人员在行政复议中有违法违纪行为的，也必须及时纠正，防止违法行政、滥用复议权现象的发生，保证行政复议制度发挥其应有的作用。

（七）保障法律法规正确实施的原则

该原则要求行政复议活动不仅要纠正违法不当的具体行政行为，而且要保障和监督行政机关行使职权，使有关的法律法规得到忠实的执行和落实。

（八）诉讼终局原则

该原则又称司法最终原则，是指行政复议活动是行政机关内部层级监督与救济的重要方式之一，但不是最终的救济方式。当事人对行政复议决定不服的，除法律规定的例外情况，均可以向人民法院提起行政诉讼，人民法院经审理后作出的终审为发生法律效力的最终决定。该原则是确定行政复议与行政诉讼关系的重要准则。

第二节　行政复议范围

《行政复议法》规定了可申请复议的行政行为和不可申请行政复议的事项，在确定受案范围的方式上采取了概括加列举的方法。

一、可申请复议的行政行为

《行政复议法》通过两种方式扩大行政复议范围：一是扩大复议机关受理的行政行为的范围，包括具体行政行为和抽象行政行为；二是扩大行政复议法所保护的公民、法人和其他组织的权利范围。

（一）可申请复议的具体行政行为

（1）对行政机关作出的行政处罚决定不服的。行政处罚是指具有行政处罚权的行政机关为维护公共利益和社会秩序，保护公民、法人或其他组织的合法权益，依法对行政相对人违反行政法律规范尚未构成犯罪的行为所实施的法律制裁。凡是行政机关作出的、影响相对人权益的行政处罚，行政相对人不服，都可以提起行政复议。行政处罚是行政复议范围内最主要的具体行政行为，包括警告、罚款、没收违法所得、没收非法财物、责令停产停业、暂扣或者吊销许可证、暂扣或者吊销执照、行政拘留等。

（2）对行政机关作出的行政强制措施决定不服的。行政强制措施是行政机关对拒不履行法定义务或者违反法定义务的行政相对人实施的或出于维护国家、社会公益的需要而对特定行政相对人实施的一种具体行政行为，如限制人身自由的扣留，对财产的查封、扣押、冻结等。

（3）对行政机关作出的有关许可证、执照、资质证、资格证等证书变更、中止、撤销的决定不服的。这类证书通常是行政相对人从事某种职业的前提条件。

（4）对行政机关作出的关于确认不动产的所有权或者使用权的决定不服的。根据法律规定，这些不动产主要是指土地、矿藏、水流、森林、山岭、草原、荒地、滩涂、海域等自然资源。

（5）认为行政机关侵犯合法经营自主权的。行政机关侵犯合法经营自主权主要是指行政机关非法干预、截留、限制或取消法律、法规赋予行政相对人在生产经营活动中处理其

所属人、财、物以及决定产、供、销等方面的权利，特别是其对财产享有的占有、使用和依法处分的权利。例如，行政机关强制企业合并、转让知识产权等。行政机关对这种权利的侵犯，将直接影响到行政相对人的财产权。因此，法律允许企业对这种具体行政行为提起行政复议。

(6) 认为行政机关变更或者废止农业承包合同，侵犯其合法权益的。

(7) 认为行政机关违法要求履行义务的。行政相对人的义务必须由法律事先规定。如果行政机关在法律规定之外要求行政相对人履行义务，这种具体行政行为就属于行政复议的受案范围。例如，行政机关乱摊派、乱收费、违法集资、违法征收财物等。

(8) 认为行政机关不依法办理行政许可等事项的。行政相对人认为自己符合法定条件而向行政机关申请许可证、执照、资质证、资格证等证书，或者申请行政机关审批、登记有关事项，行政机关拒绝办理或者不予答复的。

(9) 认为行政机关不履行保护人身权、财产权、受教育权法定职责的。每一个行政机关都具有法定的职责，对涉及行政相对人人身权、财产权和受教育权的法定职责，经行政相对人申请，行政机关必须及时依法履行。行政机关拒不履行或者不予答复的，行政相对人可以提起行政复议申请。

(10) 认为行政机关不依法发放抚恤金、社会保险金或者最低生活保障费的。抚恤金等是国家规定对某些死亡人员的家属、伤残人员或者其他生活有困难的人员，为了保障他们的基本生活而发放的一种费用。有权享受此种权利的相对人认为行政机关没有依法发放的，有权提起行政复议。

(11) 认为行政机关其他具体行政行为侵犯其合法权益的。这是一条概括性的规定，凡不属于上述列举情形的具体行政行为，只要侵犯了行政相对人的合法权益，行政相对人均可以提起行政复议申请。

(二) 可申请附带复议的抽象行政行为以及可能被审查的依据①

《行政复议法》第 7 条规定："公民、法人或者其他组织认为行政机关的具体行政行为所依据的下列规定不合法，在对具体行政行为申请行政复议时，可以一并向行政复议机关提出对该规定的审查申请：（一）国务院部门的规定；（二）县级以上地方各级人民政府及其工作部门的规定；（三）乡、镇人民政府的规定。前款所列不含国务院部、委员会规章和地方人民政府规章。规章的审查依照法律、行政法规办理。"第 26 条规定："申请人在申请行政复议时，一并提出对本法第七条所列有关规定的审查申请的，行政复议机关对该规定有权处理的，应当在三十日内依法处理；无权处理的，应当在七日内按照法定程序转送有权处理的行政机关依法处理，有权处理的行政机关应当在六十日内依法处理。处理期间，中止对具体行政行为的审查。"第 27 条规定："行政复议机关在对被申请人作出的具体行政行为进行审查时，认为其依据不合法，本机关有权处理的，应当在三十日内依法处理；无权处理的，应当在七日内按照法定程序转送有权处理的国家机关依法处理。处理期间，中止对具体行政行为的审查。"

---

① 根据《行政复议法》第 27 条的规定，在行政复议申请人没有对具体行政行为的依据申请复议的情况下，行政复议机关也能够基于复议管辖主动对具体行政行为的依据进行审查。尽管该制度设计并非行政复议受案范围内容，但属于行政复议审查范围内容，故在此处进行论述。

1. 行政复议法确定的两种审查方式

行政复议法确定了复议机关对“依据”的“依申请审查方式”以及“主动审查方式”。两种审查方式在审查范围、审查机关以及处理方式等方面存在较大差异，《行政复议法》第 7 条、第 26 条确立了“依申请审查方式”；《行政复议法》第 27 条确立了“主动审查方式”。

“依申请审查方式”主要有以下几个特点：

（1）根据《行政复议法》第 7 条的规定，属于当事人行政复议申请权范围的抽象行政行为仅限于除行政法规和规章以外的其他抽象行政行为。

（2）当事人必须是在对具体行政行为提出复议申请的同时一并提出对“规定”的复议申请。换言之，当事人只能“附带式”地提出对“规定”的复议申请，而不能直接或者抽象地提出对“规定”的复议申请。细而言之，必须是在存在一个可申请复议的具体行政行为，而且该具体行政行为被当事人认为因违法或者不当侵犯其合法权益，当事人向法定的行政复议机关提出了复议申请的前提下，才可以对认为不合法的“规定”提出复议申请。即能够向行政复议机关提出对“规定”复议申请的主体，必须是具备对具体行政行为提出复议申请资格的主体。

（3）能够被申请复议的“规定”必须是作为同时提起复议申请的具体行政行为的依据。《行政复议法》规定的是“一并式”或称“附带式”，因此，不是作为同时提起复议的具体行政行为依据的“规定”，不能成为行政复议的对象。当然，这种依据既包括具体行政行为中明确列举的，也包括虽未列举但实际是作为依据的。

“主动审查方式”的主要特点如下：

（1）行政复议机关在复议过程中主动进行审查，申请人没有提出申请。

（2）能够被审查的对象仅限于作为具体行政行为依据的“依据”，不仅包括抽象行政行为，也包括法律、地方性法规等。

（3）“主动审查方式”的前置程序是复议申请人提出了对具体行政行为的复议申请。

（4）审查的标准是合法标准而不是相抵触标准。

2.《行政复议法》第 27 条确定的审查方式的特点

（1）审查的范围不再局限于规章以及具有普遍约束力的决定、命令，而是扩大到具体行政行为的“依据”，即广义上的“立法”，能够被审查的对象仅限于作为具体行政行为依据的“依据”，不仅包括抽象行政行为，也包括法律、地方性法规等。审查的对象仍然只能是作为具体行政行为的“依据”的某几个具体条文，而不能扩大到依据的具体条文之外的其他条文。

（2）审查的方式还是“主动式”，在申请人没有提出申请的情况下行政复议机关主动对具体行政行为的依据进行审查判断。

（3）案件性。行政复议机关仍然只能在具体的案件中提出对于“依据”的审查，也就是说，申请人首先提出对于具体行政行为的复议申请，复议机关受理该申请，在审查具体行政行为合法性以及合理性的时候，对作出该具体行政行为的依据的合法性加以怀疑并提出审查，而不能在没有具体行政行为被审查的时候主动加以审查。

（4）区分有权处理和无权处理两种情形，对于有权处理的，直接作出处理决定；对于无权处理的，直接移送有权机关处理。

（5）处理的方式增多。对抽象行政行为的复议申请是以对具体行政行为的复议申请为前提条件的，只有在对具体行政行为申请复议时，才可以对作为具体行政行为依据的抽象行政行为一并提出复议申请而不是单独提出。但实际中可能会出现这样的情况，即申请人先对具体行政行为申请复议，然后又认为有关抽象行政行为有问题，这时再提出来，要求复议机关一并审查，行政复议机关应该受理对于该抽象行政行为的复议申请。《行政复议法实施条例》规定：申请人在对具体行政行为提出行政复议申请时尚不知道该具体行政行为所依据的规定的，可以在行政复议机关作出行政复议决定前向行政复议机关提出对该规定的审查申请。

二、行政复议的排除事项

（一）行政法规和规章

行政机关的抽象行政行为，包括行政机关制定和发布的行政法规、规章以及其他具有普遍约束力的决定、命令。行政相对人对抽象行政行为中的行政法规、规章不服的，可以向有关国家机关提出，由有关国家机关依照法律、行政法规的有关规定处理。

（二）内部行政行为

行政机关对其所属国家公务员作出的行政处分或者其他人事处理决定，属于内部行政行为，被处分或被处理的人不服的，不能申请复议，但可依照有关法律和行政法规的规定提出申诉。

（三）居间行为

行政机关对公民、法人或者其他组织之间的民事纠纷作出的调解、仲裁等行为，对双方当事人的约束力取决于其自愿接受，因此，一方当事人如不服，可以向人民法院提起诉讼或者向仲裁机关申请仲裁，但不能申请行政复议。

第三节　行政复议参加人和行政复议机关

行政复议当事人通常是指申请人与被申请人，在某些情况下还包括复议中的第三人。

一、申请人

申请人是指认为具体行政行为侵犯其合法权益，依法以自己的名义向行政复议机关提出申请，要求对该具体行政行为复查并依法作出裁决的公民、法人或者其他组织。

（一）申请人的法律特征

（1）申请人必须是行政相对人，包括公民、法人或其他组织以及外国人、无国籍人。这一特征包括两个要点：一是并非所有的公民、法人或其他组织都有权申请行政复议，只有受具体行政行为影响的相对一方才有权申请；二是作出具体行政行为的行政主体不能作为复议申请人，而只能当复议被申请人。

（2）申请人必须是认为具体行政行为侵犯其合法权益的公民、法人或其他组织。如果不认为具体行政行为侵犯了其合法权益，则不可能作为复议申请人。这里的“认为”是指申请人的一种主观认识，具体行政行为是否确实侵犯了其合法权益，必须等到行政复议机关审查后才能确定。

（3）申请人必须是以自己的名义申请行政复议的公民、法人或其他组织。如果以他人的名义申请行政复议，则是复议代理人。

（二）复议申请人的种类

1. 公民

这里所讲的公民，是指具有中华人民共和国国籍的自然人。公民可以申请行政复议，从而成为行政复议申请人。如果有权申请行政复议的公民在申请行政复议期限内死亡，其近亲属继受其行政复议申请人的地位，以自己的名义（而不必以死者的名义）直接申请行政复议。此外，外国人、无国籍人在我国境内，对我国有关行政机关作出的具体行政行为不服，认为侵犯其合法权益的，也可以作为行政复议申请人在我国申请行政复议。但是，如果该外国人所在国的法律对我国公民在其国内申请行政复议的权利进行限制的，我国对该外国人也应当给予同等的限制。

2. 法人

法人是指具有民事权利能力和民事行为能力，依法独立享有民事权利和承担民事义务的组织。在我国，法人包括企业法人、机关事业单位法人和社会团体法人。它们作为组织，是与公民相互区别的具有自己的独立利益的一类法律主体。在它们认为合法权益受到具体行政行为的侵害时，与公民一样有权申请行政复议。一般来说，法人是以自己名义申请复议，但对于一些特殊案件而言，作为公司法人的运行核心的股东大会等组织能够以企业名义申请行政复议。例如，股份制企业的股东大会、股东代表大会、董事会认为行政机关作出的具体行政行为侵犯企业合法权益的，可以以企业的名义申请行政复议。

3. 法人以外的其他组织

所谓法人以外的其他组织，是指不具备法人资格的所有组织。在实践中，法人以外的其他组织很多。针对实践的需要，结合行政诉讼经验，《行政复议法实施条例》对申请人作出了规定，主要有以下几种情形：

（1）合伙企业申请行政复议的，应当以核准登记的企业为申请人，由执行合伙事务的合伙人代表该企业参加行政复议；其他合伙组织申请行政复议的，由合伙人共同申请行政复议。需要注意的是，核准登记的合伙企业和其他合伙组织在申请人资格上存在差异，前一种情形是合伙企业而不是合伙人为申请人；后一种情形是合伙人而不是合伙组织为共同申请人。

（2）不具备法人资格的其他组织申请行政复议的，由该组织的主要负责人代表该组织参加行政复议；没有主要负责人的，由共同推选的其他成员代表该组织参加行政复议。

（3）股份制企业的股东大会、股东代表大会、董事会认为行政机关作出的具体行政行为侵犯企业合法权益的，可以以企业的名义申请行政复议。需要注意的是：第一，股东大会、股东代表大会以及董事会是以企业名义而不是以自己名义申请行政复议；第二，与行政诉讼中的实践相区别，法定代表人不能以自己名义和企业名义申请行政复议；第三，能够以企业名义申请行政复议的企业内部机构不包含监事会和总经理。

（4）同一行政复议案件申请人超过 5 人的，推选 1～5 名代表参加行政复议。

参考案例9-1

国际高速路投资有限公司不服广东省工商局工商行政处罚申请国家工商总局行政复议案

2001年3月，广东省工商行政管理局（现广东省市场监督管理局，下同）对一家中外合作经营企业——广东广清高速公路有限公司作出了吊销营业执照的行政处罚。该公司未提出行政复议，但该公司的合作外方——国际高速路投资有限公司却不服行政处罚，在法定期限内以自己的名义向国家工商总局（现国家市场监督管理总局，下同）提出了行政复议申请。尽管广东省工商行政管理局的行政处罚是对合作企业作出的，但在这种情况下，合作企业的外方有权以自己名义申请行政复议，国家工商总局应该受理该复议申请。

（三）申请人的资格转移

一般情况下，具体行政行为侵害的当事人是行政复议的申请人。但在特定条件下，行政复议申请人的资格也可能发生转移。根据《行政复议法》第10条的规定，行政复议申请人资格转移的情况有：

（1）有权申请行政复议的公民死亡，其近亲属可以申请行政复议。近亲属包括配偶、父母、子女、兄弟姐妹、祖父母、外祖父母、孙子女、外孙子女。

（2）有权申请行政复议的法人或者其他组织终止的，承受其权利的法人或者其他组织可以申请行政复议。

二、被申请人

被申请人是指所作出的具体行政行为被行政复议的申请人指控违法侵犯其合法权益，并由行政复议机关通知参加行政复议的行政主体。被申请人包括行政机关和法律法规授权的组织。

（一）被申请人的法律特征

（1）被申请人必须是行政主体。行政主体是指享有行政执法权的行政机关或法律法规授权的组织。其他任何机关或组织不能作为被申请人。

（2）被申请人必须实施了具体行政行为。没有实施具体行政行为的行政主体不能作为被申请人。

（3）被申请人必须是相应具体行政行为受申请人指控并由行政复议机关通知参加行政复议的行政主体。

（二）被申请人的种类

根据《行政复议法》的规定，被申请人主要包括以下几种：

（1）申请人对行政机关作出的具体行政行为不服，直接申请复议的，该行政机关是被申请人。

（2）两个或两个以上行政机关以共同名义作出同一具体行政行为的，共同作出具体行政行为的行政机关是被申请人。

（3）法律、法规授权的组织作出的具体行政行为引起行政复议，该组织是被申请人。

（4）行政机关委托的组织作出的具体行政行为引起行政复议，委托的行政机关是被申请人。

（5）行政机关与其他组织以共同名义作出具体行政行为的，行政机关为被申请人。

（6）下级行政机关依照法律、法规、规章规定，经上级行政机关批准作出具体行政行为的，批准机关为被申请人。

（7）行政机关设立的派出机构、内设机构或者其他组织，未经法律、法规授权，对外以自己名义作出具体行政行为的，该行政机关为被申请人。

（8）作出具体行政行为决定的行政机关被撤销的，继续行使其职权的行政机关是被申请人。在实践中，作出具体行政行为的行政机关被撤销后，被申请人有三种情况：一是作出具体行政行为的行政机关被合并的，被申请人是合并后的行政机关。二是作出具体行政行为的行政机关被分解的，被申请人是分解后的相应行政机关。三是作出具体行政行为的行政机关被解散的，被申请人是解散它的上级行政机关或者有权机关指定的其他行政机关。

参考案例9-2

个体户贾某不服某区市场监督管理局行政处罚申请某县人民政府行政复议案

根据市政府整顿农贸市场的决定，某区市场监督管理局和某区公安局对集贸市场进行检查。在检查过程中，因个体户贾某乱设摊点，给予其吊销营业执照的处罚。贾某不服，遂以某区市场监督管理局和某区公安局为共同被申请人申请行政复议。复议机关告知贾某应该以某区市场监督管理局为被申请人申请复议，因为本案中吊销营业执照是市场监督管理部门的行政职权，是某区市场监督管理局实施了具体的行政行为，故应由其作为被申请人。

三、第三人

行政复议中的第三人是指同申请复议的具体行政行为有利害关系，经复议机关批准参加复议的公民、法人或者其他组织。

（一）第三人的法律特征

（1）第三人同申请复议的具体行政行为有利害关系，这种利害关系必须是直接的而非间接的，即具体行政行为和行政复议裁定会直接影响到第三人的权益。

（2）第三人是以自己的名义，并且是为了维护自己的合法权益而参加复议的。它既不依附于申请人，也不依附于被申请人，享有与申请人基本相同的复议权利，具有独立的法律地位。

（3）第三人是在行政复议开始后、终结前，经过行政复议机关批准参加复议的。在行政复议尚未开始，或者复议已经结束，包括复议机关已作出裁决时，均不存在第三人参加复议的问题。

（二）第三人的种类

从行政复议实践来看，行政复议中的第三人通常包括以下几种：

（1）在治安、食品安全、药品管理等行政处罚案件中，被处罚人或被侵害人一方申请行政复议，另一方可以作为第三人申请参加复议。

（2）在食品安全、药品管理等行政处罚复议案件中，同申请人所受的具体行政行为的处理有利害关系的另一方公民、法人或者其他组织。

(3) 行政处罚案件中的共同被处罚人。在有共同被处罚人的行政处罚案件中，有一部分被处罚人提起行政复议的，另外的被处罚人可以作为第三人参加行政复议。

(4) 在行政确权案件中，被驳回请求的人申请复议，被授予权利的人或者其他被驳回请求的人，可以作为第三人申请参加复议。如土地确权案件中，某市政府确认某土地的使用权为甲所有，乙不服并申请复议要求撤销市政府的确权决定，这时甲面临可能失去该土地使用权的危险，因而可以作为第三人参加复议。

(5) 两个或两个以上行政机关基于同一事实，针对相同的行政管理相对人作出互相矛盾的几个具体行政行为，相对人对其中一个具体行政行为不服申请复议，其他行政机关可以作为第三人申请参加行政复议。

(6) 行政机关因越权处罚被申请复议时，被越权的行政机关作为第三人参加复议。行政机关超越权限作出具体行政行为，被越权的行政机关必然与该行为之间有利害关系，因而该行为被提起复议时，被越权的行政机关具有以第三人身份参加复议的资格。

四、行政复议机关

行政复议机关是指依照法律的规定，有权受理行政复议的申请，依法对被申请的行政行为进行合法性、适当性审查并作出决定的行政机关。这种组织的特征如下：

(1) 行政复议机关是行政机关。法律、法规授权的组织不能成为行政复议机关。

(2) 行政复议机关是拥有行政复议权的行政机关。行政机关不一定都拥有行政复议权，对乡、镇人民政府等行政机关，《行政复议法》就没有授予其行政复议权。

(3) 行政复议机关是能以自己的名义行使行政复议权，并对行为后果独立承担法律责任的行政机关。因此，行政复议机关必然是行政主体。

(一) 行政复议机关

根据我国现行法律法规的规定，行政复议机关的种类主要有：

(1) 作出被申请行政行为的行政主体。如对国务院所属部门和省、自治区、直辖市人民政府作出的具体行政行为引起的行政复议，国务院所属部门和省、自治区、直辖市人民政府是行政复议机关。

(2) 作出被申请行政行为的行政主体的上一级行政机关。由作出被申请行政行为的行政主体的上一级行政机关作行政复议机关，尽管会给行政复议的申请人增加不便，但是，它可以尽可能确保行政复议的公正性，还可以利用上一级行政机关的领导权和监督权提高行政复议的权威性。

(3) 作出被申请行政行为的行政主体所属的人民政府。由本级人民政府作为行政复议机关，既便利了行政复议申请人申请行政复议，也有利于行政复议机关利用人民政府的权威及时、有效地解决行政争议。

根据《行政复议法》第 12 条至第 15 条的规定，具体的行政复议机关可以根据以下规则确定。

1. 县级以上地方人民政府部门作为被申请人时的行政复议机关

如果具体行政行为是由县级以上地方人民政府的工作部门作出，申请人享有选择权，可以向被申请人所属的本级人民政府或者上一级主管部门申请复议。但是对实行垂直领导的行政机关或者国家安全机关的具体行政行为不服的，需要向上一级主管部门申请行政复议。根据《行政复议法》的规定，对海关、金融、国税、外汇管理等实行垂直领导的行政机关和国家安全机关的具体行政行为不服的，向上一级主管部门申请行政复议。

《行政复议法实施条例》第 24 条规定，申请人对经国务院批准实行省以下垂直领导的部门作出的具体行政行为不服的，可以选择向该部门的本级人民政府或者上一级主管部门申请行政复议；省、自治区、直辖市另有规定的，依照省、自治区、直辖市的规定办理。如果省级行政区域的规定与《行政复议法实施条例》的规定相一致，则行政复议申请人享有对于行政复议机关的选择权。例如，《山东省行政复议条例》第 11 条规定，对实行省以下垂直领导的行政机关的具体行政行为不服的，可以向上一级主管部门申请行政复议，也可以向该行政机关所在地的本级人民政府申请行政复议。

2. 省以下地方各级政府作为被申请人时的行政复议机关

对省、自治区、直辖市人民政府以外的地方各级人民政府的具体行政行为不服，上一级地方人民政府是行政复议机关。对省、自治区人民政府依法设立的派出机关即行政公署所辖的县级人民政府的具体行政行为不服，应当由行政公署作为行政复议机关。

3. 国务院部门或者省、自治区、直辖市政府作为被申请人时的行政复议机关

国务院部门或者省、自治区、直辖市人民政府作为被申请人时的行政复议机关，是作出该具体行政行为的国务院部门或者省、自治区、直辖市人民政府，该项制度设计被《行政复议法实施条例》明确为原级复议。原级复议存在“自己为自己法官”的天然制度缺陷，因为被申请人和行政复议机关均为同一主体。为了在一定程度上修正制度缺陷，《行政复议法实施条例》实行了行政复议机构和提出作出具体行政行为证据和材料的机构的适度分离，该法第 36 条规定：“依照《行政复议法》第十四条的规定申请原级行政复议的案件，由原承办具体行政行为有关事项的部门或者机构提出书面答复，并提交作出具体行政行为的证据、依据和其他有关材料。”

4. 其他情形下的行政复议机关

（1）县级以上的地方人民政府依法设立的派出机关作为被申请人时，由设立该派出机关的人民政府作为行政复议机关。

（2）政府工作部门依法设立的派出机构作为被申请人时，设立该派出机构的部门或者该部门的本级地方人民政府作为行政复议机关。比如对公安派出所的决定不服，可以到公安局或到公安局所属的人民政府申请复议。

（3）法律、法规授权的组织作为被申请人时，由直接管理该组织的地方人民政府、地方人民政府工作部门或者国务院部门作为行政复议机关。高等院校在发放学位证书时，是法律、法规授权的组织。高等院校的主管机关有三个：一是教育部，二是地方政府，三是地方政府教育局。当事人对高等院校发放学位证书的行为不服，欲申请复议时，谁主管，向谁申请复议。

（4）两个或者两个以上的行政机关作为共同被申请人时，由他们的共同上一级行政机关作为行政复议机关。

（5）继续行使被撤销行政机关职权的行政机关作为被申请人时，由继续行使职权的行政机关的上一级行政机关作为行政复议机关。

《行政复议法实施条例》排除了国务院作为行政诉讼被告的可能性，《行政复议法实施条例》第 23 条规定：“申请人对两个以上国务院部门共同作出的具体行政行为不服的，依照《行政复议法》第十四条的规定，可以向其中任何一个国务院部门提出行政复议申请，由作出具体行政行为的国务院部门共同作出行政复议决定。根据《行政复议法》第15条“对两个或者两个以上行政机关以共同的名义作出的具体行政行为不服的，向其共同上一级行政机关申请行政复议”的规定，如果两个部委联合作出某具体行政行为，申请人对于该具体行政行为不服，则可以以国务院作为行政复议机关向其申请行政复议，如果国务院作出维持之外的其他行政复议决定，同时复议申请人仍对行政复议决定不服，则可以以国务院为被告向法院提起行政诉讼。尽管该假设存在若干实践变数，例如两个部委联合作出某个具体行政行为的概率比较小，再如国务院受理复议申请可能作出维持决定等，但起码在制度设计上存在国务院成为行政诉讼被告的可能性。

（二）行政复议机构

与行政复议机关相关的是行政复议机构。行政复议机构是享有行政复议权的行政机关内部设立的一种专门负责复议案件受理、审查和裁决工作的办事机构。行政复议机构不是行政主体，它不能以自己的名义对外行使职权，上下级行政复议机关的行政复议机构之间没有领导和监督关系，它们各自对所属的行政复议机关负责。

为了加强行政复议机构的工作力量，督促行政复议机构有效履行职责，保障行政复议制度有效运行，《行政复议法实施条例》中对行政复议机构的设置、行政复议机构的职责以及行政复议人员等问题作出了规定。目前，为保证行政复议机构的独立性，各地正在试行由专家参与的行政复议委员会制度。

行政机关中初次从事行政复议的人员，应当通过国家统一法律职业资格考试取得法律职业资格。

第四节 行政复议的申请与受理

一、行政复议的申请

行政复议申请是指行政相对人不服行政主体的具体行政行为而向复议机关提出要求撤销或变更该具体行政行为的请求。在整个行政复议过程中，复议申请是行政复议的出发点，也是行政复议程序不可缺少的环节。

（一）申请复议的条件

公民、法人或者其他组织认为具体行政行为侵犯其合法权益，可以在法定期限内向有管辖权的行政机关申请复议。申请复议应当具备以下条件：(1) 申请人合格，即申请人必须是认为具体行政行为侵犯其合法权益的公民、法人或者其他组织；(2) 有明确的被申请人；(3) 有具体的复议请求和事实根据；(4) 属于申请复议范围；(5) 属于受理复议机关管辖；(6) 法律、法规规定的其他条件。

（二）申请行政复议的申请时效

申请时效是对申请复议权的时间限制，超过申请时效，将丧失申请复议的权利。法律规定申请时效主要是为了促使申请人尽快行使复议申请权，以利于复议案件的处理和行政秩序的稳定。因此，申请人必须在申请时效内提起复议申请。申请时效可以分为一般时效和特殊时效两种。

（1）一般时效，是指为行政复议法所规定的适用于一般复议案件的申请时效。同时，行政复议法废止了其他法律、法规规定的复议申请期限短于60日的规定，而适用一般时效。

（2）特殊时效，是指其他法律、法规规定的适用于特定案件的复议申请时效。特殊时效只有在其他法律规定超过60日时才适用。

（三）复议申请形式

根据《行政复议法》第11条的规定，申请人申请行政复议，可以书面申请，也可以口头申请。口头申请的，行政复议机关应当场记录申请人的基本情况、行政复议请求，以及申请行政复议的主要事实、理由和时间。书面申请的，应当向行政机关递交复议申请书。复议申请书应当载明下列内容：

（1）申请人的姓名、性别、年龄、职业和住所，法人或者其他组织的名称、住所，以及法定代表人或者主要负责人的姓名、职务。

（2）被申请人的名称、地址。

（3）申请复议的要求和理由。

（4）申请的年、月、日。

二、对行政复议申请的受理

复议受理是指行政复议机关基于审查申请人所提出的复议申请是否有正当理由而决定是否收案和处理。根据《行政复议法》第17条、第20条的规定，复议机关在收到复议申请后，依法应当在收到之日起5日内，对申请书进行审查并作出如下处理：

（1）对于符合申请复议条件的，且没有向人民法院提起诉讼的，依法应当决定受理。

（2）对于不符合申请复议条件的，依法决定不予受理，并告知申请人不予受理的理由。

（3）对于复议申请请求的内容有欠缺的复议申请，依法决定发还申请人并限期补正。

（4）对于复议申请符合《行政复议法》的规定，但不属该机关管辖的，应当告知申请人向有管辖权的复议机关提出。

（5）公民、法人或者其他组织依法提出行政复议申请，行政复议机关无正当理由不予受理的，上级行政机关应当责令其受理，必要时，上级行政机关也可以直接受理。

三、行政复议与行政诉讼

（一）行政复议与行政诉讼的关系

行政复议与行政诉讼有许多相似之处，二者都是因具体行政行为而引起，都是以解决行政争议为直接目的，都是以对具体行政行为的合法性进行审查为核心，因而适用的很多规则是相同的。二者既有联系，也有区别。它们的区别主要体现在以下方面：

（1）性质不同。行政复议是由上一级行政机关对下一级行政机关所作行政行为进行的审查，整个过程都在行政系统内部进行，因而具有形式意义上的行政行为的特征。行政诉讼则是人民法院对行政机关所作行政行为实施的司法监督，属于司法行为。

（2）受理机关不同。行政复议的受理机关是作出行政行为的行政机关所属的人民政府或其上一级主管部门，而受理行政诉讼的机关则是人民法院。

（3）受案范围不同。人民法院所受理的行政案件，只是公民、法人或其他组织认为行政机关的行政行为侵害其合法权益的案件，而复议机关所受理的则既有行政违法案件，也有行政不当案件。也就是说，凡是能够提起行政诉讼的行政争议，公民、法人或其他组织都可以向行政机关申请复议，而可以提起行政复议的未必能够提起行政诉讼。如法律规定行政复议终局决定的，当事人即不得提起行政诉讼。

（4）审查范围不同。人民法院只审查具体行政行为的合法性，一般不审查其是否适当；复议机关不仅审查具体行政行为是否合法，而且还要审查其是否适当。行政诉讼是"不告不理"，行政复议则是"有错必纠"，这意味着行政复议的范围不局限于申请人的申请。因此，行政复议的审查范围要大于行政诉讼。

（5）审理程序规则不同。人民法院审理行政案件完全是按照司法程序进行，而行政复议由于是行政系统内部上级对下级的监督，故二者在审理程序规则方面存在许多差别。人民法院审理行政案件实行的是两审终审、公开开庭审理制度；行政复议则基本上实行一级复议制度，以书面复议为原则。较之行政诉讼程序，行政复议程序比较灵活、简便。

（二）行政复议与行政诉讼的衔接

行政复议与行政诉讼之间的联系主要表现在程序上的衔接，具体可以分为以下几种情况。

1. 选择关系

除非法律、法规规定必须先申请行政复议，当事人可以自由选择申请行政复议还是提起行政诉讼。但是，这个选择是排他的。行政复议已经被依法受理的，当事人在法定复议期限以内不得提起诉讼；行政诉讼已经被依法受理的，则不得再申请行政复议。

2. 必经关系

法律、法规规定应当首先向行政复议机关申请行政复议，对行政复议决定不服再向人民法院提起行政诉讼的，行政复议机关不予受理或者受理后超过行政复议期限不作答复的，公民、法人或者其他组织可以自收到不予受理决定书之日起或者行政复议期满之日起15日内，依法向人民法院起诉。只有在法律、法规明确规定的前提下，复议才可以是诉讼的必经阶段。换句话说，除了法律、法规规定复议是诉讼的前置阶段的以外，其他都由当事人选择。在判断是否必经复议时，需要特别注意两点：一是只能由法律、法规规定必经才有效，非法律、法规规定无效；二是之所以必经复议，显然是为了让上级行政机关通过这种方式了解、掌握和监督下级行政机关的工作，因此，上下级行政机关处于领导和被领导关系，特别是垂直领导关系，而不是指导与被指导关系的，属于必经复议的范围。

还有一点需要注意，根据《行政复议法》第30条第1款的规定，公民、法人或者其他组织认为行政机关确认土地、矿藏、水流、森林、山岭、草原、荒地、滩涂、海域等自然资源的所有权或者使用权的具体行政行为，侵犯其已经依法取得的自然资源所有权或者使用权的，经行政复议后，才可以向人民法院提起行政诉讼，但法律另有规定的除外。对涉及自然资源所有权或者使用权的行政处罚、行政强制措施等具体行政行为提起行政诉讼的，不适用《行政复议法》第30条第1款的规定。对于确权行政行为与行政许可行为的区分，最高人民法院行政审判庭在《关于行政机关颁发自然资源所有权或者使用权证的行为是否属于确认行政行为问题的答复》（行他字〔2005〕第4号）中指出："最高人民法院法释〔2003〕5号批复中的'确认'，是指当事人对自然资源的权属发生争议后，行政机关对争议的自然资源的所有权或者使用权所作的确权决定。有关土地等自然资源所有权或者使用权的初始登记，属于行政许可性质，不应包括在行政确认范畴之内。据此，行政机关颁发自然资源所有权或者使用权证书的行为不属于复议前置的情形。”

参考案例9-3

杨某诉某县税务局行政征收案

杨某受某厂指派在本县范围内收购茶叶2万斤，厂方提供了介绍信、营业执照副本。杨某收购后未向税务机关纳税。县税务局知悉后即作出决定，杨某需缴纳增值税5 000余元。杨某不服，认为自己是接受某厂的指派，与该厂是委托关系，其税款应当由厂方缴纳。县税务局未采纳杨某的意见，坚持要求杨某纳税。杨某认为应该寻求其他途径的救济，于是直接向人民法院提起行政诉讼。法院经过审查，裁定不予受理，并告知杨某必须先经过复议，不经复议不得起诉。

3. 限制性的选择关系

当事人对行政机关作出的具体行政行为不服，可以选择申请复议，或者向法院起诉。但是如果法律规定行政复议机关作出的行政复议决定终局的，当事人不得提起行政诉讼。《中国公民出境入境管理法》《外国人入境出境管理法》存在类似规定。《行政复议法》涉及终局行政复议决定有两种情形：一是《行政复议法》第14条规定的国务院裁决；二是《行政复议法》第30条第2款的规定，即根据国务院或者省、自治区、直辖市人民政府对行政区划的勘定、调整或者征用土地的决定，省、自治区、直辖市人民政府确认土地、矿藏、水流、森林、山岭、草原、荒地、滩涂、海域等自然资源的所有权或者使用权的行政复议决定为最终裁决。

四、具体行政行为在行政复议期间的执行力

原则上，在行政复议期间具体行政行为不停止执行，即所谓的“复议不停止执行制度”。复议不停止执行是保证国家行政管理的连续性、有效性的重要手段，是行政法上的一项重要制度，该制度的理论基础是国家意志先定力的理论和公权力优先理论或公务优先理论。国家意志先定力是指行政机关代表国家进行行政管理，具体行政行为一经作出即具有法律上的确定力、拘束力和执行力。在有权机关撤销它之前，都应认为它是合法有效的。行政相对人无权裁判具体行政行为的合法性、有效性。

复议不停止执行制度是有例外的，《行政复议法》第21条规定，下列几种情况可以先停止执行：

（1）被申请人认为需要停止执行的。

（2）行政复议机关认为需要停止执行的。

（3）申请人申请停止执行，行政复议机关认为其要求合理，决定停止执行的。

（4）法律规定停止执行的。《治安管理处罚法》第107条规定：“被处罚人不服行政拘留处罚决定，申请行政复议、提起行政诉讼的，可以向公安机关提出暂缓执行行政拘留的申请。公安机关认为暂缓执行行政拘留不致发生社会危险的，由被处罚人或者其近亲属提出符合本法第一百零八条规定条件的担保人，或者按每日行政拘留二百元的标准交纳保证

金，行政拘留的处罚决定暂缓执行。”

第五节　行政复议的审理、决定及其执行

一、行政复议的审理

（一）审理方式

复议采取以书面审理为主、其他方式为辅的审理方式。《行政复议法》第 22 条规定：行政复议原则上采取书面审查的办法，但是申请人提出要求或者行政复议机关负责法制工作的机构认为有必要时，可以向有关组织和人员调查情况，听取申请人、被申请人和第三人的意见。

所谓书面复议制度，是指行政复议机关对行政复议申请人提出的申请和被申请人提交的答辩，以及有关被申请人作出具体行政行为的规范性文件和证据进行非公开对质性的审查，并在此基础上作出行政复议决定的制度。行政复议确立书面复议制度基于以下理由：（1）书面复议制度是及时原则在复议制度中的体现。行政复议不同于行政诉讼，它是一项行政司法制度，所以不可避免地要体现行政的基本特征——效率。（2）便民原则也是实行书面复议制度的一个重要原因。书面复议免除了复议当事人的旅途之累。从作为被申请人的行政机关来说，节约了一定的物力、财力。（3）有些经过行政听证的行政争议，行政复议实质上是对该行政争议的二审，因此，只进行书面复议也是比较合理、可行的。（4）行政复议机关对被申请的具体行政行为所涉及的行政事务相对比较熟悉，通过书面复议一般可以查清行政复议案件的事实真相。书面复议制度可以提高行政复议的效率，及时解决行政争议，减少行政复议的成本；弱化行政复议中申请人与被申请人的对抗情绪，有利于行政争议在行政程序中获得解决。

所谓“其他方式”，是指复议机构认为必要时，向有关组织和人员调查情况，听取申请人、被申请人和第三人的意见，或者采取听证方式，通过双方对争议的事实、法律依据进行质证、辩论，最后由复议机关作出决定的审查方式。这种审查方式适用于较为复杂、影响较大的行政复议案件。《行政复议法实施条例》对行政复议法确定的书面复议制度进行了修正，增加了在必要时候调查收集证据的制度设计：（1）行政复议机构认为必要时，可以实地调查核实证据；（2）对重大、复杂的案件，申请人提出要求或者行政复议机构认为必要时，可以采取听证的方式审理；（3）行政复议人员向有关组织和人员调查取证时，可以查阅、复制、调取有关文件和资料，向有关人员进行询问；（4）调查取证时，行政复议人员不得少于 2 人，并应当向当事人或者有关人员出示证件。被调查单位和人员应当配合行政复议人员的工作，不得拒绝或者阻挠。需要现场勘验的，现场勘验所用时间不计入行政复议审理期限。

（二）举证责任

举证责任是指承担该责任的当事人必须对自己的主张举出主要的事实根据，以证明其确实存在，否则将承担败诉后果的法定义务。举证责任通常是诉讼中的证据规则之一，但由于行政复议与行政诉讼都是第三方居间解决行政机关与相对人争议的制度，具有某种共性，所以，行政复议也存在举证责任问题。根据《行政复议法》第 23 条和第

28 条的规定，被申请人承担对具体行政行为合法性和适当性的举证责任。被申请人举证范围不只限于具体行政行为的事实证据，还包括行政机关作出具体行政行为的规范性文件。举证时间为收到复议申请书副本 10 日内，如果被申请人不按照规定提交作出具体行政行为的全部证据、依据和其他有关材料的，视为该具体行政行为没有证据、依据，复议机关有权撤销该具体行政行为。另外，被申请人在复议过程中，不得自行向申请人和其他有关组织或个人收集证据。对于申请人与第三人的举证责任问题，《行政复议法》没有规定，《行政复议法实施条例》对此问题进行了细化，规定在下列情形下申请人应该承担举证责任：（1）认为被申请人不履行法定职责的，提供曾经要求被申请人履行法定职责而被申请人未履行的证明材料；（2）申请行政复议时一并提出行政赔偿请求的，提供受具体行政行为侵害而造成损害的证明材料；（3）法律、法规规定需要申请人提供证据材料的其他情形。当然，与被申请人承担的举证责任相比，申请人的举证责任是次要的、第二位的。

（三）查阅材料

根据《行政复议法》第 23 条的规定，行政复议机关负责法制工作的机构应当自行政复议申请受理之日起 7 日内，将行政复议申请书副本或者行政复议申请笔录复印件发送被申请人。被申请人应当自收到申请书副本或者申请笔录复印件之日起 10 日内，提出书面答复，并提交当初作出具体行政行为的证据、依据和其他有关资料。申请人、第三人可以查阅被申请人提出的书面答复，作出具体行政行为的证据、依据和其他有关资料，除涉及国家秘密、商业秘密或者个人隐私外，行政复议机关不得拒绝。

（四）撤回申请

复议申请的撤回是指复议申请被复议机关受理后，复议决定作出前，经复议机关同意，复议申请人撤回复议申请，终止复议审理的制度。《行政复议法》第 25 条规定：行政复议决定作出前，申请人要求撤回行政复议申请的，经说明理由，可以撤回；撤回行政复议申请的，行政复议终止。在实践中，行政复议机关运用该项制度进行着“行政复议和解”制度的实施，公民、法人或者其他组织对行政机关行使法律、法规规定的自由裁量权作出的具体行政行为不服申请行政复议，申请人与被申请人在行政复议决定作出前自愿达成和解的，应当向行政复议机构提交书面和解协议；和解内容不损害社会公共利益和他人合法权益的，行政复议机关应当准许。在行政复议机关准许之后，行政复议申请人通过撤回行政复议申请，复议机关以同意申请人撤回的方式进行结案。

（五）行政复议决定不得加重制裁制度

《行政复议法实施条例》确定了“不得加重对复议申请人制裁”制度，该制度是指行政复议机关在申请人的行政复议请求范围内，不得作出对申请人更为不利的行政复议决定。根据《行政复议法》的立法宗旨，行政复议机关在对被申请人作出的行政处罚或者其他具体行政行为进行审查时，不得增加处罚种类或加重对申请人的处罚。

二、行政复议的决定

（一）对行政规定和行政依据的处理

申请人在申请行政复议时，一并提出对有关行政规定和行政依据的审查申请的，行政复议机关对该行政规定和行政依据有权处理的，经对该行为的审查，应当在 30 日内依法

作出处理决定；其无权处理的，应当在7日内按照法定程序转送有权处理的行政机关作出处理决定，有权处理的行政机关应当在60日内依法作出处理决定。此外，行政复议机关在对被申请人作出的具体行政行为进行审查时，认为具体行政行为的依据（如行政法规、规章等）不合法，行政复议机关有权处理的，应当在30日内依法处理；其无权处理的，应当在7日内按照法定程序转送有权处理的国家机关依法处理。处理期间，复议机关中止对具体行政行为的审查。

《行政复议法》第26条、第27条确定了两种不同的对于抽象行政行为依据的审查制度，二者在实践中存在较大差异。具体分析如下：（1）根据《行政复议法》第26条的规定，行政复议机关依申请进行审查时，其有权机关为有权处理的行政机关；（2）根据《行政复议法》第27条的规定，行政复议机关依职权进行审查时，其有权机关为有权处理的国家机关。

在第一种情形下，被申请复议的"规定"仅限于除行政法规、规章外的由行政机关制定的规范性文件。因此，有权机关具体为：（1）作为被申请复议的具体行政行为依据的"规定"的制定机关为人民政府，其有权处理的行政机关为其上一级人民政府；（2）作为被申请复议的具体行政行为依据的"规定"的制定机关为人民政府部门，其有权处理的行政机关为其同级的人民政府和有领导关系的上一级主管部门。

在我国，根据宪法、国务院组织法、地方组织法的规定，行政机关实行双重从属制，即行政机关既要对上一级行政机关负责，也要对同级国家权力机关负责。因此，在上述第一种情形下，在法律上实际能够对行政机关制定的"规定"有权进行处理的国家机关，不限于行政机关，还应当包括国家权力机关。但行政复议法考虑到行政复议的及时性、效率及特点，明确规定有权处理的机关为行政机关。

作为被申请复议的具体行政行为的依据，既可能是由行政机关制定的，也可能是由权力机关制定的，根据行政复议法的规定，行政复议机关的行政级别最高为国务院，因此实际上，法律、地方性法规、自治条例和单行条例是排除在行政复议机关有权处理的范围之外的，最多只能享有疑问权，而不能作出最后的处理决定。在第二种情形下，有权处理的国家机关根据宪法、国务院组织法、地方组织法的规定，具体为：（1）作为被申请复议的具体行政行为依据的"规定"的制定机关为人民政府，其有权处理的国家机关为其上一级人民政府和本级人大及人大常委会；（2）作为被申请复议的具体行政行为依据的"规定"的制定机关为人民政府部门，其有权处理的国家机关为其同级的人民政府和有领导关系的上一级主管部门；（3）作为被申请复议的具体行政行为依据的"规定"的制定机关为人大常委会，其有权处理的国家机关为同级人大和上一级人大常委会；（4）作为被申请复议的具体行政行为依据的"规定"的制定机关为人大，其有权处理的国家机关为上一级人大常委会。

在这种情形下，有权处理的国家机关可能是两个以上的国家机关。行政复议法没有明确规定在出现这种情形时应当向哪一个有权处理的国家机关转送，但从行政复议法关于当事人对"规定"申请复议的处理机关的规定原则及行政复议的特点推论，在实践中，处理的原则是：（1）如果有权处理的国家机关，既有行政机关，又有国家权力机关的，应当转送行政机关处理；（2）如果有权处理的国家机关，既有人民政府，又有上一级主管部门的，应当转送人民政府处理；（3）如果有权处理的国家机关，既有人民代表大会，又有人大常委会的，应当转送人大常委会处理。

值得关注的是，《行政复议法实施条例》规定，行政复议期间行政复议机构发现法律、法规、规章实施中带有普遍性的问题，可以制作行政复议建议书，向有关机关提出完善制度和改进行政执法的建议。

（二）对具体行政行为的复议决定

行政复议决定是指复议机关对行政复议案件进行审理后所作的具有法律效力的评价。根据《行政复议法》的有关规定，行政复议机关根据不同情况应当在受理行政复议申请之日起 60 日内分别作出不同决定，法律另有规定的除外。

1. 维持决定

具体行政行为认定事实清楚，证据确凿，适用依据正确，程序合法，内容适当的，决定维持。

行政复议的维持决定适用的条件是：

（1）具体行政行为事实清楚、证据确凿。事实是指主要事实或基本事实。衡量所认定的事实是否有相应的、可靠的证据证明，具体要求是：具体行政行为所针对的客观情况过程和环节清楚；各项证据相互协调一致，足以证明待证事实。

（2）适用依据正确。这是指具体行政行为作出时所依据的规范性文件正确，具体行政行为与所依据的规范性文件之间相互匹配。具体包含三层含义：具体行政行为作出时有规范性文件作为依据；这些依据本身是合法有效的；具体行政行为适用法律、法规及行政规范性文件是正确的，没有适用不该适用的规范，也没有该适用的规范未予适用。

（3）程序合法。程序合法是指作出具体行政行为时遵守了法定程序，符合法定程序的要求。具体包括：符合法定的方式，如表明执法身份、说明理由等；符合法定形式，如采取书面形式、证照形式、制作笔录等；符合法定手续，如通知、批准、送达等；符合法定步骤，如先行告知等；符合法定时限要求，如讯问查证的时限不超过 24 小时等。

2. 履行决定

被申请人不履行法定职责的，决定其在一定期限内履行。这种决定包括了确认不作为违法和履行法定义务两个方面的内容。依照《行政复议法》第 28 条第 1 款第 2 项的规定，被申请人不履行法定职责的，行政复议机关应当决定其在一定期限内履行法定职责。行政复议机关依照《行政复议法》第 28 条的规定责令被申请人重新作出具体行政行为的，被申请人应当在法律、法规、规章规定的期限内重新作出具体行政行为；法律、法规、规章未规定期限的，重新作出具体行政行为的期限为 60 日。

公民、法人或者其他组织对被申请人重新作出的具体行政行为不服，可以依法申请行政复议或者提起行政诉讼。

3. 撤销、确认违法决定

具体行政行为有下列情形之一的，决定撤销或者确认该具体行政行为违法；决定撤销或者确认该具体行政行为违法的，可以责令被申请人在一定期限内重新作出具体行政行为：

（1）主要事实不清、证据不足的。

（2）适用依据错误的。

（3）违反法定程序的。

(4) 超越或者滥用职权的。

(5) 具体行政行为明显不当的。

这些决定都是行政复议机关对违法具体行政行为的处理。被申请人不得以同一事实和理由作出与原来的具体行政行为基本相同的具体行政行为。撤销决定分为两种，第一种是只撤销，第二种是撤销的同时责令重作。撤销适用于行政机关的行政行为完全违法的情形；撤销并责令重作适用于行政机关的行政行为违法，但行政机关还应该作出行政行为的情形。

4. 变更决定

变更决定是行政复议机关对于被申请人进行监督的一种重要形态，其变更权适用范围比行政诉讼中的"行政处罚显失公平"适用范围要广泛得多，体现了上级行政机关对于下级行政机关的监督权限。变更决定意味着行政复议机关可以直接对被申请复议的行政行为进行改变，有助于节约时间、提高效率。具体行政行为有下列情形之一，行政复议机关可以决定变更：

(1) 认定事实清楚，证据确凿，程序合法，但是明显不当或者适用依据错误的。

(2) 认定事实不清，证据不足，但是经行政复议机关审理查明事实清楚，证据确凿的。

5. 赔偿决定

申请人在申请行政复议时可以一并提出行政赔偿请求，行政复议机关对符合国家赔偿法的有关规定应当给予赔偿的，在决定撤销、变更具体行政行为或者确认具体行政行为违法时，应当同时作出被申请人依法给予申请人赔偿的决定。申请人在申请行政复议时如果没有提出行政赔偿请求，行政复议机关在依法决定撤销或者变更罚款、撤销违法集资、没收财物、征收财物、摊派费用以及对财产的查封、扣押、冻结等具体行政行为时，应当同时作出责令被申请人返还申请人财产，解除对申请人财产的查封、扣押、冻结措施，或者赔偿相应价款的决定。行政复议法关于行政赔偿责任的特点是实行了"不告也理"的原则，为了更切实保护申请人的合法权益，即便申请人没有提出行政赔偿请求，行政复议机关对特殊类型的行政行为作出相应决定时，也应该责令被申请人返还财产，赔偿相应的价款。

6. 驳回复议请求决定

根据《行政复议法实施条例》的规定，行政复议增加了驳回复议请求的决定种类，主要适用于以下情形：

(1) 申请人认为行政机关不履行法定职责申请行政复议，行政复议机关受理后发现该行政机关没有相应法定职责或者在受理前已经履行法定职责的。

(2) 受理行政复议申请后，发现该行政复议申请不符合行政复议法和该条例规定的受理条件的。

为了加强对"驳回复议请求"决定的监督，上级行政机关认为行政复议机关驳回行政复议申请的理由不成立的，应当责令其恢复审理。

(三) 调解结案

《行政复议法实施条例》增加了"调解"作为行政复议决定方式之一，"调解"方式的确定来源于实践的广泛运用以及运用取得的实际效果。根据资料显示，在一些比较重视运用调解手段解决行政争议的地区，如上海、河北、湖北、黑龙江等，近年来通过调解达成和解的行政复议案件一般能够占到行政复议案件数量的20%～30%，其中湖北省市县两级复议机关通过调解结案的案件比例高达50%以上。这种探索是符合国务院《全面推进依法行政实施纲要》关于“要完善行政复议工作制度，积极探索提高行政复议工作质量的新方式、新举措”的要求，而且具有简便高效、成本低廉，凸显以人为本的行政管理理念，充分尊重当事人的选择权，减少复议申请人和被申请人之间的对立情绪，彻底解决行政争议等特点。基于这种认识，《行政复议法实施条例》吸收了实践经验，增加了“调解”作为行政复议决定方式的一种，具体制度设计如下：

（1）行政复议机关可以按照自愿、合法的原则进行调解。

（2）能够适用调解的案件分为两类：第一类是公民、法人或者其他组织对行政机关行使法律、法规规定的自由裁量权作出的具体行政行为不服申请行政复议的；第二类是当事人之间的行政赔偿或者行政补偿纠纷。

（3）当事人经调解达成协议的，行政复议机关应当制作行政复议调解书。调解书应当载明行政复议请求、事实、理由和调解结果，并加盖行政复议机关印章。

（4）行政复议调解书经双方当事人签字，即具有法律效力。

（5）调解未达成协议或者调解书生效前一方反悔的，行政复议机关应当及时作出行政复议决定。

三、行政复议决定的执行

根据《行政复议法》第33条的规定，申请人逾期不起诉又不履行行政复议决定的，或者不履行最终裁决的行政复议决定的，按照下列规定分别处理：

（1）维持具体行政行为的行政复议决定，由作出具体行政行为的行政机关依法强制执行，或者申请人民法院强制执行。

（2）变更具体行政行为的行政复议决定，由行政复议机关依法强制执行，或者申请人民法院强制执行。

【引例分析】

在本案中，法院经过审理后认为，对行政复议申请的审查和受理应当遵循合法、公正、公开、及时、便民的原则。根据《行政复议法实施条例》第28条的规定，凡是形式要件上符合该条所规定的受理条件的申请都应当被受理。本案中，原告向乐山市人民政府申请行政复议时，已经提交了相应的证据材料，并按被告要求补充提供了证人证言，符合《行政复议法实施条例》第28条规定的受理条件，但被告对原告提交的《民事裁定书》《执行和解协议书》《竹笋经营权承包合同》《收条》及询问笔录和证人证言等证据均未认可，认为上述证据不足以证明原告享有合法的竹笋承包经营权，更不能证明马边县人民政府作出了侵犯原告竹笋承包经营权的具体行政行为，从而认为原告未按规定提交相应证据，作出视原告放弃行政复议申请的通知，其认定事实不清，证据不足。同时，被告作为行政复议机关的审查机构，在履行审查义务时，对当事人所提出的复议申请和材料，只需进行形式要件上的审查，而本案被告却对原告的复议申请进行了实质性的审查，显然有超越职权之嫌，故应予撤销。最终，乐山市市中区人民法院作出判决，撤销乐山市人民政府

法制办公室乐府复〔2008〕26号《放弃行政复议申请通知书》，乐山市人民政府法制办公室在判决生之日起5日内对立某的复议申请重新作出处理。

资料来源：国家法官学院，中国人民大学法学院．中国审判案例要览：2010年行政审判案例卷［M］．北京：中国人民大学出版社，2011：363.

【本章小结】

行政复议是指公民、法人或者其他组织认为行政机关的具体行政行为或者该具体行政行为所依据的部分抽象行政行为侵犯其合法权益，依法向上级行政机关或者法律、法规规定的其他机关提出申请，由受理申请的行政机关对行政行为依法进行审查并作出处理决定的活动。我国现行有效的规定是《行政复议法》和《行政复议法实施条例》。行政复议基本原则包括合法原则、公正原则、公开原则、及时原则、便民原则、有错必纠原则、保障法律法规正确实施的原则和诉讼终局原则。

我国行政复议范围的确定标准有：具体行政行为标准、违法和不当标准、合法权益标准。可申请复议的行政行为包括可申请复议的具体行政行为和可申请附带复议的抽象行政行为。不可申请复议的行政行为包括制定行政法规和规章的行为、内部行政行为、居间行为等。

行政复议基本制度包括一级复议制度、书面复议制度、依法复议不调解制度、复议不停止执行制度、被申请人承担举证责任的制度等。

行政复议机关是指依照法律的规定，有权受理行政复议的申请，依法对被申请的行政行为进行合法性、适当性审查并作出决定的行政机关。行政复议管辖是指不同行政复议机关之间受理复议案件的权限和分工。它解决的是每个具体行政争议该由哪一个行政机关复议的问题。

行政复议参加人包括申请人、被申请人、第三人等。

行政复议的程序包括申请与受理、审理与决定、执行等。

【练习题】

1. 名词解释

行政复议机构　书面复议　行政复议调解

2. 思考题

（1）行政复议的特征是什么？

（2）行政复议与行政诉讼的区别有哪些？

（3）行政复议的原则有哪些？

（4）可申请行政复议的范围有哪些？

（5）不可申请行政复议的范围有哪些？

（6）行政复议的管辖种类有哪些？

（7）行政复议的参加人有哪些？

（8）简述行政复议与行政诉讼的衔接模式。

3. 案例分析题

吴某向蓬莱市政府提交《关于申请蓬莱市政府安排工作的报告》后，蓬莱市政府一直未予答复。吴某因此于2015年5月21日向烟台市政府提起行政复议申请，请求责令蓬莱市政府履行法定职责，给其安排工作。

问题：该申请是否属于行政复议的范围？

分析要点提示：

烟台市政府收到行政复议申请后，于2015年5月22日作出告知书，告知吴某：经审查，你提出的责令蓬莱市政府履行法定职责给你安排工作的申请不属于行政复议受理范围，你不服行政机关作出的行政处分或者其他人事处理决定的，应当依照有关法律、行政法规的规定提出申诉。根据《山东省行政复议条例》第18条第2款的规定，予以退回。

吴某收到告知书后，向烟台市中级人民法院提起诉讼。该院审查后认为，吴某请求对其进行人事安排，根据《行政复议法》的规定，应依照有关法律、行政法规的规定提出申诉。判决驳回原告吴某的诉讼请求。

吴某不服，提出上诉，请求撤销原审判决，判令烟台市政府责令蓬莱市政府限期作出应答。

经过审理，山东省高级人民法院认为，根据《行政复议法》第8条第1款“不服行政机关作出的行政处分或者其他人事处理决定的，依照有关法律、行政法规的规定提出申诉”的规定，上诉人吴某向被上诉人烟台市政府依照《山东省行政复议条例》第18条第2款之规定，向上诉人作出的其申请事项不属于行政复议范围及其可以依照相关法律、法规规定提出申诉的书面告知适用法律、法规正确，符合法定程序，原审法院判决驳回上诉人的诉讼请求并无不当，应予支持。

第十章　行政诉讼与行政诉讼法概述

【本章引例】

1994年1月12日，原告海南国际旅游投资股份有限公司向天津市政海南公司（以下简称"海南公司"）购买了位于海口市义龙后路15号艺林园小区A座302房，双方签订了房屋买卖合同。后来海南国际旅游投资股份有限公司更名为海南高新农业投资股份有限公司，2002年又更名为海南博今文化投资股份有限公司。前述房产的开发商是海南公司，1992年3月8日，海南公司与兴农公司签订房屋买卖合同，将义龙后路15号艺林园小区A座18套、C座18套房产出售给兴农公司。后双方于1997年1月签订了房地产买卖契约，1994年12月海南公司向被告海口市房地产管理局申请办理了A座和C座的房产证。1997年1月，海南公司与兴农公司共同持房屋权属证书、房屋买卖合同等有关证明材料，向被告申请办理A座302房的产权过户手续，后兴农公司的母公司又将302房抵债给了第三人四川省信托投资公司，被告根据成都市中级人民法院作出的《民事裁定书》及《协助执行通知书》，协助执行将A座302房过户到了第三人名下。直到2007年12月底突然有人上门索取房屋，原告才知晓原委。原告认为，被告在办证手续不齐全的情况下就给予办证，违反法定程序，侵害了原告的合法权益，于是在2008年将被告诉至法院，请求法院判决撤销被告给第三人办理的房屋所有权证。

资料来源：国家法官学院，中国人民大学法学院．中国审判案例要览：2010年行政审判案例卷[M]．北京：中国人民大学出版社，2011：73.

【本章学习目标】

通过本章的学习，你应该能够：

（1）了解行政诉讼的概念和特征。
（2）明确行政诉讼法的含义。
（3）掌握行政诉讼的基本原则。

第一节　行政诉讼概述

一、行政诉讼的概念、特征和行政诉讼案件的构成要件

（一）行政争议和行政诉讼

行政诉讼是解决行政争议的重要法律制度。所谓行政争议，是指行政机关和法律法规

授权的组织因行使行政职权而与另一方发生的争议。其主要包括：

（1）行政机关之间因行使行政职权而发生的争议。

（2）行政机关与其所属的公务员之间因行使行政职权而发生的争议。

（3）行政机关或者法律法规授权的组织与公民、法人或者其他组织之间因行使行政职权而发生的争议。

行政争议发生的基本原因是行使行政职权，而行政职权包括内部行政职权和外部行政职权，因此，行政争议也分为内部行政争议和外部行政争议。外部行政争议即行政机关或者法律法规授权的组织因行使外部行政职权而与公民、法人或者其他组织之间发生的争议。在我国，解决外部行政争议的法律制度主要有行政复议和行政诉讼。

（二）行政诉讼的概念和特征

在我国，行政诉讼是指公民、法人或者其他组织认为行政机关和法律法规授权的组织作出的行政行为侵犯其合法权益，依法定程序向人民法院起诉，人民法院在当事人及其他诉讼参与人的参加下，对行政行为的合法性进行审查并作出裁决的制度。我国的行政诉讼具有如下特征。

1. 行政案件由人民法院受理和审理

在英美法系国家，由普通法院审理行政案件，同时普通法院内部也不设行政审判庭；在大陆法系国家，由专门成立的行政法院审理行政案件。在我国，法院组织只设立一套人民法院系统。根据《行政诉讼法》的规定，人民法院应当保障公民、法人和其他组织的起诉权利，对应当受理的行政案件依法受理。行政机关及其工作人员不得干预、阻碍人民法院受理行政案件。被诉行政机关负责人应当出庭应诉。不能出庭的，应当委托行政机关相应的工作人员出庭。人民法院对行政案件依法独立行使审判权，在其内部设立行政审判庭，专门审理行政案件。

参考案例 10-1

2009 年 8 月，杜某的船舶在京杭运河某市城区河道因碰撞桥墩而沉没。事发后，海事部门即责令杜某打捞沉船，但杜某弃船离开，之后一直下落不明，致沉船长期滞留航道。2010 年 12 月，原告高某所有的船舶在途经该水域时，被水下杜某的沉船触沉，船上装载的 500 吨水泥落入水中。2011 年 2 月，高某在支付 6 万元费用后，由京杭运河某省某市航道管理站将其沉船打捞出水。4 月，高某以该市地方海事处、京杭运河某省某市航道管理站不履行打捞沉船法定职责为由，一纸诉状将两行政机关推上了被告席，诉请事发地某市人民法院审查确认两被告不作为的行为违法，判令被告赔偿原告船舶运费、打捞费、修理费以及货物损失共计 18 万元。

2. 人民法院审理的行政案件只限于就行政机关作出的行政行为的合法性发生的争议

当抽象行政行为（除国务院制定的具有普遍约束力的行政法规、决定、命令外）作为被诉行政行为的依据时，当事人才可以提出附带性审查请求，人民法院才可以对该抽象行政行为的合法性进行审查，并决定是否适用。

3. 行政复议不是行政诉讼的前置阶段或者必经程序

在其他国家，通常情况下，行政复议是行政诉讼的必经阶段或者前置程序，而且行政复议分为两级，即原复议和再复议，只有经过两级复议后，当事人才能向法院提起行政诉讼。依据我国《行政复议法》的规定，除法律、法规规定向人民法院起诉之前必须经过行

政复议者外，是否经过行政复议，由公民、法人或者其他组织自行选择。同时，即使是必须经过行政复议才能向人民法院起诉的行政案件，其行政复议的次数通常为一级，无须经过再复议程序。

4. 行政案件的审理方式原则上为开庭审理

依据《行政诉讼法》的规定，人民法院在审理一审案件时必须开庭审理，二审法院在审理上诉案件时，只有在事实清楚的情况下，才可以采用书面审理方式。

（三）行政诉讼案件的构成要件

在我国，行政诉讼案件由以下五个要件构成：

（1）原告是认为行政机关及法律法规授权组织作出的行政行为侵犯其合法权益的公民、法人或者其他组织。简言之，原告只能由公民、法人或者其他组织充当，而不能由行使行政职权的行政机关或者法律法规授权组织充当。这是因为，在行政管理中，行政机关一方享有各种行政职权，而另一方当事人即公民、法人或者其他组织处于被管理、被监督的地位，其合法权益就可能受到行政机关的行为的侵犯，因此，法律需要为他们提供维护合法权益的救济程序，行政诉讼就是其中的法律程序之一。行政诉讼又被称为“民告官”的原因即在于此。

（2）被告是作出被原告认为侵犯其合法权益的行政行为的行政机关及法律法规授权组织。在行政诉讼中，被告只能由行使行政职权的行政机关或者法律法规授权组织充当。这是因为，行政诉讼所要解决的问题是行政行为是否合法，而行政行为是由行政机关或者法律法规授权组织作出的。因此，行政诉讼的被告具有恒定性，即只能由行政机关或者法律法规授权组织充当。这一点与民事诉讼有很大的区别。在民事诉讼中，发生民事争议的双方当事人都有资格充当被告。

（3）原告提起行政诉讼必须是法律、法规规定属于法院受案范围及属于受诉法院管辖的行政争议。如前所述，在我国，并不是所有的行政争议都通过行政诉讼的方式解决，只是外部行政争议才由人民法院通过行政诉讼的方式解决。因此，只有法律明确规定属于法院的受案范围的行政争议，公民、法人或者其他组织才能向法院提起行政诉讼。同时，法院内部又有一定的管辖分工，按照法律规定属于该级法院及该法院审理的案件，该法院才有权受理并审理。

（4）原告必须是在法定期限内起诉。《行政诉讼法》对公民、法人或者其他组织提起行政诉讼的期限即“诉讼时效”作了明确规定：直接起诉的，在实际知道作出行政行为之日起 6 个月内，法律另有规定的除外；经行政复议后起诉的，在收到复议决定之日起 15 日内，法律另有规定的除外；未在法定期限内起诉的，丧失起诉权，法院将不予受理，也就无法形成诉讼。

（5）法律、法规规定起诉前必须经过行政复议的，已进行了行政复议；自行选择行政复议的，复议机关已作出复议决定或者逾期未作出复议决定。

参考案例 10-2

吉德仁等诉盐城市人民政府会议纪要案

2002 年 8 月 20 日，盐城市人民政府作出第 13 号《专题会议纪要》（以下简称《会议纪要》），吉德仁、蔡越华、蔡和平、丁书全（个体运输户）认为《会议纪要》属于违法行政决定行为，向江苏省盐城市中级人民法院提起诉讼。原告诉称：盐城市公共交通总公司（以下简称“公交总公司”）的5路和15路客运线路未经批准，擅自延伸出盐城市市区，与原告经批准经营的客运线路重叠，属于不正当竞争，损害原告的经营利益。为此原告多次向盐城市城区交通局（以下简称“城区交通局”）反映，要求其依法对公交总公司及5路和15路参与客运的车辆进行处罚并追缴非法所得。盐城市人民政府的《会议纪要》干预了城区交通局的查处，违反有关法律的规定，直接损害了原告的经济利益。被告辩称：《会议纪要》不属于行政诉讼受案范围。该纪要依据有关法规、文件及城市规划规定，对城市公交的范围进行了界定，明确了建设、交通等部门对城市公交和道路运输管理的有关职责，对争议的矛盾提出了处理方案。该行为属于行政机关内部指导行为，且未超越有关法规文件的规定，也未作出具体的行政决定，不具有行政强制力。原告吉德仁等人不具备本案的诉讼主体资格，无权对城区交通局能否查处公交总公司以及是否合法查处提出诉讼请求，认为市政府非法干预交通局对公交总公司的查处亦无任何事实和法律依据。

经过两审法院的审理，最终认定：被告盐城市人民政府的《会议纪要》虽然形式上是发给下级政府及所属各部门的会议材料，但从该纪要的内容上看，它对城市公交的运营范围进行了界定，并明确在界定范围内继续免交交通规费，而且该行为已实际导致城区交通局对公交总公司的管理行为的中止，所以《会议纪要》是一种行政决定行为，有具体的执行内容，是可诉行政行为。原告吉德仁等人作为与被告行政行为的受益方公交总公司所属的5路、15路公交车在同一路段进行道路运输的经营户，认为市政府的行为侵犯了他们的公平竞争权而提起诉讼，具有行政诉讼的原告主体资格。盐城市人民政府《会议纪要》中有关在规划区免征规费的规定，超越了法定职权。该项决定的内容缺乏法律、法规依据，且与国家有关部委的多个规定相抵触，依法应予以撤销。

二、行政诉讼与民事诉讼的关系

在我国，根据案件性质的不同和解决这些不同案件的需要，形成了三类不同的诉讼，即民事诉讼、刑事诉讼和行政诉讼。在这三类诉讼中，行政诉讼与民事诉讼具有更多的共同点。所谓民事诉讼，是指人民法院在当事人和其他诉讼参与人的参加下，审理和解决民事、经济争议的制度。一般来说，行政诉讼是从民事诉讼中分离出来的，其发展之初往往适用民事诉讼程序。我国在制定行政诉讼法典之前，于1982年制定的《中华人民共和国民事诉讼法》第3条第2款规定，人民法院审理行政案件适用民事诉讼程序。我国虽然于1989年制定了《行政诉讼法》，但内容简略，对诉讼过程中的一些程序性问题如期间、送达、开庭步骤、集团诉讼等未作规定，因而在审理行政案件过程中，必然要参照《民事诉讼法》的有关规定。同时，民事诉讼和行政诉讼两种诉讼活动都是在人民法院的主持下进行的，因此许多司法原则是共同的，如公开审判、回避制度、两审终审制、合议制等。行政诉讼与民事诉讼作为两种不同的诉讼程序，它们之间存在许多差异。具体来说，主要有以下不同：

（1）案件性质不同。民事诉讼解决的是平等主体之间的民事争议；行政诉讼解决的是行政主体与作为行政相对人的公民、法人或者其他组织之间的行政争议。

（2）适用的实体法律规范不同。民事诉讼适用民事法律规范，如《民法典》等；行政诉讼适用行政法律规范，如《行政处罚法》等。

（3）当事人不同。民事诉讼发生于法人之间、自然人之间、法人与自然人之间；行政诉讼只发生在行政主体与公民、法人或者其他组织之间。

（4）诉讼权利不同。在民事诉讼中，双方当事人的诉讼权利是对等的，如一方起诉，另一方可以反诉；行政诉讼双方当事人的诉讼权利是不对等的，如只能由公民、法人或者其他组织一方起诉，行政主体一方没有起诉权和反诉权。

（5）起诉的先行条件不同。行政诉讼要求以存在某个行政行为为先行条件；民事诉讼则不需要这样的先行条件。

（6）是否适用调解不同。通过调解解决争议，是民事诉讼的结案方式之一；行政诉讼是对行政行为的合法性进行审查，因而一般不可能通过被告与原告相互妥协来解决争议。

第二节　行政诉讼法概述

一、行政诉讼法的概念

行政诉讼法是指有关调整人民法院和当事人及其他诉讼参与人在审理行政案件过程中所进行的各种诉讼活动以及所形成的各种诉讼关系的法律规范的总和。简言之，行政诉讼法就是调整行政诉讼法律关系的法律规范的总和。行政诉讼法有狭义和广义之分。狭义的行政诉讼法又称形式意义的行政诉讼法，仅指行政诉讼法典，在我国即指 1989 年通过的《中华人民共和国行政诉讼法》。广义的行政诉讼法又称实质意义的行政诉讼法，既包括行政诉讼法典，也包括民事诉讼法及其他法律、法规中有关或者适用于行政诉讼的原则、制度和一些具体规定等。

二、行政诉讼法与行政法的关系

行政诉讼法与行政法之间的关系，不同于刑事诉讼法与刑法、民事诉讼法与民法之间的关系。刑法、民法是实体法，刑事诉讼法和民事诉讼法是程序法，而行政法自身既有实体法的内容，也有程序法的内容，行政机关和法律法规授权的组织在行政管理过程中，既要遵循实体法的规定，也要遵循程序法的规定，违反实体法和程序法的规定都构成违法，行政诉讼既要裁判实体违法问题，也要裁判程序违法问题。

三、行政诉讼法的立法目的

（一）保证法院正确、及时地审理行政案件

这一立法目的的主要表现是：

（1）《行政诉讼法》主要从人民法院依法独立行使行政审判权、审判原则、证据制度、行政诉讼强制措施、审判依据、两审终审制及审判监督程序等方面，对保证人民法院正确审理行政案件作出了规定。

（2）为了防止行政案件久拖不决，《行政诉讼法》作了一系列的期限规定，如申请行政复议期限、复议期限、起诉期限、受理期限、审理期限等，这一系列法定期限之间又是互相衔接的。

（二）保障公民、法人或者其他组织的合法权益

这一立法目的的主要表现是：

（1）《行政诉讼法》的制定和实施，为公民、法人或者其他组织在认为行政机关或者法律法规授权的组织的行政行为侵犯其合法权益时提供了比较有效的司法救济途径。

（2）《行政诉讼法》第12条规定了人民法院的受案范围，亦即公民、法人和其他组织受到司法机关保护的范围。这一规定与该法制定之前的状况相比较，大大扩大了司法机关保护的范围。

（3）《行政诉讼法》用专章规定了行政机关的行政侵权赔偿责任，对申请赔偿的程序、排斥责任以及赔偿费用的来源等，作了明确规定。

（4）《行政诉讼法》规定了公民、法人和其他组织在诉讼过程中的程序性权利。如人民法院作出裁定不受理起诉或者驳回起诉，原告对裁定不服的，可以向上一级人民法院提出上诉；对人民法院作出的第一审判决不服，可在法定期限内向上一级人民法院提出上诉；人民法院判决被告重新作出行政行为的，被告不得以同一事实和理由作出与原行政行为基本相同的行政行为；等等。

（三）监督行政机关依法行使行政职权

这一立法目的的主要表现是：行政机关及其工作人员由于种种原因，其行政行为侵害了公民、法人或者其他组织的合法权益，由人民法院经过审理，根据不同情况，判决撤销违法行政行为、确认行政行为违法、变更显失公正的行政处理决定或者强制行政机关履行义务等，起到司法权监督行政权的作用，以保证行政机关严格依法行政。

第三节　行政诉讼的基本原则

行政诉讼的基本原则是指行政诉讼法规定的，贯穿于行政诉讼的主要过程，对行政诉讼活动起支配作用的基本行为准则。其对行政诉讼活动有拘束力，无论是人民法院还是诉讼当事人、其他诉讼参与人都要遵循。行政诉讼的基本原则可分为两类：共有原则和特有原则。

一、共有原则

行政诉讼作为法院主持下的三大诉讼制度之一，其与民事诉讼、刑事诉讼制度具有一些共同的司法原则，主要包括下述几条。

（一）人民法院依法独立行使审判权原则

人民法院依法对行政案件独立行使审判权，不受行政机关、社会团体和个人的干涉。该原则的具体内容有：

（1）行政审判权由人民法院统一行使。人民法院代表国家统一行使行政审判权，任何外国政府和机构均不得行使，行政机关、团体和个人也不得干涉，应当尊重人民法院行政审判权的运用。

（2）就具体案件的审判来说，各人民法院的审判权是独立的，上级人民法院不能要求下级人民法院按照自己的意志进行审理和裁判。

(3) 审判人员独立。即审判人员参加合议庭审判和审判委员会决议时，不受来自法院内部和外部的干涉或者指使，应独立进行判断，发表自己的意见，并完全按照自己的意志表决。

(二) 以事实为根据、以法律为准绳原则

《行政诉讼法》第 5 条规定：人民法院审理行政案件，以事实为根据，以法律为准绳。该原则的具体含义是：

(1) 以事实为根据要求人民法院审理行政案件，作出裁判之前将相关的事实调查清楚。人民法院要查清的事实主要有：行政机关调查认定的事实；与本案有关的其他事实；行政诉讼程序事实。

(2) 以法律为准绳，要求人民法院审理行政案件时，不管是对被诉行政行为合法性进行审查、判断，还是作裁定或决定，均应依法进行；并且要求在审理行政案件之时以法律、行政法规、地方性法规和自治条例、单行条例为依据，以规章为参照。

(三) 当事人地位平等原则

行政诉讼中当事人双方的法律地位是平等的，当事人有平等的诉讼权利和诉讼义务。但这并不意味着原、被告诉讼权利和义务完全对应。

(四) 民族语言文字原则

各民族都有使用本民族语言、文字进行行政诉讼的权利。在少数民族聚居或者多民族共同居住的地区，人民法院应当用当地民族通用的语言、文字进行审理和发布法律文书。人民法院应当对不通晓当地民族通用语言、文字的诉讼参与人提供翻译。

(五) 当事人有权辩论原则

在行政诉讼中，当事人有权针对案件事实的有无，证据的真伪，适用法律、法规的正确与否诸方面，进行辩论。

(六) 合议、回避、公开审判和两审终审制

行政诉讼采用合议制，是由行政诉讼的性质所决定的。行政案件技术性、知识性较强，而且行政诉讼当事人一方为行政机关，独任审判难以胜任。采用合议制有利于行政案件的公正解决。行政诉讼实行合议原则，不存在民事诉讼有独任审判的例外。

为保证案件的公正审理，行政诉讼同民事、刑事诉讼一样，坚持回避原则。

人民法院审理行政案件，除涉及国家秘密、个人隐私和法律另有规定者外，一律公开进行。公开审判原则适用于法庭调查、法庭辩论和宣判等诉讼的各个阶段。

人民法院审理行政案件实行两审终审制。

(七) 人民检察院实行法律监督原则

《行政诉讼法》第 11 条规定：人民检察院有权对行政诉讼实行法律监督。人民检察院对行政诉讼实行法律监督是为了保障行政诉讼活动依法进行。在目前我国司法体制不尽完善的情况下，强调这一原则更具有重要意义。

二、特有原则

行政诉讼具有与其他两大诉讼制度不同的原则，主要包括以下几条。

(一) 当事人选择复议原则

对属于人民法院受案范围的行政案件，在法律、法规没有明确规定必须经过复议的情况下，当事人对行政行为不服时，既可以先向上一级行政机关或者法规规定的特定机关申请复议，对复议决定不服，再向法院起诉，也可以不经复议直接向法院起诉。简言之，在我国，复议原则上不是进行诉讼的必经程序，是否经过复议，由当事人自己选择。

参考案例 10-3

2007年2月7日上午9时30分左右，曾庆树与曾宪炳发生纠纷。曾庆树用拳头打伤曾宪炳的左眼部，经法医鉴定为轻微伤乙级。赣州市公安局章贡分局于2007年2月10日晚召集二人进行调解，双方未达成调解协议，同日章贡分局对曾庆树作出章公（沙）决定〔2007〕第0108号《行政处罚决定书》，决定给予曾庆树治安拘留10天，并处罚款200元的处罚。曾庆树不服，向赣州市公安局申请行政复议。赣州市公安局于2007年4月28日作出维持的行政复议决定。曾庆树仍不服，向法院提起行政诉讼。

经法院审查认为，对违反《治安管理处罚法》规定的行为人给予行政处罚属被告（章贡分局）依法履行职责的行为。原告因琐事殴打第三人致轻微伤乙级，已构成故意伤害他人身体。被告工作人员在对原告和第三人进行调解未果的情况下依法对原告进行处罚，符合《治安管理处罚法》和《公安机关办理行政案件程序规定》的规定，属依法行政，依法应予支持。因原告故意伤害的对象为60周岁以上的人，根据《治安管理处罚法》第43条第2款第2项的规定，被告对原告处以拘留10日、罚款200元的处罚，并无不当，依法应予维持。法院认为，被告对原告所作的行政处罚认定事实清楚，适用法律法规正确，程序合法。原告的诉讼理由不能成立，据此判决维持。

（二）审查行政行为合法性原则

《行政诉讼法》第2条规定："公民、法人或者其他组织认为行政机关和行政机关工作人员的行政行为侵犯其合法权益，有权依照本法向人民法院提起诉讼。前款所称行政行为，包括法律、法规、规章授权的组织作出的行政行为。"第6条规定："人民法院审理行政案件，对行政行为是否合法进行审查。"第53条规定："公民、法人或者其他组织认为行政行为所依据的国务院部门和地方人民政府及其部门制定的规范性文件不合法，在对行政行为提起诉讼时，可以一并请求对该规范性文件进行审查。前款规定的规范性文件不含规章。"据此，行政行为是行政诉讼中的直接起诉对象，而抽象行政行为不是行政诉讼的直接起诉对象。对行政机关作出的行政行为的要求应当包括两个方面，即合法性和合理性。行政行为违法或者虽然合法但不合理（即不适当），都有可能对公民、法人或者其他组织的合法权益构成侵害。《行政诉讼法》考虑到法院的性质和司法权与行政权的关系，在第6条规定："人民法院审理行政案件，对行政行为是否合法进行审查。"因此，公民、法人或者其他组织只有对行政行为的合法性提出异议时，才能通过行政诉讼的方式解决，而行政机关在法律、法规授予的行政自由裁量权范围内作出的行政行为是否合理、适当的问题，原则上只能通过行政复议，由行政机关自行判断和处理。

（三）行政行为不因诉讼而停止执行原则

这一原则的基本内涵是，行政行为作出以后，当事人即使提起了行政诉讼，仍要按照行政行为所规定的内容履行自己的义务，否则，行政机关或者行政机关有权通过人民法院对当事人采取强制措施，迫使当事人履行义务。

《行政诉讼法》同时也考虑到在某些特殊情况下，行政行为应当停止执行，否则将可能造成难以弥补的损失。如该法第56条规定，诉讼期间，不停止行政行为的执行。但有

下列情形之一的，裁定停止执行：（1）被告认为需要停止执行的；（2）原告或者利害关系人申请停止执行，人民法院认为该行政行为的执行会造成难以弥补的损失，并且停止执行不损害国家利益、社会公共利益的；（3）人民法院认为该行政行为的执行会给国家利益、社会公共利益造成重大损害的；（4）法律、法规规定停止执行的。

（四）不适用调解原则

《行政诉讼法》第 60 条规定，人民法院审理行政案件，不适用调解。但是，行政赔偿、补偿以及行政机关行使法律、法规规定的自由裁量权的案件可以调解。调解应当遵循自愿、合法原则，不得损害国家利益、社会公共利益和他人合法权益。人民法院审理行政案件时，既不能把调解作为行政诉讼过程中的一个必经阶段，也不能把调解作为结案的一种方式。人民法院审理行政案件之所以不适用调解原则，其根本原因在于，行政诉讼的审理对象是行政行为的合法性。行政机关作出行政行为，是其行使法定职权的表现，即依据法律规定和当事人的行为，行政机关只能作出这种性质和这种程度的行政行为，而不能作出其他性质、种类和程度的行政行为。换言之，对于这种法定职权，行政机关不得放弃或者让步，否则构成失职。

（五）司法变更权有限原则

司法变更权是指人民法院对被诉行政行为经过审理后，认为该行政行为违法而改变该行政行为的权力。但是，司法变更权涉及司法权与行政权的关系，既要考虑到司法权对行政权的制约和对行政相对人权益的保护，同时也要兼顾行政权的独立性以及行政权运行的效率性。这是法定的权力分立以及权力相互制约的关系所决定的。因此，《行政诉讼法》第 77 条规定，行政处罚明显不当，或者其他行政行为涉及对款额的确定、认定确有错误的，人民法院可以判决变更。

【引例分析】

本案历经两审，诉争焦点在于：被告海口市房地产管理局根据法院的《民事裁定书》及《协助执行通知书》实施的行政行为是否属于人民法院行政诉讼的受案范围？根据《最高人民法院关于行政机关根据法院的协助执行通知书实施的行政行为是否属于人民法院行政诉讼受案范围的批复》（法释〔2004〕6 号）的规定，被告根据人民法院的《协助执行通知书》实施的行为，是其必须履行的法定协助义务，原告为此而诉请撤销被告为第三人颁发的房屋产权证不属于人民法院行政诉讼的受案范围。但如果当事人认为行政机关在协助执行时扩大了范围或违法采取措施造成其损害，提起行政诉讼的，人民法院应当受理。故依法应予驳回其起诉。原告不能对被告的协助执行行为提起行政诉讼，但如果对法院的《民事裁定书》和《协助执行通知书》有异议，则应向作出上述法律文书的法院提出；其与海南公司的房屋买卖纠纷，应通过民事诉讼予以解决。

资料来源：国家法官学院，中国人民大学法学院．中国审判案例要览：2010 年行政审判案例卷［M］．北京：中国人民大学出版社，2011：77.

【本章小结】

行政诉讼是指公民、法人或者其他组织认为行政机关和法律法规授权的组织作出的行政行为侵犯其合法权益，依法定程序向人民法院起诉，人民法院在当事人及其他诉讼参与人的参加下，对行政行为的合法性进行审查并作出裁决的制度。行政诉讼案件由以下五个要件构成：(1) 原告是认为行政机关及法律法规授权组织作出的行政行为侵犯其合法权益的公民、法人或者其他组织；(2) 被告是作出被原告认为侵犯其合法权益的行政行为的行政机关及法律法规授权组织；(3) 原告提起行政诉讼必须是法律、法规规定属于法院受案范围及属于受诉法院管辖的行政争议；(4) 原告必须是在法定期限内起诉；(5) 法律、法规规定起诉前必须经过行政复议的，已进行了行政复议，自行选择行政复议的，复议机关已作出复议决定或者逾期未作出复议决定。

行政诉讼法是指有关调整人民法院和当事人及其他诉讼参与人在审理行政案件过程中所进行的各种诉讼活动以及所形成的各种诉讼关系的法律规范的总和。行政诉讼的基本原则可以分为两类：共有原则和特有原则。

【练习题】

1. 名词解释

行政争议　行政诉讼　行政诉讼法　行政诉讼的基本原则　司法变更权有限原则

2. 思考题

(1) 行政诉讼的特征是什么？

(2) 行政诉讼案件的构成要件有哪些？

(3) 行政诉讼的基本原则有哪些？

(4) 如何理解行政行为不因诉讼而停止执行原则？

(5) 如何理解司法变更权有限原则？

3. 案例分析题

2013 年 12 月 13 日，辽宁省劳动鉴定委员会作出《致残程度再次鉴定结论通知单》（辽鉴再字〔2013〕0268 号），评定袁景祯伤残程度为四级。袁景祯对该结论不服，于 2014 年 2 月 17 日提出行政复议申请。2014 年 2 月 18 日，辽宁省政府作出《告知书》，内容为：2014 年 2 月 17 日，我办收到你提交的被申请人为辽宁省劳动鉴定委员会办公室的行政复议申请，请求撤销《致残程度再次鉴定结论通知单》（辽鉴再字〔2013〕0268 号）。《工伤保险条例》第 24 条第 1 款规定，省、自治区、直辖市劳动能力鉴定委员会和设区的市级劳动能力鉴定委员会分别由省、自治区、直辖市和设区的市级社会保险行政部门、卫生行政部门、工会组织、经办机构代表以及用人单位代表组成。因此，辽宁省劳动鉴定委员会不具有行政主体资格。该复议事项不属于《行政复议法》规定受理事项。辽宁省政府于当日向袁景祯送达该份《告知书》。袁景祯不服，于 2014 年 6 月 3 日起诉，请求撤销辽宁省政府作出的《告知书》。

问题：该争议是否属于人民法院的受案范围？

分析要点提示：

劳动鉴定委员会不属于法律、法规及规章授权行使行政权的组织，不是行政主体，是依法成立的技术鉴定机构。

劳动鉴定委员会作出的伤残鉴定结论不属于行政行为，属于专门技术鉴定结论。

行政复议机关应当以行政复议决定书方式作出不予受理复议申请的决定，以告知书方式作出不予受理复议申请的决定，行政行为形式不当，人民法院应当予以指正。

第十一章　行政诉讼的受案范围与管辖

【本章引例】

2006 年 5 月 17 日凌晨 3 时 22 分，北京市通州区新城南路果园 47 号雅景嘉园某房屋发生燃气爆燃，造成 4 人受伤，其中 1 人重伤。事故发生后，北京市通州区公安消防支队对爆燃事故进行了认定，先后作出（通）公消责〔2006〕第 005 号《火灾事故责任认定书》和（通）公消责〔2006〕第 006 号《火灾事故责任认定书》，认定原告负此起事故的直接责任。原告不服，向北京市公安局消防局申请重新认定。北京市公安局消防局作出（京）公消责〔2006〕第 20 号《火灾原因、事故责任重新认定决定书》，维持了（通）公消责〔2006〕第 006 号《火灾事故责任认定书》。原告认为被告的重新认定属于以同一事实和理由作出与原行政行为基本相同的行政行为，违反法定程序，且责任认定本身缺乏事实根据和法律依据，因此起诉到法院要求撤销（通）公消责〔2006〕第 006 号《火灾事故责任认定书》和（京）公消责〔2006〕第 20 号《火灾原因、事故责任重新认定决定书》。法院在收到起诉材料后，经过审查，认为该案不属于行政诉讼受案范围，裁定不予受理。

资料来源：罗安平. 火灾事故责任认定不属于行政诉讼的受案范围［EB/OL］.（2011-08-12）［2020-05-06］. http://lawyer.110.com/227239/article/show/type/2/aid/232354/.

【本章学习目标】

通过本章的学习，你应该能够：

（1）了解行政诉讼法确定受案范围的原则和方式。
（2）掌握行政诉讼受案范围的具体规定。
（3）掌握行政诉讼管辖种类以及特殊规定。

第一节　行政诉讼的受案范围

一、概述

（一）受案范围的含义

行政诉讼的受案范围又称法院的主管范围，是指法院受理并审理行政争议的范围。这一范围，从法院与行政机关的关系而言，是指法院对行政机关的哪些行政行为拥有司法审查权；从公民、法人或者其他组织的角度而言，是指对行政机关的哪些行政行为不服时可以向法院起诉，以寻求司法救济。

行政诉讼以行政争议为处理对象，而行政争议的范围和种类极其广泛，法院不可能受理并审理所有的行政争议。我国《行政诉讼法》在规定人民法院的受案范围时主要考虑了两方面的因素：一是尽可能扩大人民法院的受案范围以给当事人的合法权益提供更有力的司法保护；二是人民法院在我国政权体制中的地位、人民法院的审判力量、人民法院与行政机关的关系及目前的行政诉讼意识。

（二）受案范围的确定方式

受案范围的确定方式决定着受案范围的宽窄。各国由于法律制度、历史传统及行政审判制度的发达程度不同，所采取的确定方式也有所不同。归纳起来，主要有三种：一是列举式，即或者由单行法律、法规分别列举，或者由行政诉讼法典分类列举；二是概括式，即在统一的行政诉讼法典中对法院的受案范围作概括规定；三是结合式，即行政诉讼法典对法院的受案范围先作概括规定，在此前提下，再作列举式规定。我国《行政诉讼法》根据我国的具体情况，在确定人民法院的受案范围时，采用了结合式，但又具有我国的特色。

1. 总的概括规定

《行政诉讼法》第 2 条规定："公民、法人或者其他组织认为行政机关和行政机关工作人员的行政行为侵犯其合法权益，有权依照本法向人民法院提起诉讼。前款所称行政行为，包括法律、法规、规章授权的组织作出的行政行为。"据此，人民法院总的受案范围为因行政行为发生的争议。

2. 限定的概括规定

《行政诉讼法》第 6 条规定："人民法院审理行政案件，对行政行为是否合法进行审查。"据此，人民法院的受案范围又进一步限定为行政行为的合法性，排除了因行政行为是否合理发生的争议的可诉性。

3. 肯定式分类列举

《行政诉讼法》第 12 条第 1 款第 1 项至第 12 项列举了 12 类因行政行为合法性发生的争议。这一规定又进一步限定了受案范围为明确列举的 12 类行政行为因是否合法而发生的争议，排除了除此之外的其他行政行为合法性发生的争议的可诉性。

4. 肯定式个别列举

《行政诉讼法》第 12 条第 2 款规定，人民法院除受理《行政诉讼法》规定的 12 类行政案件外，还受理法律、法规规定可以提起诉讼的其他行政案件。这一规定为单行法律、法规以列举的方式逐渐扩大人民法院的受案范围提供了法律依据。

5. 否定式分类列举

《行政诉讼法》第 13 条列举了因四类事项发生的争议不属于人民法院的受案范围。这种否定式列举有两种情况：一是进一步明确抽象行政行为不属于人民法院的受案范围；二是在肯定式分类列举中排除对某些事项的司法审查，如内部行政行为、国家行为及法律规定由行政机关最终裁决的行为。

二、应予受理的案件

为了明确行政诉讼的受案范围，《行政诉讼法》具体列举了人民法院可以受理的案件。

（1）对行政拘留、暂扣或者吊销许可证和执照、责令停产停业、没收违法所得、没收非法财物、罚款、警告等行政处罚不服的。

（2）对限制人身自由或者对财产的查封、扣押、冻结等行政强制措施和行政强制执行不服的。

（3）申请行政许可，行政机关拒绝或者在法定期限内不予答复，或者对行政机关作出的有关行政许可的其他决定不服的。

（4）对行政机关作出的关于确认土地、矿藏、水流、森林、山岭、草原、荒地、滩涂、海域等自然资源的所有权或者使用权的决定不服的。

（5）对征收、征用决定及其补偿决定不服的。

（6）申请行政机关履行保护人身权、财产权等合法权益的法定职责，行政机关拒绝履行或者不予答复的。

（7）认为行政机关侵犯其经营自主权或者农村土地承包经营权、农村土地经营权的。

（8）认为行政机关滥用行政权力排除或者限制竞争的。

（9）认为行政机关违法集资、摊派费用或者违法要求履行其他义务的。

（10）认为行政机关没有依法支付抚恤金、最低生活保障待遇或者社会保险待遇的。

（11）认为行政机关不依法履行、未按照约定履行或者违法变更、解除政府特许经营协议、土地房屋征收补偿协议等协议的。

（12）认为行政机关侵犯其他人身权、财产权等合法权益的。

行政机关的行政行为有许多种类，诸如行政裁决行为、行政确认行为、行政检查行为、行政奖励行为、行政征收行为等。因这些行政行为而引发的争议，满足受案范围的确定标准并且又不为《行政诉讼法》所明确排除的，均属于行政诉讼的受案范围。

参考案例 11-1

2013年5月11日，任某在洛阳一家电脑城购买了200元的电脑椅，当他索要发票时被拒绝。5月18日，他到西工区国税局举报。任某称，在西工区国税局对其举报进行调查取证期间，他曾先后往返十多次。6月3日，执法部门对被举报对象作出行政处罚决定，限期开具发票，并罚款100元。随后，任某收到了执法部门寄来的领奖通知书，他收到1元钱的举报奖。任某认为1元钱的奖励简直是对自己的侮辱，遂将西工区国税局起诉至法院，要求法院撤销奖励决定，判令被告重新作出奖励并承担本案诉讼费50元。法院经过审理认为，西工区国税局所下达的行政决定书的1元举报奖励的确不合情理，但是程序合法，遂驳回原告任某的起诉，案件审理费50元由原告承担。

1. 行政裁决行为

行政裁决行为不同于以民事争议双方当事人自愿为基础的行政调解行为和旨在解决劳动争议的行政仲裁行为。它的作出不以民事争议双方当事人的同意为前提，产生了处分民事争议双方当事人权利、义务的法律效果，因此引发的争议属行政诉讼的受案范围。

2. 行政确认行为

行政确认是指行政机关依法证明和确定某种既存事实或者某种法律关系的具体行政行

为。比如，民政机关对烈属、军属、残废军人、优抚对象身份的证明行为，对现役军人死亡性质、伤残性质的确认；教育管理机关对学历、学位、培训资格的证明行为；公安机关对居民的户籍、身份的证明行为；等等。

行政确认行为实质是一种公权力的宣告，虽然只是对行政相对人既存的法律地位的确认和宣告，但行政确认行为可能会影响到行政相对人的人身权、财产权。比如，对伤残等级的确认可能影响到被确认人所获的民事赔偿数额，对亲属关系的确认可能影响到被确认人的继承权的享有，等等。因此，行政相对人不服行政确认行为，可以提起行政诉讼。

3. 行政检查行为

行政检查是行政主体基于行政职权依法对行政相对人是否遵守法律的情况进行的检查，常以诸如审查、调查、检查、责令提供必要的资料和凭证等方式进行。行政检查行为是行政机关取得信息、进行行政管理的必要手段，但违法的行政检查行为也会扰乱被检查人正常的生活和生产经营秩序，侵犯相对人的人身权和财产权，因此引发的争议属于行政诉讼的受案范围。

参考案例 11－2

王某诉北京市某区公安分局拒绝变更姓名登记案

2002 年 9 月 26 日，原告王某向某区公安分局八角派出所提出要求变更姓名的申请，要求将自己的姓名变更为“奥古辛耶”，并提交了变更姓名登记申请书、户口簿、身份证等材料。2002 年 11 月 4 日，某区公安分局在王某更改姓名审批表上签署决定意见：根据公安部三局《关于执行户口登记条例的初步意见》第 9 条的规定，不同意该同志更改姓名。原告王某因不服被告不同意变更姓名的决定，向法院提起行政诉讼，要求被告撤销原具体行政行为，并请求法院裁定被告重新作出具体行政行为。法院立案庭收到原告起诉材料后，经研究认为：公安机关根据《中华人民共和国户口登记条例》有关规定，享有法律授予的进行户口登记、变更事项等内容的行政职权，某区公安分局作出的不同意变更原告姓名的决定属于其依职权作出的具体行政行为，该行为侵犯的是原告人身权中的姓名权，原告认为被告侵犯其合法权益，提起行政诉讼，该案属于人民法院行政案件受案范围，决定立案。在本案审理过程中，被告某区公安分局认可其作出的具体行政行为缺乏法律依据，变更具体行政行为，将王某户籍卡上“登记姓名”一栏中的原告姓名变更为“奥古辛耶”。原告以被告为自己变更了姓名为由，申请撤回起诉。经审查，人民法院认为，被告在诉讼过程中改变原具体行政行为，为原告办理了变更姓名登记，原告同意并申请撤回起诉符合法律规定，应予准许，当时依照 1989 年制定的《行政诉讼法》第 51 条的规定，裁定：准许原告王某撤回起诉，诉讼费用 80 元减半收取，由被告某区公安分局负担。

《行政诉讼法》第 12 条第 2 款规定：人民法院受理法律、法规规定可以提起诉讼的其他行政案件。该规定具有两方面的意义：一方面，确认在《行政诉讼法》制定以前出台的单行法律、法规已规定的对行政机关的某些行为不服可向法院提起诉讼，仍然有效。另一方面，随着行政诉讼制度的发展，受案范围今后可进一步扩大，扩大的方式可通过制定单行的法律法规规定，无须修改《行政诉讼法》。

如果行政行为侵犯的不是人身权或财产权，而是其他权利，例如劳动权、休息权、受教育权、集会与游行示威权等，行政相对人能不能向法院提起行政诉讼呢？根据《行政诉讼法》第12条第2款的规定，这取决于法律、法规是否有特别规定。法律、法规如果作了肯定规定就可以向人民法院提起行政诉讼，否则就不能向人民法院提起行政诉讼。这里的法律、法规，特指包含了法律、行政法规、地方性法规、自治条例和单行条例的广义概念。但是规章及其他规范性文件规定行政相对人可向人民法院起诉的，人民法院有权拒绝受理。

三、不予受理的案件

（一）国家行为

人民法院不受理行政相对人对国防、外交等国家行为提起的诉讼。《行政诉讼法》规定的国家行为，是指国务院、中央军事委员会、国防部、外交部等根据《宪法》和法律的授权，以国家的名义实施的有关国防和外交事务的行为，以及经《宪法》和法律授权的国家机关宣布紧急状态、实施戒严和总动员等行为。

（二）抽象行政行为

人民法院不受理行政相对人对行政法规、规章或者行政机关制定、发布的具有普遍约束力的决定、命令提起的诉讼。"具有普遍约束力的决定、命令"，是指行政机关针对不特定对象发布的能反复适用的行政规范性文件。这就是抽象行政行为不属于行政诉讼受案范围的法律依据。

参考案例 11-3

2001年8月17日，本案被告深圳市人民政府发布了《关于整治红荔路笋岗路上步路两侧临街建（构）筑物外观的通告》（深府〔2001〕120号）。2001年10月24日，物业管理公司对本案原告吴某位于红荔路华新村15栋104室住宅的防盗网实施强制拆除。在施工过程中，由于施工操作人员的过失，导致电焊火花点燃原告屋内窗帘布而引起屋内火灾，在救火过程中，造成原告住宅内窗帘布等一批物品的损失。2002年3月1日，原告向深圳市人民政府提出行政赔偿申请，由于市政府依法决定不予赔偿，原告遂提起行政诉讼。本案争议的焦点集中在深圳市人民政府发布的《关于整治红荔路笋岗路上步路两侧临街建（构）筑物外观的通告》是具体行政行为还是抽象行政行为；物业管理公司对原告位于红荔路华新村15栋104室住宅的防盗网实施强制拆除的行为是否属于深圳市人民政府委托执法。

最终，法院认为，深圳市人民政府发布的《关于整治红荔路笋岗路上步路两侧临街建（构）筑物外观的通告》是对深圳市红荔路、笋岗路、上步路两侧范围内的临街建（构）筑物进行整治而发布的、针对不特定对象、在一定时期内能反复适用的行政规范性文件，该文件对上述区域内的建（构）筑物的整治工作提出规范和指导意见，是抽象行政行为而不是具体行政行为，故依法裁定驳回原告吴某的起诉。

（三）行政机关对其工作人员的奖惩、任免等决定

人民法院不受理行政相对人就行政机关对行政机关工作人员的奖惩、任免等决定提起的诉讼。"对行政机关工作人员的奖惩、任免等决定"，是指行政机关作出的涉及该行政机关公务员权利义务的决定。行政机关对其工作人员的奖惩、任免等决定，是行政机关的内部人事管理决定，属于内部行政行为。

（四）法律规定由行政机关最终裁决的行政行为

人民法院不受理行政相对人对法律规定由行政机关最终裁决的行政行为提起的诉讼。“法律规定由行政机关最终裁决的行政行为”中的“法律”，是指全国人民代表大会及其常务委员会制定、通过的规范性文件。如果是法规或者规章规定行政机关可以对某些事项“作最终裁决”，而行政相对人不服行政机关依据这些法规或规章作出的裁决，依法向人民法院起诉的，人民法院应予受理。

我国法律规定的有关终局行政行为有两种类型：一类是可以申请复议也可以直接向法院起诉，但如果申请复议，则复议决定为最终裁决，不能再向法院起诉；另一类是当事人不服行政决定，只能向有关行政机关申请复议，复议决定为最终决定，不能向法院起诉。

最高人民法院关于适用《中华人民共和国行政诉讼法》的解释（以下简称“司法解释”）规定，下列行为不属于人民法院行政诉讼的受案范围：

（1）公安、国家安全等机关依照刑事诉讼法的明确授权实施的行为。

（2）调解行为以及法律规定的仲裁行为。

（3）行政指导行为。

（4）驳回当事人对行政行为提起申诉的重复处理行为。

（5）行政机关作出的不产生外部法律效力的行为。

（6）行政机关为作出行政行为而实施的准备、论证、研究、层报、咨询等过程性行为。

（7）行政机关根据人民法院的生效裁判、协助执行通知书作出的执行行为，但行政机关扩大执行范围或者采取违法方式实施的除外。

（8）上级行政机关基于内部层级监督关系对下级行政机关作出的听取报告、执法检查、督促履责等行为。

（9）行政机关针对信访事项作出的登记、受理、交办、转送、复查、复核意见等行为。

（10）对公民、法人或者其他组织权利义务不产生实际影响的行为。

参考案例 11-4

2003年4月，某省甲县A村与乙县B村因对一自然水源的取水权产生纠纷。A村认为，该水源源头在甲县境内，历史上该村村民均在此取水，且此水源一直作为该村的人畜饮水及灌溉用水，故其对此水源享有取水权。B村认为，该水源流经乙县境内，本村人口多于对方，且A村还有其他水源可取水，因此该水源的取水权应属于B村。两村互不相让，多次发生冲突，甲、乙两县也未就该事协商一致。管理甲、乙两县的市人民政府经调查后，作出行政处理决定：双方对该水源均享有取水权。两村对此决定皆不服，均向省人民政府提出行政复议申请。复议机关经审理后查明，争执水源为自然河流，依据省人民政府对甲、乙两县行政区域界线的勘定，该水源是甲、乙两县的界河，根据水法及其他有关规定，双方均有取水权，遂依法作出了维持市人民政府确权决定的裁决。

在本案中，根据《行政复议法》第6条第4项、第30条第2款的规定，甲县A村与乙县B村不服市人民政府对自然水流的使用权纠纷作出的处理决定，依法向省人民政府提出行政复议申请。省人民政府作为复议机关，根据省人民政府对行政区划的勘定，依法作出了维持市人民政府确权行为的行政复议最终裁决。若不服这一复议裁决，再向人民法院提起行政诉讼，应依法裁定不予受理。

第二节 行政诉讼管辖

一、行政诉讼管辖概述

（一）行政诉讼管辖的概念

行政诉讼管辖是指上下级法院之间和同级法院之间受理第一审行政案件的分工和权限。从受理和审理的角度，它解决的是法院内部的分工和权限；从起诉的角度，它解决的是公民、法人或者其他组织认为属于法院受案范围的行政行为侵犯了自己的合法权益时，向哪一级哪一个人民法院起诉的问题。属于人民法院受案范围的行政争议，并不是每一级及每一个人民法院都有管辖权。行政诉讼法对行政案件的管辖权作出具体规定，便于公民、法人或者其他组织提起诉讼，有利于人民法院系统内部的合理分工及明确人民法院的内部职责，便于有关国家机关及全体人民对法院的工作进行监督。

《行政诉讼法》对管辖权的规定，考虑了以下因素：人民法院内部的合理分工，包括上下级人民法院和同级人民法院之间的合理分工；便于人民法院及时便利地办理案件；有利于人民法院公正地审理案件；根据不同情况，便于原告或者被告参加诉讼，一般情况下采取“原告就被告”的原则，但在特殊情况下作了便于原告参加诉讼的规定。

（二）确定管辖的原则

我国《行政诉讼法》所确定的行政诉讼管辖，体现了以下原则：

（1）人民法院内部的合理分工。这包括上下级人民法院之间的合理分工和同级人民法院之间的合理分工，避免畸轻畸重。如第一审行政案件主要由基层人民法院审理，但最高人民法院、高级人民法院和中级人民法院也审理某些第一审行政案件。

（2）便于人民法院及时合法地办理案件。人民法院办理行政案件主要有两个步骤：一是查明事实；二是适用法律。查明事实是办案的关键，因此，在确定管辖时就要便于法院查明案件事实。如行政诉讼法规定“行政案件由最初作出行政行为的行政机关所在地人民法院管辖”“因不动产提起的行政诉讼，由不动产所在地人民法院管辖”等，都是从便于人民法院查明案件事实考虑的。

（3）有利于人民法院公正审理行政案件。行政案件的当事人一方是行使行政权的国家行政机关，它有可能利用行政权干预人民法院的审理活动。因此，行政诉讼法规定，对国务院各部门或者省、自治区、直辖市人民政府所作的行政行为提起诉讼的案件，由中级人民法院审理；高级人民法院管辖本辖区内重大、复杂的第一审行政案件；最高人民法院管辖全国范围内重大、复杂的第一审行政案件。

（4）根据不同情况，便于原告或者被告参加诉讼。一般情况下，采取“原告就被告”的原则。这是因为：1）行政行为是被告作出的，由被告所在地人民法院管辖，既有利于人民法院的审理活动，又有利于裁判的执行。2）通常情况下，原被告同处一地。在特殊情况下，只作了便于原告诉讼的规定，如《行政诉讼法》第 19 条规定：对限制人身自由的行政强制措施不服提起的诉讼，由被告所在地或原告所在地人民法院管辖。第 21 条规定：两个以上人民法院都有管辖权的案件，原告可以选择其中一个人民法院提起诉讼。

(5) 原则性与灵活性相结合。行政诉讼法对最高人民法院和地方各级人民法院所管辖的第一审行政案件进行了分工，又规定了管辖权的转移，作为级别管辖的补充；行政诉讼法规定了地域管辖，又规定了指定管辖作为地域管辖的补充。

（三）行政诉讼管辖的种类

行政诉讼管辖分为级别管辖、地域管辖和裁定管辖三类，其中级别管辖和地域管辖是由法律明确规定的，又合称为“法定管辖”。

二、级别管辖

我国一共设有四级人民法院，即最高人民法院、高级人民法院、中级人民法院和基层人民法院。因此，首先需要根据行政案件的各种因素，在上下级人民法院之间对案件的管辖权作出分配。级别管辖是指上下级人民法院受理第一审行政案件的分工和权限。级别管辖是从纵向上解决哪些第一审行政案件应由哪一级法院受理和审理的问题。

（一）基层人民法院管辖的案件

基层人民法院管辖除上级人民法院管辖的第一审行政案件以外的其他第一审行政案件。

《行政诉讼法》第 14 条规定：基层人民法院管辖第一审行政案件。这一规定确立了“行政诉讼从基层法院开始”的原则，表明了我国基层人民法院拥有对第一审行政案件的普遍管辖权，除《行政诉讼法》第 15 条、第 16 条和第 17 条所规定的行政案件以外，一切行政案件都由基层人民法院管辖。确定该项原则，是因为在多数情况下基层人民法院既是原告和被告所在地，又是行政机关和行政争议的发生地，如此规定便于人民法院和行政机关参加诉讼，也有利于人民法院及时公正地处理行政争议。

（二）中级人民法院管辖的案件

根据《行政诉讼法》第 15 条以及最高人民法院的司法解释，中级人民法院管辖下列第一审行政案件：

(1) 对国务院部门或者县级以上地方人民政府所作的行政行为提起诉讼的案件。

(2) 海关处理的案件。

海关处理的案件是指所有海关行政案件均由中级人民法院管辖，大体包括行政相对人对海关作出的行政处罚决定、扣押等行政强制措施、缴纳关税等行政处理决定不服以及相应的行政复议决定提起的行政诉讼案件。之所以如此设置，也是考虑到海关行政案件具有较强的专业性和技术性，中级人民法院更能胜任案件的审理。

(3) 涉及集成电路布图设计的行政案件。

最高人民法院《关于开展涉及集成电路布图设计案件审判工作的通知》(2001 年 10 月 30 日) 规定，下列行政案件由北京市第一中级人民法院受理：

1) 不服国务院知识产权行政部门驳回布图设计登记申请的复审决定的案件。

2) 不服国务院知识产权行政部门撤销布图设计登记申请决定的案件。

3) 不服国务院知识产权行政部门关于使用布图设计非自愿许可决定的案件。

4) 不服国务院知识产权行政部门关于使用布图设计非自愿许可的报酬的裁决的案件。

5) 不服国务院知识产权行政部门对侵犯布图设计专有权行为处理决定的案件。

6）不服国务院知识产权行政部门行政复议决定的案件。

不是以“国务院知识产权部门”为被告的“涉及布图设计的行政案件”，由各省、自治区、直辖市人民政府所在地，经济特区所在地和大连、青岛、温州、佛山、烟台市的中级人民法院作为第一审人民法院审理。

（4）植物新品种纠纷的行政案件。

最高人民法院《关于审理植物新品种纠纷案件若干问题的解释》（2000年12月25日）第1条规定，人民法院受理的植物新品种纠纷案件主要包括以下几类：

1）是否应当授予植物新品种权纠纷案件。

2）宣告授予的植物新品种权无效或者维持植物新品种权的纠纷案件。

3）授予品种权的植物新品种更名的纠纷案件。

4）实施强制许可的纠纷案件。

5）实施强制许可使用费的纠纷案件。

6）植物新品种申请权纠纷案件。

7）植物新品种权利的归属纠纷案件。

8）转让植物新品种申请权和转让植物新品种权的纠纷案件。

9）侵犯植物新品种权的纠纷案件。

10）不服省级以上农业、林业行政管理部门依据职权对侵犯植物新品种权处罚的纠纷案件。

11）不服县级以上农业、林业行政管理部门依据职权对假冒授权品种处罚的纠纷案件。

该解释第3条规定：第1条所列第1）至5）类案件，由北京市第二中级人民法院作为第一审人民法院审理；第6）至11）类案件，由各省、自治区、直辖市人民政府所在地和最高人民法院指定的中级人民法院作为第一审人民法院审理。

（5）商标复审案件。

根据最高人民法院《关于审理商标案件有关管辖和法律适用范围问题的解释》（2001年12月25日）的规定，不服国务院工商行政管理部门商标评审委员会作出的复审决定或者裁决的行政案件，由北京市高级人民法院根据最高人民法院的授权确定其管辖区内有关中级人民法院管辖，而北京市高级人民法院已经确定由北京市第一中级人民法院管辖。

（6）国际贸易行政案件。

最高人民法院《关于审理国际贸易行政案件若干问题的规定》（2002年8月27日）第5条规定：第一审国际贸易行政案件由具有管辖权的中级以上人民法院管辖。其第1条规定，下列案件属于该规定所称国际贸易行政案件：

1）有关国际货物贸易的行政案件。

2）有关国际服务贸易的行政案件。

3）与国际贸易有关的知识产权行政案件。

4）其他国际贸易行政案件。

（7）反倾销行政案件。

最高人民法院《关于审理反倾销行政案件应用法律若干问题的规定》（2002年11月21日）第5条规定，第一审反倾销行政案件由下列人民法院管辖：1）被告所在地高级人民法院指定的中级人民法院；2）被告所在地高级人民法院。其第3条规定，反倾销行政案件的被告，应当是作出相应被诉反倾销行政行为的国务院主管部门。其第1条规定，人民法院依法受理对下列反倾销行政行为提起的行政诉讼：1）有关倾销及倾销幅度、损害及损害程度的终裁决定；2）有关是否征收反倾销税的决定以及追溯征收、退税、对新出口经营者征税的决定；3）有关保留、修改或者取消反倾销税以及价格承诺的复审决定；4）依照法律、行政法规规定可以起诉的其他反倾销行政行为。具体而言，上述行政诉讼由北京市高级人民法院或者北京市第二中级人民法院管辖。

（8）本辖区重大、复杂的案件。

本辖区重大、复杂的案件主要包括：

1）社会影响重大的共同诉讼案件。

2）涉外或者涉及香港特别行政区、澳门特别行政区、台湾地区的案件。

3）其他重大、复杂案件。

（9）其他法律规定由中级人民法院管辖的案件。

参考案例 11-5

胡某诉某县人民政府行政处罚决定案

某县产粮大户胡某准备卖粮食，在路途中，被某县市场监督管理局的工作人员拦住，经盘问后向胡某亮出工作证，并告诉胡某：他们是来执行任务的，根据某县人民政府的《关于夏季征粮的若干规定》，胡某的行为已违反了县政府关于征粮的若干规定，决定以县政府名义作出对胡某准备外卖的粮食予以没收的行政处罚。胡某不服，提出辩解，市场监督管理局的工作人员告诉胡某有权在15日内提出行政复议或者行政诉讼。胡某认为如果到县人民法院起诉县人民政府的话，肯定会败诉，于是到该市中级人民法院对处罚决定提起行政诉讼。该市中级人民法院认为，从审判实践看，由于基层法院在地方党政机关中的地位不高，而且在人、财、物方面均受制于地方政府，因此，基层法院审理以县政府或者县级行政机关为被告的行政诉讼案件，受到干扰的可能性比较大，这样非常不利于保护相对人的合法权益。为了使行政案件的审判工作进一步摆脱行政机关的干扰，尽可能保护相对人的合法权益，依据有关司法解释的相关规定，该市中级人民法院受理了案件。而县人民政府对此不服，认为市中级人民法院没有管辖权，于是提出管辖异议。市中级人民法院经过审查，驳回其管辖异议，同时判决撤销了县市场监督管理局的没收处罚决定，并限其10日内将粮食返还给胡某。

（三）高级人民法院管辖的案件

高级人民法院管辖本辖区内重大、复杂的第一审行政案件。《行政诉讼法》第16条规定："高级人民法院管辖本辖区内重大、复杂的第一审行政案件。"高级人民法院设置在省、自治区、直辖市一级，因而它管辖的是省、自治区、直辖市范围内重大、复杂的案件。

（四）最高人民法院管辖的案件

最高人民法院管辖全国范围内重大、复杂的第一审行政案件。《行政诉讼法》第17条规定："最高人民法院管辖全国范围内重大、复杂的第一审行政案件。"

三、地域管辖

地域管辖，是指同级人民法院之间受理第一审行政案件的分工和权限。它是在级别管辖确定的前提下对管辖权的深化，主要根据人民法院的辖区与当事人所在地或者与诉讼标的所在地的关系确定第一审行政案件的管辖。《行政诉讼法》所确定的地域管辖分为一般地域管辖和特殊地域管辖。

（一）一般地域管辖

一般地域管辖又称“普通地域管辖”，是指按照最初作出行政行为的行政机关所在地确定的管辖。根据《行政诉讼法》的规定，以下两种情况下，由最初作出行政行为的行政机关所在地人民法院管辖：凡是未经行政复议而直接向人民法院起诉的；经过行政复议，行政复议机关维持原决定的。这一规定的出发点主要是考虑便于双方当事人进行诉讼、便于人民法院审理案件及地方性法规、地方政府规章的适用。

（二）特殊地域管辖

特殊地域管辖又称“特别管辖”，是指根据行政行为的特殊性或者标的物所在地来确定管辖的人民法院。其又分为共同管辖和专属管辖。

1. 共同管辖

共同管辖是指两个或者两个以上的人民法院对同一行政案件都有管辖权。共同管辖有以下两种情况：

（1）行政案件由最初作出行政行为的行政机关所在地人民法院管辖。经复议的案件，也可以由复议机关所在地人民法院管辖。经最高人民法院批准，高级人民法院可以根据审判工作的实际情况，确定若干人民法院跨行政区域管辖行政案件。

（2）对限制人身自由的行政强制措施不服提起的行政诉讼，由被告所在地或者原告所在地人民法院管辖。所谓“原告所在地”，包括原告的户籍所在地、经常居住地和被限制人身自由所在地。

行政机关基于同一事实既对人身又对财产实施行政处罚或者采取行政强制措施的，被限制人身自由的公民，被扣押或者没收财产的公民、法人或者其他组织对上述行为均不服的，既可以向被告所在地人民法院提起诉讼，也可以向原告所在地人民法院提起诉讼，受诉人民法院可一并管辖。

在上述情况下，原告可以选择两个或者两个以上有管辖权的人民法院中的一个起诉。如果原告同时向两个或者两个以上有管辖权的人民法院起诉的，由最先收到起诉状的人民法院管辖。

2. 专属管辖

专属管辖是指因不动产提起的行政诉讼，由不动产所在地人民法院管辖。“因不动产提起的行政诉讼”是指因行政行为导致不动产物权变动而提起的诉讼。不动产已登记的，以不动产登记簿记载的所在地为不动产所在地；不动产未登记的，以不动产实际所在地为不动产所在地。在此情况下，确定管辖的其他标准均不适用。因为案件涉及土地这一不动产，因此当事人只能向不动产所在地法院起诉，而不能到复议机关所在地人民法院起诉。需要注意的是，对于不动产带来的行政诉讼管辖，最高人民法院《关于国有资产产权管理行政案件管辖问题的解释》中明确提出：“当事人因国有资产产权界定行为提起行政诉讼的，应当根据不同情况确定管辖法院。产权界定行为直接针对不动产作出的，由不动产所在地人民法院管辖。产权界定行为针对包含不动产在内的整体产权作出的，由最初作出产权界定的行政机关所在地人民法院管辖；经过复议的案件，复议机关改变原产权界定行为的，也可以由复议机关所在地人民法院管辖。"

参考案例 11-6

某化工厂诉某市城关区环境保护局行政处罚案

某化工厂坐落于某市城关区，与邻县太阳乡庙背村相邻。该化工厂因生产化学工业制品，每天排放出大量含有硫酸及其他具有腐蚀性的废水。由于排废管道年久失修，大量废水外溢，污染了邻县太阳乡庙背村的灌渠，致使该村水稻大面积烂根枯死，给该村造成了严重的经济损失。城关区环境保护局根据《中华人民共和国环境保护法》以及《中华人民共和国水污染防治法》的相关规定，给予原告罚款 4.3 万元的行政处罚，并责令原告重新埋设排废管道，赔偿庙背村经济损失 5.6 万元。某化工厂不服该行政处罚决定，提起行政诉讼。城关区人民法院经过审查，认为本案争议的焦点是稻田是否被污染，庙背村的损失是否由该污染所致。法院审理本案，应解决的问题是被告的处罚决定是否合法、适当，而本案需查明的事实也是稻田是否被废水污染，污染达到什么程度，污染是由谁造成的。由此可见，原告起诉、被告答辩、法院调查及审理所指向的对象都是庙背村的稻田，而稻田正是典型的不动产。因此，本案中某化工厂提起的诉讼是因不动产提起的行政诉讼。如果按照行政诉讼一般地域管辖规则，应该由作出被诉具体行政行为的行政机关所在地人民法院，即城关区人民法院管辖，但一般地域管辖和特殊地域管辖之间，优先使用特殊地域管辖规则，则应该适用特殊地域管辖的要求，根据我国《行政诉讼法》第 20 条的规定，本案应由不动产所在地人民法院即邻县人民法院专属管辖。城关区人民法院对本案无权管辖，裁定不予受理并告知某化工厂向邻县人民法院提起行政诉讼。

四、裁定管辖

裁定管辖是指人民法院在某些特殊情况下，以裁定的方式确定行政案件的管辖法院。裁定管辖是法定管辖的补充。

（一）移送管辖

移送管辖是指人民法院受理行政案件后，经审查认为本法院对该行政案件没有管辖权，依法将案件移送给有管辖权的人民法院审理。当然，移送的前提是根据法律规定，该案件属于人民法院的受案范围。如果人民法院受理某一案件，而该案件不属于人民法院的受案范围，人民法院应当裁定驳回起诉。

移送管辖必须具备下列条件：移送法院已经受理了该案件；移送法院对该案件没有管辖权；接受移送的法院必须对该案件有管辖权。

移送法院在移送时作出移送裁定，移送裁定对接受移送的法院具有约束力，接受移送的法院不得再自行移送。接受移送的法院如果认为移送的案件也不属于自己管辖，应说明理由，报请共同上一级法院，由其指定某个下级法院管辖。移送管辖只限于同级法院之间行政案件的移送。

行政诉讼法设立这种管辖的目的在于保护原告的利益。因为如果受理错误的法院以自己没有管辖权为由，驳回起诉，由当事人自行到有管辖权的法院起诉，则可能因诉讼时效已过，即使是有管辖权的法院也不可能受理。同时，法院应当对自己的错误受理承担法律责任。

（二）指定管辖

指定管辖，是指上级人民法院以裁定的方式指定某一下级人民法院管辖某一行政案件。指定管辖适用于以下两种情况：

（1）由于特殊原因，有管辖权的人民法院无法行使管辖权。此处的“特殊原因”包括事实原因和法律原因。事实原因包括水灾、地震、战争、动乱、意外事件等；法律原因包括法官回避而无法组成合议庭、人民法院缺乏审理该案件的技术条件等。

（2）人民法院之间对管辖权发生争议，协商不成的。在上述共同管辖或者行政区域变动的情况下，两个或者两个以上的人民法院都要管辖该案件或者都不管辖该案件时，首先由争议的人民法院之间进行协商，协商不成时，由共同的上级人民法院指定其中的一个人民法院行使管辖权。

（三）管辖权的转移

1. 管辖权转移的条件

管辖权的转移，是指行政案件的管辖权由下级人民法院向上级人民法院的移动。管辖权的转移必须具备三个条件：移交的人民法院审理的第一审行政案件；移交的人民法院对该案件有管辖权；移交的人民法院与接受移交的人民法院之间具有上下级审判监督关系。实际上，管辖权的转移是在法律对行政案件的管辖权已经确定的前提下，对某一案件有管辖权的下级人民法院因种种原因不行使管辖权，而将该案件的管辖权上移，但必须是由上级人民法院决定或者同意。因此，管辖权的转移是级别管辖的补充。

2. 管辖权转移的情形

管辖权的转移包括两种情形：上级人民法院审理下级人民法院管辖的第一审行政案件；下级人民法院把自己管辖的第一审行政案件报请上级人民法院审理。

五、司法解释关于管辖规定的调整

当事人以案件重大复杂为由，认为有管辖权的基层人民法院不宜行使管辖权或者根据《行政诉讼法》第 52 条的规定，向中级人民法院起诉，中级人民法院应当根据不同情况在 7 日内分别作出以下处理：

（1）决定自行审理。

（2）指定本辖区其他基层人民法院管辖。

（3）书面告知当事人向有管辖权的基层人民法院起诉。

基层人民法院对其管辖的第一审行政案件，认为需要由中级人民法院审理或者指定管辖的，可以报请中级人民法院决定。中级人民法院应当根据不同情况在 7 日内分别作出以下处理：

（1）决定自行审理。

（2）指定本辖区其他基层人民法院管辖。

（3）决定由报请的人民法院审理。

【引例分析】

本案的焦点问题在于公安消防机构的火灾事故责任认定是否属于行政诉讼的受案范

围。火灾事故责任认定只是公安消防机构借助一定的科学方法和手段、经过勘验调查得出的客观结论，其本身不直接对当事人的权利义务作出安排，因此不具有可诉性。理由如下：

首先，行政诉讼的审查对象是行政行为。我国1989年制定的《行政诉讼法》第11条、第12条和最高人民法院《关于执行〈中华人民共和国行政诉讼法〉若干问题的解释》（以下简称《若干解释》）第1条对行政诉讼的受案范围作出了正反两方面的规定。《行政诉讼法》第11条规定人民法院受理公民、法人和其他组织对行政机关具体行政行为不服提起的诉讼。《若干解释》规定“公民、法人或者其他组织对具有国家行政职权的机关和组织及其工作人员的行政行为不服，依法提起诉讼的，属于人民法院行政诉讼的受案范围”。

其次，火灾事故责任认定是一种准行政行为。准行政行为是指国家行政机关单方面以观念表示的方式作出的、自身不直接产生特定的法律效果的行为。准行政行为的实施主体是行政机关和法律、法规授权的组织，其具体的实施也是以行政机关所具有的职权、职责为依据，从外观上来说，它与具体行政行为同样具有主体的特定性和内容的公共性。但是准行政行为仅是行政主体就具体事实作出判断后表明观念的行为，这种表态本身并不为相对人设定任何权利义务，要对相对人的权利义务发生法律效果，必须依赖有关法律的规定或新的事实。因而准行政行为不具有结果的现实性，原则上不可诉。我国法律明确区分了火灾事故责任认定与公安消防机构的其他职权，尤其是区分了火灾事故责任认定与公安消防机构依据责任认定对责任人作出的行政处罚。事实上，火灾事故责任认定仅对事故原因进行分析、判断，就各当事人行为与火灾事故之间的事实因果关系作出结论，是一种事实性认定，其本身并未直接确定当事人的权利义务。虽然《火灾事故责任认定书》是处理火灾事故的证据，公安消防机构有可能依据火灾事故责任认定对责任人施以行政处罚，其他机关或个人也有可能依据火灾事故责任认定追究责任人的民事责任甚至刑事责任，但即使火灾事故责任认定对当事人的权利义务产生了影响，也只是间接的而非直接的，当事人可以对公安消防机构依据《火灾事故责任认定书》作出的行政处罚提起行政复议或行政诉讼，却不能直接起诉要求撤销《火灾事故责任认定书》。因此，火灾事故责任认定作为一种准行政行为，本身不具有可诉性。公安部在1994年2月5日作出的《关于对火灾原因鉴定或认定和火灾事故责任认定不服不属于申请复议范围的通知》和2000年3月20日公安部给福建省公安厅《关于对火灾事故责任认定不服是否属行政诉讼受案范围的批复》中也明确规定，对于火灾事故责任认定只能申请重新认定而不能提起行政复议或行政诉讼。

资料来源：罗安平．火灾事故责任认定不属于行政诉讼的受案范围［EB/OL］．（2011－08－12）［2020－05－06］．http：//lawyer.110.com/227239/article/show/type/2/aid/232354/.

【本章小结】

行政诉讼的受案范围又称法院的主管范围，是指法院受理并审理行政争议的范围。《行政诉讼法》根据我国的具体情况，在确定人民法院的受案范围时采用了结合式，但又具有我国的特色。

人民法院受理公民、法人或者其他组织对行政行为不服提起的12类诉讼。人民法院不予受理的事项包括：国防、外交等国家行为；行政法规、规章或者行政机关制定、发布的具有普遍约束力的决定、命令；行政机关对行政机关工作人员的奖惩、任免等决定；法律规定由行政机关最终裁决的行政行为。

行政诉讼管辖是指上下级法院之间和同级法院之间受理第一审行政案件的分工和权限。级别管辖是指上下级人民法院受理第一审行政案件的分工和权限。级别管辖是从纵向上解决哪些第一审行政案件应由哪一级法院受理和审理的问题。地域管辖又称“区域管辖”“土地管辖”，是指同级人民法院之间受理第一审行政案件的分工和权限。裁定管辖是指人民法院在某些特殊情况下，以裁定的方式确定行政案件的管辖法院。裁定管辖是法定管辖的补充。

【练习题】

1. 名词解释

行政诉讼的受案范围　行政调解　国家行为　行政重复处理行为　行政诉讼管辖　级别管辖　地域管辖　裁定管辖　管辖权异议

2. 思考题

（1）什么是行政诉讼的受案范围？

（2）人民法院受理的行政争议案件有哪些？

（3）人民法院不予受理的行政案件有哪些？

（4）行政诉讼管辖的种类有哪些？

（5）中级人民法院受理的行政案件有哪些？

（6）移送管辖的条件有哪些？

（7）管辖权异议提出的条件有哪些？

3. 案例分析题

四平市政府于 2004 年 7 月 7 日作出第五届七次市政府常务会议纪要——《关于解决海丰园小区历史遗留问题的会议纪要》（以下简称《会议纪要》），决定将海丰园小区 B、C、D 地块的开发权由海丰园公司交由九洲公司继续开发建设，并由九洲公司支付转让资金 2 800 万元。2004 年 7 月 9 日，海丰园公司与九洲公司签订了协议书，约定由九洲公司将转让资金支付给解决海丰园小区历史遗留问题领导小组，由该小组会同海丰园公司按照《会议纪要》及四平市建设局与九洲公司签订的《开发建设合同书》约定内容，用于解决海丰园历史遗留问题。2015 年 5 月 11 日，海丰园公司向四平市中级人民法院提起行政诉讼，请求确认《会议纪要》违法，责令四平市政府赔偿经济损失 3 090 万元，九洲公司承担连带责任。

问题：政府的会议纪要是否具有可诉性？

分析要点提示：

根据《最高人民法院关于执行〈中华人民共和国行政诉讼法〉若干问题的解释》（以下简称《若干解释》）第 1 条第 2 款第 6 项的规定，公民、法人或者其他组织不服对其权利义务不产生实际影响的行为提起行政诉讼的，不属于人民法院行政诉讼的受案范围。一般情况下，行政机关作出的会议纪要是行政机关的内部行政行为，不对外发生法律效力，对当事人的权利义务不产生实际影响，不属于行政诉讼的受案范围。但本案被诉的会议纪要系四平市政府针对海丰园小区历史遗留问题所进行的专门会议上形成的会议纪要，其就海丰园公司的经营管理问题和海丰园小区 B、C、D 区的开发权的归属问题以及相应的措施进行了详细的阐述，实际上已经将海丰园公司的开发权交给九洲公司。九洲公司以该会议纪要为依据，与海丰园公司签订了协议书，致使海丰园公司丧失了开发权，已对海丰园公司的权利义务产生了实际影响。

在海丰园公司与九洲公司于2004年7月9日签订的协议书中已经明确提及会议纪要。据此可以认定，自协议签订之日起，海丰园公司就已经知道被诉会议纪要的内容。根据《若干解释》第41条第1款的规定，海丰园公司于2015年5月11日向吉林省四平市中级人民法院提起行政诉讼，明显超过了法定的起诉期限。

第十二章　行政诉讼参加人

【本章引例】

1985年3月，吉某与徐某结婚，婚后生一女吉A。1991年，双方因感情不和离婚，吉A由徐某抚养。1995年，吉某与李某相识并结婚，婚后生一女吉B。1998年，两人经法院调解离婚，吉B由李某抚养。此后，吉某独自一人生活。2003年，吉某患食道癌住院治疗，手术期间，徐某前去照料。2006年12月8日，吉某与徐某自愿复婚，并举行了复婚仪式，此时吉某已处于癌症晚期。12月16日，徐某向镇政府申请结婚登记，并提供了印有吉某私章的结婚登记申请书及其他有关证明文件。镇政府根据申请为两人颁发了结婚证，但吉某所持结婚证日期与徐某的不一致，分别被错填为2006年12月30日、12月25日，且吉某的婚姻状况证明被镇政府遗失。2007年2月17日，吉某办理公证遗嘱，将自己位于南京的一套房子及家用电器留给徐某。存款4万元，其中2万元归吉B继承，另外2万元分别遗赠给自己的两个胞弟（因吉A已参加工作，吉某在遗嘱中未考虑其继承份额）。3月24日吉某病故。吉B与徐某因遗产继承引起民事诉讼。诉讼中吉B发现徐某持有的结婚证日期与吉某的不一致，即向民政部门反映。镇政府以吉某无婚姻状况证明和没有在申请书上签名不符合规定为由，作出决定：撤销吉某与徐某的婚姻登记，收回结婚证。徐某申请行政复议，镇政府经复议认为撤销决定认定事实不清，适用法律不当，遂作出新的决定：撤销原撤销决定，结婚证日期更正为2006年12月16日。吉B不服，以镇政府的行政登记及变更登记侵犯了自己的继承权为由，向法院提起行政诉讼。

资料来源：刘洋，浦永军. 本案起诉人是否具备行政诉讼原告资格［EB/OL］.（2011-08-12）［2020-05-06］. https://www.chinacourt.org/index.php/article/detail/2002/04/id/4218.shtml.

【本章学习目标】

通过本章的学习，你应该能够：

（1）掌握行政诉讼参加人的含义。
（2）了解如何确定行政诉讼的原告。
（3）明确被告的确定标准。
（4）熟悉行政诉讼第三人的含义和诉讼地位。

第一节　行政诉讼参加人概述

行政诉讼参加人是指参加行政诉讼的当事人和诉讼代理人。当事人包括原告、被告、共同诉讼人、第三人。行政诉讼参加人不同于行政诉讼参与人，行政诉讼参与人是指除审判人员、书记员、执行人员以外的参与行政诉讼的人。也就是说，行政诉讼参与人的范围比行政诉讼参加人的范围更广，诉讼参与人除诉讼参加人以外，还包括证人、鉴定人和翻译人员等。

一、行政诉讼当事人

（一）行政诉讼当事人的概念和特征

行政诉讼中的当事人，是指因行政行为发生纠纷，以自己的名义进行诉讼，案件审理结果与其有法律上的利害关系，并受人民法院裁判约束的人。

行政诉讼当事人有以下特征：

（1）因行政行为发生纠纷。这是当事人最基本的特征。

（2）以自己的名义进行诉讼。这是区别于诉讼代理人的一个重要特征。

（3）与案件审理结果有直接的或者法律上的利害关系。虽以自己的名义参加诉讼，但与被诉行政行为没有利害关系的人，如证人、鉴定人、翻译人员等不是行政诉讼当事人。

（4）受人民法院裁判的约束。人民法院对当事人之间的纠纷作出的裁判生效后，当事人不得拒绝履行。这一特征是当事人与其他诉讼参与人的重要区别，对当事人以外的其他诉讼参与人，人民法院的裁判不发生拘束力。

（二）当事人的诉讼权利能力

诉讼权利能力又称“当事人能力”，是指能够享有行政诉讼权利和承担行政诉讼义务的资格。具备了这种法律资格，才能以自己的名义到人民法院起诉、应诉和参加诉讼，从而成为行政诉讼当事人。诉讼权利能力的取得和消灭与实体权利能力的取得和消灭是相适应的：公民的诉讼权利能力自出生时开始，至死亡时消灭；法人和行政机关的诉讼权利能力，自依法成立时开始，至解散、撤销、宣告破产时消灭；其他组织的诉讼权利能力，自经主管机关许可或者批准成立时开始，至解散、撤销时消灭。

诉讼权利能力是与人身密不可分的，既不可转让，也不应受到限制，任何转让或者限制的行为都是无效的。

（三）当事人的诉讼行为能力

诉讼行为能力又称“诉讼能力”，是指以自己的行为行使诉讼权利和履行诉讼义务的资格。无诉讼行为能力的当事人，不能亲自进行诉讼活动，必须由法定代理人代为进行。在行政法上，公民的行为能力分为无行为能力、限制行为能力和完全行为能力。在行政诉讼中，行为能力只能是有或者无，不可能存在限制行为能力的情况。

公民的诉讼行为能力自年满 18 周岁时开始；年满 16 周岁、依靠自己的劳动收入生活的公民也具有诉讼行为能力。未满 18 周岁（上述年满 16 周岁的公民除外）和虽年满 18 周岁但不能辨认自己行为的公民无诉讼行为能力。法人和其他组织以及行政机关的诉讼行为能力和诉讼权利能力是一致的，即从它们成立时开始，至撤销、解散或者宣告破产时终止。

（四）当事人的诉讼权利

赋予当事人在诉讼过程中以一定的权利，既是其用以维护自己合法权益所必要，也是人民法院及时全面地查明案件事实、正确适用法律的保证之一。当事人在行政诉讼中享有广泛的诉讼权利。

当事人均享有的诉讼权利主要有：

（1）有使用本民族语言文字进行诉讼的权利。

（2）在诉讼中有进行辩论的权利。

（3）有委托诉讼代理人进行诉讼的权利。

（4）经人民法院许可，可以查阅本案的庭审材料，但涉及国家秘密或者个人隐私的材料除外。

（5）在证据可能灭失或者以后难以取得的情况下，可以向人民法院申请证据保全。

（6）有权申请财产保全。

（7）有申请回避权，对人民法院作出的回避决定不服时，可以申请复议。

（8）经审判长许可，有向证人、鉴定人和勘验人员发问的权利。

（9）有查阅并申请补正庭审笔录的权利。

（10）不服人民法院第一审裁判时，可以在法定期限内提起上诉。

（11）对已生效的裁判，认为有错误的，有提出申诉的权利。

一方当事人享有的诉讼权利主要有：

（1）对人民法院已生效的裁判，如果败诉一方当事人在法定期限内拒绝履行义务的，胜诉一方当事人可以申请人民法院强制执行。

（2）公民、法人或者其他组织有向人民法院提起行政诉讼的权利。

（3）原告有权申请人民法院裁定停止行政行为的执行。

（4）原告有放弃、变更、增加诉讼请求的权利。

（5）原告有权申请先行给付。

（6）被告有应诉和答辩的权利。

（7）被告在第一审程序中有改变被诉行政行为的权利。

（五）当事人的诉讼义务

当事人在享有上述诉讼权利的同时，必须履行下列义务：

（1）当事人必须依法正确行使诉讼权利，不得滥用诉讼权利。

（2）当事人必须遵守诉讼秩序，服从法庭的指挥，不得实施妨害诉讼秩序的行为。

（3）当事人应当自觉履行人民法院已经生效的判决。

（4）被告行政机关在行政诉讼中负有举证责任。

（5）被告行政机关在诉讼过程中，不得自行向原告和证人收集证据。

二、诉讼代表人

诉讼代表人的情形有：

（1）合伙企业的诉讼代表人。合伙企业提起行政诉讼的，应当以核准登记的字号为原告，由执行合伙事务的合伙人作为诉讼代表人。

（2）其他组织的主要负责人作为代表人。不具备法人资格的其他组织提起诉讼的，该组织的主要负责人为诉讼代表人；如果没有主要负责的人，可以由推选的负责人作为诉讼代表人。

（3）关于集团诉讼的诉讼代表人。一方原告为5人以上的，应推选1～5名诉讼代表人参加诉讼；如果在法院指定的期限内没有选定诉讼代表人的，则由法院依职权指定诉讼代表人。

第二节　行政诉讼的原告

一、原告的概念

行政诉讼原告是指对行政行为不服，依照《行政诉讼法》的规定向人民法院起诉的利害关系人。但是并非所有不服行政行为或者认为行政行为侵犯自己合法权益的公民、法人或其他组织的起诉均能为法院受理，法院是否受理，取决于起诉之人是否具有原告资格。

原告资格是指特定主体成为行政诉讼原告所应具备的法定条件，凡与行政行为有法律上利害关系的行政相对人对该行为不服的，即可以依法提起行政诉讼，也即具备作为行政诉讼原告的资格。

（一）必须是行政管理相对一方的行政相对人

行政诉讼的原告必须是处于行政管理活动中行使行政管理职权的行政机关的相对一方，即被管理一方的行政相对人。此时，如果该行政相对人享有法定的诉讼权利能力，则具有成为原告的条件和资格。行政机关作为管理一方时，是行政主体，则不具备该条件，故没有原告资格。《行政诉讼法》之所以如此规定，主要是为了平衡行政管理双方在行政管理活动中所处的不对等法律地位，借此保护在行政管理中处于被动地位的行政相对人，监督处于主动、支配地位的行政机关依法行政。

（二）必须有法律上的利害关系，即承担行政行为法律后果或受其影响

对于行政机关作出的行政行为，并非任何行政相对人都有诉至法院的原告资格，而只有承担该行政行为法律后果、认为自己的合法权益受其影响的行政相对人才具有这一资格。但是应当注意的是，行政诉讼的原告并不局限于行政管理的直接相对人，即行政行为后果的主要承担人。在特定情况下，行政相对人即使不是直接相对人，只要其有充分的理由认为其权益受到该行政行为的影响，也可以成为行政诉讼原告。

在实践中，行政诉讼的原告一般有以下几种情形：

（1）被诉的行政行为涉及其相邻权或者公平竞争权的。

民事主体侵犯他人相邻权的行为，有时与行政机关的行政行为有密切的关系。例如，甲、乙为邻居，甲向当地规划部门申请建房，获得许可，但乙认为甲建房后将影响乙的房屋的采光权，规划部门的批准行为将对乙的权利产生实际影响，规划部门的批准行为可能侵犯乙的建筑物的相邻权。乙可以向法院提起行政诉讼。在有的情况下，行政机关也可能成为公平竞争的侵权者。例如，禁止本地商店销售外地的啤酒，该行为即侵害了非本地啤酒企业的公平竞争权。

参考案例 12-1

2003 年 12 月 1 日，杨某向法院起诉福建省厦门市国家税务局稽查局，称：其于 2001 年 8 月 22 日向福建省厦门市国家税务局稽查局举报厦门某厂于 1997 年 8 月至 1998 年 12 月间偷逃税款 6 万余元。2002 年 8 月 6 日，杨某得知被告以案源 20010027 号正式立案。但至起诉时被告仍未对该案进行处理。起诉人认为被告负有法定职责却不作为，影响了其权益（因被告已公告举报偷漏税查实有奖），要求判令被告在一定期限内履行法定职责，对偷逃税案结案。

法院经审查认为，起诉人的请求与其本身的利益没有关系，其起诉不符合法院行政诉讼的受案范围。当时依照 1989 年制定的《行政诉讼法》第 2 条的规定："公民、法人或者其他组织认为行政机关和行政机关工作人员的具体行政行为侵犯其合法权益，有权依照本法向人民法院提起诉讼。"裁定对杨某的起诉，不予受理。

（2）与被诉的行政复议决定有法律上利害关系或者在复议程序中被追加为第三人的。

"在复议程序中被追加为第三人的"与"与被诉的行政复议决定有法律上利害关系"是一种从属关系，前者为后者的情形之一。例如，某区公安分局认为李某殴打赵某致伤，处以李某 10 天的行政拘留，李某不服而申请复议。作为复议机关的市公安局经过审查，认定李某并没有打人，是赵某辨认错误，殴打赵某的是孙某，因此撤销了区公安分局对李某的处罚决定。尽管原具体行政行为与孙某没有利害关系，但复议决定涉及孙某是否违法的问题，与其存在法律上的利害关系，在市公安局的复议程序中，孙某应被追加为第三人，即有权提起行政诉讼。

（3）要求主管行政机关依法追究加害人法律责任的。

当事人要求行政机关惩戒违法行为人是一种权利。要求主管行政机关依法追究加害人法律责任的受害方作为原告的情形大致有两种：一是受害人要求主管行政机关依法追究加害人的法律责任，而主管行政机关不作为；二是认为主管行政机关或者复议机关对加害人的处罚过轻或者不服撤销处罚的复议决定。

（4）与撤销或者变更行政行为有法律上利害关系的。

行政机关对一个已经成立、生效的行政行为，在认为违法或不正当的时候，都可以主动或依申请撤销或变更。但是撤销或变更行为往往会侵犯一些人的利益。例如，某市场监督管理局对某商场处以责令停业整顿的行政处罚，后发现错误，决定撤销该处罚，而该案中权益受到侵害的消费者对此不服，可以提起行政诉讼。

（5）为维护自身合法权益向行政机关投诉，具有处理投诉职责的行政机关作出或者未作出处理的。

（6）有关债权作出处理的。

债权人以行政机关对债务人所作的行政行为损害债权实现为由提起行政诉讼的，人民法院应当告知其就民事争议提起民事诉讼，但行政机关作出行政行为时依法应予保护或者应予考虑的除外。

（7）其他与行政行为有利害关系的情形。

（三）必须是认为行政行为侵犯其合法权益的行政相对人

行政相对人与某一行政行为有利害关系，这只是使其具有原告资格的可能性，要使这一要素成为原告资格的现实条件，还要求其具备认为行政行为侵犯其合法权益的主观认知。何谓合法权益？如何认定受到侵犯？此处的“合法权益”，是指法定权益和法定利益，核心是法定权利。享有和行使法定权利，才有可能获得法定利益。根据《行政诉讼法》的规定，合法权益主要指人身权、财产权；人身权、财产权以外的其他权利等，单行法律、法规规定可以起诉的，才属于“合法权益”，否则不能起诉。但对于《行政诉讼法》第12条所列举的行政行为（行政处罚、行政强制措施、经营自主权、行政许可等）所涉及的权益，均应视为“合法权益”，无论是否属于人身权、财产权的范围，均可提起行政诉讼。

至于“合法权利”是否受到侵犯的问题，主要的是一个主观性标准，而非实质性的问题，也就是说，原告的“合法权益”究竟是否受到侵犯主要依原告的主观判断。只要“认为”受到行政行为的侵犯，就可以依照《行政诉讼法》提起诉讼，人民法院也应当受理。

二、原告的确认

原告的确认主要包括以下几种具体情形。

（一）相邻权人的原告资格

相邻权是一个民法概念，是指不动产的占有人在行使物权时，对相毗邻的他人的不动产享有一定的支配权。相邻权属于不动产物权，可以分为土地的相邻权、水流的相邻权、建筑物的相邻权等。因为相邻权而引起的法律关系为相邻关系。《民法通则》对相邻权作过规定。《民法通则》第83条规定：不动产的相邻各方，应当按照有利生产、方便生活、团结互助、公平合理的精神，正确处理截水、排水、通行、通风、采光等方面的相邻关系。给相邻方造成妨碍或者损失的，应当停止侵害，排除妨碍，赔偿损失。从《民法通则》的规定看，相邻关系是民事关系。但是，民事主体侵犯他人相邻权的行为，在很多时候与行政机关的行政行为有着密切关系。特别是民事主体的很多行为是在行政机关批准、许可后实施的，拥有相邻权的一方认为行政机关的批准行为侵犯了其合法权益，可以向人民法院提起行政诉讼。

《行政诉讼法》对相邻权人对行政机关作出的行政行为不服能否提起行政诉讼问题没有作出明确的规定，但是，根据其对原告资格规定的基本原理，显然相邻权人是具有原告资格的。行政机关的行为侵犯相邻权人的主要表现有：（1）行政机关许可的采矿行为可能侵犯了邻地使用权人的相邻权，比如使其房屋倾斜；（2）对高层建筑的许可行为可能影响到邻地使用人或邻地建筑物所有人的采光权、通风权；（3）许可在可区分所有的建筑物内开设歌厅、饭馆等餐饮娱乐业，因使可区分所有人得以改变原有单元房的用途而使用专有部分，从而侵犯到了其他可区分所有人的相邻权。

参考案例 12-2

原告崔某某和第三人朱某某系宁波市鄞州区章水镇崔岙村村民，原告和第三人的房屋系并排，均为坐西北朝东南方向，两房屋之间隔案外人房屋一间。2004年，宁波市鄞州区人民政府向原告颁发了房屋集体土地使用证。2007年9月6日，被告宁波市人民政府向第三人颁发了甬鄞集用〔2007〕字第2305098号集体土地使用证。原告出入为房屋西南墙南端的公用通道，该通道东南边为村厂房围墙，西北边为第三人以及案外人的房屋围墙，第三人的房屋围墙与村厂房围墙之间的通道宽度为2.68米。2007年9月，第三人将该房屋转让给他人，并办理了相关集体土地使用权转让手续。原告崔某某诉称，根据历史状况，公用通道宽度在3.3米以上，被告将原通道登记在第三人房屋集体土地使用证上，侵害了原告的通行权。因第三人已将该房屋转让给他人所有，为此，请求确认被告颁发给第三人的甬鄞集用〔2007〕字第2305098号集体土地使用证的具体行政行为违法。被告宁波市人民政府辩称，原告诉称的通道现为2.68米，该通道宽度足以满足原告进出自己的房屋，故本案被诉的具体行政行为并没有侵害原告的通行权。宁波市鄞州区人民法院经审理认为，因该通道不是村主要通道，为原告一户人家进出通行，且从我国农村通道实际情况以及通行习惯来看，只要基本上能满足农村居民生活、生产上的需要，保持通道合理的宽度，作为原告对此应负有合理的容忍义务。而本案讼争通道的宽度为2.68米，从我国农村通道实际情况以及通行习惯来看，应系合理的宽度，足以满足原告进出自己的房屋。因此，本案被诉具体行政行为并没有侵害原告的通行权，原告与被诉的具体行政行为不存在法律上的利害关系。故一审裁定：驳回原告崔某某的起诉。崔某某不服一审裁定提起上诉，宁波市中级人民法院经审理裁定：驳回上诉，维持原裁定。

资料来源：水旭波，郭敬波．“相邻人”的行政诉讼原告主体资格认定［J］．法治论丛，2011（1）.

（二）公平竞争权人的原告资格

公平竞争体制的建立是市场经济体制有效运作的最主要条件。为杜绝不正当竞争行为，国家通过《反不正当竞争法》等法律明确了公平竞争规则，并赋予各市场主体公平竞争权。对市场主体公平竞争权的侵害有时来自其他市场主体，有时则来自行政机关。

（三）受害人的原告资格

受害人是指合法权益受到另一民事主体的应受行政处罚的违法行为侵害的行政相对人。在否定自力救济的现代社会，行政机关往往负有惩罚加害人以使受害人的合法权益得以保护的法定职责。如果受害人要求行政机关追究加害人的法律责任，负有法定职责的行政机关拒绝追究或者不予答复，或者虽然追究但是受害人认为过轻时，受害人的合法权益均未得到有效维护，因而受害人对于行政机关的上述行为均有权提起行政诉讼。

（四）与撤销或者变更行政行为有法律上利害关系的行政相对人的原告资格

行政机关对一个已经生效的行政行为，在认为其违法或不正当时，可主动或依申请撤销或变更。但是撤销或变更行为往往会侵犯以下两种人的权益：（1）合法权益的保护依赖于被撤销或变更的行政行为的相对人、相关人，如行政处罚案件中的受害人；（2）行政行为的信赖人。行政行为成立、生效以后，不仅创设、变更或废弃某种法律关系，而且也因其确定力、拘束力以及执行力，使当事人对其信赖并予遵守而形成法律的安定性及法律的确定性，尤其是当行政行为的申请复议或提起诉讼的期间已经过时，行政机关的撤销和变更行为往往会打破这种“安定性及确定性”，侵害信赖人的合法权益。比如相对人拿到医药许可证，已经筹集公司的建立，行政机关却以该许可违法为由撤销许可行为，这样必然会对相对人的利益构成损害。

（五）与行政复议决定有法律上的利害关系的行政相对人的原告资格

由于复议决定改变或撤销了原行政行为，认为原行政行为应予维持的相关人以及对行政复议决定不服的申请人与行政复议决定有法律上的利害关系，他们有权针对行政复议决定提起行政诉讼。

（六）农村集体土地使用权人的原告资格

农村土地承包人等土地使用权人对行政机关处分其使用的农村集体所有土地的行为不服，可以自己的名义提起行政诉讼。农村集体土地使用权人是指那些依土地承包合同等形式取得农村集体所有土地使用权的个体农户、乡镇企业以及建筑物所有人等个人或组织。例如，依土地承包经营合同取得土地使用权的农村集体土地承包人，其权利与义务本应由土地承包合同明确规定，但行政机关却于未到期时强行解除合同、分割承包成果，该行为即侵犯了土地承包人的土地使用权，土地承包人对该行为有原告资格。土地承包只是土地所有权与使用权分离的形式之一，其他如租赁、以土地使用权入股、宅基地使用等都是所有权与使用权的分离形式，有关的使用权人同样具有原告资格。

（七）联营、合资、合作方的原告资格

联营企业、中外合资或者合作企业的联营、合资、合作各方，认为联营、合资、合作企业权益或者自己一方合法权益受行政行为侵害的，可以自己的名义提起诉讼。

联营、合资、合作方的原告资格表现如下：

（1）无论中外合资经营企业、联营企业、中外合作企业是哪种组织形态，如果企业本身认为行政行为侵犯自己的合法权益，可以自己的名义提起行政诉讼。

（2）虽然联营各方、合资各方、合作各方并不具有法人或合伙的组织形态，他们依旧有自己独立的利益，并不因为联营企业、合资企业和合作企业的成立而丧失本身独立的权利主体地位，因此，应赋予其具体原告资格。比如中方合作者与行政机关约定在外方合作者的资金到位以后注销合作企业，以达侵吞外方资产的目的，如果不赋予外方合作者原告资格，其合法权益将无法得到保护。

（八）非国有企业的原告资格

企业或者法定代表人向人民法院提起行政诉讼，应该具备以下几个条件：

（1）必须是非国有企业。按照所有制的不同，企业可以分为国有企业和非国有企业。目前，根据《公司法》和相关法律的规定，我国的国有企业主要有：国有独资公司，股东均为国有主体的其他公司，国家授权投资的机构、部门。除国有企业之外的其他企业属于非国有企业。

（2）非国有企业被行政机关注销、撤销、合并、强令兼并、出售、分立或者改变企业隶属关系。

（3）非国有企业或者其法定代表人以非国有企业的名义提起诉讼。

一般情况下，被合并的企业和被注销的企业在法律上应该被视为无行为能力，不能对外实施某些具备法律意义的行为。但如果在被强行终止、合并的情况下，则应该赋予其诉讼权利，以获得司法救济。因此，被注销和被合并的企业具有诉讼权利能力和诉讼行为能力，该企业的诉权内容应该与未被注销和被合并时一致。企业中的相关权力机构或者法定代表人都有权行使诉讼权利。

（九）合伙企业的原告资格

在我国，合伙作为一种商业组织形式，已有很长的历史。自改革开放以来，合伙组织已有很大发展。1997 年我国颁布了《中华人民共和国合伙企业法》（以下简称《合伙企业法》，该法于 2006 年 8 月 27 日修订通过），对合伙企业作出了规定。《合伙企业法》第 2 条第 1 款规定："本法所称合伙企业，是指自然人、法人和其他组织依照本法在中国境内设立的普通合伙企业和有限合伙企业。"

现行立法所确定的合伙企业的概念主要是为了区别不具备企业形态的契约型合伙，二者的主要区别在于：

(1) 合伙企业必须具有营利目的，而契约型合伙不一定具有营利目的。

(2) 合伙企业具有较为稳定的营业，而契约型合伙的营业往往是临时性的（例如一次性的合伙贩运）。

(3) 合伙企业必须具有自己的名称（即商号），而契约型合伙则不以具备名称为必要。

(4) 设立合伙企业必须向企业登记机关申请登记，领取营业执照，而契约型合伙只要订立合伙合同就可以成立。

合伙企业向人民法院提起诉讼的，应当以核准登记的字号为原告。未依法登记领取营业执照的个人合伙的全体合伙人为共同原告；全体合伙人可以推选代表人，被推选的代表人，应当由全体合伙人出具推选书。

个体工商户向人民法院提起诉讼的，以营业执照上登记的经营者为原告。有字号的，以营业执照上登记的字号为原告，并应当注明该字号经营者的基本信息。

(十) 不具备法人资格的其他组织的原告资格

其他组织是指经合法登记的或者依法不需要登记的不具备法人资格的社会组织。这种组织是经有关主管部门登记或者不经登记而批准成立的，依法进行各种民事经济活动，包括经营一定的生产业务和从事一定的社会活动。因此，它既不同于法人，也不同于自然人，是独立的诉讼参加人，享有权利，承担义务，受法院判决约束。

在我国诉讼实践中，非法人组织一般指以下几类组织：

(1) 依法登记、领取营业执照的私营独资企业。

(2) 依法登记、领取营业执照的合伙企业和契约型合伙组织。

(3) 经核准登记领取营业执照、实行独立核算、自负盈亏的乡镇、街道、村办企业。

(4) 破产企业的清算组织。

(5) 被关闭、撤销企业的清算组织。

(6) 中国人民银行、各专业银行设在各地的分、支行。

(7) 中国人民保险公司以及设在各地的分公司。

(8) 经民政部门核准登记并领取社会团体登记证的、不具备法人资格的社会团体。

(9) 经国家主管部门批准或依照法定程序成立的、尚处于筹备阶段的企业事业单位等。

(10) 未取得我国法人资格，但经我国允许从事一定经营活动和社会活动的外国企业或组织。

(十一) 股份制企业的原告资格

股份制企业的内部机构提起行政诉讼，应该具备以下几个条件：

(1) 提起诉讼的企业必须是股份制企业。股份制企业是指企业的全部资本由若干股东投资形成，而不是由单一投资主体投资而形成的企业。我国现阶段典型的股份制企业主要有有限责任公司（其中包括中外合资、中外合作企业）和股份有限责任公司。有限责任公司是指股东以其出资额为限对公司承担责任，公司以其全部资产对公司的债务承担责任的企业法人。

(2) 必须是股份制企业的股东大会、股东代表大会、董事会等内部机构认为行政行为侵犯合法权益。股份制企业的组织机构一般包括股东会（股份有限公司为股东大会）、董事会（中外合作经营企业可能为联合管理机构）、监事会。一般情况下，股东会、董事会是股份制企业的重要管理机构，享有较多权利，当然有权对侵犯企业利益的行政行为提起诉讼。

（3）行政机关侵犯的是股份制企业的经营自主权。

（4）以企业的名义提起诉讼。董事会、股东大会、股东代表大会作为股份制企业的内部机构，其不具备独立的诉讼权利能力。因此，不能够以自己名义提起诉讼，而只能以股份制企业的名义提起诉讼。

（十二）非营利法人的原告资格

事业单位、社会团体、基金会、社会服务机构等非营利法人的出资人、设立人认为行政行为损害法人合法权益的，可以自己的名义提起诉讼。

（十三）业主委员会的原告资格

业主委员会对于行政机关作出的涉及业主共有利益的行政行为，可以自己的名义提起诉讼。业主委员会不起诉的，专有部分占建筑物总面积过半数或者占总户数过半数的业主可以提起诉讼。

三、原告资格的转移

原告资格的转移是指有权起诉的公民、法人或者其他组织在失去诉讼权利能力的情况下，其原告资格转移给他人的法律制度。原告资格的转移制度是为了保护接受原告资格的主体的合法权益。有权起诉的公民、法人或者其他组织本来按照法律规定具有原告资格，但由于其死亡或者终止等原因，失去了诉讼权利能力。接受原告资格的主体本来没有原告资格，因与具备原告资格的主体存在某种法律上的关系，在这些主体失去原告资格后，获得了原告资格。获得原告资格，意味着他们是以自己的名义进行诉讼，而不是以有权起诉的公民、法人或者其他组织的名义进行诉讼。原告资格转移有以下两种情形。

（一）有权起诉的公民死亡

《行政诉讼法》第25条第2款规定："有权提起诉讼的公民死亡，其近亲属可以提起诉讼。"其近亲属包括配偶、父母、子女、兄弟姐妹、祖父母、外祖父母、孙子女、外孙子女和其他具有扶养、赡养关系的亲属。

此外，公民因被限制人身自由而不能提起诉讼的，其近亲属可以依其口头或者书面委托以该公民的名义提起诉讼。近亲属起诉时无法与被限制人身自由的公民取得联系，近亲属可以先行起诉，并在诉讼中补充提交委托证明。

（二）法人或者其他组织终止

《行政诉讼法》第25条第3款规定："有权提起诉讼的法人或者其他组织终止，承受其权利的法人或者其他组织可以提起诉讼。"法人或者其他组织的终止是指法人或者其他组织自身的消灭、结束和变更。其终止必须依照法律规定的程序办理有关手续后才能生效。法人或者其他组织终止主要有以下三种情况：

（1）组织消灭。即组织的资格在法律上最终归于消灭和结束，其权利应当由法律规定的有关组织承受。

（2）组织分立。即原来的组织分解为两个以上的部分，成为两个以上的新组织。两个新组织承受原组织的权利，都向法院起诉，为共同原告。

（3）组织合并。即两个以上的组织依照法律规定的程序合并组成一个新组织。合并后形成的新组织承受原组织的权利。

在原告资格发生转移的情况下，属于继续诉讼的，有权起诉的公民、法人或者其他组织已进行的诉讼活动对继续诉讼的公民、法人或者其他组织具有约束力。

第三节　行政诉讼的被告

一、被告的概念

行政诉讼的被告，是指因原告认为其作出的行政行为违法并侵犯了其合法权益而向人民法院起诉，人民法院受理后通知其参加应诉，并受人民法院终局裁判拘束的行政机关或法律、法规授权的组织。

（一）须是具有行政诉讼权利能力的行政机关和组织

具有行政诉讼权利能力的行政机关，指依法能够独立享有并行使行政职权的行政机关，包括乡级人民政府至国务院的各级人民政府及其职能工作部门。由于乡政府一般不设职能部门，故在这一级只能以乡政府为被告，而在此之上则可以以县及县以上政府的职能工作部门为被告。除此之外，法律、法规授予行政管理职权的社会组织也具有行政诉讼权利能力，可以成为被告。

没有职权的机关或组织也可以因以其名义作出影响公民或者其他组织合法权益的行为而成为行政诉讼的被告。

（二）须在具体行政法律关系中行使行政职权并作出行政行为

只有对特定的行政相对人作出行政行为的行政机关或法律、法规授权的组织，才能成为行政诉讼的被告。此处的行政行为既包括原处理决定，也包括经复议后改变原处理决定的复议决定。

（三）必须为原告所指控并经人民法院通知应诉

行政机关或法律、法规授权的组织能否成为被告，最终仍需要由人民法院确认。人民法院经过审查，确认被指控的行政机关或法律、法规授权的组织具备上述两个条件，并通知其参加诉讼活动者，才能成为被告。

二、被告的确认

人民法院对于被告的确认拥有更大的决定权。但从根本上讲，被告的确认仍是由原告掌握的。因此，如果人民法院认为原告所起诉的被告不适格，应告知原告变更被告，原告不同意变更的，只能裁定驳回起诉，而不能径行变更。法院认为应当追加的被告，原告不同意追加的，只能通知其作为第三人参加诉讼。

确认行政诉讼被告的一个基本出发点是，行政机关恒为被告，行政机关并不得反诉。当然，这是就行使行政管理权限的行政机关而言的。如果行政机关作为一个机关法人而就其参加的民事活动与同样作为民事主体的公民、法人或组织发生民事纠纷，或者行政机关作为管理对象成为其他行政机关行政行为所指向的被管理者，则该行政机关可以作为原告提起民事诉讼或行政诉讼。

行政诉讼被告应按以下原则确认。

（一）直接起诉的案件，作出被诉行政行为的机关是被告

《行政诉讼法》在界定被告的第26条第1款中有“直接”二字，这是特指起诉的过程而言的，对应的则是经行政复议后而起诉的情形，并非就被告本身属性而言。直接起诉的主要有三种情况：法律、法规没有规定必须先经行政复议的；行政机关不作为的；可以选择行政复议和行政诉讼，当事人选择提起诉讼的。

行政机关组建并赋予行政管理职能但不具有独立承担法律责任能力的机构，或者行政机关的内设机构、派出机构在未获得法律、法规或规章授权的情况下，以自己的名义作出行政行为，均以该行政机关为被告。

（二）经上级行政机关批准的行政行为，在对外发生法律效力的文书上署名的机关为被告

行政机关作出一个行政行为需要经过上级行政机关的批准才能生效，这样的情况在我国单行法律、法规中有不少的规定。那么，这一行为的法律结果应当由谁来承担呢？是由作出行政行为的行政机关承担法律上的责任，还是应当由批准的行政机关承担责任呢？对此，《行政诉讼法》没有作出规定。

实践中，经过批准的行政行为有三种不同的情况：

（1）被诉行政行为经过上级行政机关批准，但是上级行政机关并没有在对外发生法律效力的法律文书上署名。法律文书上署名的是下级行政机关，应该以下级行政机关为被告。因为下级行政机关申报与上级行政机关批准的关系属于行政机关内部关系，按照《行政诉讼法》的规定，内部行政行为不属于行政诉讼的受案范围。对外的行政主体是下级行政机关，因此，在这种情况下，下级行政机关应该成为案件的被告。

（2）被诉行政行为经过上级行政机关批准，在对外发生法律效力的法律文书上署名的是上级行政机关。下级行政机关只是承办了具体事务，如接受申请材料，告知申请条件、程序和费用等，没有在法律文书上署名，该法律文书是以上级行政机关的名义作出的，应该以上级行政机关为被告。

（3）被诉行政行为经过上级行政机关批准，上级行政机关和下级行政机关同时在法律文书上署名，根据《行政诉讼法》第26条第4款中“两个以上行政机关作出同一行政行为的，共同作出行政行为的行政机关是共同被告”的规定，应该以下级行政机关和上级行政机关为共同被告。

（三）两个以上行政机关共同作出同一行政行为的，各行政机关是共同被告

行政行为通常由单一行政机关作出，但也有两个以上行政机关共同作出一个行政行为。当原告认为该行为侵犯其合法权益而向人民法院起诉时，人民法院对该行为的审查就涉及与此相关的各机关，因此，各机关都应作被告，这是共同诉讼人的一种情况。判断一个行政行为是否是共同作出的，关键要确定该行为是不是两个以上行政机关以共同名义并共同签署而作出的。实践中，有行政机关和另一组织（如党团组织、工会等，法律、法规授权的组织除外）共同签署作出某一行政行为的情况，因该组织没有行政主体资格，不能成为行政诉讼中的共同被告，只可作为第三人参加诉讼。

（四）经复议但复议机关维持原行政行为的，作出原行政行为的行政机关和复议机关是共同被告

在经过复议、复议机关作出决定维持原行政行为的情况下，行政复议机关没有改变原

行政行为，但维持了原行政行为，这表明行政复议机关与作出原行政行为的行政机关的意见是一致的。在复议之前，原行政行为表现为作出原行政行为的行政机关的意志，在复议之后，复议机关维持原行政行为的情况下，行政行为表现为既是作出原行政行为的行政机关意志的体现，又是复议机关意志的体现。因此，当事人对该行政行为不服，在理论上既可以以作出原行政行为的行政机关为被告提起行政诉讼，也可以以行政复议机关为被告，提起行政诉讼。

（五）经复议且复议机关改变原行政行为的，复议机关是被告

根据《行政诉讼法》第26条第2款的规定，经复议的案件，复议机关改变原行政行为的，复议机关是被告。当复议机关改变原行政行为时，对公民、法人或者其他组织的权利义务发生拘束力的是复议决定，因而复议机关是直接处理涉及公民、法人或者其他组织权利义务事项的机关，故应以复议机关为被告。

“复议机关改变原行政行为”，是指复议机关改变原行政行为的处理结果。复议机关改变原行政行为所认定的主要事实和证据、改变原行政行为所适用的规范依据，但未改变原行政行为处理结果的，视为复议机关维持原行政行为。复议机关确认原行政行为无效，属于改变原行政行为。复议机关确认原行政行为违法，属于改变原行政行为，但复议机关以违反法定程序为由确认原行政行为违法的除外。

（六）法律法规授权的组织作出行政行为的，该组织是被告

法律法规授权的组织在授权范围和幅度内，能够以自己的名义独立地对外行使行政职权，享有对特定事件和行为作出处理的权力，并能以自己的名义独立地承担法律责任。因其作出的行政行为引起的诉讼，由该授权组织作被告。

当事人对村民委员会或者居民委员会依据法律、法规、规章的授权履行行政管理职责的行为不服提起诉讼的，以村民委员会或者居民委员会为被告。

当事人对高等学校等事业单位以及律师协会、注册会计师协会等行业协会依据法律、法规、规章的授权实施的行政行为不服提起诉讼的，以该事业单位、行业协会为被告。

参考案例 12-3

霍某于2002年2月4日中午到招商银行北京分行东方广场支行（以下简称“招行东方广场支行”）处存款。银行工作人员李某在收取存款时发现其中一张1999年版、冠字号码为GB0980301、票面金额为100元的人民币为假币，当即告知了霍某，并将该币交由在其邻侧工作的另一工作人员苏某复核确认。经苏某复核确认后，李某分别在该币正面水印窗和背面中间位置处加盖了“假币”印章，并向霍某出具了《假币收缴凭证》，同时告知霍某如对收缴假币有异议，可在3个工作日内向中国人民银行或中国人民银行授权的中国工商银行、中国农业银行、中国银行、中国建设银行申请鉴定。霍某在该凭证“持有人签字”处签名。2002年2月6日，霍某向招行东方广场支行提出鉴定申请，招行遂委托有鉴定权的中国建设银行东四支行（以下简称“建行东四支行”）进行鉴定。2002年2月8日，经鉴定为假币后，建行东四支行将假币予以没收，并出具了有持币人为霍某、伪（变）造币字头号码为GB0980301等要素的中国建设银行《发现伪（变）造币没收证明单》。霍某不服，认为招行东方广场支行在收缴时由一名员工办理，送鉴定时又没通知自己，在收缴及鉴定阶段皆有重大程序性错误，遂向北京市东城区人民法院提起行政诉讼，请求人民法院依法撤销招行东方广场支行的收缴行为及鉴定行为。北京市东城区人民法院审理认为：

根据《中华人民共和国人民币管理条例》第34条的规定，招行东方广场支行具有在办理人民币存取款业务中发现数量较少的伪造、变造的人民币时对其予以收缴的国家行政职权。其工作人员在发现霍某持有的人民币为假币，又经另一工作人员复核后当面予以收缴，加盖“假币”印章，同时向霍某出具由中国人民银行统一印制的收缴凭证，并告知霍某可以向有权机构申请鉴定，该行为符合上述法规规定。霍某认为招行东方广场支行的收缴行为违反法定程序的诉讼请求缺乏事实依据，法院不予支持。现国家对假币的鉴定办法尚无明文规定，故霍某认为招行东方广场支行自行委托有关机构鉴定属鉴定程序违法，缺乏法律依据，其请求撤销招行东方广场支行鉴定行为的诉讼请求不能成立，法院予以驳回。

（七）未取得合法授权的行政机关的内部机构或者行政机关组建的机构作出行政行为的，以该行政机关为被告

行政机关的内设机构或者派出机构在没有法律、法规或规章授权的情况下，以自己的名义作出行政行为；或者行政机关组建并赋予行政管理职能但不具有独立承担法律责任能力的机构，以自己的名义作出行政行为的，如果当事人不服提起诉讼，应以该行政机关或者组建该机构的行政机关为被告。

法律、法规或者规章授权行使行政职权的行政机关内设机构、派出机构或者其他组织，超出法定授权范围实施行政行为，当事人不服提起诉讼的，应当以实施该行为的机构或者组织为被告。

没有法律、法规或者规章规定，行政机关授权其内设机构、派出机构或者其他组织行使行政职权的，属于行政诉讼法规定的委托。当事人不服提起诉讼的，应当以该行政机关为被告。

（八）开发区管理机构所作的行政行为，开发区管理机构是被告

当事人对由国务院、省级人民政府批准设立的开发区管理机构作出的行政行为不服提起诉讼的，以该开发区管理机构为被告；对由国务院、省级人民政府批准设立的开发区管理机构所属职能部门作出的行政行为不服提起诉讼的，以其职能部门为被告；对其他开发区管理机构所属职能部门作出的行政行为不服提起诉讼的，以开发区管理机构为被告；开发区管理机构没有行政主体资格的，以设立该机构的地方人民政府为被告。

（九）由行政机关委托的组织所作的行政行为，委托的行政机关是被告

行政委托，是指依法拥有某项行政管理职权的行政机关，根据法律的规定，按照法定的程序，将其行政管理事务委托给符合法定条件的行政机关、组织办理，由受托人以委托机关的名义从事活动，并由委托机关承担该活动的法律后果的行政行为。

当事人对村民委员会、居民委员会受行政机关委托作出的行为不服提起诉讼的，以委托的行政机关为被告。

当事人对高等学校等事业单位以及律师协会、注册会计师协会等行业协会受行政机关委托作出的行为不服提起诉讼的，以委托的行政机关为被告。

（十）行政机关被撤销的，继续行使其职权的行政机关是被告

行政机关被撤销的时间可能发生在行政机关作出行政行为之后、原告尚未提起诉讼之前；或者在诉讼过程中，人民法院尚未作出裁决前。撤销的具体情形则有：撤销后职权转移，即将行政机关的职权转移给其他行政机关；行政职权合并，即该行政机关被并入其他的行政机关或是与其他行政机关合并后成立一个新的机关；行政职权分立，即该机关由一个主体分立成几个主体。无论哪种情形，都以继续行使其职权的行政机关为被告。如果没有继续行使其职权的机关，则以作出撤销决定的行政机关或其指定的行政机关为被告。行政机关被撤销或者职权变更，没有继续行使其职权的行政机关的，以其所属的人民政府为被告；实行垂直领导的，以垂直领导的上一级行政机关为被告。

（十一）应当履行保护行政相对人人身权、财产权的法定职责而拒绝履行的行政机关是被告

不作为的具体形态，包括明示的拒绝履行或默示的不予答复两种，二者仅对原告的起诉时效的起点有影响，与被告资格无关。

（十二）房屋征收部门作为的情形

市、县级人民政府确定的房屋征收部门组织实施房屋征收与补偿工作过程中作出行政行为，被征收人不服提起诉讼的，以房屋征收部门为被告。征收实施单位受房屋征收部门委托，在委托范围内从事的行为，被征收人不服提起诉讼的，应当以房屋征收部门为被告。

三、被告资格的转移

有被告资格的行政机关或授权组织被撤销，在法律上该主体已被消灭，其被告资格转移给其他行政机关。具体情形如下：

（1）行政机关被撤销后，其职权继续由其他主体行使的，例如职权归入新组建的行政机关、分别由两个机关行使或者被收归人民政府，被告是继续行使职权的机关。

（2）行政机关被撤销的，其行政职权随政府职能转变而不复存在，下放到企业或社会组织的，由作出撤销决定的行政机关作被告。

第四节　行政诉讼的第三人

一、第三人的概念

行政诉讼第三人是同提起行政诉讼的行政行为有利害关系，因而可能受到行政诉讼审理结果的影响，依本人申请并经批准或者由人民法院通知参加诉讼的行政相对人。

第三人具有如下特点：

（1）第三人是原、被告之外的行政相对人。第三人既不是提起诉讼的人，也不是被诉的一方。

（2）第三人参加诉讼的时间特定。第三人参加行政诉讼的时间是在原告起诉、法院受理后，法院作出终审判决之前。此前、此后均不存在第三人参加诉讼的问题。

（3）第三人在主体方面具有多样性。“行政相对人”是一个概括性的称谓，包括了几乎所有的社会主体，可以是一个人也可以是数个人或组织；既可以是民事主体，也可以是享有行政管理权限的行政主体，只要认为自己与在审行政案件有利害关系。行政主体也可以申请或由法院通知、以第三人的身份参加已经开始的行政诉讼。

（4）第三人是同提起诉讼的行政行为有利害关系的人。有利害关系是指与被诉行政行为有法律上的权利义务关系，包括直接的和间接的利害关系。如规划部门批准了张三的建房申请，但张三的房屋被水利部门认定为违章建筑而被强制拆除，张三对水利部门的拆除决定不服，向人民法院起诉。规划部门就水利部门的拆除决定而言，没有直接的利害关系，但是对拆除决定审查的结果有利害关系，如果人民法院判决拆除决定合法，张三就可能向规划部门提出赔偿建房损失的要求。因为规划部门批准张三的建房申请，对造成张三的建房损失也有责任。因此，在本案中，规划部门也可以作为第三人参加诉讼。

二、第三人的确认

从行政审判实践来看，第三人主要有以下两大类。

（一）类似于原告地位的第三人

这类第三人在行政法律关系中基本上处于相对人或相关人的地位，他们中的大多数具有原告的资格，只是没有提起行政诉讼成为原告而已。其表现形式有：

（1）行政机关的同一行政行为涉及两个以上利害关系人，其中一部分利害关系人对行政行为不服提起诉讼，人民法院应当通知没有起诉的其他利害关系人作为第三人参加诉讼。如行政处罚案件中的被处罚人或者受害人，依《行政诉讼法》的规定，被处罚人和受害人均有权起诉行政处罚行为，如果只有被处罚人起诉，因受害人与处罚行为有利害关系，因而可以第三人的身份参加诉讼。如果只有受害人起诉，被处罚人也可以作为第三人。

（2）房地产、矿产、森林等行政确权案件中的被确权人或其他主张权利的人。一般来说，被确权人对行政确认行为没有起诉的动机，但是行政确权行为一旦被诉，人民法院对其合法性的判断将直接影响到他的法律地位，如行政确权行为被撤销，被确权人因该行为而取得的物权也将丧失，因此可以作为第三人参加诉讼。其他主张权利的人则是那些除被确权人外对确权行为的合法性有争议却未起诉的行政相对人，他们可以作为第三人参加诉讼。

（3）行政许可案件中的被许可人或许可争议人。在排他性行政许可中，被许可人对行政许可行为一般没有起诉动机，但是未获得许可的许可争议人如果起诉行政许可行为，人民法院对该行为的合法性判断将会影响到他的法律地位，因而可以作为第三人参加诉讼。其他的未起诉的许可争议人同样可以作为第三人参加诉讼。

（4）行政裁决案中一方不服裁决向法院起诉的，未起诉的一方可以作为第三人参加诉讼。

（5）人民法院追加共同诉讼的当事人时，应当通知其他当事人。应当追加的原告，已明确表示放弃实体权利的，可不予追加；既不愿意参加诉讼，又不放弃实体权利的，应追加为第三人，其不参加诉讼，不能阻碍人民法院对案件的审理和裁判。

（6）除以上几种情形外，受行政行为影响的未起诉的其他利害关系人。比如行政机关同一行政行为涉及两个以上利害关系人，其中一部分利害关系人对行政行为不服提起诉讼，人民法院应当通知没有起诉的其他利害关系人作为第三人参加诉讼。

（二）类似于被告地位的第三人

这类第三人在行政法律关系中基本处于行政主体地位，具体又可以分为以下三类：

（1）被诉行政行为是被告与该行政主体的共同行为。这种第三人本应作为被告，只是无人起诉而已。比如一个需经批准的行政行为，上级行政机关和下级行政机关均在对外发生法律效力的文书上署名，但相对人只起诉上级机关或下级机关，又不同意追加另外一个机关为被告，此时未被起诉的下级机关或上级机关就可以第三人身份参加诉讼。

（2）行政主体与其他不具有行政主体资格的个人或组织联合署名所作的行政行为被诉时，不具行政主体资格的个人或组织可以第三人身份参加诉讼。这类第三人因不是行政主体而不能成为被告，但是却可以成为第三人，必要时人民法院可判决由他承担一定的赔偿责任。

（3）两个作出相互矛盾的行政行为的行政机关，一个被诉，另一个可以第三人的身份参加诉讼。

（4）应当追加被告而原告不同意追加的，人民法院应当通知其以第三人的身份参加诉讼，但行政复议机关作共同被告的除外。

三、第三人参加诉讼的程序

第三人参加诉讼的程序和方式有两种。

（一）主动提出申请

如果公民、法人或其他组织认为自己与被诉行政行为有利害关系，可以向人民法院提出参与诉讼的申请，是否准许由人民法院决定。

（二）法院通知

如果法院认为某公民、法人或其他组织与被诉行政行为有利害关系，应该通知其以第三人的身份参加诉讼，是否参加由被通知人自己决定。但是对于类似于被告地位的第（1）、（2）类第三人而言，如果不参加，将会承担类似“缺席判决”的不利后果。

此外，关于第三人参加诉讼的时间问题，一般来说，在本诉已经开始但是人民法院尚未作出终审判决之前的任何阶段均可以。如果他在二审中才参加诉讼，为保护他的上诉权，二审人民法院应该撤销原判，发回重审。

第五节　共同诉讼人

一、共同诉讼人的概念

在通常情况下，一个行政案件中只有一个原告和一个被告。但在特殊情况下，也会发生某些行政案件的原告是两个以上的公民、法人或者其他组织，或者被告是两个以上的行政机关，或者原告、被告双方均为两个以上主体的情况。《行政诉讼法》第 27 条规定：当事人一方或者双方为二人以上，因同一行政行为发生的行政案件，或者因同类行政行为发生的行政案件、人民法院认为可以合并审理并经当事人同意的，为共同诉讼。因此，所谓共同诉讼，是指当事人一方或者双方为两个以上主体，因同一行政行为发生的行政案件，或者因同类行政行为发生的行政案件，人民法院认为可以合并审理的诉讼。

所谓共同诉讼人，是指共同诉讼案件的当事人。原告一方是两个或者两个以上主体的，称为共同原告；被告一方是两个或者两个以上主体的，称为共同被告。

行政诉讼中的共同诉讼是诉讼主体的合并，即一个案件有两个或者两个以上的原告或者被告或者原被告双方均为两个以上。其与诉讼客体的合并，即同一原告向同一被告提出两个或者两个以上的诉讼请求，人民法院合并审理的情况是不同的。

当事人一方人数众多的共同诉讼，可以由当事人推选代表人进行诉讼。当事人推选不出的，可以由人民法院在起诉的当事人中指定代表人。“人数众多”，一般指十人以上。代表人的诉讼行为对其所代表的当事人发生效力，但代表人变更、放弃诉讼请求或者承认对方当事人的诉讼请求，应当经被代表的当事人同意。

二、共同诉讼人的分类

根据共同诉讼成立的条件，共同诉讼可分为必要的共同诉讼和普通的共同诉讼。相应地，共同诉讼人也可分为必要的共同诉讼人和普通的共同诉讼人。

（一）必要的共同诉讼人

必要的共同诉讼，是指当事人一方或者双方为两个以上主体，因同一行政行为发生的行政案件，人民法院必须合并审理的诉讼。必要的共同诉讼中的当事人即为必要的共同诉讼人。

1. 形成必要的共同诉讼人的条件

（1）诉讼标的是同一的。即引起争议的是同一个行政行为的合法性，或者是同一个行政行为由两个或者两个以上的行政机关作出，或者是同一个行政行为针对两个或者两个以上的公民、法人或者其他组织作出的。

（2）人民法院必须予以合并审理。因为引起争议的是同一个行政行为，只是诉讼主体为多个，为了简便、迅速、全面地审理该行政争议，就必须将不同的诉讼主体予以合并。

2. 行政诉讼中可以引起必要共同诉讼发生的情形

（1）二人以上共同实施违法行为，被行政机关在同一决定中分别制裁，被制裁人均不服起诉的。

（2）行政机关在同一决定中给予法人或者其他组织及其负责人分别制裁，二者均不服起诉的。

（3）两个以上的共同被害人不服行政机关对加害人所作的行政制裁而起诉的。

（4）被制裁人和被加害人双方均不服行政机关的制裁决定而起诉的。

（5）两个以上行政机关作出同一行政行为，当事人不服起诉的。

（二）普通的共同诉讼人

普通的共同诉讼，是指当事人一方或者双方为两个以上主体，因同类的行政行为发生的行政案件，人民法院认为可以合并审理并经当事人同意的诉讼。普通共同诉讼中的当事人即为普通的共同诉讼人。

1. 普通的共同诉讼人的形成条件

（1）虽然存在两个以上的行政行为，但它们是同类的行政行为。所谓“同类”，是指行政行为的性质相同或作出行政行为的事实和理由相同。

（2）受同一人民法院管辖。

（3）人民法院认为可以合并审理并经当事人同意。

2. 可以合并审理的情形

有下列情形之一的，人民法院可以决定合并审理：

（1）两个以上行政机关分别依据不同的法律、法规对同一事实作出行政行为，公民、法人或者其他组织不服，向同一人民法院起诉的。

（2）行政机关就同一事实对若干公民、法人或者其他组织分别作出行政行为，公民、法人或者其他组织不服，分别向同一人民法院起诉的。

（3）在诉讼过程中，被告对原告作出新的行政行为，原告不服，向同一人民法院起诉的。

（4）人民法院认为可以合并审理的其他情形。

3. 必要共同诉讼与普通共同诉讼的主要区别

必要共同诉讼是因行政机关的同一行政行为而引起两个以上的原告或者被告，他们之间因该行政行为而有着相互联系的或者共同的利害关系，法院必须合并审理；普通共同诉讼是因行政机关的同类行政行为而引起两个以上的原告或者被告，他们之间没有相互联系的或者共同的利害关系，当法院合并审理时，形成共同诉讼，当人民法院分开审理时，成为各个独立的案件，因而属于可分之诉。

第六节　诉讼代理人

一、诉讼代理人的概念

诉讼代理人是指以当事人的名义，在代理权限范围内代替或协助当事人进行诉讼活动的人。这里的当事人指的是原告、被告以及第三人，是代理法律关系中的被代理人。

诉讼代理人的特征可以概括如下：

（1）他们是以被代理人的名义而不是以自己的名义从事行政诉讼活动的人，参与诉讼的目的也是维护被代理人而不是自己的合法权益。由此决定诉讼代理人只能代理一方当事人，而不能同时为多方代理。

（2）诉讼代理人必须在代理权限范围内活动，由此产生的后果由被代理人承担。超越代理权限所为的行为是无效的，后果由诉讼代理人自己承担。

二、诉讼代理人的种类

（一）法定代理人

法定代理人就是根据法律规定行使诉讼代理权，代理无行为能力或者限制行为能力的公民参加诉讼，具有相当于被代理人的法律地位，行使被代理人的诉讼权利和承担被代理人的诉讼义务，以维护精神病人或未成年当事人的合法权益的代理人。法定代理是全权代理，在诉讼中与当事人居于同等地位，其代理权限不受限制，法定代理所为的一切诉讼行为，包括处分实体权利的行为，视同被代理人本人所为的诉讼行为，并具有同等的法律效力。但是法定代理人毕竟不是当事人，不是诉讼主体。实体权利和义务的承担者是当事人，而不是法定代理人。

（二）指定代理人

《行政诉讼法》虽然没有明确规定指定代理人，但是在实践中仍然有指定代理人的存在。指定代理人，是指经人民法院指定，代理无诉讼行为能力的公民进行诉讼活动的人。指定代理仅适用于作为管理相对人的公民，不适用于行政机关或组织。

通常情况下，无诉讼行为能力人由其法定代理人代为诉讼。但下列情况下由人民法院指定：

（1）法定代理人死亡、被宣告失踪或因公不能参加诉讼，无人代理诉讼，而诉讼又必须进行。

（2）当事人在诉讼中丧失诉讼行为能力，又没有法定代理人的。

（3）当事人有两个以上的法定代理人，但他们互相争夺或推诿代理权的。

在第（1）、（2）两种情况下，人民法院可以从律师或其他适合的公民、组织中指定代理人，不须经当事人同意；在第（3）种情况下，人民法院可以在法定代理人中指定一人，但此时被指定的代理人的身份仍是法定代理人，并拥有当事人的法定代理人所享有的全部诉讼权利。

指定代理人有权按照法律规定，代理无诉讼行为能力的公民为一切诉讼行为，其诉讼地位与法定代理人相似。上述第（3）种情况就是法定代理人。但是，指定代理人毕竟是代替法定代理人，因而只能有条件地处分被代理人的实体权利，只能在法院所指定的具体案件审理过程中行使代理权。

（三）委托代理人

委托代理是根据当事人、法定代理人的委托而产生的诉讼代理，被当事人、法定代理人委托代为进行诉讼行为的人是委托代理人。当事人、法定代理人可以委托1～2人作为诉讼代理人。下列人员可以被委托为诉讼代理人：律师、基层法律服务工作者；当事人的近亲属或者工作人员；当事人所在社区、单位以及有关社会团体推荐的公民。

与当事人有合法劳动人事关系的职工，可以当事人工作人员的名义作为诉讼代理人。以当事人的工作人员身份参加诉讼活动，应当提交以下证据之一加以证明：（1）缴纳社会保险记录凭证；（2）领取工资凭证；（3）其他能够证明其为当事人工作人员身份的证据。

有关社会团体推荐公民担任诉讼代理人的，应当符合下列条件：（1）社会团体属于依法登记设立或者依法免予登记设立的非营利性法人组织；（2）被代理人属于该社会团体的成员，或者当事人一方住所地位于该社会团体的活动地域；（3）代理事务属于该社会团体章程载明的业务范围；（4）被推荐的公民是该社会团体的负责人或者与该社会团体有合法劳动人事关系的工作人员。

专利代理人经中华全国专利代理人协会推荐，可以在专利行政案件中担任诉讼代理人。

当事人委托诉讼代理人，应当向人民法院提交由委托人签名或者盖章的授权委托书。委托书应当载明委托事项和具体权限。公民在特殊情况下无法书面委托的，也可以由他人代书，并由自己捺印等方式确认，人民法院应当核实并记录在卷；被诉行政机关或者其他有义务协助的机关拒绝人民法院向被限制人身自由的公民核实的，视为委托成立。当事人解除或者变更委托的，应当书面报告人民法院。

委托代理人的代理权是委托人授予的，其代理权限依委托人在授权委托书中所确定的授权范围而定。委托人的授权可分为一般授权和特别授权。一般授权即只在委托书上证明代理人仅有权代为进行诉讼行为；特别授权即载明委托代理人不仅有权代为进行诉讼行为，还可代为处分当事人的某些实体权利。当事人委托2人代理诉讼的，授权委托书中应当分别记明委托代理人各自的代理事项和权限。委托代理人在授权范围内所进行的诉讼行为，视为被代理人的诉讼行为，对被代理人发生法律效力。如果委托代理人的代理权限发生变更或者解除，当事人应当书面告知法院，并由法院通知其他当事人。

代理诉讼的律师有权按照规定查阅、复制本案有关材料，有权向有关组织和公民调查，收集与本案有关的证据。对涉及国家秘密、商业秘密和个人隐私的材料，应当依照法律规定保密。但作为被告的诉讼代理人的律师，在诉讼过程中，不得自行向原告和证人收集证据。当事人和其他诉讼代理人有权按照规定查阅、复制本案庭审材料，但涉及国家秘密、商业秘密和个人隐私的内容除外。

【引例分析】

本案的一审法院经过审理后认为，被告在没有收到合法的申请、证件及证明的情况下，给吉某、徐某颁发结婚证，不符合法律规定。虽然徐某提供了申请书，但申请书上没有吉某的签名及所按指纹。被告辩称的发证时间是2006年12月16日，由于承办人笔误而写成12月30日和12月25日，以及吉某的婚姻状况证明被遗失的事实，因无证据证明，法院不予支持，遂判决镇政府发给徐某与吉某的结婚证无效，同时撤销了镇政府作出的两个决定。徐某不服一审判决，认为原判认定事实、适用法律均存在错误，请求二审法院撤销原判，维持镇政府的行政行为。二审法院审理后认为，徐某的上诉理由成立，吉B不符合起诉条件，裁定撤销原判，驳回原告吉B的起诉。

本案的关键问题在于起诉人是否具有原告资格。根据行政诉讼原告资格确定的利害关系标准和原告所请求保护的权利性质分析，吉B不具备原告主体资格，具体从以下几方面分析：

第一，原告不是镇政府的婚姻登记行为的直接相对人，也与该具体行政行为无法律上的利害关系。被告镇政府作出的该行政行为涉及的是吉某与徐某的婚姻关系这一特殊的人身权，这种行政行为的相对人和与之有法律上的利害关系的公民只有吉某与徐某。被上诉人吉B是吉某与前妻李某的婚生女，虽然吉某与徐某的婚姻关系是否有效的结果，影响其对吉某遗产的继承份额，但这种间接的影响不是行政诉讼法上的权利与义务关系。

第二，被告的行政登记行为没有直接侵害到原告的合法权益，也不存在直接侵害原告权益的现实可能性。法律上的利害关系必须是具体行政行为作出时，客观上对行政相对人利益产生的客观的、直接的、现实的影响，而不是在行为作出后依赖特定条件所形成的影响。本案中，原告主张的是因行政登记行为侵犯了自己的继承权。继承权是一种期待权，只有在被继承人死亡后才能产生效力。虽然，镇政府的婚姻登记行为可能影响到原告继承的份额，但这种影响是站在案件发生结果的角度上考虑，依赖的是被继承人死亡后，对其原婚姻登记行为无法补救这一特定条件。因此，在镇政府为双方办理婚姻登记时，并不存在侵害原告合法权益的现实性和可能性。

第三，婚姻登记过程中的行政程序违法与婚姻当事人婚姻关系无效是性质根本不同的两个问题。婚姻关系涉及当事人之间的人身关系和财产关系，一般情况下对婚姻问题应当贯彻的是当事人意志的原则，除非在违反法律强制性规定的情况下，才赋予他人的干预权。例如，新修订的《婚姻法》规定了无效婚姻制度，因无效婚姻违反了法律强制性规定，利害关系人或者基层组织可以要求民政部门查处。但本案不同，徐某与吉某结婚符合婚姻成立的实质条件，且已领取了结婚证，不存在无效情形，仅是婚姻登记过程中有关手续和行政机关的程序问题，且这种行政程序中行政行为瑕疵或违法并不能直接导致对民事关系进行调整，也不能直接否定双方原有的民事权利义务。综上所述，本案的原告不具备行政诉讼的原告主体资格。

资料来源：刘洋，浦永军．本案起诉人是否具备行政诉讼原告资格［EB/OL］．（2011－08－12）［2020－05－06］．https：//www. chinacourt. org/index. php/article/detail/2002/04/id/4218. shtml.

【本章小结】

行政诉讼参加人是指因与引起争议的行政行为存在直接利害关系而参加行政诉讼的整个过程或者主要阶段的人及与他们的诉讼地位相类似的人，包括当事人和诉讼代理人。当事人是指因行政行为发生争议，以自己的名义到人民法院起诉、应诉和参加诉讼，并受法律裁判约束的公民、法人或者其他组织以及行政机关。

行政诉讼原告是指认为行政机关的行政行为侵犯其合法权益，而依法以自己的名义向人民法院起诉的公民、法人或者其他组织。行政诉讼被告是指作出原告认为侵犯其合法权益并向人民法院提起诉讼的行政行为，而由人民法院通知应诉的行政机关或者法律、法规授权组织。共同诉讼人是指共同诉讼案件的当事人，原告一方是两个或者两个以上主体的，称为共同原告；被告一方是两个或者两个以上主体的，称为共同被告。

行政诉讼中的第三人是指与提起诉讼的行政行为有利害关系的其他公民、法人、其他组织及行政机关。从行政审判实践来看，第三人的种类主要有两大类：类似于原告地位的第三人和类似于被告地位的第三人。

根据法律规定或者当事人、法定代理人的委托，以被代理人的名义进行诉讼行为的，称为诉讼代理；代理当事人进行诉讼行为的权限，称为诉讼代理权；行使诉讼代理权的人，称为诉讼代理人。在行政诉讼中，根据诉讼代理人代理权限的来源，诉讼代理人可分为法定代理人、指定代理人和委托代理人。

【练习题】

1. 名词解释

行政诉讼原告　行政诉讼被告　行政诉讼第三人

2. 思考题

（1）确定被告的标准是什么？

（2）如何确定行政诉讼的原告？

（3）法定代理人和诉讼代理人之间的权限有何差异？

（4）如何理解必要的共同诉讼？

3. 案例分析题

教育行政部门取消了某甲办的学校，某甲对此不服而向人民法院提起了行政诉讼。正在此学校学习的20个学生因此中断了学习，他们需要另外找学校学习，还需要租赁住房

或者乘车回家，经济上损失较大。因此这 20 个学生也对取消办学校的行政决定提起了行政诉讼。

问题：

法院是否应当受理这些学生的起诉?

分析要点提示：

第三人是同提起诉讼的行政行为有利害关系，依申请或者人民法院通知参加到诉讼中来的人。有利害关系是指与被诉行政行为有法律上的权利义务关系，包括直接的和间接的利害关系。本案中，学生与撤销办学许可的行政决定有利害关系，他们需要另外找学校学习，还需要租赁住房或者乘车回家，经济上损失较大，可以作为第三人参加诉讼。

第十三章　行政诉讼程序

【本章引例】

大余县樟斗镇下横村石孜头村民小组诉大余县人民政府土地行政确权纠纷案

争议山场现在大余县樟斗镇蕉坑村行政区域内，称“小王坑黄竹窝、小王坑八仙脑社官窝、小王坑万屋边蕉坑孜、大王坑沙窝孜”。2005 年 7 月，石孜头村民小组以其持有争议山场的 1953 年《土地房产所有证》为由，向大余县林业部门提出《山林权属争议处理申请书》，要求县林业部门为其落实争议山场的所有权。大余县人民政府经调查取证，于 2005 年 12 月 26 日作出了余府发〔2005〕71 号处理决定，将争议山场的所有权确权给下横村民委员会。石孜头村民小组不服，向赣州市人民政府申请行政复议，市政府于 2006 年 3 月 30 日作出赣市府复字〔2006〕2 号行政复议决定，责令重新作出处理决定。2006 年 7 月 27 日，大余县政府重新作出了余府发〔2006〕27 号处理决定，再次将争议山场确权归下横村民委员会所有。石孜头村民小组仍不服，第二次提起行政复议。2006 年 12 月 5 日，市政府作出赣市府复字〔2006〕65 号行政复议决定，维持了大余县政府作出的余府发〔2006〕27 号处理决定。大余县樟斗镇下横村石孜头村民小组不服大余县人民政府土地行政确权的具体行政行为，于 2007 年 5 月 30 日向法院提起行政诉讼。

【本章学习目标】

通过本章的学习，你应该能够：

（1）熟悉起诉的条件以及程序。
（2）掌握上诉的条件。
（3）了解审判监督程序的特点。

第一节　起诉与受理

一、起诉的概念

在行政诉讼中，起诉是指公民、法人或者其他组织认为自己的合法权益受到行政机关行政行为的侵害，而向人民法院提出诉讼请求，要求人民法院通过行使审判权，依法保护自己合法权益的诉讼行为。起诉是原告行使起诉权的单方诉讼行为。

行政诉讼中的起诉有以下两种类型：

（1）直接向人民法院起诉。法律、法规没有明确规定必须经过复议的，公民、法人或者其他组织对行政行为不服时，没有选择复议而直接向人民法院起诉。

（2）经复议后向人民法院起诉。这又分为两种情况：一是法律、法规明确规定必须经过复议程序才能向人民法院起诉的，当事人经过了行政复议，而对行政复议决定不服，向人民法院起诉；二是虽然法律、法规没有规定必须经过复议才能起诉，但公民、法人或者其他组织自愿选择先申请复议，对复议决定不服，再向人民法院起诉。

二、起诉的条件

为防止公民、法人或者其他组织滥用起诉权，同时也为便于监督人民法院的受理工作，《行政诉讼法》对起诉设定了以下条件。

（一）原告必须是认为行政行为侵犯其合法权益的公民、法人或者其他组织

首先，原告必须是行政行为侵犯其合法权益的公民、法人或者其他组织，合法权益没有受到侵犯的公民、法人或者其他组织即不具备原告资格。其次，公民、法人或者其他组织必须是“认为”行政行为侵犯其合法权益，而这种“认为”是一种主观上的认为，并不一定必须是客观上构成了侵犯，是否侵犯由法院通过审理活动才能得出结论。因此，根据《行政诉讼法》规定的基本精神，原告既包括行政行为所直接指向的公民、法人或者其他组织，也包括凡是认为其合法权益受行政行为影响的公民、法人或者其他组织。同时，如果行政机关以法人身份与另一作为行政主体的行政机关发生争议，则也具有原告资格。

参考案例 13-1

侯某诉武隆县人民政府工伤认定纠纷案

2005 年 1 月 4 日，钱某以个体工商户侯某为用工主体，向武隆县（现重庆市武隆区，下同）劳动和社会保障局申请工伤认定。2005 年 6 月 20 日，武隆县劳动和社会保障局作出武劳社伤险认决字〔2005〕37 号工伤认定决定书。2005 年 6 月 23 日，武隆县劳动和社会保障局在采用直接送达方式向侯某送达工伤认定决定书未果的情况下，用特快专递的方式，仍未能送达侯某本人。2005 年 6 月 28 日，武隆县劳动和社会保障局在侯某个体工商登记的住所地，采用公告的方式对作出的工伤认定决定书进行了送达，公告期 60 日。2006 年 8 月 13 日，侯某对武劳社伤险认决字〔2005〕37 号的决定不服，向武隆县人民政府申请行政复议。武隆县人民政府 2006 年 8 月 21 日受理侯某的行政复议申请后，在审理该行政复议案件过程中，发现申请人侯某提起的行政复议申请已超过法定的期限，于 2006 年 12 月 27 日作出《终止审理行政复议通知书》。侯某对武隆县人民政府作出的《终止审理行政复议通知书》不服，起诉至法院，请求人民法院判决撤销武隆县人民政府作出的《终止审理行政复议通知书》，并判决被告武隆县人民政府作出行政复议决定。

法院认为：根据《行政复议法》第 9 条“公民、法人或者其他组织认为具体行政行为侵犯其合法权益的，可以自知道该具体行政行为之日起六十日内提起行政复议”的规定，原告在 2006 年 8 月 13 日才向复议机关提起行政复议申请，显然超过了提起行政复议申请的法定期限。被告在 2006 年 8 月 21 日受理原告的复议申请后，经审理发现原告

提起的行政复议申请超过了法定的期限，作出终止审理行政复议决定的事实清楚、适用法律正确，其合法性依法应予确认。应当指出，被告在2006年8月21日受理原告的复议申请后，于2006年12月27日作出《终止审理行政复议通知书》，超过了《行政复议法》第31条“行政复议机关应当自受理申请之日起六十日内作出行政复议决定”的规定，该行为属于程序上的瑕疵，但不影响作出终止审理行政复议决定的效力。法院判决驳回原告的诉讼请求。

在本案的审理过程中，侯某提起行政复议申请的时间明显超过了法律规定的时限，复议机关的决定是依法作出的，明显具有合法性。那么是否意味着就不能够提起行政诉讼呢？我国《行政诉讼法》第2条规定：“公民、法人或其他组织认为行政机关和行政机关工作人员的具体行政行为侵犯其合法权益，有权依照本法向人民法院提起诉讼。”从该条的规定不难看出，公民、法人或其他组织只要认为行政机关或行政机关的工作人员侵犯了自己的合法权益，就可以提起行政诉讼。所以本案中侯某可以针对复议机关终止复议的决定提起行政诉讼。

（二）有明确的被告

原告在提起诉讼时，必须明确指出告哪个行政机关或者告哪个法律法规授权的组织。如果原告在起诉时不指明被告是谁，人民法院就无法进行审理活动，更无法解决争议。原告提供被告的名称等信息足以使被告与其他行政机关相区别的，可以认定为“有明确的被告”。起诉状列写被告信息不足以认定明确的被告的，人民法院可以告知原告补正；原告补正后仍不能确定明确的被告的，人民法院裁定不予立案。

（三）有具体的诉讼请求和事实根据

具体的诉讼请求是指原告要求人民法院给予审判保护的具体内容。“有具体的诉讼请求”包括：

（1）请求判决撤销或者变更行政行为。

（2）请求判决行政机关履行特定法定职责或者给付义务。

（3）请求判决确认行政行为违法。

（4）请求判决确认行政行为无效。

（5）请求判决行政机关予以赔偿或者补偿。

（6）请求解决行政协议争议。

（7）请求一并审查规章以下规范性文件。

（8）请求一并解决相关民事争议。

（9）其他诉讼请求。

当事人单独或者一并提起行政赔偿、补偿诉讼的，应当有具体的赔偿、补偿事项以及数额；请求一并审查规章以下规范性文件的，应当提供明确的文件名称或者审查对象；请求一并解决相关民事争议的，应当有具体的民事诉讼请求。

事实根据包括案情事实和证据事实。案情事实是关于发生争议的行政法律关系发生、变更或者消灭的事实。证据事实是指为证明案情事实的存在所必需的证明材料。

（四）属于人民法院的受案范围和受诉人民法院管辖

原告起诉的案件必须是行政诉讼法以及其他法律、法规规定的由人民法院审判的行政案件，对人民法院没有审判权的行政争议，不得向人民法院起诉。属于人民法院审判的行

政案件，原告提起诉讼，还必须是向有管辖权的人民法院提起，否则该人民法院将因无管辖权而不予受理。

《行政诉讼法》第 53 条规定：“公民、法人或者其他组织认为行政行为所依据的国务院部门和地方人民政府及其部门制定的规范性文件不合法，在对行政行为提起诉讼时，可以一并请求对该规范性文件进行审查。前款规定的规范性文件不含规章。”

（五）符合诉讼时效的规定

公民、法人或者其他组织不服复议决定的，可以在收到复议决定书之日起 15 日内向人民法院提起诉讼。复议机关逾期不作决定的，申请人可以在复议期满之日起 15 日内向人民法院提起诉讼。法律另有规定的除外。

公民、法人或者其他组织直接向人民法院提起诉讼的，应当自知道或者应当知道作出行政行为之日起 6 个月内提出。法律另有规定的除外。

因不动产提起诉讼的案件自行政行为作出之日起超过 20 年，其他案件自行政行为作出之日起超过 5 年提起诉讼的，人民法院不予受理。

公民、法人或者其他组织申请行政机关履行保护其人身权、财产权等合法权益的法定职责，行政机关在接到申请之日起两个月内不履行的，公民、法人或者其他组织可以向人民法院提起诉讼。法律、法规对行政机关履行职责的期限另有规定的，从其规定。

公民、法人或者其他组织在紧急情况下请求行政机关履行保护其人身权、财产权等合法权益的法定职责，行政机关不履行的，提起诉讼不受两个月期限的限制。

公民、法人或者其他组织因不可抗力或者其他不属于其自身的原因耽误起诉期限的，被耽误的时间不计算在起诉期限内。

公民、法人或者其他组织因前述以外的其他特殊情况耽误起诉期限的，在障碍消除后 10 日内，可以申请延长期限，是否准许由人民法院决定。

行政机关作出行政行为时，未告知公民、法人或者其他组织起诉期限的，起诉期限从公民、法人或者其他组织知道或者应当知道起诉期限之日起计算，但从知道或者应当知道行政行为内容之日起最长不得超过 1 年。复议决定未告知公民、法人或者其他组织起诉期限的，适用相同的规定。

公民、法人或者其他组织依照行政诉讼法的规定，对行政机关不履行法定职责提起诉讼的，应当在行政机关履行法定职责期限届满之日起 6 个月内提出。

公民、法人或者其他组织提起诉讼时应当提交以下起诉材料：（1）原告的身份证明材料以及有效联系方式；（2）被诉行政行为或者不作为存在的材料；（3）原告与被诉行政行为具有利害关系的材料；（4）人民法院认为需要提交的其他材料。由法定代理人或者委托代理人代为起诉的，还应当在起诉状中写明或者在口头起诉时向人民法院说明法定代理人或者委托代理人的基本情况，并提交法定代理人或者委托代理人的身份证明和代理权限证明等材料。

人民法院应当就起诉状内容和材料是否完备以及是否符合行政诉讼法规定的起诉条件进行审查。起诉状内容或者材料欠缺的，人民法院应当给予指导和释明，并一次性全面告知当事人需要补正的内容、补充的材料及期限。在指定期限内补正并符合起诉条件的，应当登记立案。当事人拒绝补正或者经补正仍不符合起诉条件的，退回诉状并记录在册；坚持起诉的，裁定不予立案，并载明不予立案的理由。

三、受理的概念

受理是指原告起诉后，经受诉人民法院审查，认为符合起诉条件，决定立案审理的行为。原告起诉与人民法院受理是两种性质不同却又有密切联系的诉讼行为。起诉是受理的前提，如果没有当事人的起诉，也就没有人民法院的受理。但是，受理又不是起诉的必然结果。是否受理是人民法院依据国家审判权对起诉行为进行审查的单方面行为的结果。因此，人民法院通过对起诉进行审查决定是否受理，是一个十分重要的环节。

四、对起诉的审查

人民法院在接到原告的起诉状后，应当组成合议庭对原告起诉的内容和形式进行审查，并根据审查的结果作出受理或者不予受理的裁定。

（一）审查内容

人民法院对起诉进行审查的主要内容是：原告是否适格；被告是否适格；原告起诉是否有具体的诉讼请求和事实根据；请求事项是否属于行政审判权限范围以及受诉人民法院管辖；法定或者指定代理人、代表人为诉讼行为时，是否由法定或指定代理人、代表人为诉讼行为以及由诉讼代理人代为起诉，其代理是否符合法定要求；法律、法规规定行政复议为提起诉讼必经程序的，是否已经过复议；起诉是否超过法定期限；起诉人是否重复起诉；起诉人已撤回起诉的，再行起诉是否有正当理由；诉讼标的是否为生效判决的效力所羁束；起诉是否具备其他法定要件。

（二）应当受理的特殊情形

从理论上说，符合《行政诉讼法》关于起诉条件规定的，人民法院都应当予以受理。在实践中，在受理方面，存在以下特殊情形：

（1）原告或者上诉人未按规定的期限预交案件受理费，又不提出缓交、减交、免交申请，或者提出申请未获批准的，按自动撤诉处理。在按撤诉处理后，原告或者上诉人在法定期限内再次起诉或者上诉，并依法解决诉讼费预交问题的，人民法院应予受理。

（2）人民法院判决撤销行政机关的行政行为后，公民、法人或者其他组织对行政机关重新作出的行政行为不服向人民法院起诉的，人民法院应当依法受理。

（3）行政机关作出行政行为时，没有制作或者没有送达法律文书，公民、法人或者其他组织不服向人民法院起诉的，只要能证明行政行为存在，人民法院应当依法受理。

（三）不予受理的情形

有下列情形之一的，人民法院应当裁定不予受理；已经受理的，裁定驳回起诉：请求事项不属于行政审判权范围的；起诉人无原告诉讼主体资格的；起诉人错列被告且拒绝变更的；法律规定必须由法定或者指定代理人、代表人为诉讼行为，未由法定或者指定代理人、代表人为诉讼行为的；由诉讼代理人代为起诉，其代理不符合法定要求的；起诉超过法定期限且无正当理由的；法律、法规规定行政复议为提起诉讼必经程序而未申请复议的；起诉人重复起诉的；人民法院裁定准许原告撤诉后，原告以同一事实和理由重新起诉的；诉讼标的为生效判决的效力所羁束的；起诉不具备其他法定要件的。

原告所起诉的被告不适格，人民法院应当告知原告变更被告；原告不同意变更的，裁定驳回起诉。

上述所列情形可以补正或者更正的，人民法院应当指定期间责令补正或者更正；在指定期间已经补正或者更正的，应当依法受理。

（四）受理的法律后果

起诉一经受理，即产生以下法律后果：

1. 对行政行为的法律后果

(1) 起诉被受理后，被诉行政行为暂不具有最终的法律效力，有待人民法院判决确定。

(2) 根据《行政诉讼法》第 56 条的规定，诉讼期间不停止行政行为的执行，只在特殊情况下例外。

2. 程序法上的后果

受诉人民法院一旦受理某一案件，该案件的诉讼系属即予确定，受理人民法院取得了依法对该案件的审判权和经过审理解决行政争议的义务，除法律规定的特殊情况外，人民法院不得随意解除与当事人的诉讼法律关系；起诉与应诉双方也分别相应取得了原告或者被告的诉讼地位，各自依法享有诉讼权利，承担诉讼义务；原告不得自行就同一案件再向该人民法院或者其他人民法院另行起诉；被告行政机关也不得自行向原告和证人收集证据。

五、审查的结果

人民法院对符合起诉条件的案件应当立案，依法保障当事人行使诉讼权利。对当事人依法提起的诉讼，人民法院应当根据行政诉讼法的规定接收起诉状。能够判断符合起诉条件的，应当当场登记立案；当场不能判断是否符合起诉条件的，应当在接收起诉状后 7 日内决定是否立案；7 日内仍不能作出判断的，应当先予立案。受理后审查不符合起诉条件的，裁定驳回起诉。原告对不予受理和驳回起诉的裁定不服，可以在接到裁定之日起 10 日内向上一级人民法院提起上诉。

人民法院既不立案，又不作出不予立案裁定的，当事人可以向上一级人民法院起诉。上一级人民法院认为符合起诉条件的，应当立案、审理，也可以指定其他下级人民法院立案、审理。

有下列情形之一，已经立案的，应当裁定驳回起诉：不符合《行政诉讼法》第 49 条规定的；超过法定起诉期限且无《行政诉讼法》第 48 条规定情形的；错列被告且拒绝变更的；未按照法律规定由法定代理人、指定代理人、代表人为诉讼行为的；未按照法律、法规规定先向行政机关申请复议的；重复起诉的；撤回起诉后无正当理由再行起诉的；行政行为对其合法权益明显不产生实际影响的；诉讼标的已为生效裁判或者调解书所羁束的；其他不符合法定起诉条件的情形。这些情形可以补正或者更正的，人民法院应当指定期间责令补正或者更正；在指定期间已经补正或者更正的，应当依法审理。

原告请求被告履行法定职责或者依法履行支付抚恤金、最低生活保障待遇或者社会保险待遇等给付义务，原告未先向行政机关提出申请的，人民法院裁定驳回起诉。人民法院经审理认为原告所请求履行的法定职责或者给付义务明显不属于行政机关权限范围的，可以裁定驳回起诉。

人民法院经过阅卷、调查或者询问当事人，认为不需要开庭审理的，可以径行裁定驳回起诉。

第二节 行政诉讼的第一审程序

一、审理前的准备

审理前的准备是合议庭开庭审理行政案件之前必须经过的诉讼阶段。人民法院审理前的准备工作包括以下各项：

（1）应向被告发送起诉状副本和应诉通知书，将答辩状副本发送原告。

（2）审查决定是否需要并案审理或者分案审理。

（3）初步审查诉讼文书和证据材料。

（4）决定是否裁定停止行政行为的执行。

（5）准备并研究审理本案所需要依据的法律文件。

人民法院对于因一方当事人的行为或者其他原因，可能使行政行为或者人民法院生效裁判不能或者难以执行的案件，可以根据对方当事人的申请作出财产保全的裁定；当事人没有提出申请的，人民法院在必要时也可以依法采取财产保全措施。

人民法院审理起诉行政机关没有依法发给抚恤金、社会保险金、最低社会保障费等案件，可以根据原告的申请，依法书面裁定先予执行。

当事人对财产保全或者先予执行的裁定不服的，可以申请复议。复议期间不停止裁定的执行。

二、庭审程序

（一）开庭前准备阶段

开庭前的准备事项主要有：

（1）召开合议庭准备会议。研究确定案件能否开庭审理，是否公开审理，开庭的日期、时间、地点，应当传唤、通知的当事人和其他诉讼参与人，开庭审理时应当注意的重点或者主要问题，合议庭成员在开庭审理过程中的分工等。准备会议的内容由书记员记入笔录。

（2）传唤、通知当事人和其他诉讼参与人。人民法院在开庭审理的 3 日前，用传票通知当事人，用出庭通知书通知其他诉讼参与人。传票或者通知书须写明案由、开庭日期、时间、地点。

（3）公告。公开审理的案件，应当在开庭 3 日前，向社会公告，内容包括：当事人的姓名、单位，案由，开庭日期、时间、地点。

人民法院审理下列第一审行政案件，认为事实清楚、权利义务关系明确、争议不大的，可以适用简易程序：被诉行政行为是依法当场作出的；案件涉及款额 2 000 元以下的；属于政府信息公开案件的。除此以外的第一审行政案件，当事人各方同意适用简易程序的，可以适用简易程序。发回重审、按照审判监督程序再审的案件不适用简易程序。

适用简易程序审理的行政案件，由审判员一人独任审理，并应当在立案之日起 45 日内审结。人民法院在审理过程中，发现案件不宜适用简易程序的，裁定转为普通程序。

公民、法人或者其他组织请求一并审理《行政诉讼法》第 61 条规定的相关民事争议，应当在第一审开庭审理前提出；有正当理由的，也可以在法庭调查中提出。有下列情形之一的，人民法院应当作出不予准许一并审理民事争议的决定，并告知当事人可以依法通过其他渠道主张权利：法律规定应当由行政机关先行处理的；违反民事诉讼法专属管辖规定或者协议管辖约定的；已经申请仲裁或者提起民事诉讼的；其他不宜一并审理的民事争议。对不予准许的决定可以申请复议一次。

人民法院在行政诉讼中一并审理相关民事争议的，民事争议应当单独立案，由同一审判组织审理。审理行政机关对民事争议所作裁决的案件，一并审理民事争议的，不另行立案。人民法院一并审理相关民事争议，适用民事法律规范的相关规定，法律另有规定的除外。当事人在调解中对民事权益的处分，不能作为审查被诉行政行为合法性的根据。行政争议和民事争议应当分别裁判。当事人仅对行政裁判或者民事裁判提出上诉的，未上诉的裁判在上诉期满后即发生法律效力。第一审人民法院应当将全部案卷一并移送第二审人民法院，由行政审判庭审理。第二审人民法院发现未上诉的生效裁判确有错误的，应当按照审判监督程序再审。

（二）出庭情况审查阶段

出庭情况审查阶段的事项如下：

（1）查明当事人和其他诉讼参与人是否到庭。核对当事人身份，审查双方诉讼代理人的授权委托书和代理权限。如果出现诉讼参加人没有到庭的情况，由合议庭决定是否延期、按撤诉处理或者缺席审判等。

（2）由书记员宣布法庭纪律。

（3）书记员宣布：请诉讼参加人和其他诉讼参与人入席；请审判长、审判员（陪审员）入席。报告审判长：诉讼当事人、诉讼代理人和其他诉讼参与人应到庭的都已到庭。法庭准备工作就绪，请审判长正式宣布开庭。

（4）审判长宣布开庭。

（5）宣布案由，告知当事人的诉讼权利和义务。当事人申请回避，应当说明理由，回避申请应当在案件开始审理时提出；回避事由在案件开始审理后知道的，应当在法庭辩论终结前提出。申请回避可以口头提出，也可以书面提出。被申请回避的人员，在人民法院作出是否回避的决定前，应当暂停参与本案的工作。但是，案件需要采取紧急措施的除外。

人民法院对当事人提出的回避申请，应当在申请提出的 3 日内，对其以口头或者书面形式作出决定。申请人对驳回回避申请决定不服的，可以向作出决定的人民法院申请复议一次。复议期间，被申请回避的人员不停止参与本案的工作。对申请人的复议申请，人民法院应当在 3 日内作出复议决定，并通知复议申请人。

（三）行政机关负责人出庭应诉

行政诉讼法规定的行政机关负责人，包括行政机关的正职、副职负责人以及其他参与分管的负责人。

行政机关负责人出庭应诉的，可以另行委托 1～2 名诉讼代理人。行政机关负责人不能出庭的，应当委托行政机关相应的工作人员出庭，不得仅委托律师出庭。涉及重大公共利益、社会高度关注或者可能引发群体性事件等案件以及人民法院书面建议行政机关负责人出庭的案件，被诉行政机关负责人应当出庭。被诉行政机关负责人出庭应诉的，应当在当事人及其诉讼代理人基本情况、案件由来部分予以列明。行政机关负责人有正当理由不能出庭应诉的，应当向人民法院提交情况说明，并加盖行政机关印章或者由该机关主要负责人签字认可。行政机关拒绝说明理由的，不发生阻止案件审理的效果，人民法院可以向监察机关、上一级行政机关提出司法建议。

行政诉讼法规定的“行政机关相应的工作人员”，包括该行政机关具有国家行政编制身份的工作人员以及其他依法履行公职的人员。被诉行政行为是地方人民政府作出的，地方人民政府法制工作机构的工作人员，以及被诉行政行为具体承办机关工作人员，可以视为被诉人民政府相应的工作人员。

行政机关负责人出庭应诉的，应当向人民法院提交能够证明该行政机关负责人职务的材料。行政机关委托相应的工作人员出庭应诉的，应当向人民法院提交加盖行政机关印章的授权委托书，并载明工作人员的姓名、职务和代理权限。

行政机关负责人和行政机关相应的工作人员均不出庭，仅委托律师出庭的或者人民法院书面建议行政机关负责人出庭应诉，行政机关负责人不出庭应诉的，人民法院应当记录在案和在裁判文书中载明，并可以建议有关机关依法作出处理。

（四）法庭调查阶段

法庭调查阶段的事项包括：原告宣读起诉状，被告宣读答辩状；当事人陈述和询问当事人；询问证人，审查证人证言材料；询问鉴定人、勘验人，审查鉴定结论、勘验笔录；审查书证、物证及视听资料。

当事人在法庭上有权提出新的证据，还可以要求重新鉴定、调查或者勘验，是否准许由人民法院决定。

如果合议庭认为案件事实已经查清，审判长即可宣布法庭调查结束，进入辩论阶段。

（五）法庭辩论阶段

法庭辩论的顺序是：先由原告及其诉讼代理人发言，再由被告及其诉讼代理人答辩，然后双方相互辩论。第三人参加诉讼的，应在原、被告发言后再发言。

法庭辩论由审判长主持，任何人发言须经审判长许可。辩论时，当事人重复陈述或者陈述与案件无关的内容，甚至侮辱、攻击谩骂对方的，审判长有权制止。辩论中提出与案件有关的新的事实、证据的，由合议庭决定停止辩论，恢复法庭调查。

当审判长认为应该查明的事实已辩论清楚，即可宣布结束辩论。审判长在按顺序征询原、被告的最后意见后，宣布休庭，合议庭进行评议。

（六）合议庭评议阶段

在评议时，合议庭成员可以平等地表明自己对案件的处理意见。合议庭成员意见不一致时，适用少数服从多数的原则，按多数意见作出裁决。评议过程制成评议笔录，评议中的不同意见必须如实记入笔录，由合议庭全体成员签名。

（六）公开宣判阶段

行政案件无论是否公开审理，都应当公开宣判。能够当庭宣判的，由审判长在休庭结束、恢复开庭后当庭宣判，并在一定期日内向当事人发送判决书。不能当庭宣判需要报审判委员会讨论决定的案件，应当定期宣判。审判长可以当庭告知当事人定期宣判的时间和地点，也可以另行通知。定期宣判的，宣判后立即发给当事人判决书。

在宣读裁决后，应告知当事人以下事项：

（1）本庭在10日内发送判决书（裁定书或者行政赔偿调解书）。

（2）当事人不服本判决，应在收到本判决书的次日起15日内，向本院提交上诉状及副本，上诉到×××人民法院（当事人不服本裁定，应在接到本裁定的次日起10日内向本院提出上诉状及副本，上诉到×××人民法院）。

（3）由书记员宣读庭审笔录。如不当庭宣读庭审笔录，经审判长同意后，可以告知当事人、诉讼代理人和其他诉讼参与人在5日内来庭查阅、签名。如有遗漏、差错，有权申请补正。书记员应将补正的内容和经过记入笔录。如拒绝在笔录上签名、盖章，书记员应将情况注明附卷。合议庭成员和书记员，均应在审阅后在庭审笔录上签名。

（七）闭庭

由审判长宣布闭庭。

三、妨碍行政诉讼行为的排除

在行政诉讼中，妨碍诉讼的行为有以下几种：

（1）有义务协助执行的人，对人民法院协助执行通知书无故推托、拒绝或者妨碍执行的。

（2）伪造、隐藏、毁灭证据的。

（3）指使、贿买、胁迫他人作伪证或者威胁、阻止证人作证的。

（4）隐藏、转移、变卖、毁损已被查封、扣押、冻结的财产的。

（5）以暴力、威胁或者其他方法阻止人民法院工作人员执行职务或者扰乱人民法院工作秩序的。

（6）对人民法院工作人员、诉讼参与人、协助执行人侮辱、诽谤、诬陷或者打击报复的。

对妨碍诉讼的行为，人民法院有权采取强制措施予以排除，排除妨碍行政诉讼行为的强制措施主要有：训诫、责令具结悔过、罚款及司法拘留。其中，罚款的数额应在1 000元以下，拘留的天数应在15日以下。严重妨害行政诉讼构成犯罪的，应依法追究刑事责任。人民法院在采取排除妨碍行政诉讼的强制措施时应遵循排除措施的形式与妨害行为的性质相适应的原则。其中罚款、司法拘留须经人民法院院长批准。当事人不服的，可以申请复议。

四、案件的移送和司法建议

（一）案件的移送

移送，即人民法院在诉讼过程中，把自己审理的案件或者案件材料全部或者部分送交有关部门处理的措施。

在行政诉讼中，有必要移送的情形有：

（1）人民法院发现受理的案件不属于自己管辖，将整个案件移送给有管辖权的人民法院管辖。

（2）人民法院在审理行政案件中，认为行政机关的主管人员、直接责任人员违反政纪的，应将有关材料移送该行政机关或者其上一级行政机关或者监察、人事机关。

（3）人民法院在审理行政案件中，发现被处罚人的行为构成犯罪，应当追究刑事责任的，如果对刑事责任的追究不影响本案审理的，应继续审理，并应及时将有关犯罪材料移送有关机关；如果对刑事责任的追究影响本案审理的，应中止诉讼，将有关犯罪材料移送有关机关处理，在有关机关作出最终处理后，再恢复诉讼。

需要移送时，合议庭应制作裁定或者通知书，陈述对移送材料的看法和移送的理由，然后连同有关材料移送至有关部门。

（二）司法建议

司法建议是指人民法院行使审判权时，对于与案件有关的但不属于人民法院审判权所能解决的问题向有关方面提出的建议。行政诉讼规定的司法建议是人民法院执行生效的行政判决、裁定的一种手段。行政机关拒绝履行判决、裁定的，第一审人民法院可以向该行政机关的上一级行政机关或者监察、人事机关提出司法建议。接受司法建议的机关根据有关规定处理，并将处理的结果告知人民法院。这一规定使司法建议具有一定的促进作用，有利于行政判决、裁定的执行。

第三节　行政诉讼的第二审程序

一、上诉和上诉的受理

（一）第二审程序的概念与意义

第二审程序是指上一级人民法院依照法律规定，根据当事人在法定期限内提起的上诉，对下一级人民法院作出的尚未生效的行政判决或者裁定进行重新审理的程序。第二审程序是根据当事人的上诉而发生，故又称“上诉审程序”；我国实行两审终审制，故第二审程序又称“终审程序”。

第二审程序并不是每一个行政案件的必经程序。第一审人民法院作出判决、裁定后，当事人在法定上诉期内不上诉，或者被第一审人民法院的上一级人民法院驳回上诉，则都不会引起第二审程序。

设置第二审程序的意义在于：在行政复议制度中，实行以选择复议为原则、必经复议为补充的基本原则，设置第二审程序，能够以比较健全的司法程序来保护公民、法人和其他组织的合法权益；通过第二审人民法院的审判活动，可以纠正第一审裁判中的错误，保护当事人的合法权益；能够帮助当事人服判息诉，减少纠纷和缠讼，增强行政审判的良性效果。

（二）上诉的概念和条件

上诉是指当事人不服第一审人民法院所作出的未生效的行政裁判，在法定期限内声明不服，提出上诉状请求上一级人民法院对行政案件进行第二次审理并撤销或者改变第一审裁判的上诉行为。上诉是法律赋予当事人的一项诉讼权利，既不可被剥夺，也不可被限制。无论第一审裁判是否正确，当事人都可提起上诉。只要依法提起上诉，就必然引起第二审程序。当事人提起上诉，必须依法具备以下条件：

（1）上诉人和被上诉人必须适格。第一审程序的当事人，包括原告、被告、第三人及其法定代理人、法人和其他组织的法定代表人，都有资格提起上诉；委托代理人必须经被代理人的特别授权，才能以被代理人的名义提起上诉。被上诉人必须是提起上诉的当事人

的对方当事人。第一审人民法院作出判决和裁定后，当事人均提起上诉的，上诉各方均为上诉人。诉讼当事人中的一部分人提出上诉，没有提出上诉的对方当事人为被上诉人，其他当事人依原诉讼地位列明。

(2) 存在法律允许提起上诉的对象，即未生效的第一审行政判决。最高人民法院的第一审行政裁判是终审的裁判，不能成为上诉的对象。

(3) 上诉必须在法定期限内提起。当事人不服人民法院第一审判决的，有权在判决书送达之次日起15日内向上一级人民法院提起上诉；当事人不服人民法院第一审裁定的，有权在裁定书送达之次日起10日内向上一级人民法院提起上诉。当事人逾期不上诉的，即丧失上诉权。在上诉期间，当事人因不可抗拒的事由或者其他正当理由耽误了上诉期限的，应在障碍消除后10日内申请顺延上诉期限，是否准许由人民法院决定。

(4) 上诉必须递交上诉状。上诉状是表明当事人上诉意愿和请求的书面诉讼文书。上诉状一般包括如下内容：当事人的姓名、法人或者其他组织的名称及其法定代表人的姓名，原审人民法院的名称，案件编号和案由，上诉的请求和理由。上诉请求是上诉人通过上诉所要达到的目的，上诉理由则是上诉人提出上诉请求的具体根据。

(5) 在递交上诉状的同时交纳诉讼费用。

(三) 上诉的提起和受理

上诉由不服第一审人民法院未生效裁判的当事人在法定上诉期限内向原审人民法院的上一级人民法院提出。第一审并案审理的案件，判决后一人或者部分人上诉，上诉后是可分之诉的，未上诉的当事人在法律文书中可以不列；上诉后仍是不可分之诉的，未上诉的当事人可列为被上诉人。上诉状应当通过原审人民法院提出，并按照对方当事人的人数提出副本，当事人直接向第二审人民法院上诉的，第二审人民法院应当在5日内将上诉状发交原审人民法院。原审人民法院或者第二审人民法院收到上诉状后，应当立即通知对方当事人。上诉人上诉超过法定期限的，应由第一审人民法院裁定驳回上诉。

当事人提出上诉，应当按照其他当事人或者诉讼代表人的人数提出上诉状副本。原审人民法院收到上诉状后，应在5日内将上诉状副本送交对方当事人。对方当事人收到上诉状副本后，应在10日内提出答辩状。当事人不提出答辩状的，不影响人民法院审理。原审人民法院应当在收到答辩状之日起5日内将副本送达当事人。

原审人民法院收到上诉状、答辩状后，应当在5日内连同全部案卷和证据，报送第二审人民法院。已经预收诉讼费用的，一并报送。

(四) 上诉的撤回

在二审法院受理上诉至作出二审裁判之前，上诉人认为自己的上诉理由不充分，或者接受一审裁判等，可以向二审法院申请撤回上诉。撤回上诉应当递交撤诉状。撤回上诉是否准许，应由二审法院裁定。

人民法院不得准许撤回上诉的情形有：

(1) 发现行政机关对上诉人有胁迫的情况或者行政机关为了息事宁人对上诉人作了违法让步的。

(2) 在第二审程序中，行政机关不得改变原行政行为，而上诉人因行政机关改变原具体行政行为才申请撤回上诉的。

(3) 双方当事人都提出上诉，而只有一方当事人提出撤回上诉的。

（4）原审人民法院的裁判确有错误，应予纠正或者发回重审的。

二审人民法院对于当事人撤回上诉的申请应作出准予或者不准予撤回上诉的裁定。因此，应制作裁定书，由合议庭成员和书记员签名并加盖法院的印章。不准撤回上诉的裁定可以用口头形式表达，记入笔录。上诉撤回后，产生以下法律后果：一是上诉人丧失对本案的上诉权，不得再行上诉；二是第一审裁判立即发生法律效力；三是上诉费用由上诉人承担。

二、上诉案件的审理

（一）第二审案件的特点

第二审与第一审审理的是同一诉讼案件，诉讼当事人没有改变，只是称谓发生了变化。当事人双方的诉讼主张与第一审也有密切联系，上诉人不仅要求撤销或者变更第一审裁判，而且要求第二审人民法院确认自己的合法权益。第一审是第二审的基础，第二审是第一审的继续。两者所适用的程序基本相同，但第二审有自己的特点：

（1）在审判组织形式上，二审人民法院审理上诉案件一律由审判员组成合议庭，合议庭成员必须是 3 人以上的单数。

（2）二审人民法院审理上诉案件，有开庭审理和书面审理两种方式。二审人民法院对上诉案件，认为事实清楚的，可以实行书面审理。书面审理是指人民法院只对当事人所提出的上诉状、答辩状以及其他书面材料和证据进行审查，不需要开庭而作出裁判的审判方式。人民法院采取书面审理方式，必须具备两个条件：第一，必须是审理上诉案件；第二，必须是认为案件事实已经清楚。如果事实不清楚，仍要开庭审理；即使事实清楚，人民法院认为必要，也可以开庭审理。当事人对原审人民法院认定的事实有争议的，或者第二审人民法院认为原审人民法院认定事实不清楚的，第二审人民法院应当开庭审理。可见，开庭审理是原则，书面审理是例外。

（3）二审人民法院对上诉案件的审理，必须全面审查一审人民法院认定的事实是否清楚，适用的法律、法规是否正确，有无违反法定程序等，不受上诉范围的限制。同时，应当对原审人民法院的裁判和被诉行政行为是否合法进行全面审查。

（4）在二审人民法院审理过程中，被告不得改变被诉行政行为。

（5）二审人民法院审理上诉案件，可以在本人民法院进行，也可以到案件发生地或者原审人民法院所在地进行。

当事人在二审期间提出行政赔偿请求的，二审人民法院可以进行调解；调解不成的，应当告知当事人另行起诉。

（二）二审法院审查行政案件的范围

二审法院审理行政案件，既要对原审法院的裁判是否合法进行审查，又要对被诉行政行为的合法性进行审查。

二审法院审理行政案件，对被诉行政行为的合法性进行全面审查，不受上诉范围的限制。从这一规定看，在行政诉讼中，可能出现二审法院对上诉人作出比一审法院裁判更加不利的裁判的情况。例如，被诉行政处罚决定共有四项内容，相对人对该行政处罚行为不服，提起行政诉讼。一审法院审理认为，行政机关处罚决定的第一项、第二项内容合法，应当予以维持；但处罚决定的第三项、第四项内容缺乏法律依据，不予支持。于是，一审

法院作出维持被诉处罚决定第一项、第二项内容，撤销第三项、第四项内容的判决，相对人对法院的维持判决部分不服，向上一级法院提出上诉。根据全面审查原则，若二审法院经审查认为，一审中被诉的行政处罚决定四项内容均合法，则应作出维持被诉行政行为的判决。即相对人的上诉，得到了对其更加不利的判决。

参考案例 13-2

丁某与佛山市南海区劳动和社会保障局行政不作为纠纷上诉案

本案第三人毛纺股份公司是依法成立的股份有限公司，是独立的法人。丁某原是第三人的职工，双方签订了劳动合同。2006 年 3 月 30 日，丁某以毛纺股份公司解除其劳动合同，未依法给予经济补偿的违法行为为由，向佛山市南海区劳动和社会保障局投诉。佛山市南海区劳动和社会保障局作出回复：根据《劳动保障监察条例》第 21 条的规定，其诉求应通过劳动争议仲裁程序处理。丁某以佛山市南海区劳动和社会保障局拒不履行法定职责，属行政不作为为由，向法院提起行政诉讼。一审判决后，丁某不服提起上诉。

二审法院认为：虽然上诉人与原审第三人就解除劳动合同的争议已达成一致意见，但上诉人向被上诉人提出的对原审第三人进行行政处罚和责令支付赔偿金的要求，不同于因解除劳动合同未给予经济补偿发生的民事争议，不属于通过劳动争议处理或者诉讼程序办理的事项，被上诉人作出的《关于丁某上访问题的回复》属适用法律、法规错误，应予撤销。被上诉人以《关于丁某上访问题的回复》答复上诉人应属于未依法履行其法定职责。《劳动保障监察条例》第 21 条规定的情形是应当通过劳动争议处理程序解决的事项或者已经按照劳动争议处理程序申请调解、仲裁或者已经提起诉讼的事项，由劳动保障行政部门告知投诉人依照劳动争议处理或者诉讼的程序办理。上诉人丁某向被上诉人举报的是原审第三人毛纺股份公司解除劳动合同未依法给予劳动者经济补偿的违法行为，要求被上诉人对原审第三人予以行政处罚，并责令原审第三人向上诉人支付工资报酬、经济补偿和赔偿金，不同于因解除劳动合同未给予经济补偿发生的民事争议，不属于通过劳动争议处理或者诉讼程序办理的事项，不能适用《劳动保障监察条例》第 21 条的规定，因此被上诉人作出的《关于丁某上访问题的回复》属适用法律、法规错误，应予撤销。

（三）二审法院开庭审理方式

只要具备以下条件，二审法院就应该开庭审理，其具体条件是：

（1）当事人对原审法院认定的事实有争议。也就是说，无论法院是否认为一审法院认定事实清楚，只要当事人对原审法院认定的事实有争议，二审法院就应当开庭审理。这一规定的目的是防止二审法院先入为主，主观认定一审法院认定事实没有问题。

（2）第二审法院认为原审法院认定事实不清楚。这个条件是显而易见的。

（四）原审判决的遗漏问题

原审判决遗漏了必须参加诉讼的当事人或者诉讼请求的，第二审人民法院应当裁定撤销原审判决，发回重审。原审判决遗漏行政赔偿请求，第二审人民法院经审查认为依法不应当予以赔偿的，应当判决驳回行政赔偿请求。原审判决遗漏行政赔偿请求，第二审人民法院经审理认为依法应当予以赔偿的，在确认被诉行政行为违法的同时，可以就行政赔偿问题进行调解；调解不成的，应当就行政赔偿部分发回重审。当事人在第二审期间提出行政赔偿请求的，第二审人民法院可以进行调解；调解不成的，应当告知当事人另行起诉。

（五）上诉审的法律后果

上诉受理后，即标志着案件进入第二审程序。上诉的一项重要的法律后果是，上诉一经受理，在第二审程序中，行政机关不得改变原行政行为。行政行为是行政机关代表国家所实施的能产生法律效果的行为，一经作出，本身就具有确定力。在第一审程序中，行政机关的行政行为已经人民法院审查，无论是合法还是违法，均已经国家审判权的确认，行政机关对此完全丧失处分权。因此，在二审程序中，行政机关无论是作为上诉人还是被上诉人，均不得改变原行政行为。

第四节　行政诉讼审判监督程序

一、审判监督程序的提起

（一）审判监督程序的含义和类型

审判监督程序是指人民法院发现已经发生法律效力的判决、裁定违反法律、法规规定，依法对案件再次进行审理的程序。审判监督程序不是必须经过的审理程序，不具有审级的性质，是第一审、第二审以外的检验法院已结案件办案质量的一种监督程序。审判监督程序包括再审程序和提审程序两种。

（1）再审程序是指人民法院为了纠正已经发生法律效力的判决、裁定的错误，依照审判监督程序对案件再次进行审判的活动。再审分为两种：一是自行再审，即人民法院自行按照审判监督程序对本院裁判已经生效的行政案件进行审理；二是指令再审，即上级人民法院按照审判监督程序，指令原审人民法院对裁判已经生效的行政案件的审理。

（2）提审程序是指上级人民法院按照审判监督程序对下级人民法院裁判已经生效的行政案件进行审理的活动。

（二）审判监督程序与二审程序的关系

审判监督程序与二审程序既有共同点，又有区别。

1. 二者的共同点

二者的共同点在于，都是以人民法院已经作出的裁判为基础，都是对人民法院的审判工作进行监督，保证办案质量的程序。

2. 二者的区别

二者的区别在于：

（1）提起的主体不同。提起审判监督程序的主体必须是法律明确规定的各级人民法院院长和上级人民法院、最高人民法院以及各级人民检察院。在审判监督程序中，当事人的申诉往往能为该程序的提起提供线索，但其自身并不能直接引起该程序的发生；有权提起上诉的，则是享有上诉权的当事人，并且当事人的上诉必然引起第二审程序的发生。

（2）提起的条件不同。只有发现已经生效的判决、裁定违反法律、法规，才能提起审判监督程序；只要当事人不服一审未生效的判决、裁定，无论判决、裁定是否违反法律、法规，即可在法定期限内提起第二审程序。

（3）有无期限限制的不同。审判监督程序在判决、裁定生效后的任何时间都可提起；第二审程序只能在法定的上诉期限内提出。

（4）审理的主体不同。适用审判监督程序的行政案件，既可由原审人民法院审理，也可由原审人民法院的上级人民法院审理；适用第二审程序的行政案件，只能由第一审人民法院的上一级法院审理。

（5）审理的对象不同。适用审判监督程序审理的是已经生效的判决、裁定；适用第二审程序的是尚未生效的第一审判决、裁定。

（6）程序的性质不同。审判监督程序是为了纠正人民法院生效判决、裁定的错误而设置的一种特殊程序，不具有审级性质，是对人民法院生效裁判的一种事后监督和补救措施；第二审程序是按照两审终审的审级制度设置的，是对第一审行政案件的继续审理。

（三）审判监督程序提起的原因

当事人对已经发生法律效力的判决、裁定，认为确有错误的，可以向上一级人民法院申请再审，但判决、裁定不停止执行。当事人向上一级人民法院申请再审，应当在判决、裁定或者调解书发生法律效力后 6 个月内提出。

有下列情形之一的，自知道或者应当知道之日起 6 个月内提出：

（1）有新的证据，足以推翻原判决、裁定的。

（2）原判决、裁定认定事实的主要证据是伪造的。

（3）据以作出原判决、裁定的法律文书被撤销或者变更的。

（4）审判人员审理该案件时有贪污受贿、徇私舞弊、枉法裁判行为的。

当事人申请再审的，应当提交再审申请书等材料。人民法院认为有必要的，可以自收到再审申请书之日起 5 日内将再审申请书副本发送对方当事人。对方当事人应当自收到再审申请书副本之日起 15 日内提交书面意见。人民法院可以要求申请人和对方当事人补充有关材料，询问有关事项。

有下列情形之一的，当事人可以向人民检察院申请抗诉或者检察建议：

（1）人民法院驳回再审申请的。

（2）人民法院逾期未对再审申请作出裁定的。

（3）再审判决、裁定有明显错误的。

人民法院基于抗诉或者检察建议作出再审判决、裁定后，当事人申请再审的，人民法院不予立案。

《行政诉讼法》第 92 条规定："各级人民法院院长对本院已经发生法律效力的判决、裁定，发现有本法第九十一条规定情形之一，或者发现调解违反自愿原则或者调解书内容违法，认为需要再审的，应当提交审判委员会讨论决定。最高人民法院对地方各级人民法院已经发生法律效力的判决、裁定，上级人民法院对下级人民法院已经发生法律效力的判决、裁定，发现有本法第九十一条规定情形之一，或者发现调解违反自愿原则或者调解书内容违法的，有权提审或者指令下级人民法院再审。"

《行政诉讼法》第 93 条规定："最高人民检察院对各级人民法院已经发生法律效力的判决、裁定，上级人民检察院对下级人民法院已经发生法律效力的判决、裁定，发现有本法第九十一条规定情形之一，或者发现调解书损害国家利益、社会公共利益的，应当提出抗诉。地方各级人民检察院对同级人民法院已经发生法律效力的判决、裁定，发现有本法第九十一条规定情形之一，或者发现调解书损害国家利益、社会公共利益的，可以向同级人民法院提出检察建议，并报上级人民检察院备案；也可以提请上级人民检察院向同级人民法院提出抗诉。”

（四）审判监督程序的提起程序

因提起审判监督程序的主体不同，分别适用下述三种提起程序。

1. 人民法院院长通过审判委员会决定再审

各级人民法院院长对本院已经发生法律效力的判决、裁定，发现有当事人提出的申请符合《行政诉讼法》第 91 条规定的情形之一，或者发现调解违反自愿原则或者调解书内容违法，认为需要再审的，应当提交审判委员会讨论决定。

2. 上级人民法院提审或者指令再审

最高人民法院对地方各级人民法院已经发生法律效力的判决、裁定，上级人民法院对下级人民法院已经发生法律效力的判决、裁定，发现有当事人提出的申请符合《行政诉讼法》第 91 条规定的情形之一，或者发现调解违反自愿原则或者调解书内容违法的，有权提审或者指令下级人民法院再审。

3. 人民检察院抗诉

最高人民检察院对各级人民法院已经发生法律效力的判决、裁定，上级人民检察院对下级人民法院已经发生法律效力的判决、裁定，发现有当事人提出的申请符合《行政诉讼法》第 91 条规定的情形之一，或者发现调解书损害国家利益、社会公共利益的，应当提出抗诉。

地方各级人民检察院对同级人民法院已经发生法律效力的判决、裁定，发现有当事人提出的申请符合《行政诉讼法》第 91 条规定的情形之一，或者发现调解书损害国家利益、社会公共利益的，可以向同级人民法院提出检察建议并报上级人民检察院备案，也可以提请上级人民检察院向同级人民法院提出抗诉。

各级人民检察院对审判监督程序以外的其他审判程序中审判人员的违法行为，有权向同级人民法院提出检察建议。

当事人申请再审，应当在判决、裁定发生法律效力后 2 年内提出。当事人对已经发生法律效力的行政赔偿调解书，提出证据证明调解违反自愿原则或者调解协议的内容违反法律规定的，可以在 2 年内申请再审。人民法院在接到当事人的再审申请后，经审查，符合再审条件的，应当立案并及时通知各方当事人；不符合再审条件的，予以驳回。

参考案例 13-3

马某诉黑龙江省嫩江县人民政府不履行法定职责案

马某系嫩江县临江乡铁古砬村移民。因修建水利工程的需要，2003 年 8 月 14 日，马某与接收地政府签订了《尼尔基水利枢纽工程嫩江县移民投亲靠友协议书》，协议按照当时国家批准的 3.36 倍土地补偿标准，将安置补偿费汇至接收地政府，该款已经到位。2006 年 8 月，国家发改委作出发改投资〔2006〕1788 号批复，将移民安置补偿费全额兑现，拨付给了铁古砬村。马某认为，增加的安置补偿费应拨付给移民接收地，而不是铁古砬村。为此，马某信访投诉，临江乡政府于 2010 年 7 月 21 日作出《关于马某诉求问题的处理意见》（临政函〔2010〕6 号），称没有剩余的钱可以支付给马某所在接收地。马某申请复查，嫩江县政府于 2010 年 8 月 16 日作出《关于马某同志信访事项复查决定》（嫩政信复查字〔2010〕18 号），主要内容为：（1）维持临江乡人民政府作出的处理意见；（2）村集体已将剩余的 2.64 倍补偿款使用，无法将剩余安置补偿款汇至马某所在接收地。

马某申请复核，2011 年 6 月 27 日，黑河市政府作出《关于马某信访事项的复核意见书》（黑市政信复核决字〔2011〕第 12 号），主要内容为：撤销嫩江县人民政府作出的复查决定；由嫩江县政府负责协调，将调整后的安置补偿款交给移民接收地。收到黑河市政府复核意见书后，马某多次去嫩江县政府提出拨款申请，嫩江县政府未履行相关拨款义务。马某于 2013 年 10 月 16 日提起行政诉讼，请求嫩江县政府履行发放国家增加的移民补偿款的法定职责。

一审法院认为，马某于 2011 年 6 月收到黑河市政府的复核意见书，而于 2013 年 10 月向法院提起诉讼，已经超过了两年的法定起诉期限。因此，裁定驳回起诉。马某不服，提起上诉。

二审法院认为，黑河市政府的复核意见书属于信访复核意见，不属于法院行政诉讼的受案范围。因此，马某要求嫩江县政府执行该意见亦不属于行政诉讼受案范围。一审裁定以超过起诉期限为由驳回起诉，属适用法律不当，予以纠正，但其结果正确，应予以维持。因此，裁定驳回上诉，维持原裁定。

马某申请再审称：(1) 二审裁定认定事实不清，伪造证据；(2) 二审裁定适用法律错误。

再审法院认为，马某因修建水利工程公共利益需要，签订移民协议，理应获得相关移民安置补偿费用。在黑河市政府作出信访复核意见明确要求将调整后增加的安置补偿款交给移民接收地后，嫩江县政府不履行上级政府的指令，属于不履行法定职责的行为。黑河市政府的信访复核意见是对马某申诉事项作出的新的处理，对马某的权利义务作出了新的安排，已经对其权利义务产生了新的实际影响，应当属于行政诉讼的受案范围。二审裁定认为，因黑河市政府作出的信访复核意见不属于行政诉讼的受案范围，马某要求嫩江县政府执行该意见亦不属于行政诉讼的受案范围，裁定维持一审驳回起诉结果，裁判理由不能成立，依法应予纠正。

本案中，黑河市政府于 2011 年 6 月 27 日作出信访复核意见，收到复核意见后，马某多次向嫩江县政府提出拨款申请，嫩江县政府一直未履行拨款义务。2013 年 10 月 16 日，马某提起本案行政诉讼。从上述事实并结合法律、司法解释的相关规定，难以得出马某起诉已经超过两年的结论，且嫩江县政府在本案一、二审过程中亦未提供证据证明马某起诉超过法定期限，应当推定马某起诉未超过法定期限。

基于以上情况，再审法院作出了相关裁定。

二、再审案件的审理

再审案件的审理程序如下所述。

（一）裁定中止原裁判的执行

人民法院按照审判监督程序决定再审的案件，必须要裁定中止原判决、裁定、调解书的执行。裁定由院长署名，加盖人民法院印章。但支付抚恤金、最低生活保障费或者社会保险待遇的案件，可以不中止执行。

（二）重新组成合议庭

原合议庭成员应自行回避，不再参与该案件的审理，以免先入为主，影响案件的公正审理。

（三）分别适用第一审、第二审程序

人民法院按照审判监督程序再审的案件，发生法律效力的判决、裁定是由第一审人民法院作出的，按照第一审程序审理，所作的判决、裁定，当事人可以上诉；发生法律效力的判决、裁定是由第二审人民法院作出的，按照第二审程序审理，所作的判决、裁定是发生法律效力的判决、裁定；上级人民法院按照审判监督程序提审的，按照第二审程序审理，所作的判决、裁定是发生法律效力的判决、裁定。

人民法院审理再审案件，认为原生效判决、裁定确有错误，在撤销原生效判决或者裁定的同时，可以对生效判决、裁定的内容作出相应裁判，也可以裁定撤销生效判决或者裁定，发回作出生效判决、裁定的人民法院重新审判。

人民法院审理二审案件和再审案件，对原审人民法院受理、不予受理或者驳回起诉错误的，应当分别情况作如下处理：

（1）第一审人民法院作出实体判决后，第二审人民法院认为不应当受理的，在撤销第一审人民法院判决的同时，可以径行驳回起诉。

（2）第二审人民法院维持第一审人民法院不予受理裁定错误的，再审法院应当撤销第一审、第二审人民法院裁定，指令第一审人民法院受理。

（3）第二审人民法院维持第一审人民法院驳回起诉裁定错误的，再审法院应当撤销第一审、第二审人民法院裁定，指令第一审人民法院审理。

人民法院审理再审案件，发现生效裁判有下列情形之一的，应当裁定发回作出生效判决、裁定的人民法院重新审理：

（1）审理本案的审判人员、书记员应当回避而未回避的。

（2）依法应当开庭审理而未经开庭即作出判决的。

（3）未经合法传唤当事人而缺席判决的。

（4）遗漏必须参加诉讼的当事人的。

（5）对与本案有关的诉讼请求未予裁判的。

（6）其他违反法定程序可能影响案件正确裁判的。

再审审理期间，有下列情形之一的，裁定终结再审程序：

（1）再审申请人在再审期间撤回再审请求，人民法院准许的。

（2）再审申请人经传票传唤，无正当理由拒不到庭的，或者未经法庭许可中途退庭，按撤回再审请求处理的。

（3）人民检察院撤回抗诉的。

（4）其他应当终结再审程序的情形。

因人民检察院提出抗诉裁定再审的案件，申请抗诉的当事人有前述规定的情形，且不损害国家利益、社会公共利益或者他人合法权益的，人民法院裁定终结再审程序。

再审程序终结后，人民法院裁定中止执行的原生效判决自动恢复执行。

【引例分析】

本案中，大余县政府于2005年12月26日作出的余府发〔2005〕71号处理决定，将争议山场的所有权确权给下横村民委员会，这一具体行政行为影响到了石孜头村民小组作为以持有争议山场《土地房产所有证》的一方主张山场所有权的利益，所以石孜头村民小

组具有提起行政诉讼的原告的资格。本案中的被告是作出具体行政行为的大余县人民政府。对于大余县人民政府土地所有权的确认行为，行政相对人存有异议，经过行政复议后仍然认为该行为侵犯了其合法权益，有权依据《行政诉讼法》提起诉讼，通过司法途径维护自己的合法权益。

【本章小结】

在行政诉讼中，起诉是指公民、法人或者其他组织认为自己的合法权益受到行政机关行政行为的侵害，而向人民法院提出诉讼请求，要求人民法院通过行使审判权，依法保护自己合法权益的诉讼行为。受理是指原告起诉后，经受诉人民法院审查，认为符合起诉条件，决定立案审理的行为。

人民法院审查起诉后，决定立案审理，引起一审程序的开始。一审程序是人民法院依照法定管辖权限，对案件进行的初次审理。开庭审理的程序包括：开庭前准备阶段；出庭情况审查阶段；法庭调查阶段；法庭辩论阶段；合议庭评议阶段；公开宣判阶段；闭庭。诉讼阻却是指由于某些特定的原因，使诉讼过程中断或者不能按正常程序进行审理和裁判。

二审程序是指上一级人民法院依照法律规定，根据当事人在法定期限内提起的上诉，对下一级人民法院作出的尚未生效的行政判决或者裁定进行重新审理的程序。上诉是指当事人不服一审人民法院所作出的未生效的行政裁判，在法定期限内声明不服，提出上诉状请求上一级人民法院对行政案件进行二次审理并撤销或者改变一审裁判的上诉行为。

审判监督程序是指人民法院发现已经发生法律效力的判决、裁定违反法律、法规规定，依法对案件再次进行审理的程序。提起审判监督程序的原因是已经生效的判决、裁定“违反法律、法规规定”。再审案件的审理程序是：裁定中止原裁判的执行，重新组成合议庭，分别适用第一审、第二审程序等。

【练习题】

1. 名词解释

起诉　审判监督程序

2. 思考题

（1）行政诉讼的起诉条件是什么？

（2）行政诉讼受理的法律后果是什么？

（3）当事人的上诉条件是什么？

3. 案例分析题

2015 年 5 月 11 日，中宇公司以沈阳市政府、沈阳市检察院为被告，向辽宁省高级人民法院提起行政诉讼。其诉讼请求是：确认被告沈阳市政府于 2003 年 9 月 5 日作出的将暂扣的起诉人公司 19 件证件移交给沈阳市城乡建设委员会的会议处理决定违法；确认依据该处理决定被告沈阳市检察院将暂扣的起诉人公司 19 件证件移交给沈阳市城乡建设委员会的行为违法。

问题：中宇公司的起诉是否合法？

分析要点提示：

1. 关于确认沈阳市政府会议处理决定违法诉求

《行政诉讼法》第 49 条规定，提起诉讼应当“有具体的诉讼请求和事实根据”。所谓“具体的诉讼请求”，是指要有明确的被诉行政行为，起诉人提起行政诉讼应当初步证明被诉行政行为的存在。如果不能证明被诉行政行为的存在，起诉人的起诉就不符合法定条件，人民法院应当依照法律规定，裁定不予受理，已经受理的裁定驳回起诉。本案中，中宇公司请求确认沈阳市政府于 2003 年 9 月 5 日作出的将暂扣的起诉人公司 19 件证件移交给沈阳市城乡建设委员会的会议处理决定违法，但是，并未提供充分证据证明沈阳市政府作出过相关的会议处理决定。因此，中宇公司的该项起诉不符合起诉的法定条件。

2. 关于确认沈阳市检察院移交行为违法诉求

《行政诉讼法》第 2 条规定，公民、法人或者其他组织认为行政机关和行政机关工作人员的行政行为侵犯其合法权益，有权依照该法向人民法院提起行政诉讼。据此，在行政诉讼中，只有依法享有行政职权的行政机关或者法律、法规、规章授权的组织实施的行为，才可能是行政诉讼法规定的可诉的行政行为；只有行政机关和法律、法规、规章授权的组织，才可能成为行政诉讼的适格被告。中宇公司以沈阳市检察院为被告，对其移交暂扣物品的行为提起行政诉讼。根据上述规定，沈阳市检察院移交物品的行为不是行政行为，不属于人民法院行政诉讼的受案范围；沈阳市检察院不是行政机关或者法律、法规、规章授权的组织，亦不是行政诉讼的适格被告。

3. 关于高级人民法院管辖一审案件的标准

《行政诉讼法》第 16 条规定，高级人民法院管辖本辖区内重大、复杂的第一审行政案件。对于条文中“重大、复杂”，法律和司法解释并未作出明确界定和解释，高级人民法院应当根据案件的性质、疑难程度、规则价值、社会影响等，全面分析认定。由于法律规定的抽象性、原则性，本条规定实质是赋予了高级人民法院对所谓“本辖区内重大、复杂的第一审行政案件”一定程度上的司法自由裁量权，上级法院一般会尊重下级法院的判断。据此，中宇公司以被告为沈阳市政府、案情特别复杂、涉及面广、诉讼标的特别巨大等为由，主张本案应属高级人民法院管辖的“重大、复杂”的第一审行政案件，其理由是否成立，应属辽宁省高级人民法院的司法自由裁量权范畴。

第十四章　行政诉讼的证据、法律适用与特殊制度

【本章引例】

阿牛餐厅不服某市食品卫生检验机构行政处罚案

2012年，某市阿牛餐厅发生了食物中毒事故。接到报案后，某市食品卫生检验机构执法人员杨某前往阿牛餐厅进行调查，单独对食用油进行检验后，认定该店是由于使用了已经变质的食用油而引起此后果。某市食品卫生检验机构根据杨某调查的证据以及《食品安全法》的规定，对阿牛餐厅作出罚款800元、暂扣卫生许可证1个月的处罚决定。阿牛餐厅不服处罚决定，向人民法院提起了行政诉讼。法院经过审理，以主要证据不足为由判决撤销原具体行政行为，并责令某市食品卫生检验机构重新作出处罚决定。

【本章学习目标】

通过本章的学习，你应该能够：

(1) 掌握行政诉讼举证责任规则。
(2) 明确被告的举证责任范围以及法律后果。
(3) 掌握原告的举证责任范围。
(4) 熟悉撤诉规则。
(5) 熟悉缺席判决规则。
(6) 掌握行政诉讼参照规章制度。

第一节　行政诉讼证据

一、行政诉讼证据的概念与种类

(一) 行政诉讼证据的概念

证据是指用以证明案件事实的一切材料和事实。可见，证据不单纯是材料和事实，这些材料和事实是要用来揭示案件事实真相的。在当事人提供的和法院收集的上述形式的证据中，有的是真实的，有的可能是虚假的，有的可能是伪造的，其中只有真实可靠的证据才可作为法院判案的根据，这部分证据称为“可定案证据”。

可定案证据具有以下三个特征：

（1）客观性，即作为可定案证据的事实和材料必须是客观存在的，而不是主观捏造或者想象的。

（2）相关性，即作为可定案证据的事实和材料必须与待证的案件事实有联系，它们或者是案件事实形成的条件，或者是案件事实发生的原因，或者是案件事实所导致的结果。

（3）合法性，即作为可定案证据的事实和材料必须合法，包括取证的程序合法和证据的形式合法。

行政诉讼证据是指在行政诉讼中用以证明案件事实情况的一切材料和事实。受行政诉讼性质决定，其证据制度具有如下特点：

（1）行政诉讼证据所要证明的最终事实是被诉行政行为是否合法。人民法院在审查被诉行政行为是否合法时，主要审查两方面的内容：一是被诉行政行为合法性的事实依据；二是被诉行政行为合法性的法律依据。相应地，当事人所提供证据的证明对象包括事实依据和法律依据两个方面。

（2）行政诉讼被告必须自始至终地承担证明被诉行政行为合法的法定举证责任。

（3）行政诉讼被告在诉讼过程中，不得自行向原告和证人收集证据，作为被告代理人的律师也不得自行向原告和证人收集证据。

（4）人民法院在行政诉讼中有收集证据的权力，而无收集证据的义务，其主要任务是审查判断证据。

（二）行政诉讼证据的法定种类

根据不同标准可以将证据分为直接证据和间接证据、原始证据和传来证据、主要证据和次要证据、言词证据和实物证据、本证和反证等。《行政诉讼法》根据证据的来源和表现形式将证据分为以下八类。

1. 书证

书证，即以文字、符号、图案等所记载的内容表达与案件事实有关的人的思维或者行为的书面材料，如行政机关的文件、文书、函件、处理决定，当事人的营业执照、许可证、资格证、资质证等。行政机关作出行政行为所依据的规范性文件，即是行政机关在诉讼中必须提交的书证。

2. 物证

物证，即以物品、痕迹等客观物质实体的外形、性状、质地、规格等来证明案件事实的证据，如肇事交通工具、现场留下的物品和痕迹等。

3. 视听资料

视听资料，即以录音、录像、扫描等技术手段，将声音、图像及数据等转化为各种记录载体上的物理信号，证明案件事实的证据，如录音带、录像带、影视胶片、雷达扫描资料、电子计算机装置储存的数据资料信息等。

4. 电子数据

电子数据，是指基于计算机应用、通信和现代管理技术等电子化技术手段形成包括文字、图形符号、数字、字母等的客观资料。

5. 证人证言

证人证言，即直接或者间接了解案件情况的证人向人民法院所作的用以证明案件事实的陈述。证人举证是证人的法定义务，一般情况下，证人应当出庭陈述证言，但如确有困难不能出庭，经人民法院许可，可以提交书面证言。精神病人、未成年人作证应与其心理健康程度、心智成熟程度相适应。证人必须如实作证，如果隐瞒、扩大或者捏造事实作证的，要负法律责任。同时，证人的权利受到法律保护。

6. 当事人陈述

当事人陈述，即本案当事人在诉讼中就案件事实向人民法院所作的陈述和承认。当事人对双方所争议的行政行为的合法性问题涉及的有关方面情况最为了解，其所作的陈述最能证明案件的事实；同时，当事人又与案件存在直接的利害关系，易于隐瞒不利于自己的事实，夸大、捏造对自己有利的事实。

7. 鉴定意见

鉴定意见，即具有专业技术特长的鉴定人利用专门的仪器、设备，就与案件有关的专门问题所作的技术性结论。根据鉴定对象的不同，鉴定可分为医学鉴定、文书鉴定、技术鉴定、会计鉴定、化学鉴定、物理鉴定等。鉴定意见必须符合法定形式要求，鉴定部门和鉴定人应当提出书面鉴定结论，在鉴定书上签名或者盖章。

人民法院在当事人对鉴定意见提出异议并确有理由时，可以指定鉴定部门重新进行鉴定或者直接采用另一方当事人提供的能够证明案件事实的鉴定意见。

8. 勘验笔录、现场笔录

勘验笔录是指行政机关工作人员或者人民法院审判人员对与行政案件有关的现场或者物品进行勘察、检验、测量、绘图、拍照等所作的记录。勘验与案件有关的现场或者物品，有关工作人员应当出示工作证件，并邀请当地基层组织或者当事人所在单位派人参加。当事人或者当事人的近亲属应当到场而拒不到场的，不影响勘验的进行。勘验笔录应由勘验人、当事人和被邀请参加人签名或者盖章。

现场笔录是指行政机关工作人员在行政管理过程中对与行政案件有关的现场情况及其处理所作的书面记录，如行政机关工作人员在作出行政处罚决定过程中对违法当事人的违法行为的事实、情节、程度以及当场作出处罚的情况所作的记录。由于这种笔录是行政机关工作人员单方进行的，为了保证其具有证据力，要求行政机关工作人员在作出笔录时应严格按照法定程序进行，并至少有两名工作人员同时在场，有当事人或者现场见证人签名。

行政机关及其工作人员制作的现场笔录和勘验笔录，必须在法庭上经过当事人进行质证，才能作为认定案件事实的证据。

二、举证责任

在我国，《民事诉讼法》和《刑事诉讼法》都没有明确规定举证责任。《行政诉讼法》第一次出现了举证责任这一概念，并规定了被告对行政行为的合法性负举证责任的基本原则。一般认为，举证责任是法律假定的一种后果，特指承担该责任的当事人必须对自己的主张举出主要的事实根据，以证明其确实存在，否则将承担败诉后果。举证责任制度是行政诉讼证据制度的核心内容。

（一）行政诉讼举证责任分担的基本原则

举证责任分担是指法律规定当法院无法查清案件事实时应判由谁承担败诉后果的问

题。《行政诉讼法》规定了被告对作出的行政行为负有举证责任，即从立法上明确了作为被告的行政机关对行政行为负举证责任。行政行为合法与否是行政案件的核心问题，当被告不能证明行政行为合法时，将承担败诉后果，而原告并不因为举不出证据证明行政行为的违法性而败诉。

（二）被告对行政诉讼证据的收集

1. 被告不得自行取证

《行政诉讼法》第35条规定："在诉讼过程中，被告及其诉讼代理人不得自行向原告、第三人和证人收集证据。"这一规定表明，在诉讼期间，被告不得自行取证。《行政诉讼法》之所以确立了这一规则，主要是因为：

（1）先取证再作出行政行为，是行政行为合法的前提。如果被告是在没有取得证据的条件下作出行政行为的，其具体行为已构成违法。在行政诉讼过程中再收集证据，即使其收集的证据是真实的和有证明力的，也不能使其违法的行为取得合法性。法律不能允许被告以事后收集的证据来证明原主要证据不足的行政行为合法，以规避对其违法行为承担法律责任。

（2）在行政管理中被告享有种种权力，能采取各种强制手段。如果允许其在行政诉讼过程中自行向原告、第三人和证人收集证据，则被告有可能利用其行政权力和强制手段，对原告和证人进行威逼利诱，制造出假证据，或诱使原告和证人提供虚假证词，以掩盖其行政行为的违法情形。

（3）进入诉讼程序后，行政机关继续自行收集证据，恰恰说明行政机关的行政行为是在无事实根据或者没有足够证据的情况下作出的。对这种先裁决后取证的做法的认可，是对违法行为的认可，不利于行政机关依法行使职权，不利于维护公民、法人或者其他组织的合法权益。

除了被告在诉讼过程中不能自行取证外，作为被告诉讼代理人的律师，同样不能自行取证。律师作为诉讼代理人，只能在当事人的授权范围内行使权利。当事人享有某项诉讼权利，才能授予律师某项权利。当事人不享有的权利，其诉讼代理人也不能享有。

因此，行政机关在诉讼过程中收集证据应该遵循以下规则：

（1）禁止被告在行政诉讼过程中自行向原告、第三人和证人收集证据。

（2）被告在诉讼期间的诉讼代理人也禁止在行政诉讼过程中自行向原告、第三人和证人收集证据。

（3）被告在诉讼期间，委托其下属机构、社会中介组织或者以其他名义实施的收集本案证据的行为，实质上是以合法形式掩盖为法律所禁止的非法目的的行为，均属行政诉讼法禁止之列。

（4）复议机关在复议过程中收集和补充的证据，尽管从复议角度讲完全是合法的，但也不能作为人民法院维持原行政行为的根据。

2. 行政机关在诉讼过程中可以收集、提供证据的法定情形

被告在诉讼过程中不得自行向原告、第三人及证人收集证据，是保证举证责任落实的关键，否则，就没有被告举不出证据时承担败诉责任之说。但是上述规定也有例外，即人民法院有权要求当事人提供证据或者补充证据。也就是说，只有在人民法院的指挥下，行政机关才能在诉讼期间收集证据。

（1）被告在作出行政行为时已经收集，但因不可抗力等正当事由不能提供的。这里包含两层含义：一是被告补充的证据必须是在作出行政行为时已经收集的，并作为作出行政行为的依据；二是被告补充的证据是由于不可抗力等正当事由而不能向法院提供的。

参考案例 14-1

孙某不服某区公安分局行政处罚案

孙某因与他人斗殴，被某区公安分局处以拘留 15 日的行政处罚。孙某不服，向市公安局申请复议，市公安局裁决维持区公安分局的处罚决定。孙某仍不服，向某区人民法院提起行政诉讼。人民法院受理此案后，要求被告某区公安分局提供作出行政处罚的证据，但被告一直未予提供。于是，人民法院认定被告作出的处罚决定主要证据不足，判决予以撤销。被告不服一审判决，向市中级人民法院提起上诉。在二审过程中，被告提供了其作出处罚决定的证据。二审人民法院认为，被告所提供的证据无效，判决驳回上诉，维持原判。

（2）原告或第三人在诉讼中，提出了其在被告实施行政行为过程中没有提出的反驳理由或者证据的。一般情况下，行政机关的行政行为主要是基于调查的事实而作的。实践中不可避免地存在这类情形：有些相对人在行政程序中，故意不提出申辩的理由或者相关的证据，被告可能因此而未收集相关的证据，但原告在诉讼中却提出了在行政程序中没有提出的反驳理由或证据。这将使行政机关无以应对。因此，为了维护司法的公正性，法律给予了被告基于原告提出新的反驳理由和证据而收集证据的机会。

（三）原告的举证责任

《行政诉讼法》第 34 条规定：“被告对作出的行政行为负有举证责任，应当提供作出该行政行为的证据和所依据的规范性文件。”该条确实规定被告应该对行政行为负有举证责任。但这并不等于说原告在行政诉讼案件中不承担任何举证责任。

《行政诉讼法》第 37 条规定：“原告可以提供证明行政行为违法的证据。原告提供的证据不成立的，不免除被告的举证责任。”第 38 条规定：“在起诉被告不履行法定职责的案件中，原告应当提供其向被告提出申请的证据。但有下列情形之一的除外：（一）被告应当依职权主动履行法定职责的；（二）原告因正当理由不能提供证据的。在行政赔偿、补偿的案件中，原告应当对行政行为造成的损害提供证据。因被告的原因导致原告无法举证的，由被告承担举证责任。”

三、提供证据的要求

当事人向法院提供的各类证据，只有合乎法定要求才会具有效力。最高人民法院《关于行政诉讼证据若干问题的规定》根据各类证据的特点，对不同证据的要求作出了规定。

（一）书证

为保证书证内容的真实性，当事人向人民法院所提供的书证，除法律、法规、司法解释和规章对书证的制作形式另有规定外，一般应当符合下列要求：

（1）原则上应提供书证的原件，在提供原件确有困难时，可以提供与原件核对无误的复印件、照片、节录本。按照规定，原本、正本和副本均属于书证的原件。

（2）提供由有关部门保管的书证原件的复制件、影印件或者抄录件的，应当经该部门核对无异后加盖其印章。

（3）当事人提供报表、图纸、会计账册、专业技术资料、科技文献等书证的，应当附有说明材料。

（4）被告提供的被诉行政行为所依据的询问、陈述、谈话类笔录，应当有行政执行人员、被询问人、陈述人、谈话人签名或者盖章。

值得注意的是，当事人向人民法院提供外文书证，应当附有由具有翻译资质的机构翻译的或者其他翻译准确的中文译本，并由翻译机构盖章或者翻译人员签名。

（二）物证

与书证相比，物证相对直观和简单，在形式上和手续上一般无特别要求，因此对物证的要求相对较少。当事人向人民法院提供物证的，原则上应当提供原物，在提供原物确有困难时，可以提供与原物核对无误的复制件或者证明该物证的照片、录像等其他证据；如果原物为数量较多的种类物时，当事人应当提供其中的一部分。

（三）视听资料

视听资料是利用现代科技手段记载法律事件和法律行为的证据，具有较强的准确性和逼真性。不过，视听资料容易用剪辑后复制等手段伪造或变造，因此对当事人提供的视听资料应进行严格要求。法律规定，当事人向人民法院所提供的计算机数据或者录音、录像等视听资料，应当符合下列要求：

（1）当事人应向法院提供有关资料的原始载体，在提供原始载体确有困难时，可以提供复制件。

（2）当事人应注明制作方法、制作时间、制作人和证明对象等。

（3）声音资料应当附有该声音内容的文字记录。

对于当事人向人民法院提供的外国语视听资料，当事人应同时附有由具有翻译资质的机构翻译的或者其他翻译准确的中文译本，并由翻译机构盖章或者翻译人员签名。

（四）证人证言

证人证言一般是以口头形式表现出来的，当事人可以向人民法院提供书面证人证言。当事人向人民法院提供证人证言应当符合下列要求：

（1）载明证人的姓名、年龄、性别、职业、住址等基本情况。

（2）需有证人的签名。如果证人不能签名的，应当以盖章等方式证明。

（3）应注明证人出具证言的日期。

（4）应附有居民身份证复印件等证明证人身份的文件。

（五）鉴定意见

行政诉讼中的鉴定意见主要包括两类：一类是人民法院依当事人申请或在必要情况下依职权提交鉴定人进行的鉴定；另一类是被告行政机关向人民法院提供的在行政程序中采用的鉴定结论。提交给法院的后一类鉴定意见应当符合下列条件：

（1）应当载明委托人和委托鉴定的事项。

（2）应有向鉴定部门提交的相关材料。

（3）应有鉴定的依据和使用的科学技术手段。

（4）应有鉴定部门和鉴定人鉴定资格的说明。

(5) 应有鉴定人的签名和鉴定部门的盖章。

对于通过分析获得的鉴定结论，还应当说明分析过程。

(六) 现场笔录

现场笔录是行政诉讼特有的证据种类，由行政机关在行政程序中当场制作而成。被告行政机关向人民法院提供的现场笔录，除法律、法规和规章对现场笔录的制作形式有特别规定外，一般应当载明制作现场笔录的时间、地点和事件等内容，并由执行人员和当事人签名。当事人拒绝签名或者不能签名的，应当注明原因。有其他人在现场的，可由其他人签名。

被告申请延期提供证据的，应当在收到起诉状副本之日起 15 日内以书面方式向人民法院提出。人民法院准许延期提供的，被告应当在正当事由消除后 15 日内提供证据。逾期提供的，视为被诉行政行为没有相应的证据。

原告或者第三人应当在开庭审理前或者人民法院指定的交换证据清单之日提供证据。因正当事由申请延期提供证据的，经人民法院准许，可以在法庭调查中提供。逾期提供证据的，人民法院应当责令其说明理由；拒不说明理由或者理由不成立的，视为放弃举证权利。

原告或者第三人在第一审程序中无正当事由未提供而在第二审程序中提供的证据，人民法院不予接纳。

当事人申请延长举证期限，应当在举证期限届满前向人民法院提出书面申请。申请理由成立的，人民法院应当准许，适当延长举证期限，并通知其他当事人。申请理由不成立的，人民法院不予准许，并通知申请人。

对当事人无争议，但涉及国家利益、公共利益或者他人合法权益的事实，人民法院可以责令当事人提供或者补充有关证据。

四、调取和保全证据

在诉讼过程中，当事人负有举证责任，如果当事人提供的证据不足，人民法院有权要求补充证据。人民法院只在特殊情况下依职权向有关行政机关以及其他组织、公民调取证据。需要由人民法院收集和调查的证据，主要有两类：一是原告或者第三人及其诉讼代理人提供了证据线索，但无法自行收集而申请人民法院调取的证据；二是当事人应当提供而无法提供原件或者原物的。根据《行政诉讼法》的规定，人民法院在行政诉讼过程中，有收集证据的权力而无收集证据的义务。

当事人申请调查收集证据，但该证据与待证事实无关联、对证明待证事实无意义或者其他无调查收集必要的，人民法院不予准许。

原告或者第三人确有证据证明被告持有的证据对原告或者第三人有利的，可以在开庭审理前书面申请人民法院责令行政机关提交。

申请理由成立的，人民法院应当责令行政机关提交，因提交证据所产生的费用，由申请人预付。行政机关无正当理由拒不提交的，人民法院可以推定原告或者第三人基于该证据主张的事实成立。

人民法院调查和收集证据的基本方式有调查询问、调取有关材料、提交鉴定和勘验检查。人民法院调查和收集证据按照以下规定进行：(1) 应由审判人员在法定职权范围内亲自进行；（2）应由两个以上的审判人员（通常为审判员、书记员各一人）共同进行调查；（3）在调查时，应向被调查人说明身份，出示证件；（4）询问证人单独进行；（5）应告知被调查人如实提供证据和故意作伪证或者隐匿证据应负的法律责任；（6）调查笔录应向被调查人宣读或者交被调查人阅读，并由被调查人签名或者盖章。

证据保全是指人民法院在证据可能灭失或以后难以取得的情况下，采取制作笔录、绘图、拍照、录音、录像、提取并保管有关证据等措施使证据价值保存下来的一种诉讼行为。以下两种情况下，人民法院可以对证据进行保全：一是证据有可能灭失，如证人患重病命在旦夕，可用作证据的物品将要或者正在腐烂、变质等；二是证据以后难以取得，如证人即将出国，当事人有隐匿、转移有关证据的迹象等。

人民法院可以依职权或者当事人申请对证据进行保全。当事人申请证据保全的，可以在起诉时或者起诉后向人民法院提出申请，由人民法院决定。申请书中应写明证据的内容，申请保全的理由以及保全对象的证明作用和处所等。人民法院认为申请符合条件时，应作出采取证据保全措施的裁定。裁定中应写明保全的证据，保全的时间、地点、方法。如果人民法院认为申请不符合条件，应作出不予保全的裁定，并应在裁定中说明理由。另一方当事人对人民法院采取证据保全措施的裁定不服，以及保全申请人不服人民法院不予保全的裁定，均可向作出裁定的人民法院申请复议一次。复议期间不停止裁定的执行。

人民法院应根据证据的属性采取相应的保全措施。对于易腐物品，人民法院在采取保全措施后，可以依法折价处理，所得款项应交物品所有人。保全证据的材料由人民法院存卷保管，并在案件审理阶段由人民法院予以审查，确认其证明价值的有无、大小。

五、证据的对质辨认和核实

证据的对质辨认和核实，是指在法官的主持下，当事人就有关证据进行辨认和对质，围绕证据的真实性、关联性和合法性及证据的证明力和证明力大小进行辩论的活动，是对证据进行审查的重要环节。

原则上，一切证据均应在法庭上出示，并经庭审质证，才能作为定案的依据，即使人民法院调取的证据也是如此。因此，在经合法传唤，被告无正当理由拒不到庭而需要依法缺席判决时，被告提供的证据将会因未经质证而不能作为定案的依据。对当事人申请人民法院调取的证据，由申请调取证据的当事人在庭审中出示，并由当事人质证；对人民法院依职权调取的证据，应由法庭出示，并可就调取该证据的情况进行说明，听取当事人意见。不过，当事人在庭前证据交换过程中没有争议并记录在卷的证据经审判人员在庭审中说明后，可以作为认定案件事实的依据。

在对证据进行对质和辨认过程中，经法庭准许，当事人及其代理人可以就证据问题相互发问，也可以向证人、鉴定人或者勘验人发问。但当事人及其代理人相互发问，或者向证人、鉴定人、勘验人发问时，发问的内容应当与案件事实有关联，不得采用引诱、威胁、侮辱等语言或者方式。

有下列情形之一，原告或者第三人要求相关行政执法人员出庭说明的，人民法院可以准许：（1）对现场笔录的合法性或者真实性有异议的；（2）对扣押财产的品种或者数量有异议的；（3）对检验的物品取样或者保管有异议的；（4）对行政执法人员身份的合法性有异议的；（5）需要出庭说明的其他情形。

人民法院认为有必要的，可以要求当事人本人或者行政机关执法人员到庭，就案件有关事实接受询问。在询问之前，可以要求其签署保证书。保证书应当载明据实陈述、如有虚假陈述愿意接受处罚等内容。当事人或者行政机关执法人员应当在保证书上签名或者捺印。负有举证责任的当事人拒绝到庭、拒绝接受询问或者拒绝签署保证书，待证事实又欠缺其他证据加以佐证的，人民法院对其主张的事实不予认定。

六、证据的审核认定

对于案情比较复杂或者证据数量较多的案件，人民法院可以组织当事人在开庭前向对方出示或者交换证据，并将交换证据清单的情况记录在卷。当事人在庭前证据交换过程中没有争议并记录在卷的证据，经审判人员在庭审中说明后，可以作为认定案件事实的依据。

（一）证据审核认定的概念和内容

证据审核认定，是指法官在听取当事人对证据的说明、对质和辨认后，对证据作出的采信与否的认定。其审核认定内容如下：

（1）审核认定证据的真实性。证据的真实性是指作为证据的事实必须是客观存在的事实，而不是猜测和虚构的东西，这是证据的最基本特性之一。

（2）审核认定证据的关联性。证据的关联性是指证据必须与案件事实之间存在内在联系。

（3）审核认定证据的合法性。证据的合法性包括两方面的含义：一方面是证据必须符合法律对其的形式要求，另一方面是证据的收集必须符合法律要求。

（二）不能作为定案根据的非法证据

以下证据不能作为定案根据：

（1）严重违反法定程序收集的证据材料。

（2）以偷拍、偷录、窃听等手段获取侵害他人合法权益的证据材料。

（3）以利诱、欺诈、胁迫、暴力等不正当的手段获取的证据材料。

（4）当事人超出取证期限提供的证据材料。当事人包括原告、被告。

（5）在中华人民共和国领域外或者在港澳台地区形成的没有办理法定证明手续的材料。

（6）当事人无正当理由拒不提供原件、原物，又无其他证据印证，且对方当事人不予认可的证据的复制件或者复制品。

（7）被当事人或其他人做过技术处理而无法辨明真伪的。

（8）不能正确表达意志的证人提供的证言。

（9）违反法律禁止性规定或者侵犯他人合法权益而取得的证据。

（10）不具备合法性和真实性的其他证据材料。

（三）不能作为认定被诉行政行为合法的依据的证据

下列证据不能作为认定被诉行政行为合法的依据：

（1）被告及其诉讼代理人在作出行政行为后或者在诉讼程序中自行收集的证据。

（2）被告在行政程序中非法剥夺公民、法人或者其他组织依法享有的陈述、申辩或者听证权利所采用的证据。

（3）原告或者第三人在诉讼程序中提供的、被告在行政程序中未作为行政行为依据的证据。

（4）复议机关在复议程序中收集和补充的证据，或者作出原行政行为的行政机关在复议程序中未向复议机关提交的证据，不能作为人民法院认定原行政行为合法的依据。

（四）证据效力大小的判断

在对证据进行审核认定过程中，如果发现证明同一事实的数个证据，其证明效力一般可以按照以下情形分别认定：

（1）国家机关以及其他职能部门依职权制作的公文文书优于其他书证。

（2）鉴定结论、现场笔录、勘验笔录、档案材料以及经过公证或者登记的书证优于其他书证、视听资料和证人证言。

（3）原件、原物优于复制件、复制品。

（4）法定鉴定部门的鉴定结论优于其他鉴定部门的鉴定结论。

（5）法庭主持勘验所制作的勘验笔录优于其他部门主持勘验所制作的勘验笔录。

（6）原始证据优于传来证据。

（7）其他证人证言优于与当事人有亲属关系或者其他密切关系的证人提供的对该当事人有利的证言。

（8）出庭作证的证人证言优于未出庭作证的证人证言。

（9）数个种类不同、内容一致的证据优于一个孤立的证据。

第二节　行政诉讼的法律适用

一、行政诉讼法律适用的含义

行政诉讼法律适用，是指人民法院按照法定程序，将法律、法规具体运用于各种行政案件，从而对行政机关行政行为的合法性进行审查的专门活动。

行政诉讼的法律适用主要解决人民法院对被诉行政行为合法性进行审查判断的标准问题，即人民法院以何种标准、依据何种法律规范来审查被诉行政行为的合法性，并进而对被诉行政行为的合法性作出裁判。我国行政法规范制定主体多元，行政法规范的等级、效力不一，这些行政法规范是否都属于人民法院的行政诉讼法律适用对象，它们对人民法院的约束力和效力如何，是行政诉讼法律适用重点要解决的问题。

二、行政诉讼法律适用的规则

根据我国《行政诉讼法》的规定，人民法院在行政诉讼中适用法律要遵循以下规则。

（一）法律、法规是行政审判的依据

行政审判的依据是指人民法院审理行政案件，对行政行为合法性进行审查和裁判的标准和尺度。我国行政审判的依据是法律和法规，即人民法院审理行政案件，审查行政行为是否合法并进而对其作出裁判时，法律、法规是人民法院直接适用的根据，人民法院无权拒绝适用。这与对规章的参照适用形成对比。

法律是全国人民代表大会及其常务委员会制定、通过的在全国范围内具有普遍约束力

的规范性文件。在我国法律规范层次体系中，法律的地位仅次于宪法，它是由最高国家权力机关制定，对一切国家机关都有约束力。

法规包括行政法规和地方性法规。行政法规是由国务院制定的，它的效力仅次于宪法和法律，高于地方性法规。国务院是最高国家行政机关，负责全国的行政管理工作，因此行政法规在我国行政管理领域发挥着重要的规范和管理作用。地方性法规是由省、自治区、直辖市人民代表大会及其常务委员会和设区的市及其常委会制定的，对各地方区域内的行政管理起着规范和指导作用。

自治条例和单行条例是民族自治地方的人民代表大会，依照宪法、民族区域自治法和其他法律、法规规定的权限，结合当地的政治、经济和文化特点所制定的规范性文件。它是各族人民行使民族自治权利的体现。自治条例和单行条例与地方性法规是处于同一级别的法律规范，人民法院在审理民族自治地方的行政案件时，应以其为依据。

（二）规章的参照适用

规章包括部门规章和地方政府规章两种。部门规章是指国务院各部委、中国人民银行、审计署和具有行政管理职能的直属机构，根据法律和国务院的行政法规、决定、命令，在本部门的权限范围内制定的规范性文件。地方政府规章是与有权制定地方性法规对应的地方政府根据法律、行政法规和本省、自治区、直辖市的地方性法规制定的规范性文件。部门规章在全国范围内具有约束力和执行力，属于中央行政立法的范畴，在效力等级上低于法律和行政法规。地方政府规章只在所辖区域内具有效力，属于地方立法的范畴，在效力等级上低于法律、行政法规和地方性法规。

规章在人民法院审理行政案件时处于参照地位，“参照”规章是与“依据”法律、法规相对的，具有特定含义。“依据”是指人民法院审理行政案件时必须适用该规范，而不能拒绝适用；“参照”是指人民法院审理行政案件，对规章进行斟酌和鉴定后，对符合法律、行政法规规定的规章予以适用，作为审查行政行为合法性的根据；对不符合或不完全符合法律、法规原则精神的规章，人民法院有灵活处理余地，可以不予适用。因而“参照”不是无条件的适用，而是有条件的适用，即在某些情况下可以适用，在某些情况下也可以不予适用。因此，参照规章实际上赋予了人民法院对规章的审查权。人民法院对规章的作用和效力不是一概否定或肯定，而是对规章有选择适用权。

规章的参照地位是由目前规章在我国法律规范体系中的特殊地位所决定的。首先，规章不能作为行政审判的依据。由于制定规章的行政机关的级别不高，有权制定规章的行政机关也有权作出行政行为，如果以规章作为依据，就等于承认相应行政机关可以自己制定司法审查的标准，这将极不利于保护公民、法人或其他组织的合法权益，也不符合行政机关依法行使职权的原则。另外，由于规章制定主体的多元，法律对制定规章的权限范围、制定标准和制定程序无统一规范，致使规章制定中存在大量问题。许多规章从本部门利益出发，借法争权、扩权，各规章之间冲突与抵触的现象屡见不鲜。不仅如此，由于我国尚缺乏有效的法律监督机制，规章中也时有违反法律的规定。因此，如果行政诉讼中的法律适用以规章为依据，显然是不适当的。其次，鉴于规章存在的问题，规定人民法院依据规章审理行政案件并不适宜。但是简单地将规章排除在人民法院适用范围之外也同样不合适。因为宪法和有关法律确认了规章的法律地位和法律效力，而且目前规章在我国行政管理中起着相当重要的作用。在我国法律不完备的情况下，规章是我国法律体系的重要组成部分，是法律、法规的直接延伸和具体化，尤其是在行政管理领域，行政管理关系在很大程度上是依靠规章来调整的。在法律、法规没有规定的情况下，规章能起到填补空白、及时提供规范的作用。所以，如果行政诉讼完全撇开规章，则对行政机关的那些没有法律、法规依据而直接根据规章作出的行政行为就难以进行审查，会导致无法可依。

（三）其他规范性文件在行政诉讼中的地位

《行政诉讼法》对规章以下的其他规范性文件在行政诉讼中的地位没有作出明确规定，因此，一般来说，其他规范性文件不属于法的范围，对法院没有拘束力。但是，在司法实务中，这些规范性文件也是行政机关进行行政管理的重要手段，许多行政行为是依照它们作出的，尤其是对于那些无权制定规章的行政机关来说更是这样。要审理这些具体行政行为的合法性与否，就需要以其他规范性文件作为根据。所以，人民法院在行政审判中可以适当参考其他规范性文件。但是，其他规范性文件也是行政机关自己制定的，与规章同样存在缺陷，甚至更为严重。因此，在适用时需要对其合法性进行更为严格的确认，即人民法院在适用一般规范性文件时拥有比对待规章更大的取舍权力。在其他规范性文件发生冲突时，人民法院不必送有关机关裁决，可直接决定对一般规范性文件的适用与否。

（四）人民法院对司法解释的援引

司法解释是最高人民法院对法律在审判中应用的问题所作的解释。人民法院在审理行政案件时，适用最高人民法院司法解释的，应当在裁判文书中援引。但是，这里的“援引”与“引用”是不同的，这是由司法解释的特征决定的。它与立法不同，立法是有关机关制定的抽象的规范性文件，并非针对特定的案件而制定，具有普遍适用性。司法解释不同，它包括两种：一种是对某一法律的具体适用所作的系统而全面的解释，法院对这类司法解释可以直接援引；另一种是最高人民法院就审判工作中具体应用法律而针对下级人民法院的请示、来函所作的各种答复，它虽是一种针对个案的具体解释，但对其他法院审理类似案件仍然具有约束力，因而法院在以该类司法解释为根据判案时仍应在裁判文书中援引。

三、行政诉讼法律冲突适用的规则

人民法院在审查行政行为的合法性时，除要根据事实外，还需要依据相应的法律规范来作出判断。在适用法律规范的过程中，有时会出现同时有几个法律规范均适用于该行政行为，而几个法律规范之间却不相一致的情形，即法律规范之间发生某种冲突。

在出现行政诉讼法律冲突的情况下，其适用规则就显得尤为重要。这里的“适用规则”，是指人民法院在审查行政行为的合法性时，为解决法律适用冲突所采取的方法和所遵循的规则，由此决定选择适用相应的行政法律文件或具体行政法律规范条款。适用规则主要有以下几种：

（一）特别冲突适用规则

这是指特别法的规定与普通法的规定出现不一致的情形时，一般应当优先适用特别法的规定。

（二）不同等级冲突的适用规则

这是指各种不同效力等级的行政法律规范在相互冲突时应采用何种法律规范的适用规则。在这方面，当然应该选择适用效力等级较高的行政法律规范，即高层级的法律规范优于低层级的法律规范。

（三）同级冲突适用规则

这是指制定机关不同但在效力层级上相同的行政法律规范在出现冲突的情况下应如何适用规范的规则。我国《行政诉讼法》对于此种情况，只是规定“人民法院认为地方人民政府制定、发布的规章与国务院部、委制定、发布的规章不一致的，以及国务院部、委制定、发布的规章之间不一致的，由最高人民法院送请国务院作出解释或者裁决”，但并未作出进一步的明确说明，即人民法院据此并未能达到直接确定适用何种法律规范的结果。尽管如此，上述规定仍可视为关于此种情况的适用规则。

（四）新旧法冲突适用规则

这是指因新的行政法律规范与旧的行政法律规范的规定不一致时，应采用何种行政法律规范的适用规则。对于此种情况应适用的规则是新法优于旧法和法律不溯及既往这两个原则。

（五）人际冲突适用规则

这是指调整因不同民族、种族或人的特殊身份的法律适用冲突的规则。一般明确规定，不同民族、种族或特殊身份的人，适用就该民族、种族或特殊身份的人作出的特别规定的法律文件或规范。

（六）区际冲突适用规则

这是指在不同行政区域内行政法律规范发生适用冲突时，应适用哪个行政区域行政法律规范而产生的冲突适用规则。对于发生在港澳台地区的行政案件，适用在港澳台地区施行的法律规范；发生在大陆的行政案件，则应该适用在大陆施行的法律规范。

行政诉讼法律冲突适用规则简表如表 14－1 所示。

表 14－1 行政诉讼法律冲突适用规则简表

法律冲突类型	含义	适用规则
特别冲突	特别法的规定与普通法的规定出现不一致	优先适用特别法
不同等级冲突	各种不同效力等级的行政法律规范相互冲突	适用效力等级较高的行政法律规范，即高层级的法律规范优于低层级的法律规范
同级冲突	制定机关不同但效力层级相同的行政法律规范出现冲突	人民法院认为地方人民政府制定、发布的规章与国务院部、委制定、发布的规章之间不一致的，以及国务院部、委制定、发布的规章之间不一致的，由最高人民法院送请国务院作出解释或者裁决
新旧法冲突	新的行政法律规范与旧的行政法律规范的规定不一致	新法优于旧法；法律不溯及既往
人际冲突	因不同民族、种族或人的特殊身份的法律适用冲突	适用就该民族、种族或特殊身份的人作出的特别规定的法律文件或规范
区际冲突	在不同行政区域内行政法律规范发生适用冲突	发生在港澳台地区的行政案件，适用在港澳台地区施行的法律规范；发生在大陆的行政案件，适用在大陆施行的法律规范

四、WTO规则的适用问题

我国加入WTO后，行政机关和人民法院在执法的过程中，应承担的一项重要任务就是确保WTO规则在我国得以实施。因此，WTO规则对人民法院的行政审判工作将会产生极大的影响，但是，对于WTO规则能否在行政案件的审理过程中直接加以适用，仍然应给予注意。

我国已经承诺，将完全遵守WTO协定的规定，并通过修订现行国内法和制定新法律，以有效而统一的方式来实施WTO规则。并且，在《中国加入WTO工作组报告书》中已经明确作出表示：行政法规、部门规章和其他中央政府措施将及时颁布，以在相关的时限内完全履行中国的承诺。如果行政法规、部门规章或者其他中央政府措施在此种时限内不能到位，主管机关仍然履行中国按照WTO协定和议定书承担的义务。从中可以看出，在WTO规则的适用问题上包括以下两个方面：

(1) 一般来说，WTO规则不能在我国行政诉讼中直接得到适用，它只是具有间接的适用力。也就是说，任何人都不能直接援引WTO规则提起行政诉讼，人民法院在裁判文书中也不能直接援引WTO规则作为裁判的依据，而须根据经过转化的相关国内法来受理和审判，即我国是在遵守WTO规则的前提下，通过修订现行国内法和制定新法律的方式来实施WTO规则的。但是，如果出现涉及WTO规则行政案件所适用的法律、行政法规的具体条文间有两种以上的合理解释时，应遵循同一解释原则，即除我国声明保留的条款外，人民法院应选择与WTO规则相关规定一致的解释。

(2) 特殊情况下，WTO规则在行政诉讼中可以直接适用。这种特殊情况是指，在行政法规、部门规章或者其他中央政府措施在承诺的时限内不能到位时，主管机关可以直接援引WTO规则。也就是说，只有在WTO规则无法在预定期限内得到转化时，它才具有直接适用性。

第三节　行政诉讼的特殊制度

一、撤诉

撤诉即原告在人民法院宣告判决或者裁定前，按照法律规定的程序，放弃其起诉权的诉讼行为。撤诉经人民法院批准将导致诉讼终结。

撤诉分为以下两类情况：

(1) 申请撤诉。申请撤诉即原告自愿放弃起诉权的行为。其原因包括原告在被告改变被诉行政行为后表示同意而申请撤诉和在被告未改变被诉行政行为的情况下自愿申请撤诉。

(2) 视为申请撤诉或推定申请撤诉。这有三种情况：一是经人民法院传票传唤，原告无正当理由拒不到庭的；二是在开庭审理期间，原告未经法庭许可中途退庭，拒不返回的；三是原告在法定期间内未预交诉讼费用，又没有提出缓交诉讼费用申请的。

上述两类撤诉都必须经人民法院准许。起诉是原告行使起诉权的诉讼行为，因而在原告申请撤诉或者有可视为申请撤诉的行为时，人民法院一般裁定准许。但是，当原告撤诉可能导致因无法对违法的行政行为进行司法审查而损害国家利益、集体利益或者社会利益

时，人民法院应当裁定不准许撤诉，原告拒不到庭的，人民法院可以缺席判决。

考虑到人民法院的权威性、原告行使撤诉权的慎重性及行政诉讼法律关系的整体性，人民法院裁定准许原告撤诉，原告再起诉的，人民法院不予受理。但是，如果原告因在法定期限内未预交诉讼费用，又没有提出缓交诉讼费用的申请，按自动撤诉处理的，原告在起诉期限内再次起诉，人民法院应予受理。

二、缺席判决

缺席判决即合议庭开庭审理时，在当事人缺席的情况下，经过审理作出的判决。缺席判决在行政诉讼中适用于以下三种情况：

（1）经人民法院传票传唤，被告无正当理由拒不到庭的。

（2）被告虽然到庭参加诉讼，但未经法庭许可中途退庭的。

（3）原告申请撤诉，人民法院裁定不予准许，原告经传票传唤，无正当理由拒不到庭或者未经法庭许可而中途退庭的。第三人经传票传唤，无正当理由拒不到庭或者未经法庭许可中途退庭的，不影响案件的审理。

参考案例14-2

吴某不服某县公安局行政处罚案

龙山乡派出所接到群众举报，得知村民吴某家有10多人聚赌，就前往吴某家抓赌。到吴某家时，派出所和联防队各有两人堵在吴某家的前后门外，派出所周副所长敲门进屋。周副所长大声说："我们是派出所来抓赌的，谁也不许跑。"这时，派出所和联防队的人员大都进了屋内，联防队员魏某收缴了桌上的赌具和赌资，周副所长宣布参赌人员每人罚款2 000元，并当场收缴了罚款。某天吴某和某律师在一起聊天，说起被罚款一事。该律师劝吴某提起行政诉讼。吴某接受了建议，在诉讼期间内向当地人民法院提起行政诉讼。人民法院按照《行政诉讼法》的规定受理了案件，确定在某日开庭，同时向该县公安局送达传票，但该县公安局认为自己是行政机关，人民法院也是国家机关，肯定会维护自己，所以对这个案件根本不予理睬，拒绝出庭。见此情形，人民法院宣布推迟两天开庭。在此期间，该县人民法院再次依法向该县公安局送达了传票。两天后，人民法院依法开庭，该县公安局依然没有出庭。于是该县人民法院根据《行政诉讼法》的规定，依法作出判决：撤销原每人罚款2 000元的处罚决定，同时责令县公安局重新作出决定。

三、财产保全与先予执行

（一）财产保全

人民法院对于因一方当事人的行为或者其他原因，可能使行政行为或者人民法院生效裁判不能或者难以执行的案件，可以根据对方当事人的申请作出财产保全的裁定；当事人没有提出申请的，人民法院在必要时也可以依法采取财产保全措施。财产保全可以应当事人的申请，也可以由人民法院依职权主动采取。

具体来说，法院在诉讼中采取财产保全措施的情形为：因一方当事人的行为或者其他原因，可能使人民法院生效裁判不能或者难以执行；因一方当事人的行为或者其他原因，可能使行政行为不能或者难以执行。行政诉讼中增加了行政行为不能或者难以执行而采取保全措施的规定，这是因为，有些行政机关并未被赋予强制执行权，它们必须申请人民法院强制执行其作出的行政行为，但在诉讼过程中，人民法院对于行政机关提出的要求执行被诉行政行为，一般不予执行，在这种情况下人民法院可以依申请或依职权对财产采取保全措施。

（二）先予执行

行政诉讼中的先予执行，是指法院在作出行政判决之前的诉讼过程中，根据当事人的申请，裁定由给付义务的被告行政机关，预先向当事人为一定给付行为的制度。这一制度的必要性和设立的目的在于，法院对行政案件的审理，从立案到作出和执行生效裁判，需要经历一定的时间，对于某些急切需要由行政机关及时履行给付义务来满足权利实现的申请人，时间经历的本身极可能带来权利的损害或者扩大、加深已有的损害。先予执行制度具有未决先执行的性质，既有及时保护申请人利益的优点，也有错误地要求行政机关履行义务的风险，所以，法律对先予执行的范围、条件等必须作出严格的规定。

我国《行政诉讼法》第 57 条明确规定了先予执行制度：

（1）适用的案件。先予执行只适用于起诉行政机关没有依法支付抚恤金、最低生活保障金和工伤、医疗社会保险金的案件。

（2）适用的条件。当事人之间权利义务关系明确、不先予执行将严重影响原告生活。

（3）原告提出申请。

（4）法院裁定先予执行。当事人对先予执行裁定不服的，可以申请复议一次。复议期间不停止裁定的执行。

如果最后的生效裁判规定原告败诉，法院作出撤销先予执行的裁定，进行执行回转；如果生效裁判满足了原告的诉讼请求，已先予执行的部分应当在生效裁判中载明，并在被告应给付的总金额中扣除。

四、审理程序的延阻

审理程序的延阻是指由于某些特定的原因，使诉讼过程中断或者不能按正常程序进行审理和裁判。在行政诉讼中，审理程序的延阻的情形主要有以下几种。

（一）延期审理

延期审理即人民法院在开庭审理之前或者审理过程中，由于特殊情况，以致无法按预定的时间开庭审理，而将开庭审理的时间推迟。

有下列情形之一的，可以延期开庭审理：

（1）应当到庭的当事人和其他诉讼参与人有正当理由没有到庭的。

（2）当事人临时提出回避申请且无法及时作出决定的。

（3）需要通知新的证人到庭，调取新的证据，重新鉴定、勘验，或者需要补充调查的。

（4）其他应当延期的情形。

当这些情况出现时，人民法院作出延期审理的决定。下次开庭审理的时间，可以在决定延期审理时确定，也可以另行通告。

（二）延长审限

延长审限即人民法院在审理行政案件过程中，由于发生特殊情况而无法在规定的审理期限内结案，经高级人民法院或者最高人民法院批准而延长审理期限的诉讼行为。根据

《行政诉讼法》的规定，人民法院应当在立案之日起3个月内作出第一审判决；上诉案件应当在2个月内作出终审判决。有特殊情况需要延长的，由高级人民法院批准。基层人民法院申请延长审理期限，应当直接报请高级人民法院批准，同时报中级人民法院备案；高级人民法院需要延长的，由最高人民法院批准。该审理期限是指从立案之日起至裁判宣告之日止的期间，鉴定、处理管辖争议或者异议以及中止诉讼的时间不计算在内。

（三）诉讼中止

诉讼中止即在诉讼过程中，由于发生某种无法克服和难以避免的特殊情况，人民法院裁定暂时停止诉讼程序的进行。

1. 诉讼中止的特征

诉讼中止的特征是：

（1）在诉讼中止期间，人民法院除依法采取诉讼保全措施或者停止执行行政行为的措施以外，应当停止对本案的审理。

（2）在诉讼中止期间，当事人及其他诉讼参与人的诉讼活动全部停止。

（3）诉讼中止期间不计算在审理期限之内。

（4）是否结束诉讼中止，恢复诉讼程序，取决于导致诉讼中止的原因是否消除。

（5）恢复诉讼后，当事人在诉讼中止前的诉讼行为依然有效。

2. 诉讼中止的情形

在诉讼过程中，有下列情形之一的，中止诉讼：

（1）原告死亡，须等待其近亲属表明是否参加诉讼的。

（2）原告丧失诉讼行为能力，尚未确定法定代理人的。

（3）作为一方当事人的行政机关、法人或者其他组织终止，尚未确定权利义务承受人的。

（4）一方当事人因不可抗力的事由不能参加诉讼的。

（5）案件涉及法律适用问题，需要送请有权机关作出解释或者确认的。

（6）案件的审判须以相关民事、刑事或者其他行政案件的审理结果为依据，而相关案件尚未审结的。

（7）其他应当中止诉讼的情形。

中止诉讼的原因消除后，恢复诉讼。诉讼中止由人民法院作出裁定，当事人不服，不得申请复议和提起上诉。

（四）诉讼终结

诉讼终结即在诉讼过程中，因出现使诉讼不能继续进行且不能恢复或者诉讼继续进行已经没有实际意义的情况，人民法院裁定结束正在进行的诉讼程序。在诉讼终结的情况下，人民法院对当事人之间的争议因没有必要而没有作出实体处理。

在诉讼过程中，有下列情形之一的，终结诉讼：

（1）原告死亡，没有近亲属或者近亲属放弃诉讼权利的。

（2）作为原告的法人或者其他组织终止后，其权利义务的承受人放弃诉讼权利的。因前述诉讼中止的原因中第（1）（2）（3）项的原因满90日仍无人继续诉讼的，裁定终结诉讼，但有特殊情况的除外。

当事人不服终结诉讼的裁定，不得复议或者上诉。裁定一经送达即发生法律效力。诉讼终结后，当事人不得以同一事实和理由再行起诉。

五、被告在一审期间改变被诉行政行为的处理

在行政诉讼过程中，当被告发现自己作出的被诉行政行为不当或者有错误时，也应允许其依据相应的法律程序加以改变，以便及时纠正违法的行政行为，避免继续造成不必要的损失，也可以尽早息讼，符合经济诉讼原则。但是，此时原告起诉的是原行政行为，人民法院受理的也是该行政行为。如果被告具有诉前那样的改变权，则人民法院审理的是已经没有法律效力的行政行为，原告又必须对新的行政行为向人民法院起诉。为保护原告的利益和保证人民法院的权威，必须对被告的改变权加以限制。

被告在一审期间改变被诉行政行为的，应当书面告知人民法院。原告或者第三人对改变后的行政行为不服提起诉讼的，人民法院应当就改变后的行政行为进行审理。被告改变原违法行政行为，原告仍要求确认原行政行为违法的，人民法院应当依法作出确认判决。

原告起诉被告不作为，在诉讼中被告作出行政行为，原告不撤诉的，人民法院应当就不作为依法作出确认判决。

在第一审程序中允许行政机关改变其所作出的行政行为，如果在第二审程序继续允许行政机关行使改变权，则第一审法院的权威就可能受到损害。因此，在第二审程序中，上诉人如因行政机关改变其行政行为而申请撤回上诉的，人民法院一律不予准许。

六、行政行为的停止执行问题

关于起诉与被诉行政行为的关系，我国行政诉讼实行起诉不停止执行的原则。确立这一原则的原因在于，行政行为一经成立即具有推定合法的公定力、不得变动的确定力、约束双方的约束力和必须履行的执行力，行政行为的效力并不因相对人的起诉而终止。同时，行政行为不因起诉而停止执行是国家行政管理的需要，行政机关代表的是社会公共利益，因相对人提起诉讼而停止执行其行政行为会给社会公共利益造成损害。诉讼期间，不停止行政行为的执行。但有下列情形之一的，裁定停止执行：被告认为需要停止执行的；原告或者利害关系人申请停止执行，人民法院认为该行政行为的执行会造成难以弥补的损失，并且停止执行不损害国家利益、社会公共利益的；人民法院认为该行政行为的执行会给国家利益、社会公共利益造成重大损害的；法律、法规规定停止执行的。当事人对停止执行或者不停止执行的裁定不服的，可以申请复议一次。

但是，起诉不停止执行的原则只适用于行政机关有强制执行权并能够自行强制执行其行政行为的情况，不适用于行政机关必须申请人民法院强制执行其行政行为的案件中。行政机关申请人民法院强制执行是以相对人在法定期限内既不起诉又不履行为前提的，相对人一旦提起诉讼，在诉讼过程中，被告或者行政行为确定的权利人申请人民法院强制执行被诉行政行为，人民法院不予执行，只有在不及时执行可能给国家利益、公共利益或者他人合法利益造成不可弥补的损失的，人民法院才可以先予执行。

七、合并审理

法院对某些案件进行合并审理，最主要的目的是诉讼经济。有下列情形之一的，人民法院可以决定合并审理：

（1）两个以上行政机关分别对同一事实作出行政行为，公民、法人或者其他组织不服向同一人民法院起诉的。

（2）行政机关就同一事实对若干公民、法人或者其他组织分别作出行政行为，公民、法人或者其他组织不服分别向同一人民法院起诉的。

（3）在诉讼过程中，被告对原告作出新的行政行为，原告不服向同一人民法院起诉的。

（4）人民法院认为可以合并审理的其他情形。

【引例分析】

在本案件审理过程中，形成两种不同的观点：一种观点认为，阿牛餐厅违反了食品安全法律的规定，使用已经变质的食用油，造成了食物中毒事故，应该承担法律责任。该食品卫生检验机构在证据取得程序上虽然有瑕疵，但为了维持社会秩序的稳定以及追究阿牛餐厅的法律责任，应该维持某市卫生检验机构的处罚决定。另一种观点认为，根据《行政处罚法》的规定，在调查时或进行检查时，执法人员不得少于2人。执法人员杨某单独前往阿牛餐厅进行了调查、检验、取证，属于严重违反法定程序的情形。

《行政处罚法》规定：行政机关在调查或者检查时，执法人员不得少于2人。这既表明了《行政处罚法》对调查取证的慎重及保证调查或者检查公正进行的立法用意，同时也是为了防止执法人员徇私舞弊。《行政处罚法》中使用的是“不得”一词，这表明法律采用的是禁止性规定，行政机关在这个问题上不享有自由裁量权。据此，某市卫生检验机构作出的处罚决定在程序上有严重瑕疵，属于严重违反法定程序的情形。按照《最高人民法院关于执行〈中华人民共和国行政诉讼法〉若干问题的解释》以及《最高人民法院关于行政诉讼证据若干问题的规定》的规定，执法人员杨某前往阿牛餐厅调查取得的证据不能作为定案根据。

【本章小结】

行政诉讼的举证责任规则主要由被告行政机关承担，原告只是承担特定情形下的举证责任。在行政诉讼中，证据的提交时间以及收集都需要遵循特定的程序和形式要求。行政诉讼中，人民法院享有对于行政行为部分依据的审查权限，范围集中在规章以及规章之下的规范性文件，即参照规章权。行政诉讼的撤诉制度有其独特性。

【练习题】

1. 名词解释

行政诉讼举证责任　行政诉讼的撤诉

2. 思考题

（1）行政诉讼举证责任的分配机制如何？

（2）试述撤诉的类型以及各自的条件。

（3）如何理解参照规章制度？

（4）审理程序的延阻有哪几种情况？

3. 案例分析题

原告某市新兴电器商场于10月7日自沿海某省环宇集团实业公司购进TDK录音磁带

3 万盘。这批录音磁带系环宇集团实业公司通过合法手续从香港某贸易公司购进，直接从日本港装“永成丸”号轮船，于 8 月 5 日运抵广州口岸，有日本国产地证明书和我国海上货物进口证明书。某顾客在原告处购买了 2 盘磁带，使用后发现质量低劣，便向被告该市市场监督管理局举报。被告立即派人将原告尚未售出的 17 550 盘录音磁带予以查封扣押。被告将该顾客提供的 2 盘录音磁带送国家相关检测部进行检测。经检验，认定其质量低于日产 TDK 磁带，系冒牌产品。随即，被告作出对原告罚款 5 000 元的处罚决定。原告不服，向人民法院提起诉讼，要求撤销被告所作的处罚决定，并赔偿由此造成的经济损失。在法院审理过程中，被告发现自己可以向法院提供的证据仅有对顾客提供的 2 盘录音磁带的质量检测结论，再无其他证据；且未按法定数量和方法进行抽样鉴定，即认定原告出售的 3 万盘磁带均系假冒商品，显然证据不足。为避免败诉，未经法院许可，被告在诉讼期间，对该批磁带重新依法定程序抽样提取，送法院鉴定机构重新进行鉴定，同时，送日本某株式会社进行商标鉴定，结论均为：质量明显低于日产 TDK 磁带，系假冒商品。但是，被告将该鉴定结论提交法院后，法院仍以证据不足为由判被告败诉。

问题：

为什么法院仍判被告败诉？

分析要点提示：

本案涉及行政诉讼中的证据调取、收集规则。《行政诉讼法》第 35 条规定：“在诉讼过程中，被告及其诉讼代理人不得自行向原告、第三人和证人收集证据。”这一规定表明，在诉讼期间，被告不得自行取证。

第十五章　行政案件的裁判与执行

【本章引例】

赵某等诉某市规划和自然资源局行政许可案

某市公安局经市规划和自然资源局批准，在居民区旁盖了一栋高层办公楼，由于距离过近，致使赵某等大批居民的住宅无法采光。于是赵某等居民将市规划和自然资源局诉至人民法院。人民法院经审查认为市规划和自然资源局的批准行为违法，此时人民法院应如何处理？是拆除该违法建设的办公楼，还是放任这种违法行为继续存在？

【本章学习目标】

通过本章的学习，你应该能够：

（1）了解行政诉讼判决的类型及适用条件。
（2）熟悉行政诉讼裁定的适用范围。
（3）掌握行政诉讼决定的适用范围。
（4）了解非诉行政案件执行程序。

第一节　行政诉讼的判决、裁定与决定

一、行政诉讼判决

行政案件的判决是指人民法院根据事实，依据法律、法规，参照规章，对行政行为的合法性作出的实体裁判。

行政诉讼判决是人民法院行使国家审判权，对行政机关的行政行为进行监督的集中体现，是人民法院处理、解决争议的基本手段，也是人民法院审理行政案件和当事人参加诉讼的结果的表现形式。行政诉讼判决按照审级标准可以分为一审判决、二审判决和再审判决。

二、一审判决

第一审人民法院经过审理，根据不同情况可以作出6种类型的判决，即驳回诉讼请求

判决、撤销判决、限期履行判决、变更判决、确认违法判决和确认无效判决。

1. 驳回诉讼请求判决

行政行为证据确凿，适用法律、法规正确，符合法定程序的，或者原告申请被告履行法定职责或者给付义务理由不成立的，人民法院判决驳回原告的诉讼请求。

2. 撤销判决

撤销判决，即法院经过审查作出的否定被诉行政行为的判决。撤销判决分为判决全部撤销、判决部分撤销及判决撤销并责成被告重新作出行政行为三种情况。

被诉行政行为有下列情形之一的，法院应作出撤销判决：

（1）主要证据不足，即被告向法院提交的证据不能证实其作出的被诉行政行为所认定的基本事实。主要证据不足实质上就是缺乏事实根据。

（2）适用法律、法规错误，主要有：应当适用甲法，却适用了乙法；应当适用甲法的某些条款，却适用了甲法的其他条款；应当同时适用两个以上法律、法规，仅适用了一个法律、法规；应当同时适用法律、法规的两个以上条款，仅适用了一个条款；适用了尚未生效的、已经失效或者无效的法律、法规；应当适用特别法，却适用了一般法。

（3）违反法定程序，即违反了法律、法规规定的方式、形式、手续、步骤、时限等。

（4）超越职权，即行政行为超越了法律、法规的授权范围。主要有：甲行政机关行使了应当由乙行政机关行使的职权；下级行政机关行使了应当由上级行政机关行使的职权；内部行政机关行使了应当由外部行政机关行使的职权；行政机关超出其行政辖区行使职权。

（5）滥用职权，即行政行为虽然在行政机关的自由裁量权限内，但背离了法律、法规的目的和宗旨。

（6）明显不当的。

法院判决撤销复议机关维持的原行政行为的，复议决定自然无效。

判决重新作出行政行为是撤销判决的补充。法院在作出撤销判决的同时，可以作出要求被告重新作出行政行为的判决，被告不得基于同一事实和理由作出与原行政行为基本相同的行政行为，但是，有以下两个例外：第一，被告对原行政行为所依据的事实和理由作了部分改变后作出新的行政行为的；第二，法院以违反法定程序为由，判决撤销行政行为，被告经过相应的法定程序后可以同一事实和理由作出与原行政行为基本相同的行政行为。

3. 限期履行判决

限期履行判决，即人民法院经过对行政案件的审理，认定被告有不履行或拖延履行法定职责的情形，而作出的要求被告履行其法定职责的判决。根据《行政诉讼法》的规定，其适用于下列情况：

（1）符合法定条件，向被告申请颁发许可证和执照，被告拒绝颁发或不予答复的。

（2）被告没有依法发给抚恤金的。

（3）申请被告履行保护人身权、财产权的法定职责，被告拒绝履行或不予答复的。

4. 变更判决

行政处罚明显不当，或者其他行政行为涉及对款额的确定、认定确有错误的，人民法院可以判决变更。人民法院判决变更，不得加重原告的义务或者减损原告的权益。但利害关系人同为原告，且诉讼请求相反的除外。

5. 确认违法判决

行政行为有下列情形之一的，人民法院判决确认违法，但不撤销行政行为：(1) 行政行为依法应当撤销，但撤销会给国家利益、社会公共利益造成重大损害的；(2) 行政行为程序轻微违法，但对原告权利不产生实际影响的。

行政行为有下列情形之一，不需要撤销或者判决履行的，人民法院判决确认违法：(1) 行政行为违法，但不具有可撤销内容的；(2) 被告改变原违法行政行为，原告仍要求确认原行政行为违法的；(3) 被告不履行或者拖延履行法定职责，判决履行没有意义的。

6. 确认无效判决

行政行为的实施主体不具有行政主体资格或者没有依据等重大且明显违法情形，原告申请确认行政行为无效的，人民法院判决确认无效。

人民法院判决确认违法或者无效的，可以同时判决责令被告采取补救措施；给原告造成损失的，依法判决被告承担赔偿责任。

被告不依法履行、未按照约定履行或者违法变更、解除《行政诉讼法》第 12 条第 1 款第 11 项规定的协议的，人民法院判决被告承担继续履行、采取补救措施或者赔偿损失等责任。被告变更、解除《行政诉讼法》第 12 条第 1 款第 11 项规定的协议合法，但未依法给予补偿的，人民法院判决给予补偿。

人民法院对原行政行为作出判决的同时，应当对复议决定一并作出相应判决。人民法院判决撤销原行政行为和复议决定的，可以判决作出原行政行为的行政机关重新作出行政行为。人民法院判决作出原行政行为的行政机关履行法定职责或者给付义务的，应当同时判决撤销复议决定。原行政行为合法、复议决定违反法定程序的，应当判决确认复议决定违法，同时判决驳回原告针对原行政行为的诉讼请求。原行政行为被撤销、确认违法或者无效，给原告造成损失的，应当由作出原行政行为的行政机关承担赔偿责任；因复议程序违法给原告造成损失的，由复议机关承担赔偿责任。

人民法院对公开审理和不公开审理的案件，一律公开宣告判决。当庭宣判的，应当在 10 日内发送判决书；定期宣判的，宣判后立即发给判决书。宣告判决时，必须告知当事人上诉权利、上诉期限和上诉的人民法院。

参考案例 15-1

甲村诉某市规划和自然资源局行政许可案

某市规划和自然资源局批准建设的居住小区整体结构设计违反了国家的有关法律规定，给原告甲村的利益造成严重损害，但是房屋及其配套设施等已经建成并交付使用，撤销批准建设的行政行为将会给公共利益造成重大损失。因此，人民法院判决确认被诉行政行为违法；判决被告对原告承担赔偿责任；责令被诉行政机关采取相应的补救措施。

人民法院审理行政案件不得加重对原告的处罚，但利害关系人同为原告的除外。同时，人民法院审理行政案件不得对行政机关未予处罚的人直接给予行政处罚。

三、二审判决

二审人民法院审理上诉行政案件后，根据不同情况，可以作出维持判决和依法改判两种类型的判决。

（一）维持判决

维持判决即二审人民法院通过对上诉案件的审理，确认一审判决认定事实清楚，适用法律法规正确，作出的否定和驳回上诉人的上诉，维持一审判决的判决。

一审判决具备以下三个条件，二审人民法院才能判决维持原判：

（1）一审判决认定事实清楚，即一审人民法院对行政行为是否合法的裁决有可靠的事实基础和确凿的证据支持。

（2）一审判决适用法律法规正确，即一审人民法院对行政行为是否合法的认定和据此作出的判决所依据的法律法规正确。

（3）一审人民法院的审理程序合法。

原审判决遗漏行政赔偿请求，二审人民法院经审查认为依法不应当予以赔偿的，应当判决驳回行政赔偿请求。

（二）依法改判

依法改判即二审人民法院通过对上诉案件的审理，确认一审判决认定事实清楚，但适用法律法规错误，或者确认一审判决认定事实不清、证据不足及由于违反法定程序可能影响案件正确判决的，在查清事实后依法改变一审判决。依法改判有两方面的原因：一是一审判决认定事实清楚，但适用法律法规错误。这是二审改判的一般前提条件。二是一审判决认定事实不清，证据不足，或者由于违反法定程序可能影响案件正确判决的。这种情况下，二审人民法院通常将案件发回一审人民法院重审。如果二审人民法院认为一审人民法院由于主观或者客观原因，很难或者不可能查清案件事实，可以在查明事实后直接改判。可见，在我国，一审人民法院主要负责事实审，二审人民法院主要负责法律审。

二审人民法院审理上诉案件需要改判时，应当撤销一审判决的部分或者全部内容，并应当同时对被诉行政行为作出判决。

四、再审判决

再审裁判是人民法院按照审判监督程序所作出的裁判。再审裁判既可以采用判决形式，也可以采用裁定的形式。鉴于再审裁判涉及的问题相对较为复杂，因此一并对人民法院所作出的再审判决和裁定进行分析。

（1）人民法院经过再审审理认为原审判决认定事实和适用法律均无不当时，应当裁定撤销原中止执行的裁定，继续执行原判决。

（2）人民法院审理二审案件和再审案件，对原审法院受理、不予受理或者驳回起诉错误的，应当分情况作如下处理：1）一审人民法院作出具体判决后，二审人民法院认为不应当受理的，在撤销一审人民法院判决的同时，可以发回重审，也可径行驳回起诉；2）二审人民法院维持一审人民法院不予受理裁定错误的，再审法院应当撤销一审、二审人民法院裁定，指令一审人民法院受理；3）二审人民法院维持一审人民法院驳回起诉裁定错误的，再审法院应当撤销一审、二审人民法院裁定，指令一审人民法院审理。

（3）人民法院审理再审案件，发现生效裁判有下列情形之一的，应当裁定发回作出生效判决、裁定的人民法院重新审理：1）审理本案的审判人员、书记员应当回避而未回避的；2）依法应当开庭审理而未经开庭即作出判决的；3）未经合法传唤当事人而缺席判决的；4）遗漏必须参加诉讼的当事人的；5）对与本案有关的诉讼请求未予裁判的；6）其他违反法定程序可能影响案件正确裁判的。

（4）人民法院审理再审案件，认为原生效判决、裁定确有错误，在撤销原生效判决或者裁定的同时，可以对生效判决、裁定的内容作出相应的裁判，也可以裁定撤销生效判决或者裁定，发回作出生效判决、裁定的人民法院重新审判。

再审判决、裁定的效力取决于再审人民法院按照哪一种程序审理，如果按照一审程序审理，再审人民法院所作的判决、裁定，当事人可以上诉；如果按照二审程序审理，所作的判决、裁定是发生法律效力的判决、裁定，当事人不得上诉。

五、行政诉讼裁定

（一）裁定的概念和特点

行政案件的裁定是指在行政诉讼过程中，人民法院针对行政诉讼程序问题作出的裁决。裁定与判决具有同等的法律效力。裁定具有以下特点：（1）解决行政诉讼中出现的程序问题（补正判决书错误的裁定除外）；（2）适用范围广，并且不以必须开庭审理为要件；（3）不要求都以书面形式出现；（4）当事人只对部分裁定享有上诉权。

（二）裁定的适用范围

1. 裁定的一般适用

裁定适用于下列范围：（1）不予立案；（2）驳回起诉；（3）管辖异议；（4）终结诉讼；（5）中止诉讼；（6）移送或者指定管辖；（7）诉讼期间停止行政行为的执行或者驳回停止执行的申请；（8）财产保全；（9）先予执行；（10）准许或者不准许撤诉；（11）补正裁判文书中的笔误；（12）中止或者终结执行；（13）提审、指令再审或者发回重审；（14）准许或者不准许执行行政机关的行政行为；（15）其他需要裁定的事项。对于（1）（2）（3）的裁定，当事人不服时，有权在接到裁定书之次日起10日内向上一级人民法院提起上诉。不准上诉的裁定，一经送达即发生法律效力。裁定书应当写明裁定结果和作出该裁定的理由。裁定书由审判人员、书记员署名，加盖人民法院印章。口头裁定的，记入笔录。

2. 裁定在上诉案件中的适用

二审人民法院在审理上诉案件时，也需要作出某些裁定以解决程序问题。其中，以下两类裁定是比较重要和常见的裁定：

（1）应当立案或者审理的裁定。二审人民法院经审理认为原审人民法院不予受理或者驳回起诉的裁定确有错误，且起诉符合法定条件的，应当裁定撤销原审人民法院的裁定，指令原审人民法院依法立案受理或者继续审理。

（2）撤销原判、发回重审的裁定。撤销原判、发回重审裁定适用于五种情况：一是一审判决认定事实不清；二是一审判决证据不足；三是一审判决违反法定程序，而且可能影响案件正确判决；四是原审判决遗漏了必须参加诉讼的当事人或者诉讼请求的；五是原审判决遗漏行政赔偿请求，二审人民法院经审理认为依法应当予以赔偿的，在确认被诉行政行为违法的同时，可以就行政赔偿问题进行调解，调解不成的，应当就行政赔偿部分发回重审。二审人民法院裁定发回原审人民法院重新审理的行政案件，原审人民法院应当另行组成合议庭进行审理。

六、行政诉讼决定

（一）决定的概念

行政案件的决定是人民法院在诉讼期间，对诉讼中遇到的特殊事项作出的裁决。决定是对人民法院各种命令的总称。决定在行政诉讼中主要调整人民法院自身与诉讼参与人或者其他人之间的关系，或者处理与案件程序有关而与当事人无直接关系的事项。决定与裁定一样，可以采用书面形式，也可以采用口头形式。口头决定应记入笔录。

决定一经送达即发生法律效力。当事人对人民法院的决定一律不准上诉。法律规定被决定人可以申请复议的，复议期间不停止案件的审理和决定的执行。

（二）决定的适用范围

决定适用于下列范围：(1) 指定管辖；(2) 管辖权的转移；(3) 是否回避；(4) 确定第三人；(5) 指定法定代理人；(6) 许可律师以外的当事人和其他诉讼代理人查阅庭审材料；(7) 指定鉴定；(8) 确定不公开审理；(9) 处理妨碍诉讼行为；(10) 案件的移送；(11) 强制执行生效的判决和裁定；(12) 确定诉讼费用的承担；(13) 其他次要的程序问题或者人民法院在行政审判过程中发生的内部问题。

七、调解

人民法院审理《行政诉讼法》第 60 条第 1 款规定的行政案件，认为法律关系明确、事实清楚，在征得当事人双方同意后，可以径行调解。

调解达成协议，人民法院应当制作调解书。调解书应当写明诉讼请求、案件的事实和调解结果。调解书由审判人员、书记员署名，加盖人民法院印章，送达双方当事人。调解书经双方当事人签收后，即具有法律效力。调解书生效日期根据最后收到调解书的当事人签收的日期确定。

人民法院审理行政案件，调解过程不公开，但当事人同意公开的除外。经人民法院准许，第三人可以参加调解。人民法院认为有必要的，可以通知第三人参加调解。调解协议内容不公开，但为保护国家利益、社会公共利益、他人合法权益，人民法院认为确有必要公开的除外。当事人一方或者双方不愿调解、调解未达成协议的，人民法院应当及时判决。

当事人自行和解或者调解达成协议后，请求人民法院按照和解协议或者调解协议的内容制作判决书的，人民法院不予准许。

八、规范性文件合法性审查

公民、法人或者其他组织在对行政行为提起诉讼时一并请求对所依据的规范性文件审查的，由行政行为案件管辖法院一并审查。

公民、法人或者其他组织请求人民法院一并审查行政诉讼法规定的规范性文件，应当在第一审开庭审理前提出；有正当理由的，也可以在法庭调查中提出。

人民法院在对规范性文件审查过程中，发现规范性文件可能不合法的，应当听取规范性文件制定机关的意见。制定机关申请出庭陈述意见的，人民法院应当准许。行政机关未陈述意见或者未提供相关证明材料的，不能阻止人民法院对规范性文件进行审查。

人民法院对规范性文件进行一并审查时，可以从规范性文件制定机关是否超越权限或者违反法定程序、作出行政行为所依据的条款以及相关条款等方面进行。有下列情形之一的，属于“规范性文件不合法”：(1) 超越制定机关的法定职权或者超越法律、法规、规章的授权范围的；(2) 与法律、法规、规章等上位法的规定相抵触的；(3) 没有法律、法规、规章依据，违法增加公民、法人和其他组织义务或者减损公民、法人和其他组织合法权益的；(4) 未履行法定批准程序、公开发布程序，严重违反制定程序的；(5) 其他违反法律、法规以及规章规定的情形。

人民法院经审查认为行政行为所依据的规范性文件合法的，应当作为认定行政行为合法的依据；经审查认为规范性文件不合法的，不作为人民法院认定行政行为合法的依据，并在裁判理由中予以阐明。作出生效裁判的人民法院应当向规范性文件的制定机关提出处理建议，并可以抄送制定机关的同级人民政府、上一级行政机关、监察机关以及规范性文件的备案机关。

规范性文件不合法的，人民法院可以在裁判生效之日起 3 个月内，向规范性文件制定机关提出修改或者废止该规范性文件的司法建议。规范性文件由多个部门联合制定的，人民法院可以向该规范性文件的主办机关或者共同上一级行政机关发送司法建议。接收司法建议的行政机关应当自收到司法建议之日起 60 日内予以书面答复。情况紧急的，人民法院可以建议制定机关或者其上一级行政机关立即停止执行该规范性文件。

人民法院认为规范性文件不合法的，应当在裁判生效后报送上一级人民法院进行备案。涉及国务院部门、省级行政机关制定的规范性文件，司法建议还应当分别层报最高人民法院、高级人民法院备案。

各级人民法院院长对本院已经发生法律效力的判决、裁定，发现规范性文件合法性认定错误，认为需要再审的，应当提交审判委员会讨论。最高人民法院对地方各级人民法院已经发生法律效力的判决、裁定，上级人民法院对下级人民法院已经发生法律效力的判决、裁定，发现规范性文件合法性认定错误的，有权提审或者指令下级人民法院再审。

第二节　行政诉讼的执行与非诉行政案件的执行

一、行政诉讼的执行

(一) 概念与特点

执行是指人民法院按照法定程序，对已经生效的法律文书，在负有义务的一方当事人拒不履行义务时，强制其履行义务，保证生效法律文书的内容得到实现的活动。行政案件的执行具有司法执行的一般特征，又具有自己的一些特点：

(1) 执行的任务是实现生效法律文书所确定的行政法律关系。它不具有重新调整或确定新义务的性质，只是强调方法上的强制性，以实现义务人本应自动履行的义务。

(2) 申请人或者被申请人一方为行政机关或者法律、法规授权组织。这是由行政案件的性质与行政法律关系的基础所决定的，是行政法律关系在诉讼执行程序中的反映，因为在行政法律关系和由此延伸出的行政诉讼中，行政机关必然是一方当事人。

(3) 对原告和被告采取不同的执行措施。《行政诉讼法》根据当事人的不同情况，规定了不同的执行措施，即对于公民、法人或者其他组织的执行措施的规定与对于被告行政机关适用的执行措施的规定不同。

（二）类型

行政案件的执行分为三种类型：（1）公民、法人或者其他组织一方拒绝履行人民法院的生效裁判，行政机关向人民法院申请强制执行；（2）行政机关拒绝履行人民法院的生效裁判，公民、法人或者其他组织申请人民法院强制执行；（3）公民、法人或者其他组织拒不履行行政行为，又不在规定的期限内起诉的，作出该行政行为的行政机关依法向人民法院申请强制执行。

人民法院对起诉行政机关没有依法支付抚恤金、最低生活保障金和工伤、医疗社会保险金的案件，权利义务关系明确、不先予执行将严重影响原告生活的，可以根据原告的申请，裁定先予执行。当事人对先予执行裁定不服的，可以申请复议一次。复议期间不停止裁定的执行。

二、执行主体

执行主体，是指行政执行案件中涉及的享有诉讼上的权利、承担诉讼上的义务的主体，包括执行机关、执行当事人、执行参与人和执行异议人。

（一）执行机关

执行机关也称执行组织，是指拥有行政诉讼执行权并主持执行过程的主体，我国行政案件的执行机关包括人民法院和行政机关。我国关于人民法院司法权的行使实行“审执分离”的制度，即审判组织负责审判，执行组织负责执行，在法院中具体负责执行的组织是法院的执行庭。人民法院作为执行机关时，行政诉讼案件的执行原则上由第一审人民法院负责，因为一审法院是最初对案件进行审理并作出裁判的审判机关，较为了解被执行人的状况，同时距离被执行人与执行对象也较近，便于更好地行使执行权。但在特殊情形下，行政诉讼的法律文书也可以由二审法院执行，这种特殊情形主要是指一审法院受非法律因素的影响而难于执行。此外，在特定情况下，作为行政案件一方当事人的行政机关也可以作为执行机关，执行人民法院生效的法律文书。但这种情况的出现须具备两个条件：一是该行政机关必须具有法律、法规所赋予的强制执行权；二是人民法院判决驳回原告诉讼请求。

（二）执行当事人

执行当事人，是指行政诉讼执行申请人与被申请人，或者是执行人与被执行人。执行当事人中负有履行义务的一方是被申请人或被执行人，而享有权利的一方当事人是申请人或执行申请人。但在行政机关有权执行的情况下，没有申请人与被申请人，而只存在执行与被执行人，因为原争议一方当事人的行政机关同时成为执行机关，这是一种双重身份兼具的现象。

（三）执行参与人

执行参与人，是指除了执行当事人以外的其他参与执行过程的单位或个人。他们因情况不同，各自承担的义务内容也会有所不同。

（四）执行异议人

执行异议人，是指执行当事人以外的，对执行标的提出主张的主体。对于执行异议人提出的关于执行标的确有理由的异议，法院应当中止执行。

三、执行根据

执行根据，是指人民法院据以采取执行措施的生效法律文书。

能够成为执行根据的法律文书必须具备两个条件：一是该法律文书已经发生法律效力；二是该法律文书具有执行力，即法律文书的内容需要当事人作出一定的行为才能实现。

行政案件的执行根据有以下两大类：

（1）人民法院制作的发生法律效力并具有执行内容的法律文书。这包括：1）行政判决书。2）行政裁定书。在行政诉讼中，具有或者有可能具有执行内容的裁定有三种：一是关于财产保全和先行给付的裁定；二是对行政判决书中的错误进行补正裁定；三是人民法院制作的承认和执行外国法院行政判决的裁定。3）行政赔偿判决书。4）行政赔偿调解书。5）行政附带民事判决书和调解书。6）决定书。决定书主要有两种：一是对妨碍诉讼的行为的实施者处以罚款或者拘留的决定；二是对拒不履行判决、裁定的行政机关的罚款的决定。

（2）行政机关制作的发生法律效力并具有执行内容、依法由人民法院强制执行的法律文书。行政机关申请执行其行政行为，应当具备以下条件：1）行政行为依法可以由人民法院执行；2）行政行为已经生效并具有可执行的内容；3）申请人是作出该行政行为的行政机关或者法律、法规、规章授权组织；4）被申请人是该行政行为所确定的义务人；5）被申请人在行政行为确定的期限内或者行政机关另行指定的期限内未履行义务；6）申请人在法定期限内提出申请；7）被申请执行的行政案件属于受理申请执行的人民法院管辖。人民法院对符合条件的申请，应当立案受理，并通知申请人；对不符合条件的申请，应当裁定不予受理。

法律、法规没有赋予行政机关强制执行权，行政机关申请人民法院强制执行的，人民法院应当依法受理。法律、法规规定既可以由行政机关依法强制执行，也可以申请人民法院强制执行，行政机关申请人民法院强制执行的，人民法院可以依法受理。

行政机关申请人民法院强制执行其行政行为，应当提交申请执行书、据以执行的行政法律文书、证明该行政行为合法的材料和被执行人财产状况以及其他必须提交的材料。享有权利的公民、法人或者其他组织申请人民法院强制执行的，人民法院应当向作出裁决的行政机关调取有关材料。

行政机关申请人民法院强制执行其行政行为，应当自被执行人的法定起诉期限届满之日起 180 日内提出。逾期申请的，除有正当理由外，人民法院不予受理。

行政机关申请执行其行政行为，应当具备以下条件：（1）行政行为依法可以由人民法院执行；（2）行政行为已经生效并具有可执行内容；（3）申请人是作出该行政行为的行政机关或者法律、法规、规章授权的组织；（4）被申请人是该行政行为所确定的义务人；（5）被申请人在行政行为确定的期限内或者行政机关催告期限内未履行义务；（6）申请人在法定期限内提出申请；（7）被申请执行的行政案件属于受理执行申请的人民法院管辖。行政机关申请人民法院执行，应当提交《行政强制法》第 55 条规定的相关材料。

人民法院对符合条件的申请，应当在 5 日内立案受理，并通知申请人；对不符合条件的申请，应当裁定不予受理。行政机关对不予受理裁定有异议，在 15 日内向上一级人民法院申请复议的，上一级人民法院应当在收到复议申请之日起 15 日内作出裁定。

没有强制执行权的行政机关申请人民法院强制执行其行政行为，应当自被执行人的法定起诉期限届满之日起 3 个月内提出。逾期申请的，除有正当理由外，人民法院不予受理。

行政机关根据法律的授权对平等主体之间的民事争议作出裁决后，当事人在法定期限内不起诉又不履行，作出裁决的行政机关在申请执行的期限内未申请人民法院强制执行的，生效行政行为确定的权利人或者其继承人、权利承受人在 90 日内可以申请人民法院强制执行。享有权利的公民、法人或者其他组织申请人民法院强制执行具体行政行为，参照行政机关申请人民法院强制执行行政行为的规定。

行政案件执行程序的发生，除有执行根据外，还必须同时具备以下条件：第一，当事人拒绝履行作为人民法院执行根据的法律文书所规定的义务。“拒绝履行”意味着当事人有履行能力而故意不履行义务。因不可抗力或者其他意外事件造成当事人不能履行义务的，应当延长履行期限。第二，必须在法定期限内申请执行或者由人民法院移送执行。

四、执行措施

《行政诉讼法》根据当事人的不同情况，规定了不同的执行措施。

（一）对公民、法人或者其他组织的执行措施

1. 具体种类

对公民、法人或者其他组织的执行措施主要有以下几类：（1）划拨或者转交、扣留、提取被执行人的存款或者劳动收入；（2）查封、扣押、冻结、变卖被执行人的财产；（3）强制迁出房屋、强制拆除违章建筑或者强制退出土地。

2. 注意事项

人民法院在对公民、法人或者其他组织采取强制执行措施时，应注意下列事项：

（1）人民法院在对公民、法人或者其他组织的财产采取强制执行措施时，不得超出被执行人应当履行义务的范围；被执行人是公民的，应当保留被执行人及其所抚养家属的生活必需品和生活必需费用。

（2）人民法院查封、扣押财产时，被执行人是公民的，应当通知被执行人或者其成年的家属到场；被执行人是法人或者其他组织的，应当通知其法定代表人或者主要负责人到场。拒不到场的，不影响执行。被执行人是公民的，其工作单位或者财产所在地的基层组织应当派人参加。

（3）对于查封、扣押的财产，执行员必须造具清单，由在场人签名或者盖章后，交被执行人一份。被执行人是公民的，也可以将清单交给他的成年家属一份。

（4）财产被查封、扣押后，执行员应当责令被执行人在指定期间内履行法律文书确定的义务。被执行人逾期不履行的，人民法院可以按照规定交有关单位拍卖或者变卖被查封、扣押的财产。国家禁止自由买卖的物品，交有关单位按照国家规定的价格收购。

（5）强制迁出房屋、强制拆除违章建筑或者强制退出土地，由院长签发公告，责令被执行人在指定的期间内履行。被执行人逾期不履行的，由执行员强制执行。强制执行时，被执行人是公民的，应当通知被执行人或者其成年的家属到场；被执行人是法人或者其他组织的，应当通知其法定代表人或者主要负责人到场。拒不到场的，不影响执行。被执行人是公民的，其工作单位或者房屋、土地所在地的基层组织应当派人参加。执行员应当将

强制执行情况记入笔录，由在场人签名或者盖章。强制迁出房屋被搬出的财物，由人民法院派人运至指定处所，交给被执行人。被执行人是公民的，也可以交给他的成年家属，因拒绝接收而造成的损失，由被执行人承担。

（二）对被告行政机关适用的执行措施

根据《行政诉讼法》第 96 条的规定，行政机关拒绝履行判决、裁定、调解书的，第一审人民法院可以采取下列措施：

（1）对应当归还的罚款或者应当给付的款额，通知银行从该行政机关的账户内划拨。

（2）在规定期限内不履行的，从期满之日起，对该行政机关负责人按日处 50～100 元的罚款。

（3）将行政机关拒绝履行的情况予以公告。

（4）向监察机关或者该行政机关的上一级行政机关提出司法建议。接受司法建议的机关，根据有关规定进行处理，并将处理情况告知人民法院。

（5）拒不履行判决、裁定、调解书，社会影响恶劣的，可以对该行政机关直接负责的主管人员和其他直接责任人员予以拘留；情节严重，构成犯罪的，依法追究刑事责任。

五、执行程序

（一）执行管辖

执行管辖分为以下两种情况：

（1）发生法律效力的行政判决书、行政裁定书、行政赔偿判决书和行政赔偿调解书，由第一审人民法院执行。第一审人民法院认为情况特殊需要由第二审人民法院执行的，可以报请第二审人民法院执行；第二审人民法院可以决定由其执行，也可以决定由第一审人民法院执行。

（2）行政机关申请人民法院强制执行其作出的法律文书的，由被执行人所在地的基层人民法院受理。执行对象为不动产的，由不动产所在地的基层人民法院受理。基层人民法院认为执行确有困难的，可以报请上级人民法院执行；上级人民法院可以决定由其执行，也可以决定由下级人民法院执行。

（二）执行程序的提起方式

1. 申请执行

对发生法律效力的行政判决书、行政裁定书、行政赔偿判决书和行政赔偿调解书，负有义务的一方当事人拒绝履行的，对方当事人可以依法申请人民法院执行。

参考案例 15-2

某市环保局申请法院强制京海造纸厂执行行政处罚决定案

京海造纸厂因超标排污影响了周围环境，居民李某等多次找市环保局解决。2002 年 2 月 8 日，市环保局对造纸厂作出罚款并责令其停止排污的处罚决定。此后 3 个月内，造纸厂既不履行行政处罚决定，也未向人民法院起诉。市环保局向人民法院申请强制执行。

执行申请必须在法定期限内提出。申请人是公民的，申请执行生效的行政判决书、行政裁定书、行政赔偿判决书和行政赔偿调解书的期限为 1 年，申请人是行政机关、法人或者其他组织的为180日。申请执行的期限从法律文书规定的履行期间最后一日起计算；法律文书中没有规定履行期限的，从该法律文书送达当事人之日起计算。逾期申请的，除有正当理由外，人民法院不予受理。

行政机关或者行政行为确定的权利人申请人民法院强制执行前，有充分理由认为被执行人可能逃避执行的，可以申请人民法院采取财产保全措施。后者申请强制执行的，应当提供相应的财产担保。

人民法院受理行政机关申请执行其行政行为的案件后，应当在30日内由行政审判庭组成合议庭对行政行为的合法性进行审查，并就是否准予强制执行作出裁定；需要采取强制执行的，由本院负责强制执行非诉行政行为的机构执行。

被申请执行的行政行为有下列情形之一的，人民法院应当裁定不准予执行：（1）明显缺乏事实根据的；（2）明显缺乏法律依据的；（3）其他明显违法并损害被执行人合法权益的。

2. 移送执行

移送执行是指人民法院的审判人员依职权主动将发生法律效力的法律文书交付执行员予以执行的诉讼行为。案件是否需要移送执行，由该案的审判人员根据法律规定，结合案件的实际情况而定。一般来说，下列生效法律文书可以采用移送执行的方式：（1）人民法院作出的执行内容涉及国家利益和社会利益的判决；（2）人民法院作出的先行给付和诉讼保全的裁定；（3）人民法院作出的有执行内容的决定。移送执行时，承办案件审判人员应填写移送执行书。经院长或者庭长批准后，连同移送执行的法律文书交给执行员，也可将案卷材料一并移交。

人民法院执行局负责审查和执行申请执行书或者移交执行书以及有关的法律文书，没有执行局的，由行政审判庭负责审查和执行。审查的内容为：是否有执行根据、申请人是否为合格的当事人、提起执行的手续是否完备、申请执行是否超过法定期限等。

人民法院执行员接到申请执行书或者移交执行书，应当在10日内了解案情，分不同情况作出处理：（1）符合执行条件的，应当迅速立案，并通知被执行人在指定的期限内履行。逾期不履行的，强制执行。（2）申请人不合格，须向其说明应由符合条件的当事人申请执行。（3）申请执行的事项不符合法律文书的内容，应说明理由，让其改正，不改正的，驳回执行申请。（4）执行根据法律文书不明确，有漏项，或对被执行物品的名称、牌号、规格、质量、数量、颜色、特征等规定不清，双方发生争执，执行员无法认定的，应退回原裁判或者决定机关补充裁判或者决定。如果法律文书事实不清，适用法律错误，应附加书面意见，退回原裁决法院，建议再审。如果申请执行的行政机关法律文书在认定事实或者适用法律上有错误的，应提出书面意见，报院长批准后退回申请机关复议。申请机关拒绝复议，或者复议后仍坚持错误的，不予执行。

执行员在采取强制执行之前必须做好以下准备工作：（1）执行员接到申请执行书或者移交执行书，应当在10日内了解案情，明确需要执行的事项；（2）调查了解被执行人不履行义务的原因和履行义务的能力；（3）指定被执行人履行义务的期限，逾期不履行的，强制执行；（4）如果被执行人正在或者有可能隐匿、转移或者出卖财产的，经院长批准，依法先行查封扣押；（5）制定强制执行方案，准备强制执行；（6）填写强制执行证，并报院长批准，通知当事人及协助执行的单位和个人。

六、非诉行政案件的执行

非诉行政案件的执行，是指公民、法人或其他组织既不向人民法院提起行政诉讼，又不履行行政机关作出的行政行为，行政机关向人民法院提出执行申请，由人民法院采取强制措施，使行政行为得以实现的制度。

非诉行政案件的执行具有自身的特点，主要为：

（1）非诉行政案件的执行机关不是行政机关，而是人民法院。除了可以自行强制执行的行政机关外，不具有强制执行权的行政机关，要使其作出的行政行为得到实现，需要借助于人民法院的强制执行权，非诉行政案件往往要解决的就是此种情况。

（2）非诉行政案件的执行的根据是行政机关作出的行政处理决定，执行标的是行政机关所作出的行政行为。它不同于人民法院对经过行政诉讼判决维持的行政行为的执行，后者已经过人民法院的裁判，转化为司法决定，不再是一种行政决定，这也是非诉行政案件执行与行政诉讼执行的本质区别。

（3）非诉行政案件的执行申请人是行政机关，被执行人只能是公民、法人或者其他组织。但在特定情况下，非诉行政案件的申请人也可能是生效行为确定的权利人或其继承人。

（4）非诉行政案件的执行前提是公民、法人或者其他组织在法定期限内，既不提起行政诉讼，也不履行行政行为所确定的义务。如果公民、法人或者其他组织已向人民法院提出了行政诉讼，在诉讼过程中，行政机关申请人民法院强制执行被诉行政行为的，人民法院不予执行。只有人民法院不及时执行被诉行政行为，可能给国家利益、公共利益或者他人合法权益造成不可弥补的损失的，人民法院才可先予执行。

七、非诉行政案件执行的适用范围

非诉行政案件执行的适用范围，是指在何种情况下行政机关可以申请人民法院强制执行行政行为，在何种情况下行政机关不能申请人民法院强制执行行政行为。

法律、法规没有赋予行政机关强制执行权，行政机关申请人民法院强制执行的，人民法院应当依法受理。法律、法规规定既可以由行政机关依法强制执行，也可以申请人民法院强制执行，行政机关申请人民法院强制执行的，人民法院可以依法受理。因此，非诉行政案件执行的适用范围是：对于行政机关没有行政行为的强制执行权，以及行政机关和人民法院均享有行政行为的强制执行权的情况，行政机关都可以申请人民法院强制执行。此外，法律、法规仅授予行政机关对行政行为的部分强制执行权，对于未授权的部分，行政机关也应申请人民法院强制执行。但是，如果法律、法规规定只能由行政机关自行强制执行的，行政机关应当自行执行，不应申请人民法院强制执行。

行政机关可以自行强制执行的依据必须是法律和法规的授权。这里的“法律和法规”应作狭义的理解，即只包括法律、行政法规和地方性法规。因为强制执行涉及当事人的人身、财产权益，事关重大，因而对行政机关这种权力的授予必须是相对较高层级的法律规范。

八、非诉行政案件的执行程序

（一）申请与受理

非诉案件自行政机关的申请开始，行政机关向人民法院提出强制执行其行政行为的申请是非诉行政案件执行启动的唯一方式。行政机关提出申请后，人民法院应当对行政机关的申请进行初步审查，以确立申请是否符合条件，从而决定是否受理。非诉行政案件执行的申请人一般是作出该行政行为的行政机关，但在特定情况下，生效行政行为所确立的权利人或其继承人、权利承受人也可以成为非诉执行案的申请人。行政机关申请人民法院强制执行其行政行为，应当自被执行人的法定起诉期限届满之日起180日内提出，逾期申请的，除有正当理由外，人民法院不予受理。非诉行政案件执行的级别管辖原则上由基层人民法院承担，基层人民法院认为执行困难的，可以报请上级人民法院，甚至可以是最高人民法院。至于非诉行政案件的地域管辖，则由申请人即行政机关所在地的人民法院管辖，目的是防止被执行人所在地的地方保护主义的干扰。执行对象如果是不动产的，则由不动产所在地的基层人民法院受理。

（二）审查内容

人民法院受理行政机关申请执行其行政行为的案件后，应当对行政行为的合法性进行审查。这种审查是对行政行为是否合法进行的实质性审查，而非程序性审查，这就要求法院不仅要看行政机关材料是否齐全，手续是否齐备，是否具备申请非诉行政案件执行的条件，而且还要审查行政行为是否有事实依据、法律依据，行政机关是否超越职权、滥用职权，是否违反法定程序。之所以要进行实质性审查，有两方面的原因：一是公民、法人或者其他组织在法定期间对被执行的行政行为不起诉，并不意味着该行政行为合法有效，被执行的行政行为仍有违法的可能性。如果人民法院不对行政行为的合法性进行实质审查，一旦行政行为违法，人民法院强制执行就会侵害公民、法人或者其他组织的合法权益，这显然不利于保护公民、法人或者其他组织的权益。人民法院对该行政行为进行实质性审查，事实上是为公民、法人或者其他组织提供一种间接的救济途径。二是从法院角度来说，人民法院对被申请执行的行政行为进行实质性审查，就意味着多一道纠正错误的手续和环节，通过对行政机关的监督而更好地保护公民、法人或者其他组织的合法权益。

（三）审查标准

被申请执行的行政行为有下列情形之一的，人民法院应当裁定不准予执行：（1）明显缺乏事实根据的；（2）明显缺乏法律依据的；（3）其他明显违法并损害被执行人合法权益的。据此规定，人民法院对于非诉行政案件的审查标准是被申请执行的行政行为是否“明显违法并损害被执行人合法权益”。这一标准显然没有人民法院对于行政诉讼案件的审查标准严格。之所以作此设置是因为：首先，人民法院对非诉行政案件的审查是一种实质性审查，而非程序性审查，这就要求法院必须要对行政机关的行政行为是否合法进行审查，要看其是否在事实、法律依据、职权、程序等方面符合有效要件。其次，虽然法院要对非诉行政案件进行合法性审查，但是这种审查毕竟不同于诉讼，它没有为双方当事人设定对抗辩论的程序，法院仅通过对行政机关申请执行时提供的材料进行审查，以判断行政行为的合法性，因此，只要是从案卷上看，行政机关的行政行为不是明显地违法并损害被执行人的利益，法院就应当裁定准予执行。

（四）审查主体

人民法院受理行政机关申请执行其行政行为的案件后，应当由行政审判庭组成合议庭对行政行为的合法性进行审查，并就是否准予强制执行作出裁定。人民法院对被申请执行的行政行为进行的审查是合法性审查，而行政行为的专业性较强，判断行政行为是否合法难度较大，所以由行政审判庭组成合议庭进行审查比较适宜。

（五）审查期限

人民法院办理非诉行政案件的执行，从立案受理至作出是否予以执行的裁定，期限为30日。之所以设定如此严格的期限，主要是为了提高人民法院办理非诉执行案的效率，更好地维护行政管理秩序。

（六）审查后的处理

人民法院对被申请执行的行政行为进行合法性审查后，应就是否准予执行作出裁定。对于明显违法并损害被执行人合法权益的行政行为，人民法院应当裁定不准予执行。对于需要采取强制执行措施的，由人民法院负责强制执行非诉行政行为的机构执行。

【引例分析】

确认判决即人民法院通过对行政行为的审查，确认相应行为合法或者违法。确认判决除能够作为当事人提起行政赔偿的根据外，还用来解决某种法律事实是否存在，某种行政行为对过去、现在或者将来的事实是否具有效力，某种行政法律关系是否存在、是否合法，双方当事人在此种关系中有什么权利、义务等法律问题。根据相关司法解释，有下列情形之一的，人民法院应当作出确认被诉行政行为违法或者无效的判决：（1）被告不履行法定职责，但判决责令其履行法定职责已无实际意义的；（2）被诉行政行为违法，但不具有可撤销内容的；（3）被诉行政行为依法不成立或者无效的；（4）被诉行政行为违法，但撤销该行政行为将会给国家利益或者公共利益造成重大损失的。引例中的案件即属于第（4）种情形，撤销该批准决定会导致已经修建好的房屋被拆除，这样会导致公共利益遭受重大损失。人民法院应当作出确认违法的判决，并责令被诉行政机关采取相应的补救措施；造成损害的，依法判决被诉行政机关承担赔偿责任。

【本章小结】

行政案件的判决是指人民法院根据事实，依据法律、法规，参照规章，对行政行为的合法性作出的实体裁判。其又分为一审判决和二审判决。行政案件的裁定是指在行政诉讼过程中，人民法院针对行政诉讼程序问题作出的裁决。行政案件的决定是人民法院在诉讼期间对诉讼中遇到的特殊事项作出的裁决。

执行是指人民法院按照法定程序，对已经生效的法律文书，在负有义务的一方当事人拒不履行义务时，强制其履行义务，保证生效法律文书的内容得到实现的活动。行政案件的执行具有司法执行的一般特征，又具有自己的一些特点。

【练习题】

1. 名词解释

行政判决　行政裁定　行政确认判决

2. 思考题

（1）如何理解行政诉讼确认判决的适用情形？

（2）如何理解行政诉讼撤销判决的适用情形？

（3）如何理解行政诉讼驳回诉讼请求判决的适用情形？

3. 案例分析题

2014 年 3 月 24 日，浙江省政府作出《浙江省农村土地综合整治项目审批意见书》（浙土整字〔2013〕0637 号），同意临海市人民政府申请的临海市杜桥镇塘里洋等农村土地综合整治项目。因该项目所在地块临海市大洋街道桑园村的部分村民不服该审批行为，卢德标、谢先军等人于 2015 年 2 月 15 日向浙江省政府申请行政复议。浙江省政府于 2015 年 6 月 29 日作出浙政复〔2015〕70 号《行政复议决定书》，维持上述审批行为。卢德标、谢先军不服，起诉要求撤销《浙江省农村土地综合整治项目审批意见书》（浙土整字〔2013〕0637 号），撤销浙政复〔2015〕70 号《行政复议决定书》。另查明，一审法院对本案立案受理后，于 2015 年 10 月 13 日上午 9 时在该院第六法庭开庭。浙江省政府于同月 9 日收到传票，但在一审开庭审理时未到庭参加诉讼。还查明，该项目用于“台州医院新院区建设项目”，属于社会公共利益。

问题：在被告无正当理由拒不到庭时，诉讼程序应当如何进行？被诉行政行为违法、符合撤销判决的条件，但是撤销该行政行为将会给国家利益或者公共利益造成重大损失的，法院应当如何判决？

分析要点提示：

1. 关于缺席判决

根据《行政诉讼法》的规定，被告无正当理由拒不到庭或者未经法庭许可中途退庭的，可以视为放弃了在法庭上答辩的权利，要承担可能败诉的后果。《行政诉讼法》规定的缺席判决是一种实体意义上的诉讼后果，即缺席判决与对席判决的效力完全相同，缺席判决一方当事人如果不服的，可以向上一级法院提起上诉。在本案中，浙江省政府经合法传唤无正当理由拒不到庭，人民法院可以依法作出缺席判决。依照《最高人民法院关于行政诉讼证据若干问题的规定》第 36 条有关“经合法传唤，因被告无正当理由拒不到庭而需要依法缺席判决的，被告提供的证据不能作为定案的依据”的规定，其提交的证据依法不能作为定案依据，本案法院应当据此认定被诉行政行为违法。

2. 关于违确认法判决

《行政诉讼法》第 74 条规定：“行政行为有下列情形之一的，人民法院判决确认违法，但不撤销行政行为：（一）行政行为依法应当撤销，但撤销会给国家利益、社会公共利益造成重大损害的；……”本案中，被告所作的土地审批行为和行政复议决定因为其缺席诉讼，提交的证据不能作为定案依据，依法应当撤销。但由于涉案项目用于“台州医院新院区建设项目”，属于社会公共利益，原告的相关土地仅是被批准征收范围的一小部分，若撤销被诉土地审批行为，将导致作为医疗卫生公益项目的整个台州医院新院区建设无法如期开展，对社会公共利益产生重大损害。因此，法院应当作出确认土地审批行政行为违法但不撤销的判决。

第十六章　行政赔偿与行政补偿

【本章引例】

2015年5月18日，刘恩仁等人向沈阳市中级人民法院起诉称：沈阳市政府及其相关职能部门违法招商引资，批准设立中美合资企业沈阳万象生物技术有限公司（以下简称“万象公司”），并在媒体上号召城乡居民、下岗职工、农村富余劳动力参与合作养殖。刘恩仁等人为此向万象公司缴纳集资款745 000元。由于沈阳市政府疏于管理，万象公司从事非法金融业务，于2003年12月被公安机关依法查封，刘恩仁等人因此遭受巨大经济损失。请求：判令沈阳市政府返还刘恩仁等人集资款745 000元及银行同期贷款利息。

【本章学习目标】

通过本章的学习，你应该能够：

（1）了解行政赔偿的概念和特征。
（2）明确行政赔偿的范围和行政赔偿义务机关。
（3）掌握行政赔偿的程序。
（4）掌握国家赔偿的计算标准。
（5）了解行政补偿的概念和特征。

第一节　行政赔偿

一、行政赔偿的概念与特征

（一）行政赔偿的概念

行政赔偿是指行政主体及其行政工作人员在行使行政职权过程中，因有违反国家赔偿法规定的侵犯公民、法人或其他组织的合法权益的情形，并造成了损害，由国家给予赔偿的法律制度。

（二）行政赔偿的特征

（1）行政赔偿实质上是一种国家赔偿。行政职能属于国家职能，行政权也属于国家权力。行政主体及其工作人员行使职权所实施的职务活动，是代表国家进行的，根本上是一种国家活动。因此行政赔偿是一种国家赔偿。

（2）行政赔偿的起因是行政侵权行为。行政主体作出的行政行为侵犯并损害了公民、法人和其他组织的合法权益，只有这种行为才能够引起国家行政赔偿责任。

（3）行政赔偿的义务主体只能是侵权行政机关。侵权行政机关是指作出侵权行政行为的行政机关和实施侵权行政行为的公务员所在的行政机关。法律、法规授权的行使行政职权的组织也可视为侵权行政机关，从而具有行政赔偿义务主体的资格。除此之外，包括行政机关工作人员在内的任何人和组织都不得作为行政赔偿的义务主体。

（4）行政赔偿范围以行政行为造成的侵权损害为限。依照我国法律的规定，除行政行为以外的抽象行政行为以及国防、外交等国家行为不在国家承担行政赔偿责任的范围之内。

（5）行政赔偿的责任形式是损害赔偿。这一点将行政赔偿责任与其他行政责任区别了开来。

（6）行政赔偿的法律责任主体是行政主体。虽然行政赔偿是国家赔偿，但国家是个抽象主体，在行政法中，只能由具体享有行政职权的行政主体来承担法律上的具体赔偿责任。

二、行政赔偿的归责原则

行政赔偿的归责原则确定了行政赔偿的责任依据。我国《国家赔偿法》第 2 条规定："国家机关和国家机关工作人员行使职权，有本法规定的侵犯公民、法人和其他组织合法权益的情形，造成损害的，受害人有依照本法取得国家赔偿的权利。"根据这一规定，我国的行政赔偿的归责原则是以违法责任为主，侵害后果为辅的原则。违法责任原则是指国家机关及其工作人员在执行职务中，违反法律造成他人权益损害的，国家承担赔偿责任。这一原则以行为是否违法为标准，而不问行为人有无主观过错。一般认为，违法原则中所包含的"法"应作广义的解释，除了法律规范以外，还包括相应的法律原则，比如诚信原则、公序良俗原则等。实行这一原则的国家有瑞士等国，《瑞士联邦责任法》（1995 年）第 3 条规定：联邦对于公务员执行职务时不法侵害他人权利者，不问该公务员有无过错，应负赔偿责任。在我国，违法的内容一般有：主体违法，适用法律、法规错误，违反法定程序，超越职权，滥用职权，不履行或拖延履行法定职责等。违法的形式有作为和以法定作为义务为前提的不作为。

三、行政赔偿责任的构成要件

（一）行政侵权行为

行政侵权行为是构成行政赔偿责任的首要条件。行政侵权行为具有以下三个要素：（1）实施行政侵权行为的人必须是国家行政机关的公务员或者其他被授权或委托行使行政管理职能的人员；（2）行政侵权行为必须是执行行政职务的行为；（3）行政侵权行为必须是违法侵犯公民、法人或其他组织的合法权益造成损害的行为。

（二）损害事实

损害事实是指当事人的合法权益受到了行政侵权行为的客观损害。确定损害事实时应注意：损害必须是已经发生的、确实存在的损害；受损害的权益必须是合法的、受法律保护的权益；损害事实包括物质损害事实、人身损害事实和精神损害事实。

（三）侵权行为与损害结果之间有因果关系

侵权行为与损害结果之间是一种直接因果关系，即行为与结果之间存在着逻辑上的直接的关系。

四、行政赔偿的范围

行政赔偿范围是指国家对行政机关及其工作人员在行使职权时对受害人所遭受的哪些损害应予赔偿。它是行政赔偿制度的核心问题，涉及国家在多大范围内对行政行为负担赔偿责任，更决定着受害人对哪些事项享有索赔的权利。我国行政赔偿的范围是以人身权、财产权来确定行政赔偿范围的。

（一）对侵犯人身权的赔偿范围

人身权，包括人格权和身份权。人格权指人身自由权、生命健康权、姓名权、肖像权、名誉权等；身份权指荣誉权和婚姻自主权等。对行政机关及其工作人员在行使行政职权时侵犯人身权，受害人有权要求赔偿的情形，《国家赔偿法》规定了以下五种。

1. 违法拘留或者违法采取限制公民人身自由的行政强制措施的

我国《行政处罚法》第 10 条明确规定了限制人身自由的行政处罚只能由法律设定，因此就拘留而言，拘留的法定情形、实施机关、最高期限等都应由法律设定，任何不具备充分法律依据的拘留行为，包括那些以效力低于法律的规范性文件（规章、规定等）为依据的拘留行为，都应当承担行政赔偿责任。违法采取限制公民人身自由的强制措施包括违法劳动教养、违法强制约束、违法强制隔离等。

2. 非法拘禁或者以其他方法剥夺公民人身自由的

引起行政赔偿的非法拘禁是指无权采取限制人身自由强制措施的行政机关及其工作人员超越职权，采取拘留、禁闭、关押等方法剥夺公民人身自由的行为。

3. 以殴打、虐待等行为或者唆使、放纵他人以殴打、虐待等行为造成公民身体伤害或者死亡的

我国于 1988 年 9 月 5 日加入《禁止酷刑和其他残忍、不人道或有辱人格的待遇或处罚公约》，根据该公约，公职人员或以官方身份行使职权的其他人，非因法律制裁，蓄意使公民在肉体上或精神上遭受剧烈痛苦或痛苦的行为，都应受到禁止，受害者享有获得公平和足够赔偿的权利。我国《国家赔偿法》也作出了相应的规定，对于暴力行为，无论是有意的还是无意的，都应承担行政赔偿责任。

参考案例 16-1

林某诉某铁路公安处行政行为违法及申请行政赔偿案

2005 年 8 月 25 日凌晨，林某在某火车站仓库偷窃一包化肥，被某铁路公安处所属的火车站派出所的联防队员抓获后，关押在该派出所，遭到该所的干警及联防队员的殴打、刑讯，造成林某脾脏破裂，胸腔内大量积血。经法医鉴定，林某属重伤，部分丧失劳动能力。后林某向法院提起诉讼，请求确认铁路公安处的行为违法，并要求赔偿。法院认为，铁路公安处工作人员暴力致林某重伤，铁路公安处应对其工作人员在执行公务中侵犯他人生命健康权的行为负责，并承担赔偿责任。故判决：确认铁路公安处侵犯林某生命健康权的行为违法，铁路公安处应当支付林某赔偿金 57 328.66 元（含医疗费、残疾赔偿金、律师代理费）。

4. 违法使用武器、警械造成公民身体伤害或者死亡的

《中华人民共和国人民警察使用警械和武器条例》对使用武器、警械的时间、种类以及方式等都作了明确规定，凡是违法违规使用并造成损害的，都应当承担行政赔偿责任。

5. 造成公民身体伤害或者死亡的其他违法行为

这是一款兜底规定，以概括的方式弥补列举方式的不足。

（二）对侵犯财产权的行政赔偿

财产权包括公民个人财产权、继承权、土地使用权和承包经营权、采矿权、宅基地使用权、租赁权、抵押权、专利权和著作权等；财产权对法人及其他组织而言，主要指企业经营自主权、不动产和动产所有权、土地使用权、采矿权、专利权、商标权、财产租赁权等。行政机关及其工作人员违法行使职权侵犯公民、法人或其他组织财产权造成损失的，国家应当予以赔偿。对行政机关及其工作人员在行使行政职权时侵犯财产权，受害人有权求偿的情形，《国家赔偿法》第 4 条规定了以下四种：

（1）违法实施罚款、吊销许可证和执照、责令停产停业、没收财物等行政处罚的。

（2）违法对财产采取查封、扣押、冻结等行政强制措施的。

（3）违法征收、征用财产的。

（4）造成财产损害的其他违法行为。

（三）国家不承担赔偿责任的情形

在某些特殊情况下，由于损害非由行政机关的行为造成，或者损害虽发生在行政活动中，但由不可抗力造成，因而国家不负赔偿责任。《国家赔偿法》第 5 条明确规定，属于下列情形之一的，国家不承担赔偿责任：

（1）行政机关工作人员与行使职权无关的个人行为。

（2）因公民、法人和其他组织自己的行为致使损害发生的。

（3）法律规定的其他情形。这里所说的“法律”是指全国人民代表大会及其常务委员会依照立法程序制定的规范性文件，而不包括法规、规章等规范性文件。目前，法律规定不承担赔偿责任的情形主要有不可抗力、意外事件、第三人过错、通过其他途径可以得到补偿等。

另外，国家行为和抽象行政行为造成的损害不予赔偿。

参考案例 16-2

张某诉某市交通管理局行政决定及申请行政赔偿案

张某系某市个体出租车司机。2000 年 5 月 13 日，该市交通管理局作出决定：为保障城市交通安全，缓解交通拥堵状况，自 2000 年 6 月 1 日起，在每日交通高峰期间，微型出租车均应按车辆的牌照单双号划分，隔日行驶。张某开的正好是微型出租车，因而受到该规定限制。2000 年 6 月 3 日，张某以市交通管理局的决定减少了其经营收入、侵犯了其合法权益为由，向某区人民法院提出了行政赔偿诉讼，要求某市交通管理局赔偿因为营业时间减少造成的损失 1 万元。区人民法院接到张某的起诉后，认为不属于人民法院行政赔偿案件的受案范围，裁定不予受理。

五、行政赔偿请求人和赔偿义务机关

在赔偿案件中，存在两方当事人：一方为受到国家机关及其工作人员违法侵害的赔偿请求人；另一方为承担赔偿义务的行政机关。哪些人享有赔偿请求权，哪些国家机关应当承担赔偿义务，法律均有明文规定。明确赔偿案件的双方当事人，不仅有利于受害人行使赔偿请求权，也便于国家赔偿主体履行赔偿义务。

（一）行政赔偿请求人

1. 行政赔偿请求人的范围

行政赔偿请求人是指因其合法权益受到国家机关及其工作人员的不法侵害造成实际损失而依法请求国家予以赔偿的公民、法人或者其他组织。设定请求人的概念是为了合理地限制可以请求国家赔偿的人员范围。根据我国《国家赔偿法》第 6 条的规定，国家赔偿请求人主要有以下几类：

（1）一般情况下的赔偿请求人。

根据《国家赔偿法》的规定，因侵权行为受到直接损害的公民、法人和其他组织依法享有赔偿请求权。

（2）特殊情况下的赔偿请求人。

1）受害的公民死亡的，其继承人是赔偿请求人。根据《国家赔偿法》的规定，在受害的公民死亡后，其继承人有权请求行政赔偿。根据我国《继承法》的有关规定，公民的继承人的范围和顺序包括：第一顺序继承人有配偶、子女、父母。第二顺序继承人有兄弟姐妹、祖父母、外祖父母。此外，丧偶儿媳对公、婆，丧偶女婿对岳父、岳母，尽了主要赡养义务的，应作为公、婆或岳父、岳母的第一顺序继承人。被继承人的子女先于被继承人死亡的，被继承人子女的晚辈直系血亲可以作为法定代位继承人。

2）受害的公民死亡的，与其有扶养关系的亲属是赔偿请求人。与其有扶养关系的亲属是指除了该公民的法定继承人以外，与该公民有扶养关系的亲属，它既包括由该公民扶养的亲属，也包括扶养该公民的亲属。

3）受害的法人或其他组织终止的，其权利承受人是赔偿请求人。法人或其他组织终止的原因有很多，如依法被撤销、解散、依法宣告破产以及其他一些原因。无论因何种原因被终止的，承受其权利的法人或者其他组织是赔偿请求人。

赔偿请求人不是受害人本人的，应当说明与受害人的关系，并提供相应证明。

2. 请求人行使权利的时效

根据《国家赔偿法》第 39 条的规定，赔偿请求人请求国家赔偿的时效为两年，自其知道或者应当知道国家机关及其工作人员行使职权时的行为侵犯其人身权、财产权之日起计算，但被羁押等限制人身自由期间不计算在内。由此可见，请求人行使权利的时间期限为两年，并且是从其知道或者应当知道国家机关及其工作人员行使职权时的行为侵犯其人身权、财产权之日起计算，而不是从请求人遭受到不法侵害时开始计算。

请求人在赔偿请求时效的最后 6 个月内，因不可抗力或者其他障碍不能行使请求权的，时效中止。从中止时效的原因消除之日起，赔偿请求时效期间继续计算。由此可见，请求赔偿时效中止的条件主要有两个：一是在赔偿请求时效的最后 6 个月内；二是请求人因不可抗力或其他障碍不能行使赔偿请求权。

3. 请求人行使权利的经济保障

请求权的实现需要提供相应的权利保障措施，我国的国家赔偿立法非常注重从经济方面为权利的行使提供保障。《国家赔偿法》第 41 条规定："赔偿请求人要求国家赔偿的，赔偿义务机关、复议机关和人民法院不得向赔偿请求人收取任何费用。对赔偿请求人取得的赔偿金不予征税。"

（二）行政赔偿义务机关

1. 一般情况下的行政赔偿义务机关

《国家赔偿法》第 7 条第 1 款规定："行政机关及其工作人员行使行政职权侵犯公民、法人和其他组织的合法权益造成损害的，该行政机关为赔偿义务机关。"这一规定表明，在通常情况下，谁实施致害行为，谁就有赔偿义务。这里包括了两种情况：一是行政机关实施致害行为，违法行使行政职权，侵犯行政相对人合法权益造成损害的，该行政机关为行政赔偿义务机关。二是行政机关的工作人员实施致害行为，违法行使行政职权，侵犯行政相对人合法权益造成损害的，该工作人员所在的行政机关为行政赔偿义务机关。这里的"工作人员所在的行政机关"是指工作人员实施致害行为时其职权所属的行政机关，不一定是该工作人员所属的行政机关。

2. 特殊情况下的行政赔偿义务机关

（1）两个以上行政机关共同实施致害行为时的赔偿义务机关。

作为共同赔偿义务机关，赔偿请求人有权向其中的任何一个提出赔偿请求，该机关必须受理，不能互相推诿。共同赔偿义务机关在赔偿方面承担连带责任，赔偿金额大小如何分配，由共同赔偿义务机关根据在致害行为中应该承担的责任大小协商解决。

（2）致害主体为非行政机关时的赔偿义务机关。

1）授权组织实施致害行为时的赔偿义务机关。《国家赔偿法》第 7 条第 3 款规定："法律、法规授权的组织在行使授予的行政权力时侵犯公民、法人和其他组织的合法权益造成损害的，被授权的组织为赔偿义务机关。"如果被授权组织实施的侵权行为与法律、法规所授予的职权无关，那么，国家就不应当对该行为所造成的损害承担赔偿责任，受害人应当根据《民法典》的规定向该组织请求民事赔偿。

2）受委托的组织或个人实施致害行为时的赔偿义务机关。《国家赔偿法》第 7 条第 4 款规定："受行政机关委托的组织或者个人在行使受委托的行政权力时侵犯公民、法人和其他组织的合法权益造成损害的，委托的行政机关为赔偿义务机关。"由委托的行政机关作为赔偿义务机关，是因为根据委托关系的原理，被委托人是以委托人的名义实施致害行为的，因此，其委托行为产生的法律后果也必然由委托人承担。在行政赔偿实践中，不论委托是否合法，都应当以委托的行政机关作为赔偿义务机关，只有这样，才符合国家赔偿法的立法目的。

（3）赔偿义务机关被撤销情形下的赔偿义务机关的确定。

《国家赔偿法》第 7 条第 5 款规定："赔偿义务机关被撤销的，继续行使其职权的行政机关为赔偿义务机关；没有继续行使其职权的行政机关的，撤销该赔偿义务机关的行政机关为赔偿义务机关。"这里分别规定了两种不同情形：第一种情形是赔偿义务机关被撤销后有继续行使其职权的行政机关。在这种情形下，赔偿义务机关就是继续行使其职权的行政机关。第二种情形是赔偿义务机关被撤销后没有继续行使其职权的行政机关。在这种情形下撤销该赔偿义务机关的行政机关为赔偿义务机关。

（4）经过行政复议情形下的赔偿义务机关。

《国家赔偿法》第 8 条规定："经复议机关复议的，最初造成侵权行为的行政机关为赔偿义务机关，但复议机关的复议决定加重损害的，复议机关对加重的部分履行赔偿义务。"经复议以后的赔偿义务机关，分为两种情况：一种是复议机关决定维持或减轻的，应由最初作出致害行为的行政机关为赔偿义务机关；另一种是复议机关决定加重的，复议机关对加重的部分履行赔偿义务。这种确认体现了侵权行为主体与赔偿义务机关一致的原则。经复议机关复议决定维持或减轻的，行政侵权行为是由原行为机关所作，因此，应由最初造成侵权的行政机关为赔偿义务机关；复议决定加重损害的，加重的损害是由复议决定导致的，因此，加重部分应由作出加重决定的复议机关为赔偿义务机关。也就是说，谁造成的侵权损害，应由谁负责，作为赔偿义务机关履行赔偿义务。

六、行政赔偿程序

（一）行政赔偿程序的概念及与民事赔偿程序、刑事赔偿程序的区别

行政赔偿程序，即行政赔偿请求人向国家行政赔偿义务机关请求行政赔偿，行政赔偿义务机关给予行政赔偿以及通过人民法院解决行政赔偿纠纷的方式、方法和步骤。广义的行政赔偿程序还包括行政赔偿义务机关对有故意和重大过失的国家行政机关工作人员行使追偿权的程序在内。

与普通民事赔偿的程序不同的是：行政赔偿程序由非诉讼程序（行政程序）与诉讼程序（司法程序）两个部分组成。原则上行政赔偿请求人必须首先向行政赔偿义务机关提出赔偿请求，由行政赔偿义务机关先行通过行政程序予以解决，当行政赔偿义务机关不接受、不理睬行政赔偿请求人的赔偿请求或者行政赔偿请求人对赔偿数额有异议时，行政赔偿请求人再诉请人民法院予以裁决。普通民事赔偿程序实际上是受害人通过人民法院向侵权人索赔的程序。受害人可依法直接向人民法院提起损害赔偿诉讼，不必经过有关行政主管部门先行处理。

行政赔偿程序与刑事赔偿程序虽然都是国家赔偿的程序，但两者的差别也是十分明显的。

首先，在行政赔偿程序中，赔偿请求经赔偿义务机关处理后，请求人不服的，不需要再向赔偿义务机关的上一级机关提请复议。在刑事赔偿程序中，请求人对赔偿义务机关的行为不服的还不能马上诉请法院解决，而必须向赔偿义务机关的上一级机关申请复议，这道程序是行政赔偿所没有的。

其次，行政赔偿请求人在赔偿义务机关先行处理之后可以向人民法院起诉，请求人民法院作出裁决。刑事赔偿请求人在赔偿义务机关的上一级机关复议之后，不能以赔偿义务机关为被告向法院起诉，要求法院作出司法判决，而只能申请法院就刑事赔偿问题通过特别程序而非一般的诉讼程序作出决定。为此，中级以上的人民法院专门设立就有关刑事赔偿问题作出决定的赔偿委员会，这个机构在行政赔偿程序中是不存在的。

最后，行政赔偿请求可以在行政复议或行政诉讼时附带提起，此时不需要经过赔偿义务机关先行处理。刑事赔偿请求毫无例外地必须先向赔偿义务机关提起。

（二）行政先行处理原则

行政先行处理原则是指在行政赔偿请求人向人民法院提起行政赔偿诉讼之前，应先向行政赔偿义务机关要求赔偿，由行政机关依法进行处理。如果行政处理未能解决争端，则行政赔偿请求人方可提起赔偿的诉讼程序。

（三）行政赔偿请求的提出

1. 单独提出行政赔偿请求及先行程序

单独提出行政赔偿请求是指受害人的请求仅限于赔偿，对于行使行政职权的行为是否合法并无具体要求。单独提出行政赔偿请求适用行政赔偿的先行程序。行政赔偿请求的先行程序是指赔偿请求人如果单独提出赔偿请求，应首先向赔偿义务机关提出，在赔偿义务机关不予赔偿或赔偿请求人对赔偿数额有异议时，赔偿请求人才可以向赔偿义务机关的上一级行政机关申请复议或向人民法院提起诉讼。

单独提出行政赔偿请求通常适用于以下情形：

（1）争议双方对行使职权行为的合法性没有争议，但对行政赔偿问题达不成协议。

（2）行使职权的行为已经被复议机关确认为违法或已经被撤销、变更，但复议机关并未对行政赔偿问题作出裁决，或受害人对复议机关的赔偿裁决不服的。

（3）行使职权的行为已被法院判决确认为违法，或已被法院判决撤销，判决生效后，受害人提出赔偿请求的。

（4）行使职权的行为为终局裁决机关所为，该行为的合法性已不得争议，受害人对于赔偿仍有异议的。

（5）受害人对行政机关及其工作人员的事实行为提出赔偿请求，而无意对该行为的合法性提出异议的。

2. 一并提出行政赔偿请求

一并提出行政赔偿请求是指请求人在申请行政复议、提起行政诉讼中一并提出赔偿请求。其特点是：将确认行政行为违法与要求赔偿两项请求一并提出，并要求并案审理。复议机关或人民法院通常先确认行政行为的合法性，然后再决定是否赔偿。

3. 提出数项赔偿请求

不论是单独式还是一并式，赔偿请求人都可以根据受到的不同伤害同时提出数项赔偿请求。例如，行政机关违法行使职权，造成公民身体伤害的，可以请求赔偿医疗费和赔偿误工减少的收入；造成公民身体残疾并全部丧失劳动能力的，受害人还可以申请残疾赔偿金及对其扶养的人的生活费等。当然，如果损害是单一的，请求人只能就该项损害提出赔偿请求，不得就该损害造成的其他间接损失提出赔偿请求。

4. 书面请求

请求赔偿属于要式法律行为，受害人无论是向赔偿义务机关提出赔偿请求，还是向法院提起赔偿诉讼，都应以书面形式进行。赔偿申请书应包括以下内容：

（1）受害人的姓名、性别、年龄、工作单位和住所，法人或其他组织的名称、住所，法定代表人或主要负责人的姓名、职务。

（2）具体的请求、事实根据和理由。缺少事实根据和理由的，赔偿义务机关可以责令申请人补正。

（3）赔偿义务机关。申请书必不可少的内容之一便是赔偿义务机关的名称，以明示该赔偿请求是针对哪个行政机关提出的，以便于行政赔偿案件的处理。

(4) 申请的年、月、日。因为赔偿请求必须在法定期限内提起，所以在申请书中应当注明申请的年、月、日。

赔偿申请书是请求人向赔偿义务机关提出的主要书面材料，因此必须内容完整、符合法定形式、语言简明、字迹工整，以便于赔偿义务机关审查处理。请求人书面申请确有困难的，可以委托他人代书，也可以口头申请，由赔偿义务机关记录。

赔偿请求人当面递交申请书的，赔偿义务机关应当当面出具加盖本行政机关专用印章并注明收讫日期的书面凭证。申请材料不齐全的，赔偿义务机关应当场或者在5日内一次性告知赔偿请求人需要补正的全部内容。

5. 法定期限内提出

赔偿请求应当在法定期限内提出。我国《国家赔偿法》规定，请求人请求国家赔偿的时效为2年。自其知道或者应当知道国家机关及其工作人员行使职权时的行为侵犯其人身权、财产权之日起计算，但被羁押等限制人身自由期间不计算在内。以附带的方式提起行政赔偿请求，一般按申请复议提起诉讼的法定期限确定附带请求赔偿的期限，即申请行政复议的期限为自知道该行政行为之日起60日，但是法律规定的申请期限超过60日的除外；提起行政诉讼的期限为自知道作出行政行为之日起3个月。

（四）行政赔偿义务机关的受案与处理

1. 行政赔偿义务机关的受案

行政赔偿义务机关收到行政赔偿申请书后，要进行受案前的初步审查，如果经审查认为该申请书符合行政赔偿条件的，赔偿义务机关应决定受理并通知赔偿请求人，且应自收到申请书之日起2个月内依法履行赔偿义务。

2. 行政赔偿义务机关的处理

行政赔偿义务机关收到申请书之后，经审查认为赔偿申请符合条件的，应通知赔偿请求人，并在收到申请书之日起2个月内作出处理决定。逾期不予赔偿或赔偿请求人对赔偿数额有异议的，请求人可以自期间届满之日起3个月内向人民法院提起行政赔偿诉讼。

赔偿义务机关决定赔偿的，应制作赔偿决定书，并自作出决定之日起10日内送达赔偿请求人；决定不予赔偿的，应自作出决定之日起10日内书面通知赔偿请求人，并说明不予赔偿的理由。

（五）行政赔偿诉讼

行政赔偿诉讼是一种特殊的诉讼形式。它是人民法院根据赔偿请求人的诉讼请求，依照行政诉讼程序和国家赔偿的基本原则及基本制度裁判赔偿争议的活动，在起诉条件、审理形式、证据规则及适用程序等方面都有其自身特点。

1. 起诉条件

从起诉条件看，在单独提起行政赔偿诉讼时，要以行政赔偿义务机关先行处理为前提条件，且按照最高人民法院《关于审理行政赔偿案件若干问题的规定》第21条的要求，应当符合下列条件：(1) 原告具有请求资格；(2) 有明确的被告；(3) 有具体的赔偿请求和受损害的事实根据；(4) 加害行为为具体行政行为的，该行为已被确认为违法；(5) 赔偿义务机关已先行处理或超过法定期限不予处理；(6) 属于人民法院行政赔偿诉讼的受案范围和受诉人民法院管辖；(7) 符合法律规定的起诉期限。

在一并提起赔偿请求时，通常以行政复议或行政诉讼确认行政行为违法为先决条件。

2. 诉讼当事人

从诉讼当事人看，行政赔偿诉讼以行政赔偿义务机关为诉讼被告，实行“国家责任，机关赔偿”制度。致害的公务员或行政机关的工作人员不作为诉讼被告。

3. 审理形式

从审理形式看，赔偿诉讼可以适用调解作为结案方式。行政案件的审理不适用调解，这是行政诉讼的一项特殊规则，但行政赔偿诉讼可以调解。因为行政赔偿诉讼的核心是当事人的人身权、财产权等权利是否受到侵害，是否应予赔偿，权利具有可以自由处分的性质，当然也就存在着进行调解的基础。双方当事人之间因权利受损而发生赔偿争议，人民法院可以从中进行调解，以解决赔偿争议。

4. 证据规则

从证据规则看，行政赔偿诉讼不完全采取“被告负举证责任”的原则，而是参照民事诉讼规则，实行举证责任合理分配。例如，证明损害事实的存在，自己所受损害与被告行为之间有相当因果关系，这应当由原告（赔偿请求人）负责举证；而证明被控行为合法或从未实施过该行为，则是被告（赔偿义务机关）的责任。

赔偿义务机关采取限制人身自由的处罚或措施期间，被限制人身自由的人死亡或者丧失行为能力的，应提供证明是否存在因果关系。

行政赔偿诉讼原则上适用《行政诉讼法》规定的程序，《行政诉讼法》没有规定的（如送达等），还可以参照适用相应的民事诉讼程序。

（六）行政追偿

1. 行政追偿的性质

行政追偿是指行政赔偿义务机关代表国家向行政赔偿请求人支付赔偿费用以后，依法责令有故意或重大过失的行政机关工作人员或受委托的组织或个人承担部分或者全部赔偿费用的制度。因此，追偿实际上是一种制裁。它的着眼点在于监督责任人员恪尽职守、依法行政，防止行政人员滥用职权，而不过于计较财力上的负担。

2. 行政追偿的要件

行政追偿必须具备以下两个条件：

（1）行政赔偿义务机关已经向受害人支付了赔偿费用。追偿本身的性质决定了只有具备国家承担赔偿责任这一前提条件，才可能产生追偿问题。如果赔偿义务机关未曾支付赔偿费用，追偿就无从谈起。

（2）行政机关工作人员或者受行政机关委托的组织或个人所为致害行为有故意或重大过失。一般来说，法律上将主观过错分为三个层次：一是“故意”，指责任人员行使职权时明知自己的行为会给相对人造成损害，却仍然希望或放任这种结果发生的主观态度。二是“重大过失”，指责任人员行使职权时未能达到普通公民应当注意并能够注意的标准，而造成公民、法人或其他组织合法权益损害的主观状态。三是轻微过失、一般过失，指没有注意到一些特殊的、专门的、较难注意到的职务要求的过失。只有责任人员的过错在达到“故意”或“重大过失”时，行政机关才能行使追偿权。

3. 行政追偿的金额

行政追偿制度中所给付的均为金钱。追偿金额应以赔偿义务机关向受害人所支付的损

害赔偿金额为限。

同时，对有故意或重大过失的责任人员，有关机关应当依法给予处分；构成犯罪的，应当依法追究刑事责任。

七、国家赔偿的方式、计算标准

（一）国家赔偿方式

《国家赔偿法》第32条规定："国家赔偿以支付赔偿金为主要方式。能够返还财产或者恢复原状的，予以返还财产或者恢复原状。"

1. 金钱赔偿

金钱赔偿就是以货币形式支付赔偿金额。以金钱支付的方式赔偿，省时、省力，可以使受害人的赔偿请求迅速得到满足，也便于国家行政机关正常开展工作。同时，以金钱赔偿适用范围较广，不论是公民人身自由还是生命健康权的损害，都可以通过计算或者估算进行适当的金钱赔偿。所以，金钱赔偿是行政赔偿的主要方式。

2. 返还财产

返还财产是国家机关将违法占有或控制的受害人的财产返还给受害人的赔偿方式，例如，返还罚款，返还没收的财物，返还查封、扣押、冻结的财产等。

3. 恢复原状

恢复原状是公民、法人或者其他组织的财产因国家行政机关及其工作人员的违法分割或毁损而遭到破坏后，若有可能恢复的，应当由赔偿义务机关负责修复，以恢复财产原状的一种赔偿方式。

（二）国家赔偿计算标准

1. 国家赔偿计算标准的确定

由于国家赔偿制度在我国建立的时间不长以及我国经济欠发达、国家财力有限的现状，我国国家赔偿采用的主要是抚慰性标准，即支付的赔偿金不以补足受害人的实际损失为目标，只是在一定范围内对受害人予以赔偿。按照该标准，国家支付的赔偿额往往少于受害人实际所受损失。

2. 国家赔偿的具体计算标准

我国《国家赔偿法》对不同类型的损害规定了不同的赔偿标准。

（1）侵犯公民人身自由的赔偿计算标准。

《国家赔偿法》第33条规定："侵犯公民人身自由的，每日赔偿金按照国家上年度职工日平均工资计算。"据此，对侵犯公民人身自由的赔偿，具体标准是按日支付赔偿金，对受害者给予一次性赔偿。每日的赔偿金按照国家上年度职工日平均工资计算，即公民应得的赔偿金等于该公民因行政机关及其工作人员行使职权时违法拘留、拘禁的天数乘以上年度职工日平均工资。国家上年度职工日平均工资数额，应当按职工年平均工资除以全年法定工作日数的方法计算。年平均工资以国家统计局公布的数字为准。

（2）侵犯公民生命健康权的赔偿计算标准。

根据《国家赔偿法》第34条的规定，侵犯公民生命健康权的，赔偿金按照规定计算。《国家赔偿法》从造成身体伤害、致残和造成死亡三个方面分别规定了赔偿标准：1）造成身体伤害的，应当支付医疗费、护理费，以及赔偿因误工减少的收入。减少的收入每日的赔偿金按照国家上年度职工日平均工资计算，最高额为国家上年度职工年平均工资的5倍。2）造成部分或者全部丧失劳动能力的，应当支付医疗费、护理费、残疾生活辅助具费、康复费等因残疾而增加的必要支出和继续治疗所必需的费用，以及残疾赔偿金。残疾赔偿金根据丧失劳动能力的程度，按照国家规定的伤残等级确定，最高额为国家上年度职工年平均工资的20倍。造成全部丧失劳动能力的，对其扶养的无劳动能力的人，还应当支付生活费。3）造成死亡的，应当支付死亡赔偿金、丧葬费，总额为国家上年度职工年平均工资的20倍。对死者生前扶养的无劳动能力的人，还应当支付生活费。生活费的发放标准参照当地最低生活保障标准执行。被扶养的人是未成年人的，生活费给付至18周岁止。其他无劳动能力的人，生活费给付至死亡时止。

（3）侵犯财产权的计算标准。

根据《国家赔偿法》第36条的规定，侵犯公民、法人和其他组织的财产权造成损害的，按照不同情形分别处理：1）处罚款、罚金、追缴、没收财产或者违法征收、征用财产的，返还财产。2）查封、扣押、冻结财产的，解除对财产的查封、扣押、冻结，造成财产损坏或者灭失的，按照损害程度给予相应的赔偿金。3）应当返还的财产损坏的，能够恢复原状的恢复原状，不能恢复原状的，按照损害程度给付相应的赔偿金。4）应当返还的财产灭失的，给付相应的赔偿金。5）财产已经拍卖或者变卖的，给付拍卖或者变卖所得的价款；变卖的价款明显低于财产价值的，应当支付相应的赔偿金。6）吊销许可证和执照、责令停产停业的，赔偿停产停业期间必要的经常性费用开支。7）返还执行的罚款或者罚金、追缴或者没收的金钱，解除冻结的存款或者汇款的，应当支付银行同期存款利息。8）对财产权造成其他损害的，按照直接损失给予赔偿。

（三）关于精神损害的赔偿

精神损害是指对人身造成的精神痛苦，它包括精神上的悲伤、失望等。精神损害多由于侵犯人身而产生，但也不排除侵犯财产权造成的精神损害。《国家赔偿法》第35条规定："有本法第三条或者第十七条规定情形之一，致人精神损害的，应当在侵权行为影响的范围内，为受害人消除影响，恢复名誉，赔礼道歉；造成严重后果的，应当支付相应的精神损害抚慰金。"这就是说，赔偿义务机关在予以金钱赔偿的同时，对受害人造成的名誉权、荣誉权等人格方面损害的，还要以精神赔偿的方式，为其消除影响、恢复名誉、赔礼道歉。

消除影响、恢复名誉和赔礼道歉，主要适用于违法拘留或违法采取限制人身自由的行政强制措施，非法拘禁或者以其他方法非法剥夺公民人身自由等行为。

适用消除影响、恢复名誉和赔礼道歉等方式时，应注意以下几点：

（1）消除影响、恢复名誉和赔礼道歉的范围与侵权行为的范围要相适应。侵权行为在多大范围内侵害了受害人的名誉权、荣誉权，在多大范围内造成了不良影响，赔偿义务机关就应在多大的范围内为其消除影响、恢复名誉。

（2）消除影响、恢复名誉、赔礼道歉不可以单独适用，而只能合并适用。国家既要赔偿损失，还要为受害人恢复名誉、消除影响、赔礼道歉，以防止国家行政机关以这些方式代替物质损害赔偿。

（3）消除影响、恢复名誉、赔礼道歉所需费用由国家承担。消除影响、恢复名誉可能需要通过公告、登报、广播、电视等手段实现，因此需要一定费用。此项费用应由国家承

担，而不应由受害人承担。

（四）国家赔偿的费用

我国《国家赔偿法》第 37 条规定："赔偿费用列入各级财政预算。"2011 年 1 月 17 日，国务院发布实施了《国家赔偿费用管理条例》，该条例对我国国家赔偿费用的来源和支付提供了明确的法律依据。

第二节　行政补偿

一、行政补偿的概念与特征

（一）行政补偿的概念

行政补偿是指行政主体及其行政工作人员在行使行政职权过程中，因其合法行为给公民、法人或其他组织的合法权益造成损失，依法由国家给予补偿的法律制度。

（二）行政补偿的特征

（1）行政补偿是对因合法行使行政职权而给公民、法人或其他组织造成的损失所给予的补救。首先，行政补偿是对行政行为造成的损害给予的补救，与民法上的损害补偿不同；其次，只有合法的行政行为造成损害，才能引起行政补偿，这使它与因违法行政造成损失的救济制度——行政赔偿区别开来。

（2）行政补偿是为了公共利益不得已而损害了公民、法人或其他组织的合法权益，是对无义务的特定人所作出的特别牺牲而给予的补偿，作为遭受损害的相对人并没有特别的义务要承受这一负担。国家对公民因公平分配而承担的义务，不必加以补偿，如服兵役、纳税等。如果由于负有特定的义务而作出牺牲的，也不能通过行政补偿获得补救，如战争中士兵的伤亡等。

（3）行政补偿主要是一种财产上的补偿。行政补偿一直是作为保障财产权的救济制度而出现的，其中最为典型的是土地征用。其他有关行政补偿的法律规定一般也都是以补偿对财产权的侵害为目的的，但也不排除对征用人力而给予的补偿。

（4）行政补偿一般为事先补偿。引起行政补偿的行政行为是为达到行政目的的需要而发生的，因而除紧急情况外，行政补偿一般发生在行政行为之前，通过事先确定补偿的条件、标准等进行；而行政赔偿只能是在违法行为发生之后才产生，并依照法律的规定进行。这是行政补偿与行政赔偿的另一个区别。

二、行政补偿责任的构成要件

（一）造成损害的行为必须是合法的行政行为

违法的行政行为造成的损失可以通过行政赔偿获得救济，不发生行政补偿问题；违法的民事行为造成的损失可以通过民事赔偿获得救济，也不发生行政补偿问题。

（二）必须存在直接的物质损失

合法行使行政权造成的损害，行政主体并无过错，国家给予补偿是基于公平负担考虑。因此，多数国家的法律规定，补偿仅限于对直接损失给予补偿，如果没有直接损失，国家不承担补偿责任。从理论上说，合法行政行为不会给公民造成精神损害，因此，行政补偿原则上只补偿物质损失，而不包括精神损失。

（三）受到损害的必须是无法定义务的特定人

行政补偿是基于公平负担而由国家承担的责任，是由于无义务的特定人承担了额外的损失，因此，获得补偿的公民必须是无法定义务的特定人。公民对因履行了法律规定的义务而受到的损害，不能要求补偿。

三、行政补偿的原则、范围与方式

（一）行政补偿的原则

对于相对人因合法行政行为所造成的损失按照什么原则予以补偿，国外有不同观点：

（1）完全补偿论。完全补偿论是指对合法行政行为给相对人造成的损失，国家应给予完全、等价的补偿。完全补偿论是从尊重私有财产权出发，认为财产权具有绝对性，任何对私有财产造成的损害都应得到补偿。

（2）适当补偿论。适当补偿论是指对合法行政行为给相对人造成的损失，应当按照当时社会的一般观念给予公正合理的补偿。适当补偿论认为行政行为是为了社会公众利益，受到行政行为损害的相对人作为社会之一分子，理应承担一部分损失，因此，对相对人所受到的损失只需要适当补偿就可以。

各国的立法和实践一般认同适当补偿论，在个别情况下，也承认完全补偿。

在我国，涉及行政补偿的法律、法规，大多规定了“相应补偿”的原则，如《中华人民共和国城市房地产管理法》第 20 条规定：“国家对土地使用者依法取得的土地使用权，在出让合同约定的使用年限届满前不收回；在特殊情况下，根据社会公共利益的需要，可以依照法律程序提前收回，并根据土地使用者使用土地的实际年限和开发土地的实际情况给予相应的补偿。”此外，《中华人民共和国外资企业法》《中华人民共和国中外合资经营企业法》《中华人民共和国台湾同胞投资保护法》《中华人民共和国海域使用管理法》等也规定了相应补偿的原则。至于什么是相应补偿，法律上没有作出解释。也有的法律、法规规定合理补偿、妥善安置的原则。有的规定了适当补偿的原则，如《中华人民共和国国防法》第 48 条规定：“国家根据动员需要，可以依法征收、征用组织和个人的设备设施、交通工具和其他物资。县级以上人民政府对被征收、征用者因征收、征用所造成的直接经济损失，按照国家有关规定给予适当补偿。”

（二）行政补偿的范围

行政补偿的范围是指对哪些行政行为造成的损失予以补偿。从理论上来说，一切合法行政行为给相对人造成损害，都应当给予补偿。但是，在我国，相对人因行政行为所受到的损害能否实际得到补偿，一般还需要有法律、法规或规章的规定。从立法上来看，下列行为应给予补偿：

（1）土地征用。因土地征用而产生的行政补偿较为常见。在我国，农村和城市郊区的土地，除由法律规定属于国家所有的以外，属于农民集体所有。国家为公共利益的需要，可以依法对集体所有的土地实行征用。《土地管理法》第 2 条规定：“国家为了公共利益的需要，可以依法对土地实行征收或者征用并给予补偿。”

（2）房屋拆迁。虽然城市房屋拆迁的拆迁人并不是行政机关，但房屋拆迁都是因城市建设需要而进行的，拆迁人是依据行政机关的批准文件和拆迁许可证进行的，拆迁带有一定的行政强制性。因此，因拆迁引起的补偿，也应当是行政补偿。《国有土地上房屋征收与补偿条例》第 2 条规定："为了公共利益的需要，征收国有土地上单位、个人的房屋，应当对被征收房屋所有权人给予公平补偿。"

（3）军事征调。军事征调是指用于国家处于紧急状态下的军事目的，军事机关依法征调财物或劳务的活动。军事机关依法征调财物或劳务，对被征调人给予的补偿，称为军事征调补偿，如《国防法》第 48 条之规定。

（4）公用征收。《外资企业法》第 5 条规定："国家对外资企业不实行国有化和征收；在特殊情况下，根据社会公共利益的需要，对外资企业可以依照法律程序实行征收，并给予相应的补偿。"《中外合资经营企业法》也有类似的规定。

（5）公用征调。在紧急情况下，行政机关为了处理临时性、突发性的事件，可以征用公民或组织的财物或人力，但事后也应当给相应的补偿。如《中华人民共和国突发事件应对法》第 12 条规定："有关人民政府及其部门为应对突发事件，可以征用单位和个人的财产。被征用的财产在使用完毕或者突发事件应急处置工作结束后，应当及时返还。财产被征用或者征用后毁损、灭失的，应当给予补偿。"《中华人民共和国防震减灾法》《中华人民共和国防洪法》也都规定有公用征调补偿的内容。

（6）公务合作行为。公民或组织协助行政机关履行职责而造成的损害，可以获得补偿。如《中华人民共和国人民警察法》第 34 条第 2 款规定："公民和组织因协助人民警察执行职务，造成人身伤亡或者财产损失的，应当按照国家有关规定给予抚恤或者补偿。"

（7）疫情应急采取的扑杀、销毁措施。《重大动物疫情应急条例》第 33 条规定："国家对疫区、受威胁区内易感染的动物免费实施紧急免疫接种；对因采取扑杀、销毁等措施给当事人造成的已经证实的损失，给予合理补偿。紧急免疫接种和补偿所需费用，由中央财政和地方财政分担。"

参考案例 16-3

佳某获得番禺区人民政府行政补偿

广州番禺某村村民佳某，1993 年开始在村里租地养鸭，主要供应本地市场。2007 年 9 月 5 日，广东番禺发生疑似高致病性禽流感疫情，后经国家禽流感参考实验室确诊为 H5N1 亚型禽流感。于是政府部门下达了扑杀令，对以疫点为圆心、半径 3 千米的疫区范围内的 10 万只家禽全部进行扑杀。因佳某的养鸭场地正处于这一疫区范围内，他养的 800 多只鸭被全部扑杀，领到了政府发放的补偿款共 9 400 元。

（8）因保护国家或公共财产所致的损害补偿。《中华人民共和国野生动物保护法》第 19 条规定："因保护本法规定保护的野生动物，造成人员伤亡、农作物或者其他财产损失的，由当地人民政府给予补偿。"

（三）行政补偿的方式

行政补偿的方式一般以金钱补偿为主。除金钱补偿外，还可以采用支付实物予以补偿。此外，为了保障被征用土地使用人的生活，在我国，法律规定除给予经济补偿外，还规定了安排就业等救济手段。如《土地管理法》第 50 条规定："地方各级人民政府应当支持被征地的农村集体经济组织和农民从事开发经营，兴办企业。"又如《大中型水利水电工程建设征地补偿和移民安置条例》规定，行政补偿的方式除发给土地补偿费和安置补助费外，还包括开发荒地滩涂、调剂土地、外迁、户口农转非、自动投靠亲友、统筹安排生活等多种方式。

四、行政补偿的主体、标准与程序

（一）补偿主体

行政补偿主体是指行政补偿责任承担者。从理论上讲，行政机关进行一定的行政行为是代表国家行使行政权，其行为的后果应由国家承担。行政行为给相对人合法权益造成损害，应当由国家承担补偿责任，国家是行政补偿责任主体。国家承担补偿责任时，一般由作出具体行政行为的行政机关给予补偿，从国库中列支。如《中华人民共和国戒严法》第17条规定："根据执行戒严任务的需要，戒严地区的县级以上人民政府可以临时征用国家机关、企业事业组织、社会团体以及公民个人的房屋、场所、设施、运输工具、工程机械等。在非常紧急的情况下，执行戒严任务的人民警察、人民武装警察、人民解放军的现场指挥员可以直接决定临时征用，地方人民政府应当给予协助。实施征用应当开具征用单据。前款规定的临时征用物，在使用完毕或者戒严解除后应当及时归还；因征用造成损坏的，由县级以上人民政府按照国家有关规定给予相应补偿。"《中华人民共和国动物防疫法》第66条第1款规定："对在动物疫病预防和控制、扑灭过程中强制扑杀的动物、销毁的动物产品和相关物品，县级以上人民政府应当给予补偿。具体补偿标准和办法由国务院财政部门会同有关部门制定。"

在有些情况下，给相对人合法权益造成损害的合法行政行为是为了第三人的利益，这时，应由受益的第三人承担补偿责任。如《中华人民共和国归侨侨眷权益保护法》第13条规定："国家依法保护归侨、侨眷在国内私有房屋的所有权。依法征收、征用、拆迁归侨、侨眷私有房屋的，建设单位应当按照国家有关规定给予合理补偿和妥善安置。"

（二）补偿标准

由于受行政行为损害的权益的内容不同，行政补偿标准也不一样，具体由单行法律、法规或规章作出规定。

（三）补偿程序

任何行政行为都必须依一定的程序进行，行政补偿也不例外。但是，到目前为止，还没有相应的法律对补偿程序作出比较统一的规定，一些涉及行政补偿的单行法律、法规也很少规定程序。因此，多数行政补偿是按照事实程序而非法律程序进行的。也有的法律、法规对补偿程序作了规定。

【引例分析】

根据《行政诉讼法》的规定，因行政机关和行政机关工作人员的行政行为而使公民、法人或者其他组织合法权益遭受侵犯的，向人民法院提起诉讼，属于行政诉讼的受案范围。行政机关以外的公民、法人或者其他组织实施的行为造成当事人损害的，应当由造成损害的人承担法律后果，不应当由行政机关承担法律后果，故此类非行政行为不属于行政诉讼的受案范围。本案中，因为万象公司实施的集资行为给刘恩仁等人造成经济损失，应由该公司承担相应的法律责任。刘恩仁等人请求沈阳市政府返还集资款及利息，没有事实和法律依据。

行政机关不履行法定职责造成公民、法人或者其他组织人身、财产损害的，应当依法承担相应的行政赔偿责任，但其前提条件是：(1) 必须存在对具体的当事人不履行特定法定职责义务的违法事实；(2) 造成了当事人人身、财产实际损失；(3) 不履行特定法定职责的行为，与当事人实际损失之间存在因果关系。本案中，刘恩仁等人虽主张沈阳市政府未尽监管职责造成其集资款不能返还，但其所主张的未履行监管职责，仅仅是认为沈阳市政府未履行法律规定的抽象的监管职责，不是沈阳市政府对其负有的特定的职责义务。因此，该项主张不能成立。

【本章小结】

行政赔偿，是指行政主体及其行政工作人员，在行使行政职权过程中，因其行为违法而侵犯了公民、法人或其他组织的合法权益并造成了损害，由行政主体给予赔偿的法律制度。行政赔偿责任的构成要件有：行政侵权行为、损害事实、侵权行为与损害结果之间有因果关系。

行政赔偿的范围包括侵犯人身权的赔偿范围、侵犯财产权的赔偿范围。

行政赔偿请求人是指因其合法权益受到国家机关及其工作人员的不法侵害造成实际损失而依法请求国家予以赔偿的公民、法人或者其他组织。行政机关及其工作人员行使行政职权侵犯公民、法人和其他组织的合法权益造成损害的，该行政机关为赔偿义务机关。

行政赔偿程序包括行政赔偿请求的提出、行政赔偿义务机关的受案与处理、行政赔偿诉讼、行政追偿程序等。

国家赔偿方式是指国家承担赔偿责任的具体形式。我国国家赔偿立法采取的是以金钱赔偿为主、以返还财产或者恢复原状为辅的赔偿方式。赔偿义务机关在予以金钱赔偿的同时，对受害人造成名誉权、荣誉权等人格方面损害的，还要以精神赔偿的方式，为其消除影响、恢复名誉、赔礼道歉。

国家赔偿的计算标准是国家赔偿立法所确立的根据损害程度确定赔偿金额的准则，是侵权的受害人获得实际赔偿的重要前提。

行政补偿是指行政主体及其行政工作人员在行使行政职权过程中，因其合法行为给公民、法人或其他组织的合法权益造成损失，依法由国家给予补偿的法律制度。

【练习题】

1. 名词解释

行政赔偿请求人　行政赔偿义务机关　行政赔偿程序　行政追偿

2. 思考题

(1) 简述行政赔偿的概念和特征。

(2) 行政赔偿的构成要件有哪些？

(3) 行政赔偿请求人的范围是什么？

(4) 行政赔偿义务机关的范围是什么？

(5) 行政赔偿程序有哪些？

(6) 国家赔偿的方式有哪些？

(7) 行政赔偿的范围是什么？

(8) 国家不承担赔偿的范围是什么？

（9）国家赔偿的计算标准如何确定？

（10）简述行政补偿的概念和特征。

（11）行政补偿责任的构成要件有哪些？

3. 案例分析题

2000 年 1 月 6 日，某县某乡人民政府工作人员到王某家收取农税、提留尾欠款，因王某拒绝缴纳，工作人员将王某饲养的一头用于耕地、配种的黄牛牵走，并限期王某缴纳农税、提留。到期后王某仍未履行缴纳义务，某乡人民政府便将王某的黄牛作价 645 元变卖后作抵王某所欠农税、提留。2002 年 1 月王某提起民事诉讼，被驳回诉讼请求。后王某向某县人民法院提起行政诉讼一并提起行政赔偿诉讼，请求法院确认被告某乡人民政府强行牵走原告黄牛的行为违法，判令被告返还原告黄牛一头，赔偿牵走原告耕牛造成的经济损失、精神损失费和迫使原告两个孩子失学的青春损失费等共计 21 万元。

问题：

（1）某乡人民政府是否需要承担行政赔偿责任？

（2）王某的黄牛已被变卖，某乡人民政府应如何承担行政赔偿责任？

（3）王某请求赔偿精神损失费和孩子失学的青春损失费能否获得法院支持？

分析要点提示：

某乡人民政府在收取王某农税、提留时采取的行政强制措施违法，王某有依法获得赔偿的权利。王某请求返还黄牛，但由于黄牛已被变卖，根据《国家赔偿法》的规定，某乡人民政府应当将变卖所得的价款给付王某。王某请求赔偿精神损害、孩子失学的青春损失等费用无法律依据，法院不予支持。

参考文献

1. 最高人民法院行政审判庭. 最高人民法院行政诉讼法司法解释理解与适用［M］. 北京：人民法院出版社，2018.

2. 姜明安. 行政法与行政诉讼法［M］. 7 版. 北京：北京大学出版社，高等教育出版社，2019.

3. 余凌云. 行政法讲义［M］. 2 版. 北京：清华大学出版社，2014.

4. 沈岿. 国家赔偿法：原理与案例［M］. 2 版. 北京：北京大学出版社，2017.

5. 江必新，梁凤云. 行政诉讼法理论与实务［M］. 3 版. 北京：北京大学出版社，2011.

6. 何海波. 行政诉讼法［M］. 2 版. 北京：法律出版社，2016.

7. 章志远. 个案变迁中的行政法［M］. 北京：法律出版社，2011.

8. 蒋红珍. 论比例原则：政府规制工具选择的司法评价［M］. 北京：法律出版社，2010.

9. 应松年. 公务员法［M］. 北京：法律出版社，2010.

10. 杨建顺. 行政强制法 18 讲［M］. 北京：中国法制出版社，2011.

11. 李广宇. 政府信息公开司法解释读本［M］. 北京：法律出版社，2015.

12. 章剑生. 行政听证制度研究［M］. 杭州：浙江大学出版社，2010.

13. 王万华. 中国行政程序法典试拟稿及立法理由［M］. 北京：中国法制出版社，2010.

14. 章剑生. 现代行政法基本理论［M］. 2 版. 北京：法律出版社，2014.

15. 王贵松. 行政裁量的构造与审查［M］. 北京：中国人民大学出版社，2016.

16. 余凌云. 行政法案例分析和研究方法［M］. 北京：中国人民大学出版社，2008.

图书在版编目（CIP）数据

行政法与行政诉讼法/胡锦光，刘飞宇主编．-- 8 版．-- 北京：中国人民大学出版社，2020.6
高职高专法律系列教材
ISBN 978-7-300-28227-5

Ⅰ.①行… Ⅱ.①胡… ②刘… Ⅲ.①行政法-中国-高等职业教育-教材 ②行政诉讼法-中国-高等职业教育-教材 Ⅳ.①D922.1 ②D925.3

中国版本图书馆 CIP 数据核字（2020）第 102929 号

"十四五"职业教育国家规划教材
"十二五"职业教育国家规划教材
经全国职业教育教材审定委员会审定
普通高等教育"十一五"国家级规划教材
教育部高职高专规划教材
全国普通高等学校优秀教材
高职高专法律系列教材
行政法与行政诉讼法（第八版）
主　编　胡锦光　刘飞宇
Xingzhengfa yu Xingzheng Susongfa

出版发行　中国人民大学出版社
社　　址　北京中关村大街 31 号　　**邮政编码**　100080
电　　话　010－62511242（总编室）　010－62511770（质管部）
010－82501766（邮购部）　010－62514148（门市部）
010－62515195（发行公司）　010－62515275（盗版举报）
网　　址　http://www.crup.com.cn
经　　销　新华书店
印　　刷　北京溢漾印刷有限公司　　**版　　次**　2000 年 8 月第 1 版
开　　本　787 mm×1092 mm　1/16　　2020 年 6 月第 8 版
印　　张　18.25　　**印　　次**　2023 年 7 月第 9 次印刷
字　　数　427 000　　**定　　价**　45.00 元
